Projektmanagement

Helga Meyer • Heinz-Josef Reher

Projektmanagement

Von der Definition über die Projektplanung
zum erfolgreichen Abschluss

2., überarbeitete Auflage

 Springer Gabler

Helga Meyer
Fakultät Wirtschaftswissenschaften
Hochschule Bremen
Bremen, Deutschland

Heinz-Josef Reher
Wiesbaden, Deutschland

ISBN 978-3-658-28762-7   ISBN 978-3-658-28763-4 (eBook)
https://doi.org/10.1007/978-3-658-28763-4

Die Deutsche Nationalbibliothek verzeichnet diese Publikation in der Deutschen Nationalbibliografie; detaillierte bibliografische Daten sind im Internet über http://dnb.d-nb.de abrufbar.

Springer Gabler

Springer Gabler ist ein Imprint der eingetragenen Gesellschaft Springer Fachmedien Wiesbaden GmbH und ist ein Teil von Springer Nature.
Die Anschrift der Gesellschaft ist: Abraham-Lincoln-Str. 46, 65189 Wiesbaden, Germany

Vorwort zur 2. Auflage

Die Disziplin Projektmanagement entwickelt sich ständig weiter. Einen besonderen Beitrag hierzu liefern die beiden international führenden Fachverbände. Dies sind die International Project Management Association (IPMA) mit ihren nationalen Mitgliedsverbänden auf allen Kontinenten und das in den USA beheimatete und weltweit agierende Project Management Institute (PMI). Beide Fachverbände überarbeiteten in den letzten Jahren ihre Standards, die weltweit über die jeweiligen Zertifizierungen dieser Fachverbände Eingang in die Projektpraxis erlangen. Die Individual Competence Baseline (ICB 4) der IPMA International Project Management Association erschien 2015 und zwei Jahre später, 2017, die deutsche Übersetzung, die Individual Competence Baseline für Projektmanagement Version 4.0, herausgegeben von der GPM Deutsche Gesellschaft für Projektmanagement e. V. Anders als ihre Vorläufer ist die ICB 4 kein national angepasster Standard, keine National Competence Baseline (NCB), sondern eine 1:1-Übersetzung des weltweit gültigen Standards der International Project Management Association (IPMA). Mit dem Project Management Body of Knowledge (PMBOK) des Project Management Institute erschien 2017 ein weiterer international anerkannter Standard in seiner aktuell gültigen sechsten Ausgabe. In der vorliegenden 2. Auflage dieses Buches wurden Definitionen und Quellen mit Blick auf diese Standards aktualisiert und die Ausführungen zu Projektlebenszyklus und Phasenmodell angepasst. Weitere Aktualisierungen betreffen die ISO 9000 Qualitätsmanagementsysteme. Der aktuell gültige Standard 2015 lag bei Schlussredaktion der ersten Auflage dieses Buches noch nicht vor. Die erforderlichen Anpassungen, z. B. im Hinblick auf die sieben, zuvor acht, Grundsätze und verwendete Begrifflichkeiten wurden vorgenommen. Das Gleiche gilt für die ISO 21500, deren aktuelle Ausgabe von 2016 nun berücksichtigt ist, sowie das Project Excellence Modell der GPM Gesellschaft für Projektmanagement e. V. in seiner gültigen Fassung von 2019.

Auch diese Auflage profitiert von Teammitgliedern, die im Hintergrund aktiv waren. Bedanken möchte ich mich insbesondere bei Ilka Gaulke und Joachim Ries, die halfen, wann immer es darum ging, Standards und Literatur zu beschaffen, bei Klaus Scholter für das Schlusslektorat sowie bei Ulrike Lörcher und Katharina Harsdorf für die kompetente und hilfreiche Begleitung.

V

Die Vermittlung von Projektmanagement-Kompetenz war meinem Co-Autor Heinz-Josef Reher stets ein wichtiges Anliegen. Leider verstarb Heinz-Josef Reher vor einiger Zeit völlig überraschend und so konnte er dieses Projekt, das ihm sehr am Herzen lag, zu meinem großen Bedauern nicht weiter mitgestalten.

Bremen, Deutschland   Helga Meyer
Oktober 2019

Vorwort zur 1. Auflage

Ziele und Aufbau des Buches
Dieses Buch wendet sich an drei Zielgruppen:

1. Studierende, insbesondere zukünftige Betriebswirte, Wirtschaftsingenieure und Ingenieure, die lernen wollen, wie sie Projekte erfolgreich definieren, planen und umsetzen können.
2. Spezialisten aus Fachabteilungen, die Projektverantwortung als zukünftige Berufsperspektive für sich entdecken.
3. Interessierte, die die Arbeit der Projektleitung besser verstehen wollen, z. B. Manager, die Projektmanagementprozesse begleiten und diejenigen, die Fachaufgaben in Projekten erfüllen.

Das Konzept enthält zwei Perspektiven:

1. Projektmanagementmethoden kurz und knapp: Was, warum, wie, wer und wann?
Projektmanagementaufgaben werden auf Basis einschlägiger Standards und Literatur anhand der W-Fragen beschrieben. Wichtige Begriffe werden sowohl in deutscher als auch in englischer Sprache eingeführt. Soll das Thema weiter gehend recherchiert werden, z. B. für die Erstellung eines Referates, helfen ausgewählte Literaturhinweise am Ende eines jeden Kapitels weiter.
2. Projektmanagement anschaulich und konkret.
Ein durchgängiges Fallbeispiel, das Projekt Segeltörn, begleitet den Leser durch die einzelnen Kapitel und zeigt die praktische Umsetzung der vorgestellten Methoden. Als kurzweilige Story gewährt das Beispiel Einblick in die Planung und Umsetzung eines Projekts. Gleichzeitig wird der Blick für die Zusammenhänge geschärft. Anknüpfungspunkte und konkrete Bilder für die Diskussion entstehen. In Verbindung mit komplexeren Fallaufgaben, Übungen und Musterlösungen, die auf der Verlagshomepage beim Buch zur Verfügung stehen, werden die Herausforderungen und mögliche Lösungswege für das Management von Projekten vorgestellt.

Im ersten Kapitel „Projektmanagement verstehen" werden Zusammenhänge aufgezeigt und das Thema unter Gesichtspunkten wie Projekterfolg, Schnittstellen, Projektablauf eingeleitet. Ab dem zweiten Kapitel „Projekte definieren" folgt der inhaltliche Aufbau des Buches dem prinzipiellen Ablauf eines Projekts, das zunächst definiert, danach geplant, in der Umsetzungsphase gesteuert und schließlich ordnungsgemäß abgeschlossen werden muss.

Das Buch umfasst fünf Hauptkapitel:

Kap. 1 „Projektmanagement verstehen" enthält eine allgemeine Einleitung zu dem Thema Projektmanagement.

Kap. 2 „Projekte definieren" behandelt die Themen Projektauftrag, Stakeholder management, Rollen im Team und Teamentwicklung.

Kap. 3 „Projekte planen" konzentriert sich auf Anforderungsmanagement, Projektstrukturplanung, Risikomanagement, Projektqualität, Terminplanung und Kostenplanung. Den Abschluss des Kapitels bildet die Baseline mit einer Übersicht der zu erstellenden Dokumente.

Kap. 4 „Projekte auf Kurs halten" beschäftigt sich mit Projektsteuerung, Konfigurations- und Änderungsmanagement, Projektfortschritt und Prognosen. Reviews und Steuerungsmaßnahmen werden erläutert.

Kap. 5 „Projekte abschließen" informiert über Aufgaben, die erforderlich sind, um das Projekt zu beenden. Hierzu zählen Projektauswertung, Abschlussbericht und Lessons Learnt.

In der Praxis laufen die Prozesse zur Planung und Steuerung von Projekten nicht nur sequenziell, sondern auch parallel ab. Eine Grafik zeigt, wann die verschiedenen Projektmanagementaufgaben, die in den einzelnen Kapiteln dieses Buches erläutert werden, im Projektablauf bearbeitet werden (Abb. 1). Sie begleitet als Navigator das Buch und soll auf seinen Inhalt neugierig machen.

Die Idee für dieses Buch entstand bei der Durchführung gemeinsamer Lehrveranstaltungen an der Hochschule Bremen. Studentinnen und Studenten müssen heute anspruchsvolle Anforderungen im Studium meistern. Die Lehrinhalte der Studienfächer sind umfangreich. Dies gilt auch für die Disziplin Projektmanagement. Hinzu kommt, dass Wissen allein nicht mehr ausreicht. Studierende sollen zusätzlich die Befähigung erwerben, das erworbene Wissen in konkreten Situationen anzuwenden. Sie sollen Projektmanagementkompetenzen erwerben. Unser Anliegen ist deshalb:

- Mit einfachen Bildern Orientierung zu geben und Zusammenhänge aufzuzeigen.
- Mut zu machen, Projektmanagementmethoden anzuwenden.
- Die Theorie möglichst schlank und praxisorientiert zu vermitteln, aber auch Neugier zu wecken, das Thema tief gehender zu erkunden.
- Wichtige Begriffe, die Vokabeln des Projektmanagements, näherzubringen.

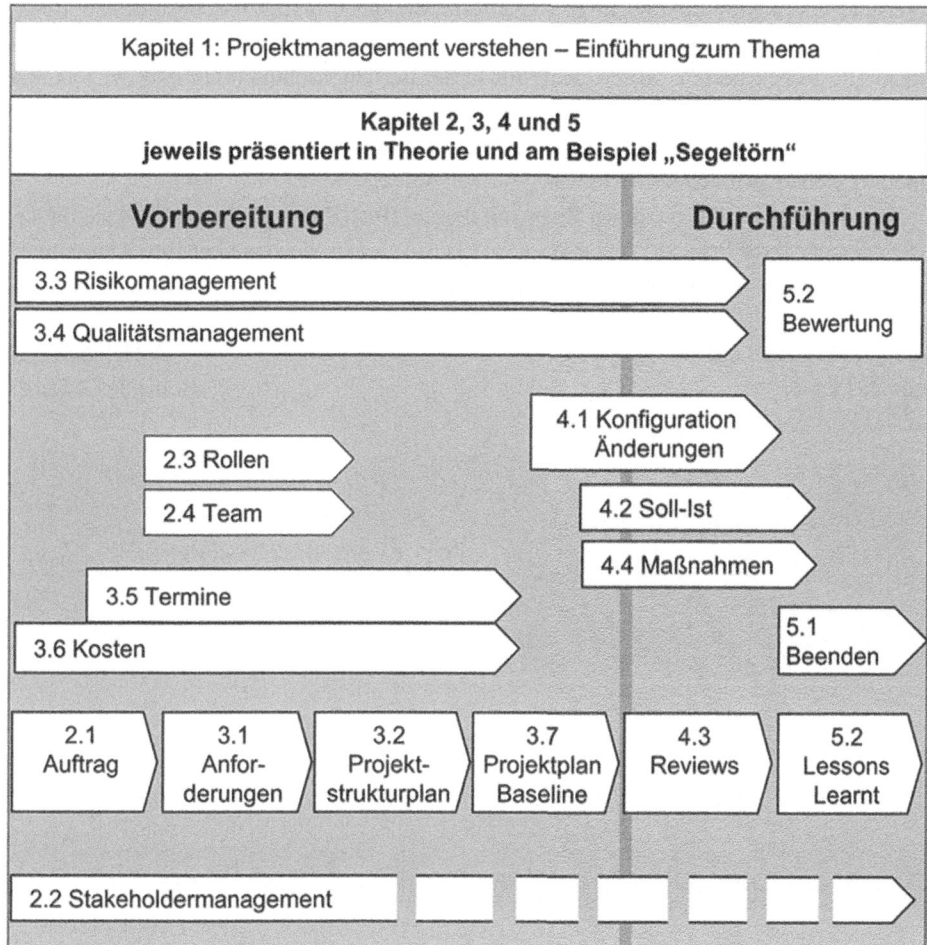

Abb. 1 Navigator für dieses Buch

Denn nur wer die Strukturen kennt und versteht, kann sie anpassen und ändern. In diesem Sinne wünschen wir den Leserinnen und Lesern viel Erfolg bei der Planung und Durchführung ihrer Projekte.

Bedanken möchten wir uns bei allen, die uns bei diesem Buchprojekt unterstützt haben. Wie in fast allen Projekten, so gab es auch hier Teammitglieder im Hintergrund, die wichtige Aufgaben erledigten. Besonders hervorheben möchten wir die Arbeit von Klaus Scholter. Er hat das Konzept für die Grafiken entwickelt, sie ausgearbeitet und ihre technische Umsetzung übernommen. Außerdem führte er das abschließende Lektorat durch. Ebenso danken wir Hartmut Schmidt, der das komplette Werk sprachlich durchgearbeitet hat, und Hannes Hüffer, der uns bei der Erstellung einzelner Grafiken und der Durchführung einiger Recherchen unterstützt hat. Martina Ficken war als Expertin in Sachen Lite-

ratur und Publikation eine wichtige Begleiterin, die uns ermutigt hat, unsere Idee umzu-
setzen. Sie und Joachim Ries halfen uns, wann immer es darum ging, Literatur und
Standards zu beschaffen. Unser Dank gilt ferner der Hochschulleitung und der Fakultät
Wirtschaftswissenschaften, die das Buchprojekt gefördert haben, insbesondere Peter
Laudi, sowie unserer Lektorin Ulrike Lörcher, die für uns in allen Dingen eine kompetente
und hilfreiche Ansprechpartnerin war.

Es würde uns freuen, wenn wir Ihnen mit diesem Buch die eine oder andere Idee für das
Management Ihrer Projekte geben können. Ebenso freuen wir uns über Ihre Anregungen
(helga.meyer@hs-bremen.de und heinzjosefreher@gmail.com).

Bremen, Deutschland   Helga Meyer
Juni 2015   Heinz-Josef Reher

Inhaltsverzeichnis

Abbildungsverzeichnis

Tabellenverzeichnis

Projektmanagement verstehen

Zusammenfassung

In dieser Einführung zu dem Thema Projektmanagement wird zunächst geklärt, welche Merkmale Projekte charakterisieren und welche Rolle Projekte im Produktlebenszyklus spielen. Diese Betrachtung leitet über zu der Frage, welche Aspekte betrachtet werden können, um zu bewerten, ob ein Projekt erfolgreich ist oder nicht. Eine besondere Rolle spielt dabei das magische Zieldreieck. Phasenmodelle und Meilensteine beschreiben ein grundlegendes Konzept für das Projektmanagement und gängige Standards berücksichtigen dies. Sie müssen allerdings für das jeweilige Projekt konkretisiert werden. Den Überblick behalten heißt die Dinge mit Abstand betrachten, zu realisieren, dass Projekte Kooperationen auf Zeit sind, und dass das Management der Schnittstellen eine besondere Bedeutung in Projekten hat. Das einführende Kapitel schließt mit einigen allgemeinen Informationen, z. B. zu relevanten Standards und Fachverbänden.

1.1 Projekte und ihre Rolle im Produktlebenszyklus

Was ist ein Projekt?

Kleine und große Projekte werden heute in allen Bereichen der Wirtschaft, der Wissenschaft, in der öffentlichen Verwaltung, in Vereinen und anderen Non-Profit-Organisationen durchgeführt. Projekte öffentlicher Auftraggeber, z. B. der Flughafen Berlin Brandenburg, die Elbphilharmonie Hamburg, oder die Organisation einer Olympiade, die Organisation einer Fußballweltmeisterschaft oder auch die Organisation einer Musikveranstaltung oder eines Jugendturniers berühren den Alltag vieler Bürger. Auch das Schreiben dieses Buches war ein Projekt. Die Methoden und Prozesse des Projektmanagements werden und wurden bei diesen Projekten immer mehr oder minder erfolgreich ein- und umgesetzt. Projekte

© Springer Fachmedien Wiesbaden GmbH, ein Teil von Springer Nature 2020
H. Meyer, H.-J. Reher, *Projektmanagement*,
https://doi.org/10.1007/978-3-658-28763-4_1

sind aus unserem Alltag nicht mehr wegzudenken, sie sind allgegenwärtig. Die DIN Norm definiert folgendermaßen.

▶ **Projekt – Project** Ein Projekt ist ein „Vorhaben, das im Wesentlichen durch Einmaligkeit der Bedingungen in ihrer Gesamtheit gekennzeichnet ist." Die Einmaligkeit der Bedingungen kann sich beziehen auf die „Zielvorgabe, zeitliche, finanzielle, personelle oder andere Begrenzungen, projektspezifische Organisation" (DIN 69901-5:2009-01, S. 11).

In Übereinstimmung mit Schelle et al. (2005, S. 28) ist die DIN Definition um ein Merkmal zu ergänzen, nämlich um die Beteiligung mehrerer Personen, Arbeitsgruppen oder häufig sogar Institutionen. Arbeitsteilige Prozesse werden notwendig. In der Regel bedeutet dies auch, dass interdisziplinäre Teams gemeinsam eine Lösung erarbeiten. Das amerikanische Project Management Institute hebt in seiner Definition die zeitliche Befristung von Projekten hervor (PMI 2017a, S. 3) und Meredith und Mantel ergänzen als weiteres Projektmerkmal „Progressive Elaboration" (2005, S. 74). In Summe möchten die Autoren folgende vier Merkmale betonen, um zu verstehen, was Projekte auszeichnet (vgl. auch Bea et al. 2011, S. 33/34):

1. **Zeitliche Befristung – Temporary**
   Projekte sind ihrem Wesen nach zeitlich befristet. Mit dem Erreichen des Projektziels ist die Arbeit getan, das Team wird nicht mehr benötigt.
2. **Einmaligkeit – Unique**
   In der vorliegenden Konstellation grenzt sich ein Projekt von anderen Vorhaben und Routineaufgaben ab. Es handelt sich um einen Einzelfall, zumindest für diejenigen, die das Projekt bearbeiten.
3. **Interdisziplinäre Teamarbeit und arbeitsteilige Prozesse – Interdisziplinary Approach**
   Mehrere Personen, Arbeitsgruppen, Abteilungen, Unternehmen oder Institutionen bringen ihre fachliche Expertise, die aus verschiedenen Perspektiven und Fachrichtungen herrührt, ein und erarbeiten gemeinsam eine Lösung. Arbeitsteilige Prozesse sind erforderlich und Verantwortlichkeiten werden für die Dauer des Projekts übertragen. Dies erfordert eine gesonderte, für das Projekt zu schaffende Koordination.
4. **Neuartigkeit, fortschreitende Konkretisierung – Progressive Elaboration**
   Das Projekt ist eine neue Herausforderung und die Beschaffung von Informationen verdient besondere Aufmerksamkeit. Erst mit fortschreitender Projektbearbeitung wächst das Wissen, und die Vorstellungen über die zu entwickelnde Lösung werden klarer. Durch schrittweises Verfeinern und systematische Rückkopplungen zur Gesamtsicht schärft sich der Blick. Dieses Phänomen bedeutet, dass die Arbeit in Projekten besonders in frühen Projektphasen durch Unsicherheit geprägt ist.

Warum überhaupt definieren, was ein Projekt ist? Die Frage ist wichtig, um zu entscheiden, ob die Methodik des Projektmanagements zum Einsatz kommen soll. Auch wenn die genannten Merkmale solide Anhaltspunkte geben, ob eine Aufgabe ein Projekt sein kann oder nicht. Die Entscheidung, ob es sich tatsächlich um ein Projekt handelt, für das die Führungskonzeption und die Methoden des Projektmanagements zum Einsatz kommen sollen, muss im Einzelfall getroffen werden. Es ist daher sinnvoll, wenn Organisationen eigene Kriterien entwickeln, um zu bestimmen, wann sie für eine Aufgabe die Methoden des Projektmanagements einsetzen wollen.

Dieses Buch konzentriert sich auf das **Management eines Projekts**. Projekte managen bedeutet im Detail:

- Spezifikationen, Pläne und Vorgehensweise an die jeweiligen Erwartungen und Anliegen der verschiedenen Stakeholder anpassen.
- Klare und erreichbare Ziele definieren und Anforderungen identifizieren.
- Die Termine und Kosten sauber planen und einhalten.
- Die Liefergegenstände in der geforderten Qualität liefern.
- Das Projekt mit Gewinn abschließen.

▶ **Projektmanagement – Project Management** Projektmanagement bezeichnet die „Gesamtheit von Führungsaufgaben, -organisation, -techniken und -mitteln für die Initiierung, Definition, Planung, Steuerung und den Abschluss von Projekten" (DIN 69901-5: 2009-01, S. 14).

Projektlebenszyklus und Produktlebenszyklus
Der Begriff Produktlebenszyklus ist aus der Betriebswirtschaftslehre und der Wirkungsforschung bekannt. In Zusammenhang mit Projektmanagement ist die Sichtweise der Wirkungsforschung bedeutsam, denn sie beschäftigt sich mit den Folgen, die menschliches Handeln, insbesondere Technologie und Technik, aber auch Gesetzesentwürfe, Steueränderungen etc., auf künstliche und natürliche Systeme hat (Möhrle, in Gabler 2014).

▶ **Produktlebenszyklus – Product Life Cycle (in der Wirkungsforschung)** Gegenstand der Betrachtung ist der gesamte Lebenslauf (Werdegang) eines Produktes, die Produktbiografie von der Geburtsstunde bis zur Außerdienststellung. Mit anderen Worten von der Idee über die Entwicklung, Produktion, Nutzung bis zum Recycling und zur Entsorgung (Markgraf, in Gabler 2014).

▶ **Projektlebenszyklus – Project Life Cycle** „Ein Projektlebenszyklus ist die Abfolge von Phasen, die ein Projekt von seinem Beginn bis zu seinem Abschluss durchläuft. Er bildet den grundlegenden Rahmen für das Management des Projekts. … Projektlebenszyklen können prognostiziert oder adaptiv sei" (PMI 2017b, S. 19)

Entscheidend ist, dass ein Projekt in vielen Fällen nur einen **Teil des Produktlebens** ausmacht (vgl. Abb. 1.1). Das Projekt steht am Anfang des Produktlebens und die Projektergebnisse werden noch lange Zeit genutzt, während das Projekt schon längst beendet

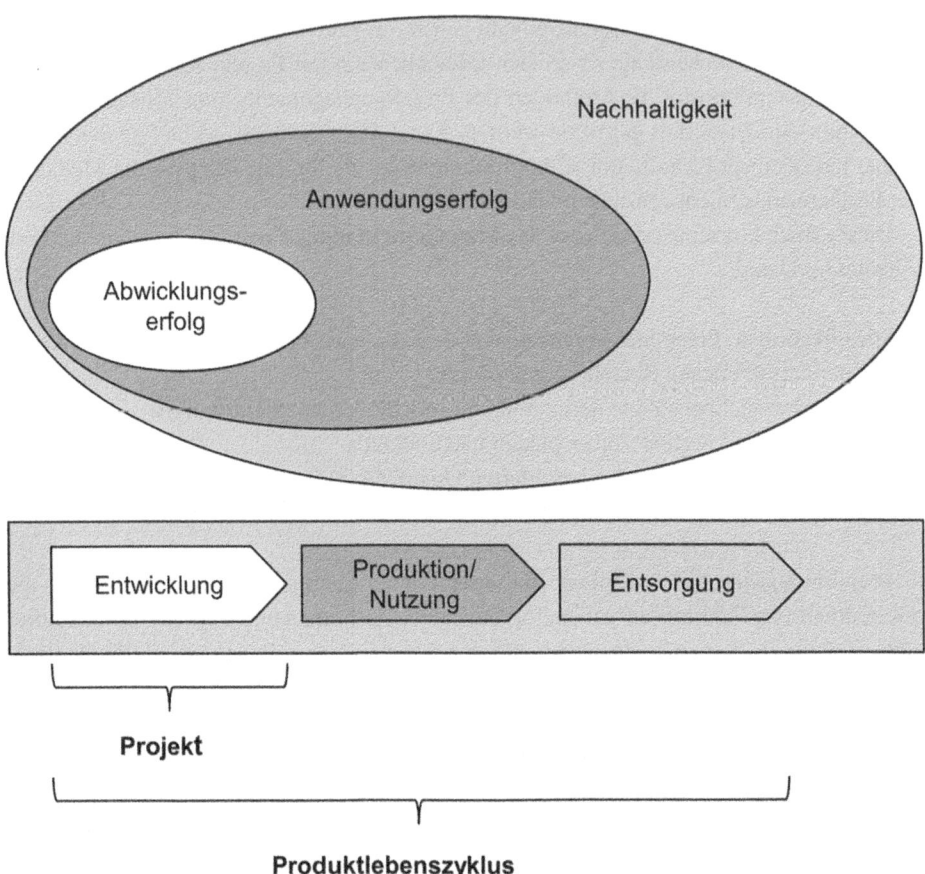

Abb. 1.1 Perspektiven des Projekterfolgs

ist. Für ein komplexes Projekt wie eine Olympiade ist die Frage nach dem Erbe (legacy) sehr berechtigt und eine dementsprechende Berücksichtigung in der Definitions- und Planungsphase dient dem Projekterfolg (Steeger 2012, S. 4). Schon in frühen Projektphasen Aspekte der Nachhaltigkeit zu berücksichtigen, erweitert das Blickfeld um eine komplexe Dimension, und hilft gleichzeitig, mögliche Störungen im Projektablauf zu vermeiden.

Sollen die Perspektive des Nutzers, des Investors und Nachhaltigkeitsaspekte integriert werden, so ist bereits bei der Projektgestaltung die Orientierung am **Produktlebensweg** angezeigt. Kosten, die im laufenden Betrieb entstehen, spielen schon bei der Produktentwicklung eine Rolle. Wechselwirkungen zwischen technischer Lösung und den daraus jeweils resultierenden Betriebskosten, z. B. für Kraftstoffe, Personal und Wartung, müssen analysiert werden, um eine im Sinne des Investors günstige Lösung zu finden. Der gesamte

Produktlebenszyklus muss bei der Lösungsentwicklung und Umsetzung berücksichtigt und Beteiligte aus allen Phasen des Produktlebensweges eingebunden werden. Für eine erfolgreiche Planung und Umsetzung des Projekts ist es daher notwendig, die Zeiträume der Betrachtung und ihre Abgrenzungen einzubeziehen:

- Projektdauer
- Nutzung der Projektergebnisse – Produktlebenszyklus
- Und bei Bedarf weitere nachhaltige Wirkungen.

Im Beispiel Segeltörn ist das Projekt so definiert, dass die Zeiträume für die Bearbeitung des Projekts und die Nutzung des im Projekt erstellten Ergebnisses, der Segeltörn, identisch sind, was die Komplexität reduziert. Ganz anders sieht es aus, wenn es sich um eine Produktentwicklung z. B. im Automobilbau handelt. Produktionsprozesse, Service und weitere, dem Projekt nachgelagerte Phasen müssen bedacht werden. Beim Bau eines Einfamilienhauses ist nach der Übergabe des Hauses an den Bauherrn und Abschluss aller erforderlichen Bauarbeiten das Projekt beendet. Aber das Haus wird noch lange Zeit weiter genutzt. Der Produktlebenszyklus ist wesentlich länger als das Projekt. Handelt es sich um ein Großprojekt, wie etwa eine Olympiade, wirken die Ergebnisse über mehrere Jahrzehnte nach. Wenn der Produktlebenszyklus länger als der Projektlebenszyklus ist, müssen daher zukünftige Entwicklungen und Nutzungsszenarien antizipiert werden und erwünschte Langzeitwirkungen, z. B. Wartungsbedarf, Bewirtschaftungskosten oder Produktionskosten definiert werden.

Zukünftig erwünschte Wirkungen vereinbaren
Inwieweit die zuvor beschriebenen zukünftigen Wirkungen Gegenstand des Projekts sind, muss vereinbart werden. Mit dem Projektauftrag wird der Projektumfang definiert. Im Rahmen der weiteren Planungen werden die zu erfüllenden Funktionen und Leistungskriterien der Projektliefergegenstände näher beschrieben. Dies ist Aufgabe der Anforderungsdefinition, die am Ende in einem Pflichtenheft oder einer Spezifikation die Ergebnisse aufnimmt, die von Auftraggeber und Auftragnehmer akzeptiert worden sind. Je weiter der Planungshorizont in die Zukunft reicht, desto komplexer und risikoreicher wird das Projekt.

Wichtige Begriffe
- Fortschreitende Konkretisierung – Progressive Elaboration
- Projekt – Project
- Produktlebenszyklus – Product Life Cycle
- Projektlebenszyklus – Project Life Cycle
- Projektmanagement – Project Management

1.2   Mit dem magischen Zieldreieck zum Projekterfolg

Mit Erfolg wird im allgemeinen Sprachverständnis etwas Positives assoziiert. Begriffe wie Anerkennung, Fortschritt, Gewinn oder Zustimmung schlägt der Duden als Synonyme vor. Der Erfolg ist Ergebnis einer Bewertung. Auch die Frage nach der Qualität ist Ergebnis einer Bewertung, die die objektiv messbare und subjektiv wahrgenommene Erfüllung von Eigenschaften misst.

Wer bewertet, ob das Projekt ein Erfolg ist?
Kunde und Nutzer sind nicht immer identisch. Weitere Personen sind betroffen oder interessiert. Projekte sollen deshalb nicht nur die Kunden, sondern auch die Stakeholder zufrieden stellen, wobei die Kundenzufriedenheit durchaus stärker gewichtet wird (vgl. das Project Excellence Modell der GPM 2019, S. 4). Wer Kunde ist, beschreibt die DIN Norm recht allgemein.

▶ **Kunde** „Kann eine Organisation oder Person sein, die ein Produkt empfängt, z. B. Verbraucher, Endanwender, Einzelhändler oder Käufer. Der Kunde kann der Organisation angehören oder ein Außenstehender sein" (DIN EN ISO 9000:2015-11, S. 23).

▶ **Kundenzufriedenheit** Beschreibt die „Wahrnehmung des Kunden zu dem Grad, in dem die Anforderungen erfüllt worden sind" (DIN EN ISO 9000:2015-11, S. 19).

Handelt es sich um einen externen Auftraggeber, der für das Projekt bezahlt, ist die Frage nach dem Kunden oft leichter zu beantworten. Aber nicht immer ist die Antwort auf den ersten Blick eindeutig. Projektleitung und Projektteam müssen für das konkrete Projekt im Rahmen der Stakeholderanalyse klären, wem und in welcher Form das Projekt Nutzen bringen soll.

Abwicklungserfolg und Anwendungserfolg
Sind Projekte erfolgreich, wenn sie die vereinbarte Leistung zum vereinbarten Termin und unter Einhaltung der vereinbarten Kosten liefern? Diese Sichtweise betrachtet den Abwicklungserfolg eines Projekts und lenkt den Blick auf die Effizienz, also ein günstiges Verhältnis zwischen Output und Input. Wird der Zeitraum der Bewertung erweitert auf die Zeit, die dem Projektende folgt, spricht man auch von Anwendungserfolg. Dieser untersucht den langfristigen Nutzen des Projekts für den Kunden und für weitere interessierte und betroffene Parteien. Anwendungserfolg steht aber nicht erst nach Abschluss des Projekts auf der Agenda. Da Projekte häufig über das Ende des Projekts hinaus wirken, ist, je nach vertraglicher Vereinbarung, der gesamte Lebenszyklus des zu entwickelten Systems (Projektgegenstand) zu berücksichtigen, d. h. von der Nutzungsphase bis zur Außerdienststellung. Das Anforderungsmanagement muss sicherstellen, dass die Nutzenbeiträge und **Lebenszykluskosten** aus Kundensicht berücksichtigt werden, damit für ihn ein effizientes System – gemessen am Anwendungserfolg – entsteht (Patzak und Rattay 2014, S. 239). In welchem Maße dies geschehen soll, ist mit dem Kunden im Pflichtenheft zu vereinbaren. Bea et al. unterscheiden

deshalb aus der Perspektive des Unternehmens Projekteffizienz und Projekteffektivität (2011, S. 9–11). Die Projekteffizienz strebt die Wirtschaftlichkeit bei der operativen Umsetzung des Projekts an, während Projekteffektivität den Anwendungserfolg bereits zu Zeiten der Projektabwicklung in regelmäßigen Abständen neu bewertet. Zu diesem Zweck müssen Entwicklungen antizipiert werden, die weit über das Projektende hinaus reichen. Interne Projekte, wie z. B. eine Produktentwicklung, werden den Fokus auf die Projekteffektivität richten, während bei klassischen Auftragsprojekten, wie etwa in der Baubranche, für den Auftragnehmer die Projekteffizienz im Vordergrund steht (Cooke-Davies et al. 2009, S. 113). Abb. 1.2 stellt die Definitionen und Begriffe gegenüber.

Projekterfolg	Projektqualität
Abwicklungserfolg Erfüllung der vereinbarten Lieferungen und Leistungen in der geforderten Qualität und innerhalb des finanziellen und terminlichen Rahmens unter Berücksichtigung der genehmigten Nachträge. **Projekteffizienz** Wirtschaftlichkeit bei der operativen Umsetzung des Projekts, indem ein günstiges Verhältnis von aktuellem Output zu aktuellem Input angestrebt wird, d. h. ein bestimmtes Projektergebnis mit möglichst geringem Aufwand und in möglichst kurzer Zeit umgesetzt wird. **Projekteffektivität** Das Projekt und seine Durchführung werden vom Projektstart über die gesamte Projektlaufzeit hinweg bis zum Projektabschluss darauf geprüft, ob grundsätzlich weiterhin der Beitrag zur Erfüllung der übergeordneten Organisationsziele gewährleistet ist.	**Qualität** Grad, in dem die Eigenschaften und Merkmale eines Projekts in ihrer Gesamtheit die vereinbarten Anforderungen und Erwartungen erfüllen. Beurteilungsmaßstab sind die Zufriedenheit der Stakeholder (subjektive Komponente) und die Zielerreichung der definierten Ziele (objektive Komponente) zu **Projektgegenstand** und **Projektablauf**.
Nach Projektende	
Anwendungserfolg Mittel- bis langfristige Folgen des Projekts nach dessen Abschluss.	**Umfassende Qualität** Bewertung der Langfristwirkungen

Abb. 1.2 Projekterfolg und Projektqualität – Definitionen. (In Anlehnung an Bea et al. 2011, S. 9–11; Motzel 2010, S. 164 und 189)

Projektqualität

Qualität kann objektiv gemessen werden. Qualität muss aber auch aus der Perspektive des Kunden gesehen werden, und schließt die subjektive Wahrnehmung und die Zufriedenheit des Kunden ein (vgl. hierzu Abb. 1.2). Nicht nur der Kunde, auch weitere interessierte Parteien sollen mit dem Projekt zufrieden sein und die subjektive Wahrnehmung der Stakeholder, z. B. der Projektmitarbeiter, die sich im Laufe des Projekts verändern kann, darf nicht außer Acht gelassen werden, wenn über Projektqualität gesprochen wird. **Objektiv** zu messende und **subjektive** wahrgenommene Projektqualität bewertet, inwieweit die definierten Ziele hinsichtlich Projektgegenstand und Projektablauf erfüllt sind. Das bedeutet, zusätzlich zu den Ergebnissen werden die Prozesse bewertet. Entscheidend ist, welche Maßnahmen ergriffen werden, um Qualität zu erzeugen.

Woran können Projekterfolg und Projektqualität gemessen werden?

Es ist gut, wenn man schon am Anfang weiß, woran man am Ende gemessen wird. Die vorherigen Ausführungen zeigen aber, dass es gar nicht so einfach ist, Projekterfolg oder Projektqualität zu bestimmen. Die Frage kann nicht generell beantwortet werden, sondern muss situationsbezogen entschieden werden. Projekte müssen autorisiert werden. Dies übernimmt der interne Auftraggeber, der als Entscheidungsträger der Projektleitung übergeordnet ist. Mit diesem Auftraggeber ist abzustimmen, wie das Projekt bewertet werden soll. Dies sollte dann der Maßstab dafür sein, wie Projektleitung und Projektteam nach Abschluss des Projekts bewertet werden. Im Sinne eines stetigen **Lernprozesses** der projektdurchführenden Organisation und in Verbindung mit einer strategischen Ausrichtung kann es zweckmäßig sein, wenn die Projektbewertungen organisationsintern vereinheitlicht werden. Zur Messung des Projekterfolgs können verschiedene Kriterien herangezogen werden. Aus der Fülle der Diskussionen hier zwei Konzepte zur Bewertung von Projekten (Abb. 1.3):

- Das **Project Excellence Modell** der GPM Deutsche Gesellschaft für Projektmanagement e. V. bewertet Projekte auf der Basis von neun Kriterien (vgl. Abschn. 3.4 und Abb. 3.24).
- Projekterfolg als multidimensionales **strategisches Konzept** nach Shenhar und Dvir. Inspiriert vom Konzept der Balanced Scorecard von Kaplan und Norten beschreiben Shenhar und Dvir (2007, S. 25 und 27) fünf Dimensionen des Projekterfolgs (vgl. Abb. 1.3).

Shenhar und Dvir spannen mit ihrem Konzept den Bogen sehr weit. Projekteffizienz, erzielte Wirkungen für den Kunden und das Team sind Dimensionen, die auch das Project Excellence Modell ganz offensichtlich bedient. Die Frage nach dem Geschäftserfolg kann je nach Projektart sehr weit in die Zukunft reichen und vielleicht erst mehrere Jahre nach Abschluss des Projekts beantwortet werden. Das gleiche gilt umso mehr für die Frage, welchen Beitrag das Projekt leistet, um die Organisation für die Zukunft zu rüsten. So weisen Shenhar und Dvir selbst daraufhin, dass die Bedeutung der fünf Dimensionen projektabhängig ist und besonders die Dimension Vorbereitung auf die Zukunft vornehmlich

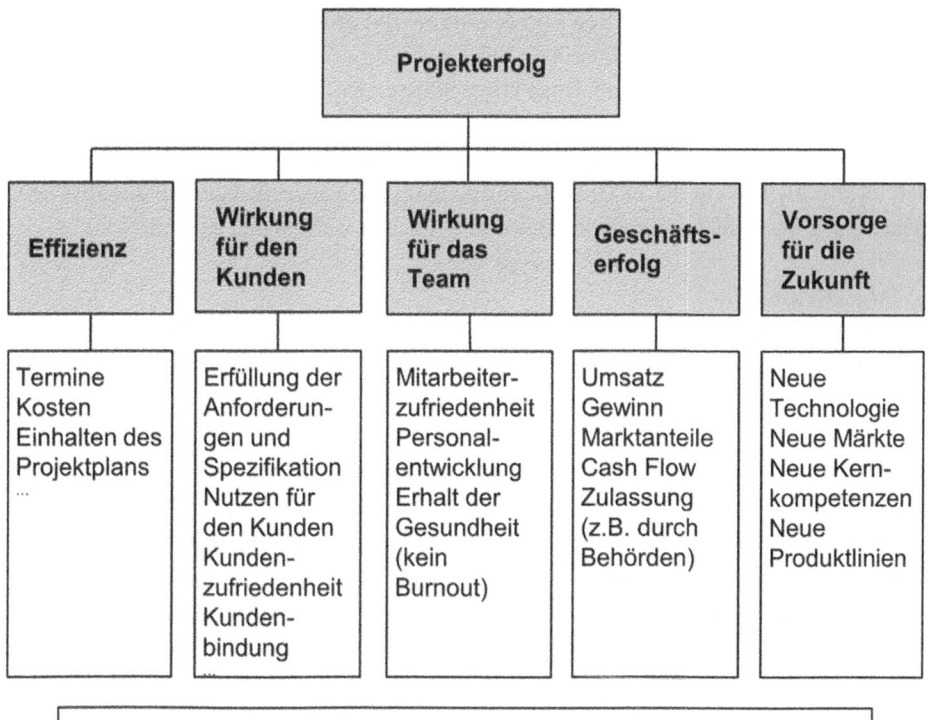

Abb. 1.3 Konzepte zur Bewertung des Projekterfolgs

für strategische Projekte hohe Relevanz hat, da sie mit großen Risiken und Chancen verbunden ist. Hinzu kommt die Tatsache, dass langfristige Wirkungen erst bewertet werden können, wenn das Projekt bereits lange abgeschlossen ist. Das mag den Praktiker erleichtern, der angesichts der erlebten Projektwirklichkeit Zweifel anmeldet, inwiefern in der Realität tatsächlich alle fünf Dimensionen eine Rolle spielen. Das Project Excellence Modell (GPM 2019) ist in dieser Hinsicht anwendungsbezogener. Es kann unmittelbar nach Beendigung des Projekts für dessen Bewertung genutzt werden und behandelt:

- Projektprozesse
- Projektergebnisse
- Kunden, Mitarbeiter und weitere Stakeholder und
- objektiv gemessene und subjektiv wahrgenommene Zielerfüllung.

Wo die Verantwortung des Projektleiters endet und die Verantwortung des Managements beginnt, lässt sich nicht einheitlich festlegen. Soll die Projektleitung noch für Ergebnisse verantwortlich sein, die erst Monate oder gar Jahre nach dem Projektende eintreten? Ein Projektleiter wird darauf achten, dass im Projektauftrag geregelt ist, was am Ende zu liefern ist, welcher Zustand am Ende des Projekts erreicht sein soll, und woran die Erfüllung der Anforderungen – noch während der Projektlaufzeit – gemessen wird und wo die **Grenzen seiner Verantwortung** verlaufen. Projektmanagement bedeutet auch, diese Grenzen eindeutig zu klären und zu dokumentieren. Trotz dieser Regelungen werden Projekte zu einem späteren Zeitpunkt, lange nach Abschluss des Projekts, oft ganz anders bewertet. Die Oper in Sydney ist hierfür ein viel zitiertes Beispiel.

Welche Schlussfolgerungen sind für die Projektarbeit zu ziehen? Die folgenden Forderungen von Shenhar und Dvir (2007, S. 33) sind förderlich für die **Auftragsklärung** zu Beginn des Projekts:

- Kriterien, die den Projekterfolg bestimmen, sollten bereits bei der Auswahl des Projekts handlungsleitend sein und im Projektcharter benannt werden. Dafür kann es hilfreich sein, sich auch darüber zu verständigen, wann das Projekt ein Misserfolg ist.
- Kriterien zur Messung des Projekterfolgs müssen Bestandteil der Projektplanung sein.
- Die vereinbarten Kriterien zur Messung des Projekterfolgs müssen überwacht und in Projektreviews bewertet werden.

Kriterien für den Projekterfolg beschreiben vorab, was mit dem Projekt erreicht werden soll und woran Erfolg, Projektleitung und Projektteam am Ende des Projekts gemessen werden. Die Ziele für das Projekt sind hieraus abzuleiten.

Das magische Zieldreieck
Spricht man über Projektziele, meint man auch das magische Zieldreieck (triple constraint): Ein bestimmtes Ergebnis soll zu einem bestimmten Termin und unter Einhaltung gegebener Einsatzmittel realisiert werden.

Ziele Ziele beschreiben für die Zukunft angestrebte Zustände, die als Ergebnis von Entscheidungen eintreten sollen (Bea et al. 2011, S. 112).

Ziele machen Bewertungen möglich. Sie dienen mehreren Funktionen. Hervorgehoben sei hier:

* **Die Koordinationsfunktion.**
* Projekte umfassen Prozesse, die arbeitsteilig organisiert sind. Ziele bieten Orientierung und Projektbeteiligte richten ihr Handeln an den Projektzielen aus.
* **Die Auswahlfunktion.**
* Entscheidungen müssen immer wieder getroffen werden. In Projekten stehen regelmäßig Alternativen zur Auswahl. Ziele liefern den Maßstab für die Bewertung und Auswahl einer Alternative.
* Die **Kontrollfunktion.**
* Im Projektablauf wird in regelmäßigen Abständen geprüft, ob das Projekt noch auf dem richtigen Weg ist. Das bisherige Geschehen und die Ergebnisse werden den angestrebten Ergebnissen gegenübergestellt und bewertet.

Bea et al. nennen zusätzlich Motivationsfunktion, Informationsfunktion und Legitimationsfunktion (2011, S. 112).

Ziele verändern und konkretisieren sich im Projektablauf
Am Anfang stehen grobe Ideen, Visionen oder strategische Ziele. Eine Projektidee wird geboren, ein Projekt ausgewählt. Die Vorstellungen hierzu sind zunächst diffus und gewinnen erst mit fortschreitender Planung des Projekts zunehmend an Schärfe (vgl. hierzu das Projektmerkmal „progressive elaboration"). Im Laufe der weiteren Bearbeitung können sich die Ziele verändern und müssen kontinuierlich auf Aktualität überprüft werden. PRINCE2® realisiert dies über das Konzept des Business Case.

Aus Zielen werden **Anforderungen**, deren Erfüllung getestet werden kann. Projektleitung und Projektteam tragen die Verantwortung dafür, dass Anforderungen eindeutig und widerspruchsfrei definiert, umgesetzt und getestet werden. Ein rechtzeitig etabliertes systematisches Änderungsmanagement stellt sicher, dass sich die Ziele nicht schleichend und ohne bewussten Entscheidungsprozess verändern.

Verbreitet ist die SMART Regel zur Beschreibung von Zielen (vgl. hierzu auch das Thema Anforderungen definieren in Abschn. 3.1):

* S steht für spezifisch.
* M steht für messbar.
* A steht für achievable (erreichbar) oder auch akzeptiert.
* R steht für realistisch.
* T steht für terminiert.

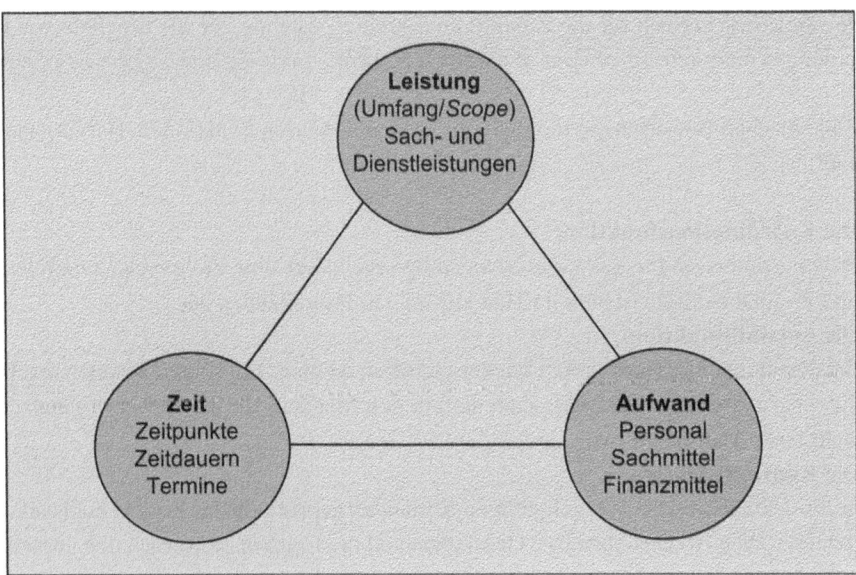

Abb. 1.4 Das magische Zieldreieck. (Motzel 2010, S. 198)

Das magische Dreieck steht als Synonym für gutes, verantwortungsvolles Projektmanagement (Abb. 1.4). Ziel ist die Balance von Leistung bzw. Projektumfang (Scope), Zeit und Kosten. Die Erfüllung des Projektumfanges in der geforderten Qualität gemäß definierter Anforderungen zu vereinbarten Terminen und unter Einhaltung des Budgets ist gleichbedeutend mit Abwicklungserfolg:

- **Projektumfang/Leistung** (Scope)
- Der Liefer- und Leistungsumfang des Projekts beschreibt, Produkte, Dienstleistungen, Berichte, Zustände und ihre Beschaffenheit, die am Ende des Projekts oder zu bestimmten Zeitpunkten im Projektablauf vorliegen sollen. Die Beschreibung der geforderten Qualität erfolgt in der Spezifikation. Sie bestimmt, in welchem Maße auch solche Anforderungen erfüllt werden sollen, die den gesamten Lebenszyklus des zu entwickelnden Systems (Projektgegenstand) einschließlich Nutzungsphase und Außerdienststellung betreffen. Wichtige Dokumente hierzu sind der Projektauftrag, das Lastenheft und das Pflichtenheft. Zu den wichtigen Methoden zählen Anforderungsmanagement, Projektstrukturplanung, Qualitätsplanung, Änderungs- und Konfigurationsmanagement.
- **Aufwand**
- Für die Realisation des Projekts steht eine begrenzte Menge an Einsatzmitteln zur Verfügung. In Projekten spielt der Personalaufwand oft die Hauptrolle. Zusätzlich sind Kosten für Material, Maschinen, Reisen, Lizenzen etc. und schließlich Finanzmittel zu berücksichtigen. Die Einsatzmittelmengen und die Kosten werden mit dem Auftraggeber vereinbart und bilden letztlich das Budget, das nicht überschritten werden darf.

- **Zeit**
  Projekte sind per Definition zeitlich befristet und zu jedem Projekt gehört ein Endtermin. Der Kunde sieht hierin den Liefertermin, der interne Auftraggeber den Endtermin, d. h. der Abschlussbericht liegt vor und die Kostenstelle wird geschlossen. Schon mit dem Auftrag müssen weitere wichtige Termine, erste Etappen und Meilensteine, definiert werden.

Austauschbeziehungen (Trade-offs)

Projektumfang, Kosten und Termine beeinflussen sich gegenseitig, oft konkurrieren sie miteinander. Diese Trade-offs müssen im Projektablauf, bei der Planung und bei der Umsetzung optimiert werden. Projekte sind gekennzeichnet durch Diskussion von Alternativen, die in den ersten, weniger kostenintensiven Phasen, breit angelegt sein sollten, und die erst im Zuge der weiteren Detaillierung schrittweise eingeengt werden. Die Entscheidungen für oder gegen bestimmte Alternativen orientieren sich am Zieldreieck. Die notwendige Entscheidungsfindung, die auf der Basis von Daten und Informationen beruhen sollte, kann durch den Einsatz einer **Nutzwertanalyse** (Trade Study) unterstützt werden (vgl. die Ausführungen zur Nutzwertanalyse in Abschn. 3.7).

Die Bewertung der Alternativen wird durch die oft konkurrierende Zielbeziehung zwischen Termin, Kosten und Leistung erschwert. Das Bewerten und Abwägen langfristiger Folgen kompliziert den Entscheidungsprozess. Es ist daher empfehlenswert, die Prioritäten hinsichtlich des Zieldreiecks schon zu Beginn des Projekts zu klären. Mögliche Fragen zur Klärung der **Rangfolge der Projektziele** Leistung, Zeit und Kosten sind:

- Was bringt größeren Nutzen für das Projekt:
  - Wenn das Projekt früher als geplant fertig wird?
  - Wenn das Projekt weniger als geplant kostet?
  - Wenn der Leistungsumfang größer als geplant ist?
- Was verursacht den größeren Schaden für das Projekt:
  - Wenn der Termin überschritten wird?
  - Wenn die Kosten überschritten werden?
  - Wenn der Leistungsumfang reduziert wird?

Die Prioritäten können sich im Projektablauf verschieben. Wenn das Schiff bereits gechartert oder die Werbung für das Produkt platziert ist, dann ist die Einhaltung des Termins oberstes Gebot. Bei Entwicklungsprojekten hat der Termin häufig von Beginn an hohe Priorität; denn je später der Markteintritt erfolgt, desto geringer ist der Nutzen, u. a. weil der Vorsprung gegenüber Wettbewerbern sinkt, Umsätze später realisiert werden und geringer als erwartet ausfallen.

Mag auch am Ende des Projekts die bestellte Leistung in der geforderten Qualität erbracht sein, so ist dies oft zu Lasten von Termin und/oder Kostenüberschreitungen geschehen. Auch der vereinbarte Projektumfang wird nicht immer realisiert, und so ist es notwendig, auch in Bezug auf den Leistungsumfang Prioritäten zu setzen. Die Konzentration auf

Designtreiber, diejenigen Eigenschaften, die den höchsten Kundennutzen bringen, hilft an dieser Stelle (vgl. auch Hab und Wagner 2013, S. 19). Näheres zu dem Thema in Abschn. 3.1.

Wichtige Begriffe
- Abwicklungserfolg – Operational Excellence
- Anwendungserfolg – Benefits Management
- Austauschbeziehungen – Trade-offs
- Kunde – Client
- Magisches Zieldreieck – Triple Constraint
- Nutzwertanalyse – Trade Study, Trade-off Study
- Projektumfang/-leistung – Project Scope

1.3   In Etappen zum Erfolg – Phasen und Meilensteine

Ein Grundprinzip des Projektmanagements ist die strukturierte Vorgehensweise und Zerlegung des Projektes in eine Abfolge von Phasen. Der Weg zur Bewältigung des Projekts, der Projektlebenszyklus, wird in Teilstrecken zerlegt. Projektlebenszyklen können prognostiziert oder adaptiv sein. Für jede dieser Teilstrecken (Phasen) werden die Hauptaufgaben benannt und die Übergabepunkte (Meilensteine) für die nächste Etappe (Phase) beschrieben. Diese Phasen können sequenziell, iterativ oder überlappend sein.

Traditionelles Projektmanagement entspricht einem prognostizierten Lebenszyklus und lebt von dem Grundprinzip, dass zunächst einmal alles, was das Projekt ausmacht, gründlich durchdacht wird. Die verschiedenen Methoden wie Projektstrukturplan, Anforderungsdefinition, Risikomanagement, Terminplanung, Kostenplanung usw. tragen zur Willensbildung bei. Das Ergebnis ist ein **Projektplan**, eine sogenannte Baseline. Erst wenn diese Baseline erstellt und verabschiedet ist, kann die Willensdurchsetzung, die tatsächliche Erschaffung des Projektgegenstands beginnen. In der Praxis sind naturgemäß gewisse Anpassungen an dieses Prinzip erforderlich und die Baseline wächst über mehrere Versionen zur endgültigen Baseline und Übergänge sind zum Teil durchaus fließend (vgl. PMI 2017b, S. 19).

▶ **Baseline** Eine Baseline ist eine Referenzkonfiguration. Sie beschreibt den Inhalt und den Zustand einer Information zu einem gewissen Zeitpunkt, häufig beim Erreichen eines Meilensteins. „Das herausragende Merkmal ist, dass die Informationen in einer Baseline nicht verändert werden können. Es ist also jederzeit möglich, den Stand der Baseline einzusehen oder wiederherzustellen" (Rupp 2013, S. 99). Sind Änderungen erforderlich, entsteht eine neue Baseline. Im Laufe eines Projekts entstehen so mehrere Referenzkonfigurationen, aber jeweils nur eine ist gültig.

Laut DIN 21500 bildet ein Basisplan – eine Baseline – die „Bezugsbasis für die Überwachung und das Controlling der Projektdurchführung" (DIN ISO 21500:2016-02, S. 7).

Dem Prinzip folgend, erst gründlich planen und dann realisieren, liefern Projektphasen eine Art **Makrostrategie**. Mit ihr wird das Projekt in überschaubare Abschnitte und Aufgaben zerlegt, damit die Komplexität beherrschbar wird. Die DIN spricht von fünf Projektmanagementphasen (69901-2:2009-01, S. 11). Das amerikanische Project Management Institute unterteilt den Projektlebenszyklus in die vier generellen Phasen Beginn des Projekts, Strukturierung und Vorbereitung (Planen), Durchführung der Arbeit und Beenden des Projekts (PMI 2017b, S. 18). PRINCE2® lässt mehr Spielraum und unterscheidet prinzipiell drei Abschnitte, nämlich das Initiieren, nachfolgende Phasen und das Beenden (vgl. Abb. 1.5). Vom **Groben zum Detail** wird das Projekt in einem stufenweisen Planungs-, Entscheidungs- und Realisierungsprozess bearbeitet mit der ausdrücklichen Aufforderung, die **Entscheidungsträger** an den Phasenübergängen einzubeziehen, so dass eine hierarchische Einbindung der Projektaufgaben und Ergebnisse in eine übergeordnete strategische Gesamtkonzeption realisiert wird (Haberfellner et al. 2012, S. 124; Reschke und Svoboda 1984, S. 25).

▶ **Projektphase – Project Phase** Eine Projektphase ist ein zeitlicher Abschnitt des Projektablaufs, der sachlich gegenüber anderen Abschnitten abgegrenzt ist. Projektphasen repräsentieren vereinbarte Tätigkeiten und bestimmte Ergebnisse. Sie orientieren sich stark an den spezifischen Projektinhalten (Motzel 2006, S. 137 und 138).

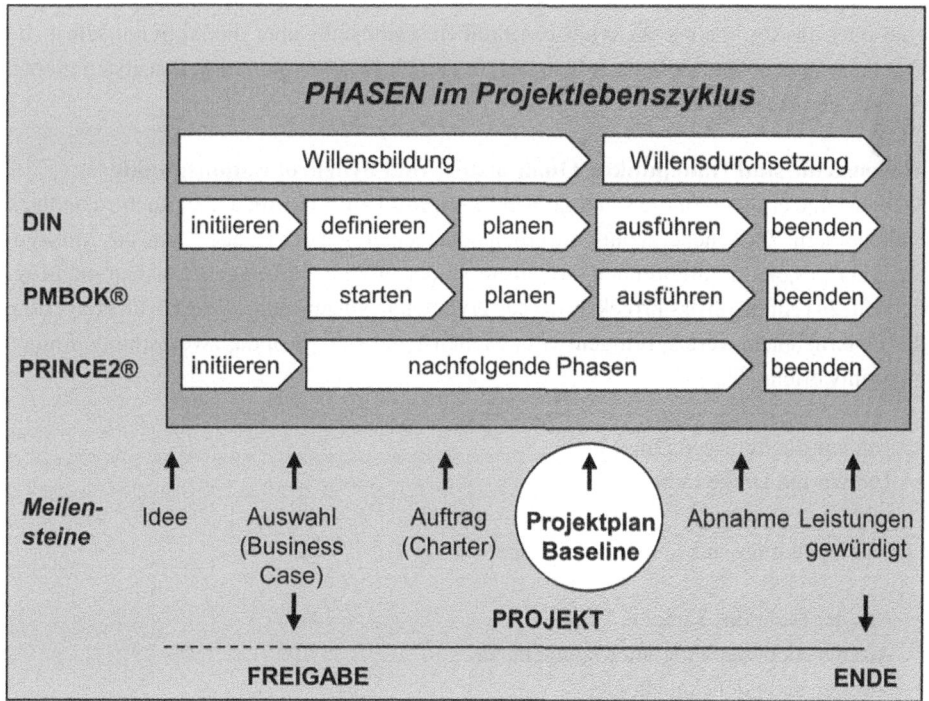

Abb. 1.5 Phasen im Projektlebenszyklus

In der Regel sind für das Ende einer Projektphase Meilensteine definiert. Das bedeutet, bestimmte Liefergegenstände sind zur Abnahme vorzulegen und erst wenn die Ergebnisse abgenommen sind, ist der Meilenstein erfolgreich erreicht und die Folgephase wird freigegeben. Fällt die Abnahme dagegen nicht positiv aus, müssen Nacharbeiten oder Wiederholungen veranlasst werden. Im schlimmsten Fall kann es zum Abbruch des Projekts kommen. Im PMBOK wird hierfür der Begriff „Phase Gate" verwendet (PMI 2017b, S. 18).

▶ **Meilenstein – Milestone** Ein Meilenstein ist ein Ereignis von besonderer Bedeutung. Zur Definition von Meilensteinen gehören (in Anlehnung an Motzel 2006, S. 124):

- Nummer oder eine andere eindeutige Kennung.
- Bezeichnung oder Kurztext.
- Beschreibung mess- und überprüfbarer Ergebnisse, die vorliegen müssen.
- Beschreibung der zu treffenden Entscheidung.

In der Praxis ist ein Meilenstein immer mit einem Termin versehen.

Meilensteine sind Ereignisse, sie beschreiben einen Zustand und sind zeitpunktbezogen. Für jeden Meilenstein ist der Inhalt genau zu definieren. Meilensteine gibt es am Ende einer Phase und innerhalb der Phasen. In der Regel handelt es sich um konkrete **Liefergegenstände** (Deliverables), die zu einem bestimmten Termin vorliegen müssen und über die ein Review im Sinne einer Prüfung stattfindet, in der die vorliegenden Ergebnisse begutachtet werden. Meilensteine müssen aussagekräftig sein. Sie können den Beginn oder das Ende einer Aktivität beschreiben, keinesfalls aber die Aktivität selbst. Im Ergebnis entsteht der Meilensteinplan, der, in den Phasenplan integriert, den ersten groben Ablauf- und Terminplan zeigt.

Meilensteine sind Haltepunkte, Qualitätstore und Synchronisationspunkte
Meilensteine erleichtern die ständige **Rückkopplung zum Kunden** aber auch zu anderen Stakeholdern. Zwischenergebnisse werden begutachtet und der Kunde sowie das Management der projektdurchführenden Organisation, der interne Auftraggeber, haben die Möglichkeit, zu prüfen, ob das Projekt noch den erwarteten Nutzen, etwa die erhoffte Steigerung des Unternehmenswertes, bringen wird. Meilensteine sind dazu da, zwei zentrale Fragen zu beantworten:

- Tun wir die richtigen Dinge?
- Tun wir die Dinge richtig?

Diese Fragen müssen beantwortet werden:

- Aus der Sicht des Kunden.
- Aus der Sicht des internen Managements.
- Aus der Sicht der Stakeholder.

Meilensteine treffen damit Vorsorge, denn sie helfen, die folgenden **Risiken** zu reduzieren:

- Das Produkt und seine Qualität erfüllen nicht die Erwartungen.
- Die Kosten und Termine entsprechen nicht den Erwartungen.
- Die Art der Zusammenarbeit stimmt nicht mit den Erwartungen überein.
- Der erwartete Nutzen tritt nicht ein.

In Projekten werden Prozesse arbeitsteilig organisiert und oft arbeiten eine ganze Reihe verschiedener Institutionen zusammen. Das hat zur Folge, dass Prozesse parallel ablaufen und aufeinander abgestimmt werden müssen. Meilensteine sind in diesem Sinne wichtige Übergabepunkte und eine Vorleistung wird erst nach erfolgreicher Prüfung als Input für eine nachfolgend zu erbringende Leistung freigegeben (Hab und Wagner 2013, S. 89). Die Übergabepunkte stellen sicher, dass die Dinge zueinander passen. Mit anderen Worten, Meilensteine dienen der Synchronisation. Hier werden die Teilleistungen zusammengeführt und eine gesicherte Ausgangsbasis für den folgenden Bearbeitungsabschnitt erzeugt, auf die alle Beteiligten ihre weiteren Arbeiten aufsetzen.

Zahlungsmeilensteine
Bei Projekten, die von externen Kunden finanziert werden, definieren sogenannte Zahlungsmeilensteine, wann der Kunde Teilzahlungen leistet. Diese Zahlungen sind immer an bestimmte Leistungen, dem Erreichen „technischer" Meilensteine geknüpft. Mit anderen Worten, Geld fließt, wenn die vereinbarten Liefergegenstände oder Zwischenergebnisse in der vorliegenden Art vom Kunden akzeptiert werden.

Ein Meilenstein ist prinzipiell mit drei möglichen **Entscheidungen** verknüpft:

1. Alles ist in Ordnung, die Arbeiten am Projekt können weitergehen.
2. Die Ergebnisse oder Teile davon sind nicht in Ordnung. Nacharbeiten sind erforderlich, die Arbeiten am Projekt können eigentlich erst weitergehen, wenn die Nacharbeiten für gut befunden wurden.
3. Es gibt neue Erkenntnisse, die das Projekt generell in Frage stellen und es wird deshalb entschieden, das Projekt abzubrechen.

Die zweite Situation kommt in der Praxis häufig vor, Praktiker mögen meinen, fast immer. Aufgrund des Termindrucks wird dann aber schon mal weitergearbeitet, was zu Phasenüberlappungen führt, die neue Risiken mit sich bringen. Ist der technische Meilenstein auch ein Zahlungsmeilenstein, so ergibt sich zusätzlich zu den technischen Risiken ein Finanzierungsproblem.

Stillstand kann Terminverzögerung bedeuten, die in der Regel zusätzliche Kosten verursacht, weil das Team warten muss, bis es weiterarbeiten kann. Was kann der erfahrene Projektleiter tun, damit es nicht zum Stillstand im Projektablauf kommt? Die Ursachen für den Stillstand lassen sich differenzieren in:

- **Showstopper**, die große Probleme und Risiken nach sich ziehen können und
- kleinere, weniger bedeutsame Probleme.

Nachdem die Showstopper identifiziert worden sind, untersucht das Projektteam die verschiedenen Alternativen, die möglich sind, um die erforderliche Nacharbeit zu erledigen und gleichzeitig die Arbeiten an dem Projekt fortzusetzen. Hierzu handelt das Team mit dem Management und dem Kunden aus, welche Reihenfolge die Arbeiten nehmen sollen, so dass möglichst bald, nachdem die Nacharbeit beendet worden ist, der nächste Zahlungsmeilenstein erreicht wird.

Allgemeingültige Phasen im Projektablauf
Bei Projektphasen werden unterschieden:

1. Allgemeingültige Phasen: Projekte wachsen und durchlaufen im Laufe ihres Lebens verschiedene Entwicklungsschritte, die im Prinzip für jedes Projekt gelten (vgl. Abb. 1.5).
2. Projektspezifische Phasen, die für das konkrete Projekt, einschließlich der Meilensteine geplant werden (vgl. Abb. 1.6).

Allgemeingültige Phasen beschreiben den Lebensweg eines Projekts in drei bis vier, manchmal auch fünf verschiedenen Phasen, wobei sich die Modelle im Prinzip ähneln (vgl. Abb. 1.5). Das Modell des PMBOK® Guide des amerikanischen Project Management Institute zeigt die Phasen (PMI 2017a, S. 18):

- Beginn des Projekts
- Strukturierung und Vorbereitung
- Durchführung der Arbeit
- Beenden des Projekts.

Das PRINCE2 Modell folgt dem Prinzip „Ein Ganzes ist, was Anfang, Mitte und Ende hat" (Aristoteles) und benennt (Axelos 2013, S. 25):

- Initiieren
- Nachfolgende Phasen
- Beenden.

Phasenmodelle existieren in verschiedenen Disziplinen, nicht nur im Projektmanagement. Man spricht von Phasen der Teamentwicklung. Kurt Lewin entwickelte ein Phasenmodell zur Veränderung und Entwicklung sozialer Systeme; das Gestalt Model kennt den Gestalt Cycle of Experience; im Systems Engineering beschreibt das Phasenmodell eine Art Makrostrategie. Alle Phasenmodelle ähneln sich in der Form, dass zunächst erste Gedanken und Ideen diffus existieren. Im Ringen um Klarheit werden die Ideen konkretisiert,

Nr.	Meilensteine	Vorliegende messbare Ergebnisse
1	Kick-off	Charter gem. Vorgaben, u.a. mit Ergebnisstruktur, Meilensteinplan
2	Freigabe Realisierung	Projektplan (Baseline), u.a. Projektstrukturplan, Risikoanalyse, techn. Konzept, Layout-Entwurf
3	Freigabe Fertigung/ Beschaffung	Bestellung Langlaufteile, Fertigungs- zeichnungen, Schaltpläne, Stücklisten, Feinterminplan Fertigung, Verträge Lieferanten
4	Freigabe Montage	Montageplan, Software Entwürfe, Komponenten am Montageort
5	Pilotanlage betriebsbereit, Freigabe Probebetrieb	Lauffähige Anlage, Bauteile für Probebetrieb, Funktionsabnahmen
6	Abschluss Probebetrieb	Protokoll Probebetrieb, Pilotteile, optimierte Anlage
7	Abnahme	Komplette Dokumentation, Endabnahme Kunde (Protokoll)
8	Projekt beendet	Nachkalkulation, Projektbericht, Projektorganisation aufgelöst

Phase	Zeitachse mit den Meilensteinen 1 - 8
Planung	1 2
Konstruktion	3
Fertigung/ Beschaffung	4
Montage	5
Probebetrieb	6
Abnahme	7
Projekt abschließen	8

Abb. 1.6 Meilensteine und Phasen am Beispiel einer Roboterzelle. (Hab und Wagner 2013, S. 94 – modifiziert und ergänzt)

nehmen Gestalt an und werden weiter spezifiziert. Das Projekt nimmt Fahrt auf, Energie entsteht und mündet in die Umsetzung, gefolgt von einer abschließenden Phase, in der sich die Beteiligten langsam zurückziehen und das Projekt rückblickend bewerten (Lewin 1953, S. 283; Reschke und Svoboda 1984, S. 25; Bar-Yoseph und Zwikael 2007, S. 42). Bezogen auf das Projektmanagement sind innerhalb der jeweiligen Phasen bestimmte Aufgaben zu erledigen. In Zusammenhang mit Projekten können fünf allgemeingültige Phasen beschrieben werden (vgl. Abb. 1.5).

Die Initiierungsphase Hier ist das Management gefragt, die Verantwortung liegt beim internen Auftraggeber. Am Ende der Phase wird die Entscheidung getroffen, ob die Projektidee weiterverfolgt werden soll. Dies geschieht am besten auf der Basis eines Business Case. Mehr dazu im Abschnitt Projektcharter (Abschn. 2.1). Im Vordergrund steht also eine Auswahlentscheidung, denn verschiedene Lösungsalternativen sind denkbar und Projektideen konkurrieren miteinander. In diese Auswahlentscheidung fließen neben anderen Aspekten, Annahmen über den erwarteten Wertbeitrag, mögliche Risiken und Chancen und die Einschätzung der Stakeholder ein. Fällt die Entscheidung zugunsten des Projekts, dann wird die Freigabe erteilt, eine Zieldefinition zu konkretisieren, die in der Definitionsphase erarbeitet und idealerweise im Projektauftrag (Charter) dokumentiert wird (vgl. Abschn. 2.1). Die Bandbreite der Professionalisierung im Projektmanagement ist in der Praxis sehr groß und so ist ein Business Case nicht immer vorhanden. Das heikle Thema ist in diesem Zusammenhang die Rolle des Managements. Denn ein angemessener Beitrag des Managements ist für ein erfolgreiches Projektmanagement unverzichtbar.

Die Initiierung zählt nach Ansicht der Autoren in der Regel nicht zu den primären Aufgaben des Projektleiters und des Projektteams. Die Idee des Projekts kommt entweder von außen, einem externen Kunden oder, bei internen Projekten, vom Management der Organisation. Manchmal auch aus dem laufenden Projekt. Strategische Aufgaben stehen im Vordergrund. Hierfür trägt das Management die Verantwortung. Initiierung ist Teil eines Projekts und die Art und Weise der Initiierung ist bedeutsam für den Projekterfolg, aber erst während der Definition greifen der Projektleiter und das zu bildende Team aktiv in das Geschehen ein. Bei strenger Denkweise erfolgt der Eingriff erst, wenn der Projektauftrag steht.

Die Definitionsphase Die Entscheidung für ein Projekt ist gefallen. Projektleitung und Projektteam kommen ins Spiel. Das Projekt wird formal autorisiert, indem der (interne) Projektauftrag erarbeitet und am Ende der Phase genehmigt wird. Weitere Aufgabenschwerpunkte sind das Stakeholdermanagement, die Festlegung der Rollen und Verantwortlichkeiten im Team und die Teamentwicklung (vgl. Kap. 2).

Die Planungsphase Planen bedeutet, die Zukunft gedanklich vorwegzunehmen und daraus eine Vorstellung abzuleiten, in welcher Art und Weise man ein bestimmtes Ziel oder

Vorhaben realisieren will. Als Ergebnis entsteht ein Plan. In Projekten spricht man vom Projektplan oder/und Projektmanagementplan (vgl. Kap. 3).

▶ **Projektplan (Baseline) – Project Plan** „Der Projektplan enthält Basispläne für die Durchführung des Projekts, z. B. in Bezug auf Leistungsumfang, Qualität, Terminplan, Kosten, Ressourcen und Risiken. Der Projektplan sollte in sich konsistent und vollständig sein. Der Projektplan sollte die Outputs aller relevanten Projektplanungsprozesse und die Aktionen aufführen, die zum Festlegen, Zusammenführen und Koordinieren aller angemessenen Maßnahmen zur Umsetzung, zum Controlling und Abschließen des Projekts erforderlich sind. Der Inhalt des Projektplans variiert je nach Fachgebiet und Komplexität des Projekts" (DIN ISO 21500, S. 23).

▶ **Projektmanagementplan – Project Management Plan** „Der Projektmanagementplan ist ein Dokument oder eine Reihe von Dokumenten, worin festgelegt wird, wie das Projekt durchgeführt, überwacht und gesteuert wird. Er kann auf das gesamte Projekt oder über untergeordnete Pläne, z. B. Risiko- oder Qualitätsmanagementplan, auf bestimmte Teile des Projekts angewandt werden. In der Regel definiert der Projektmanagementplan die Rollen, die Verantwortlichkeiten, die Organisation und die Verfahren für das Management von Risiken und Problemen, das Controlling von Änderungen, die Terminplanung, die Kostenplanung, die Kommunikation, das Konfigurationsmanagement, die Qualität, den Gesundheitsschutz, den Umweltschutz, die Sicherheit und gegebenenfalls sonstige Themen" (DIN ISO 21500:2016-02, S. 23).

„Projekte zu managen ist bewusste Gestaltung des Projektgeschehens", so die Worte von Reuter, der Projektmanagement als einen „Baumarkt der Problemlösungsmethoden" bezeichnet, der vielfältige Methoden und Tools anbietet, aus denen auszuwählen ist (2011, S. 7). Das Projektmanagement ist dementsprechend auf das konkrete Projekt abzustimmen. Es ist vorab zu überlegen, wie und mit welchem Aufwand die Projektmanagementprozesse gestaltet werden sollen. Wird dies explizit dokumentiert, entsteht ein Projektmanagementplan. Er kann, je nach Projektumfang und Branche, kurz und knapp oder detailliert ausgeführt sein und mehrere Teilpläne oder andere Planungsdokumente beinhalten, bis hin zu einem Projektmanagementhandbuch, dass die generelle Vorgehensweise im Unternehmen beschreibt. Diese muss dann ggf. auf das konkrete Projekt angepasst werden. Als Orientierung bieten sich **Themengruppen** der ISO Leitlinien Projektmanagement oder des PMBOK Guide an. Beide sind sich recht ähnlich (DIN ISO 21500:2016-02, S. 17–18; PMI 2017b, S. 25). Hierzu zählen:

- Das magische Dreieck mit Leistungsumfang, Terminen und Kosten
- Ressourcen/Personal
- Risiko
- Qualität

- Beschaffung
- Kommunikation und Stakeholder.

Die Differenzierung zwischen Projektplan und Projektmanagementplan behandelt die Frage der Metaplanung, also die Frage der Gestaltung des Planungsprozesses (Kosiol 1967, S. 79) und ist in großen Projekten bedeutsam. Die Autoren beschreiten einen pragmatischen Weg und konzentrieren sich auf den Projektplan, der bei kleinen Projekten im Grunde den Projektmanagementplan beinhaltet. Da gutes Projektmanagement bedeutet, dass zu jedem Zeitpunkt nur ein gültiger Projektplan existiert, verwenden die Autoren auch häufig den Begriff Baseline. Projektplan und Baseline stehen in diesem Buch deshalb für die gleichen Inhalte und umfassen die folgenden **Dokumente** und (Teil-)**Pläne**, die im Laufe des Projekts entstehen:

- Projektcharter (interner Projektauftrag) und Meilensteinplan (Abschn. 2.1)
- Stakeholderregister (Abschn. 2.2)
- Festlegung der Verantwortlichkeiten im RASCI-Chart (Abschn. 2.3)
- Plan für die Teamentwicklung (Abschn. 2.4)
- Anforderungsdefinition mit Verifikationsplan (Abschn. 3.1)
- Projektstrukturplan und Arbeitspaketbeschreibungen (Abschn. 3.2)
- Risikoregister (Abschn. 3.3)
- Qualitätsplan (Abschn. 3.4)
- Ablauf- und Terminplan (Abschn. 3.5)
- Kostenplan (Abschn. 3.6).

Die Umsetzungsphase Wenn das Projekt in die Realisierungs- und Umsetzungsphase kommt, stehen aus Sicht des Projektmanagements die Steuerungsaktivitäten im Vordergrund. Das Projekt muss auf Kurs gehalten werden. Mit anderen Worten, es muss dafür Sorge getragen werden, dass das Projekt in der beabsichtigten Weise abläuft. Pläne sind dafür da, den Weg zu weisen und sie bei Bedarf zu ändern. Im Vordergrund stehen jetzt Themen wie, die Arbeit voranzubringen, die Arbeiten einzusteuern, zu ermitteln, welcher Arbeitsfortschritt erreicht wurde, Tests durchzuführen, Ergebnisse zu prüfen und Pläne anzupassen, wenn dies erforderlich und sinnvoll ist. Am Ende ist das zu erstellende Produkt fertig. Der Kunde muss das Projekt abnehmen (vgl. Kap. 4).

Die Abschlussphase Zeitliche Befristung ist ein Wesensmerkmal von Projekten. Aber Projekte enden nicht von selbst, sondern das Beenden eines Projekts muss gestaltet werden. Aufgaben wie Reflexion des Projektgeschehens, Abschlussdokumentation, Lessons Learnt, Würdigung der Leistungen, Rückführung der Ressourcen, Archivierung der Ergebnisse usw. müssen erledigt werden. Das Projekt und die Leistung der Projektleitung und des Teams werden bewertet (vgl. Kap. 5).

Phasen- und Meilensteinplan im konkreten Projekt

Für die Durchführung eines konkreten Projekts müssen die zuvor beschriebenen allgemeingültigen Phasen auf das Projekt angepasst werden und zwar einschließlich der Meilensteine. Für jede Phase müssen die Hauptaufgaben benannt und die Übergabepunkte (Meilensteine) für die nächste Etappe (Phase) beschrieben werden. Diese Übergabepunkte beschreiben Ergebnisse, die erreicht sein müssen, damit das Projekt fortgesetzt werden kann. Erst wenn diese Konkretisierung vollzogen ist, wird der Phasen- und Meilensteinplan aussagekräftig.

Für einige **Branchen** existieren spezifische Phasenpläne, die die Besonderheiten des Projektgegenstands berücksichtigen. Die Baubranche kennt beispielsweise sieben Projektphasen (Ahrens et al. 2014, S. 321):

1. Bedarfsermittlung
2. Projektdefinition
3. Vorentwurfsplanung
4. Entwurfsplanung
5. Vorbereitung der Ausführung
6. Ausführung
7. Erfolgskontrolle.

Handelt es sich bei dem Projekt um eine Produktentwicklung und ist das Qualitätsmanagementsystem der Organisation zertifiziert, so ist der Prozess der Produktentwicklung in aller Regel im Qualitätshandbuch beschrieben. Mit anderen Worten, ein organisationsspezifisches Standardphasenmodell mit Meilensteinen existiert bereits. Es muss jetzt dem konkreten Projekt angepasst werden. Solche **Standardphasenmodelle** werden auch branchenspezifisch im Rahmen von Vorgehensmodellen festgelegt. Ein Beispiel ist die ISO/TS 16949, die sich in der Automobilindustrie in den letzten Jahren als globaler Qualitätsstandard fest etabliert hat und u. a. Beschreibungen der Aufgabenfelder im Projektablauf enthält. Aufgaben können durchaus parallel ablaufen. Die Idee der sequenziellen Freigabe wird durch die Definition der Meilensteine realisiert. Abb. 1.6 zeigt einen möglichen konkreten Phasen- und Meilensteinplan für eine Roboterzelle.

Im Rahmen der Zieldefinition für den Projektauftrag (Charter) ist es üblich, dass sich Auftraggeber und Auftragnehmer über den groben Ablauf und die Meilensteine verständigen. Ein guter Rahmen dafür ist der **Start-up-Workshop**, wenn die Auftragsklärung erarbeitet wird. Wichtige Stakeholder sollen sich jetzt bereits einbringen und deshalb zum Workshop eingeladen werden. Mindestens zählen dazu neben der Projektleitung, Projektteammitglieder, Vertreter des Managements wie der Projektsponsor und Vertreter des Kunden. Die Ergebnisse münden meist in einen ersten groben Ablauf- und Terminplan, der in der Regel in einem Gantt Diagramm dargestellt wird. Für die erfolgreiche Planung und Steuerung des Projekts ist es wichtig, dass genau beschrieben wird, welche mess- und prüfbaren Ergebnisse zum Meilenstein vorliegen müssen (vgl. hierzu Abb. 1.6).

Wichtige Begriffe
- Baseline (Referenzkonfiguration, Basisplan)
- Liefergegenstand – Deliverable
- Meilenstein – Milestone
- Phasenmodel – Phase Model
- Projektmanagementplan – Project Management Plan
- Projektphase – Project Phase
- Projektplan – Project Plan
- Standardphasenmodell

1.4   Den Überblick behalten

Die Autoren halten es für wichtig, bei der Projektarbeit drei übergeordnete Gesichtspunkte zu beachten:

1. Den Überblick verschaffen und behalten – Zoom-out und Zoom-in.
2. Projekte sind Kooperationen auf Zeit.
3. Projektergebnisse entstehen durch arbeitsteilige Prozesse. Diese Ergebnisse müssen zusammenpassen, indem die Schnittstellen so gestaltet werden, dass das System als Ganzes funktioniert.

Überblick verschaffen und behalten
In der Regel sind die Erwartungen des Auftraggebers, der ein Projekt durchführen lässt, sehr hoch. Er bestellt ein hochwertiges Produkt oder eine Dienstleistung mit sehr guter Qualität, die mit minimalen Kosten in möglichst kurzer Zeit zu planen und zu realisieren sind. Nun ist ein Projekt naturgemäß am Anfang und in der Initiierungsphase unvollkommen. Es erscheint wie ein Wollknäuel. Es hat irgendwo einen Anfang und ein Ende und alles hängt irgendwie zusammen. Die Ziele, Anforderungen und die Randbedingungen sind zum Teil nur unscharf definiert. Vieles wird erst im Laufe der Zeit klarer und eindeutiger. Es existieren viele mögliche Wege, Alternativen und Risiken, die betrachtet werden können und müssen. Gleichzeitig sind aber die Mittel und Ressourcen definitionsmäßig begrenzt.

Wie kann man im Projekt den Überblick behalten, andererseits das Detail nicht übersehen? Mit Blick auf die Abb. 1.7 halten die Autoren die folgenden Gesichtspunkte für wichtig.

Zoom-in und Zoom-out
Aus Sicht der Autoren gelingt es am ehesten, ein Projekt zu bewältigen, besser noch, erfolgreich zu lenken, wenn man zu jedem Zeitpunkt im Projektablauf das Ziel fest im Auge

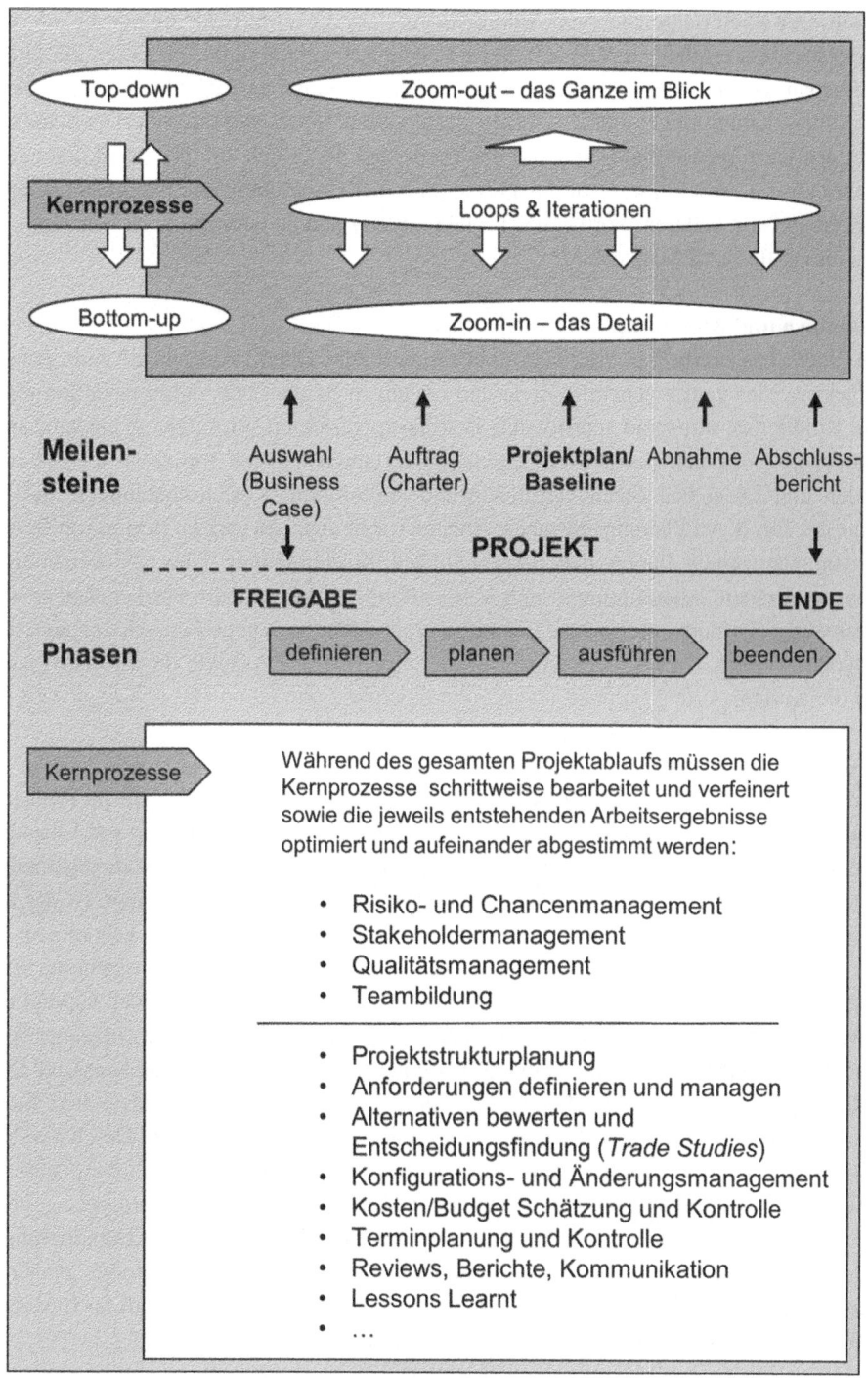

Abb. 1.7 Zoom-in und Zoom-out, Loops und Iterationen

behält. Der Blick richtet sich von Anfang an auf „Top-Level-Niveau" immer darauf, was zum Abschluss erreicht werden soll und was geliefert werden muss. Zu jedem Zeitpunkt sollte man wissen, was man schon erreicht hat, und wo man im Augenblick gerade steht. Die Projektleitung blickt daher durchaus auch auf das Detail und informiert sich vor Ort über den jeweiligen Projektstand und den Fortschritt. Der Blick auf das Detail muss aber immer wieder zurückführen auf das Projekt in seiner Gesamtheit. Die Fähigkeit „herauszuzoomen", mit anderen Worten, das Projekt mit Abstand zu betrachten, ist von zentraler Bedeutung für den Projekterfolg.

Top-down und Bottom-up
Top-down beschreibt das Vorgehen vom Groben zum Detail. Ausgehend vom ganzen Projekt werden zuerst generelle Ziele und Lösungen beschrieben, deren Detaillierungs- und Konkretisierungsgrad schrittweise Bottom-up verfeinert wird. Die so entstehenden Bottom-up Lösungen werden im Gegenstromverfahren mit den Top-down festgelegten Zielen und Lösungsansätzen verglichen und abgestimmt. Kostenschätzungen, die im Zuge der Top-down Planung entstehen, sind noch sehr ungenau und die Bottom-up-Schätzungen übersteigen häufig den ursprünglichen Kostenrahmen. Diese Abweichungen müssen in einem Abstimmungs- und Verhandlungsprozess geklärt werden, indem beispielsweise alternative technische Lösungen eruiert oder auch neue Finanzierungsquellen aufgetan werden. Dieses Gegenstromverfahren betrifft alle Aspekte des Projekts, nicht nur die Kosten.

Loops und Iterationen
Iterationen beschreiben einen Kreislauf regelmäßig wiederkehrender Schritte im Problemlösezyklus. Die Schritte Situationsanalyse, Zielformulierung, Generierung von Lösungsalternativen, Bewertung der Alternativen und Sensitivitätsanalyse werden regelmäßig durchlaufen, um im fortschreitenden Projekt stabile Lösungen zu erarbeiten. Ist das Ergebnis zufriedenstellend, wird der nächste Problemlöseschritt in Angriff genommen. Ist das Ergebnis nicht zufriedenstellend, wird das Verfahren wiederholt. Eine Schleife wird gedreht (Loop), bis der Prozess mit einer hinreichend stabilen Lösung endet. Gelingt ein Entwurf einer untergeordneten Einheit nicht, kann sich ein einmal eingeschlagener Weg durchaus als nicht gangbar oder weniger vorteilhaft erweisen und aufgrund besserer Einsicht aufgegeben werden. Im Projektablauf muss man dazu auf die jeweils höhere Stufe der Betrachtungseinheit zurückkehren und die Grobplanung modifizieren. Durch die Projektphasen mit ihren Meilensteinen sind die Iterationen Bottom-up in die übergeordnete strategische Gesamtkonzeption eingebunden. Dieses wiederholte Bearbeiten des gesamten Planungshorizontes, abschnittsweise, jedoch mit unterschiedlichem Detaillierungsgrad beschreibt die **rollierende Planung** und wandelt die strikte Reihenfolge „planen – umsetzen" in die Schritte „planen – umsetzen – planen – umsetzen" (vgl. auch Motzel 2010, S. 148; Reschke und Svoboda 1984, S. 25/26).

Kernprozesse im Projektablauf

Der Projektablauf mit seinen Phasen und Meilensteinen gestattet eine gute Orientierung, um das komplexe Geschehen in Projekten im Sinne einer Makrostrategie zu beschreiben. Je Phase stehen unterschiedliche Kernprozesse im Mittelpunkt.

- **Kernprozesse in der Initiierungsphase**
- Bevor das Projekt formal durch einen internen Auftrag autorisiert wird, sollte sich das Management bereits mit den möglichen Risiken und Chancen auseinandersetzen und wichtige Stakeholder als Unterstützer für das Projekt gewinnen.
- **Kernprozesse in der Definitionsphase**
- Neben der Konkretisierung des Leistungsumfangs, der ersten groben Termin- und Kostenplanung stehen Teambildung und Qualitätsmanagement im Mittelpunkt der Arbeit. Das Kernteam mit Projektleitung wird benannt und muss nun, idealerweise gemeinsam mit den wichtigsten Stakeholdern, ein Gesamtbild des Projekts erarbeiten. Dies erfordert Zeit und Einsatzbereitschaft. Im Rahmen des Qualitätsmanagement sind Kriterien für den Projekterfolg zu benennen. Eine Basis für die kooperative Zusammenarbeit jenseits der regulären Hierarchien muss geschaffen werden. Die Verständigung über die Arbeitsweise schließt erste Festlegungen zum Umgang mit Konfigurations- und Änderungsmanagement ein.
- **Kernprozesse in der Planungsphase**
- Jetzt geht es mehr und mehr ins Detail. Anforderungen rücken stärker in den Vordergrund, werden immer wichtiger. Produktbaum und Projektstrukturplan werden erstellt. Ziel in dieser Phase ist es, bald eine erste abgestimmte Baseline zu erstellen, die dann permanent ausgebaut wird. Alle Prozesse sind miteinander verknüpft und werden horizontal und vertikal, in Iterationen und Loops, Top-down und Bottom-up ausgeführt. Alternativen müssen ermittelt und im Rahmen von Nutzwertanalysen bewertet werden. Die grobe Termin- und Kostenschätzung wird Bottom-up durch Beschreibung und Schätzung der Arbeitspakete konkretisiert und mit Ergebnissen aus früheren Arbeitsschritten abgestimmt.
- **Kernprozesse in der Realisierungsphase**
- Wenn die endgültige Baseline vorliegt, kann mit der Durchführungsphase begonnen werden. Änderungen sind, wann und wie auch immer, im Projektablauf durch geordnetes Konfigurationsmanagement jederzeit möglich, erfordern aber einen durchdachten, geordneten Änderungsprozess. Ferner stehen Reviews und Berichte im Vordergrund. Briefing und Debriefing der Mitarbeiter, Statussitzungen, erforderliche Anpassungen, Maßnahmen zum Umgang mit Problemen, Überwachung der Risiken und wenn erforderlich, Planung weiterer Risikomaßnahmen.
- **Kernprozesse in der Abschlussphase**
- In dieser Phase stehen besonders zwei Aufgaben im Vordergrund:
  - Würdigung der Leistung der Beteiligten, ein Aspekt des Stakeholdermanagements, und
  - Lessons Learnt ergänzt um die notwendige Abschlussdokumentation.

Die Zuordnung der Kernprozesse zu den einzelnen Projektphasen signalisiert, in welchen Phasen der Schwerpunkt ihrer Bearbeitung liegt. Dies darf jedoch nicht darüber hinwegtäuschen, dass die Kernprozesse im Prinzip parallel in allen Phasen bedacht werden müssen. Die folgenden Kernprozesse sind **in allen Phasen** relevant:

- Stakeholdermanagement
- Risiko- und Chancenmanagement
- Qualitätsmanagement und
- Teambildung.

Teambildung ist nicht nur beim Projektstart wichtig. Mit Beginn einer neuen Phase im Projekt kann sich die Zusammensetzung des Teams ändern. Aber auch wenn sich die Zusammensetzung des Teams nicht ändert ist es eine wiederkehrende Aufgabe, die Beziehungen zu pflegen, Erwartungen zu besprechen, Rollen abzustimmen und Verantwortlichkeiten zu bestimmen.

In den späteren Kapiteln werden diese Zusammenhänge immer wieder sichtbar und weiter beschrieben. Die beschriebene sequenzielle Vorgehensweise, wie sie das Phasenmodell in Abb. 1.7 suggeriert, ist in dieser reinen Form in der Praxis selten anzutreffen. Aus vielerlei Gründen kommt am Ende der Planungsphase keine endgültige Baseline zustande: Anforderungen sind noch nicht geklärt, die technische Lösung ist noch nicht komplett entwickelt und getestet. So ist im alltäglichen Projektleben eher eine Mischform mit Phasenüberlappungen anzutreffen. Die höhere Flexibilität, die dadurch gewonnen wird, birgt allerdings Risiken. Fehler können sich einschleichen, wenn Synchronisationspunkte nicht eingehalten werden und Kostenüberschreitungen, Terminverzögerungen und Kundenunzufriedenheit können die Folge sein.

Projekte sind Kooperationen auf Zeit

Projekte haben eine soziokulturelle Dimension. Mehrere Akteure und Gruppen mit verschiedenen Auffassungen, Wertesystemen, Lebenswirklichkeiten, Fachkenntnissen arbeiten befristet zusammen, bilden für die Dauer des Projekts eine neue Gemeinschaft und erschaffen ein neues System. Hierzu müssen sie innerhalb ihrer Gemeinschaft, aber auch mit anderen, bereits existierenden sozialen Systemen zum Wohle des Projekts und seiner Beteiligten interagieren. Aus vielen unterschiedlichen Zielvorstellungen muss etwas **Gemeinsames** geschaffen werden. In Projekten gehen Personen und Organisationen gegenseitige Verpflichtungen ein. Gleichzeitig verbinden sie damit Vorstellungen über den erwarteten **Nutzen**, den vermuteten **Aufwand** und mögliche **Risiken**. Gerade ein Ungleichgewicht bei der Verteilung der Risiken kann das Verhältnis der Projektpartner stark belasten.

In Projekten gibt es oft eine ganze Reihe von beteiligten Organisationen. Es ist deshalb sinnvoll, Erfolgsfaktoren für professionelles **Kooperationsmanagement** zu berücksichtigen. Die deutsche Gesellschaft für Internationale Zusammenarbeit (GIZ GmbH 2014) hat ihre Erkenntnisse zu diesem Thema in dem Managementmodell Capacity WORKS aufbereitet und beschreibt Bedingungen für die Entstehung und Stärkung von Kooperations-

Tab. 1.1 Bedingungen für die Entstehung und Stärkung von Kooperationsbeziehungen. (GIZ GmbH 2014, S. 53 und 54)

Perspektive der einzelnen Kooperationspartner	Perspektive des Kooperationssystems als Ganzes
Nutzenorientierung	*Transparenz über die Rollen der Beteiligten*
Die Kooperationspartner erwarten einen Nutzen für sich selbst und erwarten, dass dieser nur durch die Kooperation entstehen kann	Wer gehört dazu und wer gehört nicht dazu? Wie können Akteure in das System ein- und aussteigen? Wer leistet welchen Beitrag?
Transaktionskosten	*Stärkenorientierung*
Der Aufwand für die Kooperation wird über die erzielten Ergebnisse wieder eingespielt	Die Partner orientieren sich an den vorhandenen gemeinsamen Stärken
Synergieregel	*Balance zwischen Kooperation und Konflikt*
Die Kooperationspartner erwarten, dass sich die individuellen Stärken der Partner gegenseitig ergänzen	Konflikte werden genutzt, indem die verschiedenen Interessen diskutiert und bearbeitet werden
Fairness- und Gleichgewichtsregel	*Balance zwischen viel und wenig Macht*
Die Beteiligten vergleichen ihren eigenen Aufwand, ihren Nutzen und die Risiken, die sie eingehen mit denen der anderen Kooperationspartner und reagieren sensibel auf Ungleichgewichte	Die Unterschiede in den Einflussmöglichkeiten (Machtthemen) der einzelnen Akteure werden offen gelegt. Bei Bedarf existieren geschützte Räume, um Konflikte zu klären

beziehungen sowohl aus der Perspektive der einzelnen Kooperationspartner als auch aus der Perspektive des Kooperationssystems als Ganzes (Tab. 1.1).

Schnittstellen gestalten

Projekte sind arbeitsteilig organisiert und Arbeitsergebnisse müssen aufeinander abgestimmt werden. Einfacher ausgedrückt: Alle Arbeiten, Methoden und handelnden Personen stehen zu einander in Beziehung und sind miteinander verknüpft. Was bedeutet das für die praktische Projektarbeit? Die jeweils erarbeiteten Ergebnisse müssen zusammenpassen, damit das System als Ganzes funktioniert. Es geht um Schnittstellen und Schnittstellenmanagement. Probleme mit Schnittstellen kennen einige wahrscheinlich aus dem Umgang mit technischen Geräten. Wenn im Urlaubsland der Stecker des mitgebrachten Föns nicht in die Steckdose passt, kann der Strom nicht fließen. Das System, der Fön, funktioniert nicht. Damit ein System ordnungsgemäß arbeitet, müssen die Schnittstellen zu seiner Umwelt aber auch die Schnittstellen zwischen den Teilen des Systems aufeinander abgestimmt werden.

▶ **Schnittstelle** Schnittstellen sind (in Anlehnung an Motzel 2010, S. 215):

- Verbindungs- oder Nahtstellen zwischen Systemen, d. h. vom Projekt zum Projektumfeld.
- Verbindungs- oder Nahtstellen, die sich aus den arbeitsteiligen Prozessen im Projekt ergeben. Sie entstehen zwischen Systemteilen, z. B. zwischen Arbeitspaketen.

Schnittstellen sind nicht glatt, sondern an Schnittstellen kommt es zu Überlappungen, Lücken, Missverständnissen oder Fehlinformationen. Deshalb sollen Schnittstellen so gestaltet sein, dass sie die wirkungsvolle Verbindung zwischen den einzelnen Systemen und Teilsystemen sicherstellen, wie z. B. bei einem Rechnersystem in dem die verschiedenen Komponenten durch Kabel mit passenden Steckern und Anschlüssen verbunden werden. Damit dies reibungslos klappt, müssen **Vereinbarungen** getroffen werden:

- Regeln und Verantwortlichkeiten für die Übergabe von definierten Zwischen- oder Endergebnissen.
- Klare Absprachen darüber, wie z. B. Arbeitspaketergebnisse aussehen sollen.
- Klärung gegenseitiger Erwartungen und Herbeiführen von Entscheidungen, die von den Beteiligten akzeptiert worden sind.

Aus Sicht der Autoren spielen bestimmte Schnittstellen in Projekten immer wieder eine wichtige Rolle.

Auftraggeber und Auftragnehmer Diese Schnittstelle ist die wichtigste und wird in der Regel vom Projektleiter bedient. Der jeweilige Auftraggeber ist der Kunde. Er bezahlt und muss durch den Auftragnehmer und dessen Projektteam zufriedengestellt werden. Der Kunde erwartet, dass er jederzeit zu dem Projektleiter Kontakt aufnehmen kann und Antworten auf seine Fragen erhält. Im Falle, dass der Kunde versucht, direkt das Projektteam oder einzelne Projektmitarbeiter zu befragen, sollten diese immer den Projektleiter informieren und einschalten (one voice to the customer).

Projekt und Fachabteilung Die Schnittstelle vom Projektteam zu den Fachabteilungen ist teilweise schwierig und konfliktträchtig. Das Projektteam führt das Projekt, hält den Vertrag und verwaltet damit die finanziellen Mittel. In den Fachabteilungen sind oft die Mitarbeiter beheimatet, die viele Arbeiten durchführen. Es handelt sich so gesehen um eine unternehmensinterne Auftraggeber-Auftragnehmer-Beziehung. Dies führt naturgemäß bei der Beurteilung des erforderlichen Arbeitsaufwandes für die durchzuführenden Aufgaben und deren Prioritäten zu Meinungsverschiedenheiten. Es ist aber gleichzeitig ein gegenseitiges Abhängigkeitsverhältnis, denn jeder braucht den anderen. Diese Schnittstellen müssen aus Sicht der Projektleitung sehr sensibel behandelt werden.

Projekt und interner Auftraggeber und andere Projekte Diese Schnittstelle wird im Wesentlichen vom Projektleiter betreut. Er berichtet dem Management in regelmäßig stattfindenden internen Reviews über den Stand des Projekts hinsichtlich Leistung, Termine und Kosten, stellt Probleme und die Hauptrisiken dar und gibt eine Prognose über den technischen und wirtschaftlichen Erfolg ab. Da Organisationen in der Regel gleichzeitig mehrere Projekte durchführen, sind oft fehlende Ressourcen, z. B. Personal, Teststände und Überstunden Punkte auf der Agenda, die in dieser Runde zu klären sind. Bei größeren Projekten sind auch immer wieder Fragen zur Unternehmensstrategie zu beraten und vom Management relevante Entscheidungen für das Projekt zu treffen, wie z. B. Make-or-Buy-Entscheidungen.

Projekt und Anwender In vielen Projekten ist die Schnittstelle zum Anwender für das Projektteam gar nicht sichtbar oder überhaupt nicht vorhanden. Das Team kennt den Anwender und dessen Bedürfnisse nicht oder noch nicht. Aus Sicht des Projektteams und im Hinblick auf das Projektergebnis ist zu hoffen, dass der Auftraggeber weiß, wer die Anwender sind, deren Anforderungen ermittelt und in das Lastenheft aufgenommen hat. Ideal für ein Projektergebnis ist, wenn das Projektteam Kontakt zu den Anwendern aufnehmen darf und kann und auch die Anforderungen der Anwender direkt in die Definition der Anforderungen einfließen.

Projektmanagement und Projektausführung Je tiefer gegliedert wird, desto genauer sind Schätzungen möglich, so die Vermutung. Gleichzeitig erhöht sich die Anzahl der Schnittstellen. Bei zehn Arbeitspaketen existieren theoretisch 45 Schnittstellen und bei 20 Arbeitspaketen sogar bis zu 190 Schnittstellen, für den Fall, dass jedes Arbeitspaket eine Schnittstelle zu jedem Arbeitspaket hat. So wird offensichtlich, dass man sich in der Detaillierung beschränken muss, um Schnittstellen zu minimieren und Koordinationsaufwand zu vermeiden.

Von Arbeitspaket zu Arbeitspaket Die Beschreibung und die Bearbeitung der Schnittstellen zwischen den Arbeitspaketen sind für das Projekt, das zu liefernde Produkt und die Qualität entscheidend. Alle Projektmitarbeiter sind irgendwie beteiligt. Das Prinzip „Über die Mauer werfen" ist wenig zielführend. Das Projektteam und die Arbeitspaketverantwortlichen haben deshalb die Aufgabe, folgende Fragen im Verlauf des Projekts zu beantworten und zu veranlassen, dass sie bearbeitet werden:

• Welche Arbeitspakete haben welche organisatorischen und/oder technischen Schnittstellen?
• Welche Inputs werden von wem und wann benötigt?
• Welche Teil- und Endergebnisse müssen wann und wohin geliefert werden?
• Sind innerhalb der Arbeitspakete technische Schnittstellen vorhanden? Wer bearbeitet diese?
• Sind die Arbeitsinhalte und Grenzen eindeutig?
• Gibt es Doppelarbeit?

Der Erfolg eines Projekts hängt davon ab, in welchem Maße es gelingt, die Schnittstellen zu erkennen, wenn möglich zu minimieren und bewusst zu gestalten.

Wichtige Begriffe
- Bottom-up
- Iteration
- Rollierende Planung – Rolling Wave Planning
- Schleife – Loop
- Schnittstelle – Interface
- Top-down
- Zoom-in/Zoom-out

1.5   Projektmanagement boomt

Die Grundidee des Projektmanagements besteht darin, den erhofften Nutzen oder Wert durch systematische Planung und Steuerung sowie Kundennähe zu erzielen. Die Ursprünge des Projektmanagements wie es heute gelehrt wird, beginnen nach dem Zweiten Weltkrieg. In der Zeit davor ist Projektmanagement kaum erforscht. Von den technokratisch geprägten Anfängen, die sowohl in Deutschland als auch in den USA stark durch militärische Projekte und Projekte der Raumfahrt geformt waren, stellvertretend sei hier an die Mondlandung im Juli 1969 und den Start der ARIANE – Rakete am 24. Dezember 1979 erinnert, hat sich das Projektmanagement längst emanzipiert. Zurückzuführen ist dies sicher auch auf das Engagement der verschiedenen Projektmanagementverbände, wie die GPM Gesellschaft für Projektmanagement Deutschland e. V., die IPMA International Project Management Association, eine Dachorganisation von weltweit mehr als sechzig nationalen Projektmanagementgesellschaften und das amerikanische PMI Project Management Institute.

Projektmanagement erfährt ungebrochene Aufmerksamkeit, in profitorientierten ebenso wie in nicht profitorientierten Organisationen. Wie groß das Interesse ist, lässt sich an den Zuwächsen der Mitgliederzahlen und Zertifizierungen ablesen. Die Zertifizierungen (PMP des PMI und Level D der IPMA) stiegen in den Jahren 2000 bis 2008 um mehr als das zehnfache (Eberle 2011, S. 72). Die Liste der am Markt verfügbaren Zertifikate ist gewachsen, beispielsweise durch Angebote zu Teildisziplinen des Projektmanagements wie Risikomanagement oder Agiles Projektmanagement. Die GPM Deutsche Gesellschaft für Projektmanagement e. V. verzeichnet wachsende Mitgliederzahlen und der Trend zur Zertifizierung von Personen ist ungebrochen. An deutschen Hochschulen ist Projektmanagement in vielen Bachelorstudiengängen fester Bestandteil des Curriculums. Hochschulen aus dem In- und Ausland bieten Masterabschlüsse im Projektmanagement an, wobei die Inhalte branchenspezifisch aber auch branchenübergreifend sein können. Forschungsergebnisse und Praxisanwendungen zu Projektmanagement werden in international anerkannten Fachzeitschriften publiziert (Abb. 1.8).

Fachzeitschrift	Editor	Erscheint seit	Impact factor 2018
Project Management Journal	H. G. Gemünden	1969	2.043
International Journal of Project Management	M. Huemann	1983	4.694
projekt Management *aktuell*	S. Scheurer	1989	--
Impact Assessment and Project Appraisal	Th. Fischer	1998	1.915
International Journal of Managing Projects in Business	N. Drouin	2008	1.600
Der Impact Factor wird jedes Jahr von Clarivate Analytics herausgegeben. Er repräsentiert die Zitierhäufigkeit z. B. im Jahr 2018 zu Artikeln, die in den beiden Vorjahren in der Zeitschrift veröffentlicht wurden (InCites Journal Citation Reports dataset updated Oct 11, 2019, abgerufen am 20.05.2020)			

Abb. 1.8 Fachzeitschriften Projektmanagement

Unternehmenserfolg ohne Projekte und Projektmanagement ist nicht mehr denkbar. Projektmanagement kann zur Entwicklung und Wettbewerbsfähigkeit von Unternehmen, Behörden oder anderen Organisationen beitragen, denn mit Projekten werden **Strategien** umgesetzt. Dieser strategische Stellenwert kann unter dem Aspekt „Management durch Projekte" sogar zu einer übergeordneten Führungskonzeption werden, mit der nachhaltige Wettbewerbsvorteile erzielt werden können (vgl. ausführlich dazu Bea et al. 2011). „Mit Projekten Deutschlands Zukunft gestalten" so das Motto eines Kongresses der GPM Gesellschaft für Projektmanagement e. V. im Januar 2015 (GPM 2015). Projektmanagement als Schlüssel für wirtschaftliche und gesellschaftliche Zukunftsfähigkeit. Die Welt des Projektmanagements ist und bleibt spannend.

Standards und Zertifizierungen

Spricht man von Standards, so ist der Gedanke an die international tätige ISO International Organization for Standardization und das DIN Deutsche Institut für Normung e. V. nicht weit. Beide nehmen Aufgaben der Normierung und Standardisierung wahr. Normen und Standards dienen der Verständigung in Wirtschaft, Wissenschaft, Verwaltung und Öffentlichkeit, indem sie eine einheitliche Begriffswelt schaffen und das Verständnis der Beteiligten zu Konzepten, Prozessen, Methoden und Daten des Projektmanagements synchronisieren und veröffentlichen. Für das Projektmanagement existieren verschiedene Normen:

- Die fünfteilige DIN 69901 (2009) Projektmanagement – Projektmanagementsysteme (DIN 69901:2009)
- Die DIN 69900 (2009) Projektmanagement – Netzplantechnik; Beschreibungen und Begriffe (DIN 69900:2009)
- Die DIN ISO 21500:2016-02 Leitlinien Projektmanagement (ISO 21500:2012)
- Die DIN 69909 (2013 und 2015) Multiprojektmanagement. Sie umfasst inzwischen die vier Teile Grundlagen, Prozesse und Prozessmodell, Methoden und Rollen
- Die DIN EN ISO 9000:2015-11 Qualitätsmanagementsysteme – Grundlagen und Begriffe (ebd. 2015)
- DIN ISO 10006:2019-04. Qualitätsmanagement – Leitfaden für Qualitätsmanagement in Projekten (ISO 10006:2017).

Für die Entwicklung von Standards, Bodies of Knowledge und Zertifizierungen im Projektmanagement sind außerdem die **Fachverbände** zu nennen. Mit Blick auf die internationale Verbreitung sind dies in erster Linie:

- Die IPMA International Project Management Association. Gegründet 1965 in Europa hat sie ihren Sitz in den Niederlanden und vereint heute als Dachverband mehr als sechzig nationale Mitgliedsverbände aus allen Kontinenten (GPM 2017, S. 5).
- Das PMI Project Management Institute. Gegründet 1969 in den USA ist dieser amerikanische Fachverband weltweit durch ein Netz regionaler Chapter präsent.

Beide Verbände entwickelten über die Jahre ihre eigenen Bodies of Knowledge und Zertifizierungssysteme:

- Die *Individual Competence Baseline for Project; Programme and Portfolio Management Version 4.0* der IPMA mit der deutschen Fassung der Individual Competence Baseline Projektmanagement der GPM (GPM 2017). Darauf aufbauend das internationale Vier-Ebenen-Zertifizierungssystem der IPMA.
- Der PMBOK® Guide, A Guide to the Project Management Body of Knowledge (6. Ausgabe 2017) des amerikanischen PMI Project Management Institute (PMI 2017a).

Die genannten Standards und Bodies of Knowledges sind branchenneutral. Sie unterscheiden sich in einigen Punkten. Eine Analyse der Unterschiede zeigt jedoch, dass es viele Übereinstimmungen gibt (Eberle 2011, S. 101). In den letzten Jahren hat sich auch PRINCE2 (Projects In Controlled Environment) international etabliert. In Großbritannien vom Office of Government (OGC) ursprünglich für IT-Projekte entwickelt, hat sich PRINCE2 inzwischen branchenübergreifend durchgesetzt (Axelos 2013).

Für Deutschland leistet die GPM Deutsche Gesellschaft für Projektmanagement e. V. und Mitglied der IPMA seit mehr als 30 Jahren umfassende Dienste. Den über 6700 Mitgliedern und Projektmanagementexperten bietet sie eine Plattform, ihre Kompetenzen in vielfältiger Weise zu vernetzen und weiterzuentwickeln. Darunter:

- Die Fachzeitschrift projektManagement *aktuell*
- ca. 30 Fachgruppen
- ca. 40 Regionalgruppen
- mehrere Special Interest Groups
- Das jährlich stattfindende PM Forum, regelmäßige Fachveranstaltungen und Kongresse, regionale Veranstaltungen, parlamentarische Abende und mehr.

Mit dem **Vier-Ebenen-Qualifizierungsprogramm** und dem zugehörigen Zertifizierungssystem auf der Basis der Individual Competence Baseline, Version 4.0 (ICB 4) der IPMA ist die GPM sowie der von ihr geführte Zweckbetrieb PM-ZERT in Deutschland eine wichtige Adresse, wenn es um die Vermittlung und Zertifizierung von Projektmanagement Kompetenzen geht. In der Europäischen Union gibt es seit 2018 den neuen Projektmanagementstandard PM^2 Project Management Methodology Guide 3.0, herausgegeben von dem Centre of Excellence in Project Management CoEPM^2 der Europäischen Kommission. Dieser Open-Source Standard eignet sich für die Umsetzung EU-geförderter Projekte (KOUROUNAKIS 2018).

Die Raumfahrt praktiziert Projektmanagement seit Jahrzehnten und hat die Disziplin in Bezug auf ihre Branche kontinuierlich entwickelt. Projekte in der Raumfahrt werden immer organisationsübergreifend und mit vielen internationalen Partnern bearbeitet und so ist es schlüssig, eigene Standards zu entwickeln, welche die Zusammenarbeit der vielen Beteiligten erleichtern, beispielsweise:

- Die mehrteilige DIN EN 16601 (2019) Raumfahrt-Projektmanagement wurde speziell zur Behandlung von Raumfahrtsystemen entwickelt.
- Standards der ECSS European Cooperation for Space Standards (ECSS-M-ST-xx, ESA 2013)

Diese Standards sind sehr umfangreich und wirken auf Branchenfremde eher erschreckend. In einem konkreten Raumfahrtprojekt muss deshalb beispielsweise verhandelt und festgelegt werden, in welcher Form die einzelnen Anforderungen der Standards angewendet werden sollen. Man spricht vom sogenannten „Tailoring" (anpassen, zuschneiden), damit der Aufwand für die Arbeit und Dokumentation vertretbar bleibt.

Vorgehensmodelle
Vorgehensmodelle konzentrieren sich auf die Beschreibung der Prozesse, die zur Planung und Umsetzung von Projekten erforderlich sind. Sie bieten Orientierung, indem Aufga-

ben, Begriffe, Rollen, Produkte usw. beschrieben werden und leisten damit ebenso wie die zuvor behandelten Standards einen Beitrag zur Verständigung und Vereinheitlichung. Vorgehensmodelle legen dabei den Fokus auf die notwendigen Prozesse entlang dem Projektlebenszyklus (Wagner 2014, S. 13). Die DIN Norm, der PMBOK® Guide, PRINCE2, ISO 21500, alle enthalten ein Vorgehensmodell und beschreiben Kernprozesse. Vorgehensmodelle können Teil eines Standards sein, oder, wie im Falle des V-Modell XT, mal als Vorgehensmodell, mal als Standard für die erfolgreiche Projektdurchführung (Friedrich und Kuhrmann 2014, S. 107; Friedrich et al. 2009, S. V) zitiert werden. Das V-Modell XT ist die aktuelle Version des deutschen Standards für die Entwicklung und Durchführung von IT-Vorhaben in der öffentlichen Verwaltung, herausgegeben von der deutschen Bundesregierung (Friedrich et al. 2009, S. 11). Für den Praktiker ist die Unterscheidung, ob nun Standard oder Vorgehensmodell, nicht so wichtig. Was zählt, ist die Vereinbarung zwischen Auftragnehmer und Auftraggeber hinsichtlich der Frage, ob und welcher Standard in welchem Umfang in der Projektarbeit umgesetzt werden soll.

Projektmanagement traditionell oder agil?
In den dominierenden Standards zum Projektmanagement überwiegt das traditionelle Konzept des Projektmanagements. Prägend für diesen Ansatz ist die Annahme, dass eine systematische und umfängliche Planung Projekte zum Erfolg führt. Ein prognostizierter Lebenszyklus bildet den Rahmen für das Management des Projekts.

Das gesamte Projekt wird durch Planung in überschaubare Etappen, nämlich Phasen und Arbeitspakete zerlegt, um die Konturen zu schärfen und Komplexität zu reduzieren. Die Aufgaben können Schritt für Schritt und wo möglich auch parallel in einer sinnvollen Reihenfolge abgearbeitet werden. Dieses Modell liegt auch diesem Buch zugrunde. Agiles Projektmanagement setzt dagegen weniger auf detaillierte und umfassende Planung. Die Betonung liegt auf agieren mit wesentlich kürzeren Planungshorizonten gefolgt von Umsetzungsphasen, die sich jeweils mehrfach wiederholen. Im Gegensatz zum prognostizierten Lebenszyklusmodell handelt es sich um einen adaptiven Lebenszyklus und detaillierte Inhalte und Umfang werden vor dem Beginn einer jeden Iteration festgelegtund gebilligt. Agiles Arbeiten ist änderungsgetrieben und flexibles Reagieren auf die Kundenwünsche und autonomes Handeln der Entwickler stehen im Vordergrund. Agiles Projektmanagement kommt aus der Softwareentwicklung und hat seinen Ursprung in den neunziger Jahren mit dem agilen Manifest. Das Adjektiv „agil" soll dabei eine gewisse Leichtigkeit und Flexibilität in Planungs- und Führungsaufgaben verdeutlichen (Kent et al. 2001). Werden prognostizierter und adaptiver Lebenszyklus miteinander kombiniert, entsteht hybrides Projektmanagement (PMI 2017b, S. 19). Auch traditionelles Projektmanagement lässt gewisses agiles Denken und Handeln zu (Haberfellner et al. 2012, S. 113; Friedrich und Kuhrmann 2014, S. 120).

Die genannten Prinzipien, die traditionelles Projektmanagement prägen und die wir hier vermitteln, müssen immer auf die Situation angepasst werden. Auch wenn das Projektergebnis nicht primär gegenständlich, also Hardware ist, sondern eher weicher Natur, z. B. ein neuer Prozess, so sind die vorgestellten Methoden durchaus hilfreich. Wenn auch durch den Einsatz von Projektmanagement viel strukturiert und geplant wird, das Maß entscheidet. Und dieses Maß bestimmen Projektleitung und Projektteam in der konkreten Anwendungssituation. Und weniger ist dann im Zweifel manchmal mehr. Abgesehen davon ist zu berücksichtigen, dass traditionelles Projektmanagement immer nur einen begrenzten Teil der komplexen Projektrealitäten erfasst und so bezweifelt Schelle, dass es einmal eine „Grand Unified Theory of Projects" geben wird (Schelle 2011, S. 47–49). Projekte mit ihren überaus komplexen Realitäten lassen sich nur schwer vollständig erfassen. Und so existieren verschiedene Ansätze, diesen Herausforderungen zu begegnen. Winter und Szczepanek hinterfragen beispielsweise die ihrer Auffassung nach gängige Prägung des Projektmanagements, die sie als „Production View" beschreiben und entwickeln selbst sieben verschiedene Sichten auf Projekte. Sie votieren für eine offene und multidimensionale Sicht auf Projekte, die sich von einer präskriptiven Herangehensweise, wie sie das traditionelle Projektmanagement ihrer Meinung nach vorsieht, abwendet und hin zu einer pragmatisch reflektierenden Methodik führt (2009, S. 23). Auch Cooke-Davies et al. stellen die „one best way" Idee für Projekte in Frage (2009, S. 110–123). Schon in den Jahren davor gab es, neben anderen, zwei umfangreiche Forschungsinitiativen zum Projektmanagement, die in diesem Kontext erwähnenswert sind. Eines der Vorhaben war das von englischer Seite geförderte Programm „Rethinking Project Management: Developing a New Research Agenda between 2004 and 2006" (Winter et al. 2006). Das andere Forschungsprogramm „Beyond Frontiers of Traditional Project Management" mündete in das Konzept „Projekt Management Second Order" (PM-2), das mit dem IPMA Research Award 2007 ausgezeichnet wurde (Saynisch 2010).

Wichtige Begriffe
- Agiles Projektmanagement
- GPM Deutsche Gesellschaft für Projektmanagement e. V.
- Individual Competence Baseline, Version 4.0 (ICB 4)
- International Project Management Institute (IPMA)
- PMBOK® Project Management of Knowledge
- Project Management Institute (PMI)
- PRINCE® Projects In Controlled Environment
- Vorgehensmodell – Process Model

Quellen für weiterführende Informationen
Bea, F., Scheurer, S., & Hesselmann, S. (2011). *Projektmanagement* (2., überarbeitete und erweitere Aufl.). Konstanz: UVK Verlagsgesellschaft.

Eberle, A. (2011). A comparison of PMI and IPMA Approaches Analysis to support the project management standard and certification system selection. In H. Meyer, R. Roth, & R. Porterfield (Hrsg.), *New strategies for competitive advantage. IBSA-studies in management and innovation* (Bd. 1, S. 10–117). Bremen: Kellner.

GIZ GmbH. (Hrsg.). (2014). *Kooperationsmanagement in der Praxis. Gesellschaftliche Veränderungen gestalten mit Capacity WORKS.* Wiesbaden: Springer Gabler.

GPM Deutsche Gesellschaft für Projektmanagement e. V. (2017). *Individual Competence Baseline für Projektmanagement Version 4.0 deutsche Fassung.* Nürnberg.

GPM Deutsche Gesellschaft für Projektmanagement e. V. (Ed.). (2019). *Kompetenzbasiertes Projektmanagement (PM4): Handbuch für Praxis und Weiterbildung im Projektmanagement* (1st ed.). München: Buch & media.

Haberfellner, R., de Weck, O., Fricke, E., & Vössner, S. (2012). *Systems Engineering. Grundlagen und Anwendung.* Zürich: Orell Füssli.

Schelle, H. (2013). Entwicklungsgeschichte und Trends im Projektmanagement. In R. Wagner & N. Grau (Hrsg.), *Basiswissen Projektmanagement – Grundlagen der Projektarbeit* (S. 109–124). Düsseldorf: Symposium Publishing.

Wagner, R., & Grau, N. (2014). *Basiswissen Projektmanagement – Prozesse und Vorgehensmodelle.* Düsseldorf: Symposium Publishing.

Winter, M., & Szczepanek, T. (2009). *Images of projects.* Burlington: Gower.

Literatur

Ahrens, H., Klemens, B. & Muchowski, L. (2014). *Handbuch Projektsteuerung – Baumanagement* (5., durchgesehene Aufl.). Stuttgart: Fraunhofer IRB Verlag.

Axelos. (2013). *PRINCE2® Erfolgreiche Projekte managen mit PRINCE2* (2. Aufl., 2009 Edition). (TSO The Stationary Office, Hrsg.) Norwich: TSO (The Stationary Office).

Bar-Yoseph, B., & Zwikael, O. (2007). The practical implementation of the gestalt cycle of experience in project management. *Gestalt Review, 11*(1), 42–51.

Bea, F., Scheurer, S., & Hesselmann, S. (2011). *Projektmanagement* (2., überarb. und erweitere Aufl.). Konstanz: UVK Verlagsgesellschaft.

Cooke-Davies, T., Crawford, L., & Lechler, T. (2009). Project management systems: Moving project management from an operational to a strategic discipline. *Project Management Journal, 40*(1), 110–123.

DIN 69900:2009. (2009). Projektmanagement – Netzplantechnik; Beschreibungen und Begriffe (DIN Deutsches Institut für Normung e. V., Hrsg.) Berlin: Beuth.

DIN 69901:2009. (2009). *Projektmanagement – Projektmanagementsysteme.* (DIN Deutsches Institut für Normung e. V., Hrsg.) Berlin: Beuth.

DIN EN ISO 9000:2015-11. (2015). Qualitätsmanagementsysteme – Grundlagen und Begriffe (ISO_9000:2015); Deutsche und Englische Fassung EN ISO 9000:2015. (DIN Deutsches Institut für Normung e. V., Hrsg.) Berlin: Beuth.

DIN ISO 10006:2019-04. (2019). Entwurf. Qualitätsmanagement – Leitfaden für Qualitätsmanagement in Projekten (ISO 10006:2017). Text Deutsch und Englisch. (DIN Deutsches Institut für Normung e. V., Hrsg.) Berlin: Beuth.

DIN ISO 21500:2016-02. (2016) Leitlinien Projektmanagement (ISO 21500:2012). (DIN Deutsches Institut für Normung e. V., Hrsg.) Berlin: Beuth.

Eberle, A. (2011). A comparison of PMI and IPMA Approaches Analysis to support the project management standard and certification system selection. In H. Meyer, R. Roth, & R. Porterfield (Hrsg.), *New strategies for competitive advantage. IBSA-studies in management and innovation* (Bd. 1, S. 10–117). Bremen: Kellner.

ESA European Space Agency for the members of ECSS. (2013). *ECSS-Q-ST-20C Rev.1 space product assurance quality assurance. European Cooperation for Space Standardization.* Noordwijk: ESA Requirements and Standards Division.

Friedrich, J., & Kuhrmann, M. (2014). Das V-Modell XT. In R. Wagner & N. Grau *Basiswissen Projektmanagement – Prozesse und Vorgehensmodelle* (S. 107–122). Düsseldorf: Symposium Publishing.

Friedrich, J., Hammerschall, U., Kuhrmann, M., & Sihling, M. (2009). *Das V-Modell XT. Für Projektleiter und QS-Verantwortliche kompakt und übersichtlich.* Berlin: Springer.

GIZ GmbH. (Hrsg.). (2014). *Kooperationsmanagement in der Praxis. Gesellschaftliche Veränderungen gestalten mit Capacity WORKS.* Wiesbaden: Springer Gabler.

GPM Deutsche Gesellschaft für Projektmanagement. (2015). *GPM Newsletter vom 22. Januar 2015.* Nürnberg.

GPM Deutsche Gesellschaft für Projektmanagement e. V. (2017). *Individual Competence Baseline für Projektmanagement Version 4.0 deutsche Fassung.* Nürnberg.

GPM Deutsche Gesellschaft für Projektmanagement e. V. (2019). Das Project Excellence Modell Nürnberg. https://www.gpm-ipma.de/awards/deutscher_project_excellence_award.html. Zugegriffen: 31. Okt. 2019

Hab, G., & Wagner, R. (2013). *Projektmanagement in der Automobilindustrie* (4., überarb. und aktualisierte Aufl.). Wiesbaden: Springer Gabler.

Haberfellner, R., de Weck, O., Fricke, E., & Vössner, S. (2012). *Systems Engineering. Grundlagen und Anwendung* (12., völlig neu bearbeitrete und erweiterte Aufl.). Zürich: Orell Füssli.

Kent, B., et al. (2001). Manifesto for agile software development. Snowbird. http://agilemanifesto. org/. Zugegriffen: 28. Jan. 2015.

Kosiol, E. (1967). Zur Problematik der Planung in der Unternehmung. *Zeitschrift für Betriebswirtschaft, 37*(2), 77–96.

KOUROUNAKIS, N. & Maraslis, A. (2018). *PM² Project Management Methodology Guide 3.0* (The PM² Guide v3.0) (European Union, Hrsg.). Brussels: the European Commission, DIGIT Centre of Excellence in Project Management (CoEPM²). Zugriff am 17.03.2019. https://doi. org/10.2799/755246

Lewin, K. (1953). *Die Lösung sozialer Konflikte.* Bad Nauheim: Christian.

Meredith, J., & Mantel, S. (2005). *Project management. A managerial approach* (5. Aufl.). New York: Wiley.

Möhrle, M. (2014). *Gabler Wirtschaftslexikon, Stichwort: Wirkungsforschung.* (Springer Gabler Verlag, Herausgeber) http://wirtschaftslexikon.gabler.de/Archiv/82571/wirkungsforschung-v8. html. Zugegriffen: 7. Dez. 2014.

Motzel, E. (2006). *Projektmanagement Lexikon.* Weinheim: Wiley-VCH.

Motzel, E. (2010). *Projektmanagement Lexikon* (2., aktualisierte Aufl.). Weinheim: Wiley-VCH.

Patzak, G., & Rattay, G. (2014). *Projektmanagement. Projekte, Projektportfolios, Programme und projektorientierte Unternehmen* (6., aktualisierte Aufl.). Wien: Linde.

PMI Project Management Institute. (2017a). *A guide to the project management body of knowledge (PMBOK® Guide) – Sechste Ausgabe.* Newton Square: Project Management Institute.

PMI Project Management Institute. (2017b). *A guide to the project management body of knowledge: (PMBOK® Guide) (Sechste Ausgabe).* Newton Square: Project Management Institute.

Reschke, H., & Svoboda, M. (1984). *Projektmanagement: Konzeptionelle Grundlagen. Beiträge der Artikelreihe In Frankfurter Zeitung; Blick durch die Wirtschaft. 2. Auflage 1984, unveränderter Nachdruck.* (Frankfurter Allgemeine Zeitung, Hrsg.) München: Gesellschaft für Projektmanagement INTERNET Deutschland e. V.

Reuter, M. (2011). *Psychologie im Projektmanagement.* Erlangen: Publicis Erlangen.

Rupp, C. (2013). *Systemanalyse kompakt* (3. Aufl.). Berlin: Springer Vieweg.

Saynisch, M. (2010). Beyond frontiers of traditional project management: An approach to evolutionary, self-organizational principles and the complexity theory – results of the research program. *Project Management Journal, 41*(4), 21–37.

Schelle, H. (2011). Images of Projects – Buchbesprechung. *GPM-Magazin PMaktuell 5,* 47–49.

Schelle, H. (2013). Entwicklungsgeschichte und Trends im Projektmanagement. In R. Wagner & N. Grau (Hrsg.), *Basiswissen Projektmanagement – Grundlagen der Projektarbeit* (S. 109–124). Düsseldorf: Symposium Publishing.

Schelle, H., Ottmann, R., & Pfeiffer, A. (2005). *ProjektManager.* Nürnberg: GPM Deutsche Gesellschaft für Projektmanagement e. V.

Shenhar, A., & Dvir, D. (2007). *Reinventing project management. The diamond approach to successful growth and innovation.* Boston: Harvard Business School.

Steeger, O. (2012). Londoner Bürger wirkten mit am olympischen Gelände. *projekt management aktuell, 2,* 3–14.

Wagner, F. (2014). *Gabler Wirtschaftslexikon, Stichwort: Gesetz zur Kontrolle und Transparenz im Unternehmensbereich (KonTraG).* (Springer Gabler Verlag, Herausgeber) http://wirtschaftslexikon.gabler.de/Archiv/296413/gesetz-zur-kontrolle-und-transparenz-im-unternehmensbereich-kontrag-v3.html. Zugegriffen: 24. Nov. 2014.

Winter, M., Smith, C., Morris, P., & Cicmil, S. (2006). Directions for future research in project management: The main findings of a UK government-funded research network. *International Journal of Project Management, 24*(8), 638–649.

Projektmanagement-Fachverbände

GPM Deutsche Gesellschaft für Projektmanagement e. V. www.gpm-ipma.de
IPMA International Project Management Association www.ipma.ch
PMI Project Management Institute www.pmi.org

Projekte definieren

2

Zusammenfassung

Sobald die Entscheidung für ein Projekt gefallen ist, müssen einige Schritte unternommen werden, um das Projekt formal zu autorisieren und in seinen ersten Grundzügen zu beschreiben. Im Projektauftrag, auch Charter oder Steckbrief genannt, wird der Projektinhalt präzisiert, Termine und Aufwand müssen grob geschätzt werden. Projektumfeld und Kooperationskontext werden geklärt, indem Teammitglieder und weitere Stakeholder identifiziert, analysiert und angemessen eingebunden werden. Rollen und Verantwortlichkeiten müssen besprochen und gemeinsam bestimmt werden, weil die Teammitglieder sich einer neuen Aufgabe stellen, für die es bislang keine festgelegten Verantwortungsbereiche gibt. Die Entwicklung des Projektteams steht im Vordergrund. Die jeweiligen Methoden werden unmittelbar nach der Einführung in das Thema jeweils für den Segeltörn beispielhaft umgesetzt.

© Springer Fachmedien Wiesbaden GmbH, ein Teil von Springer Nature 2020
H. Meyer, H.-J. Reher, *Projektmanagement*,
https://doi.org/10.1007/978-3-658-28763-4_2

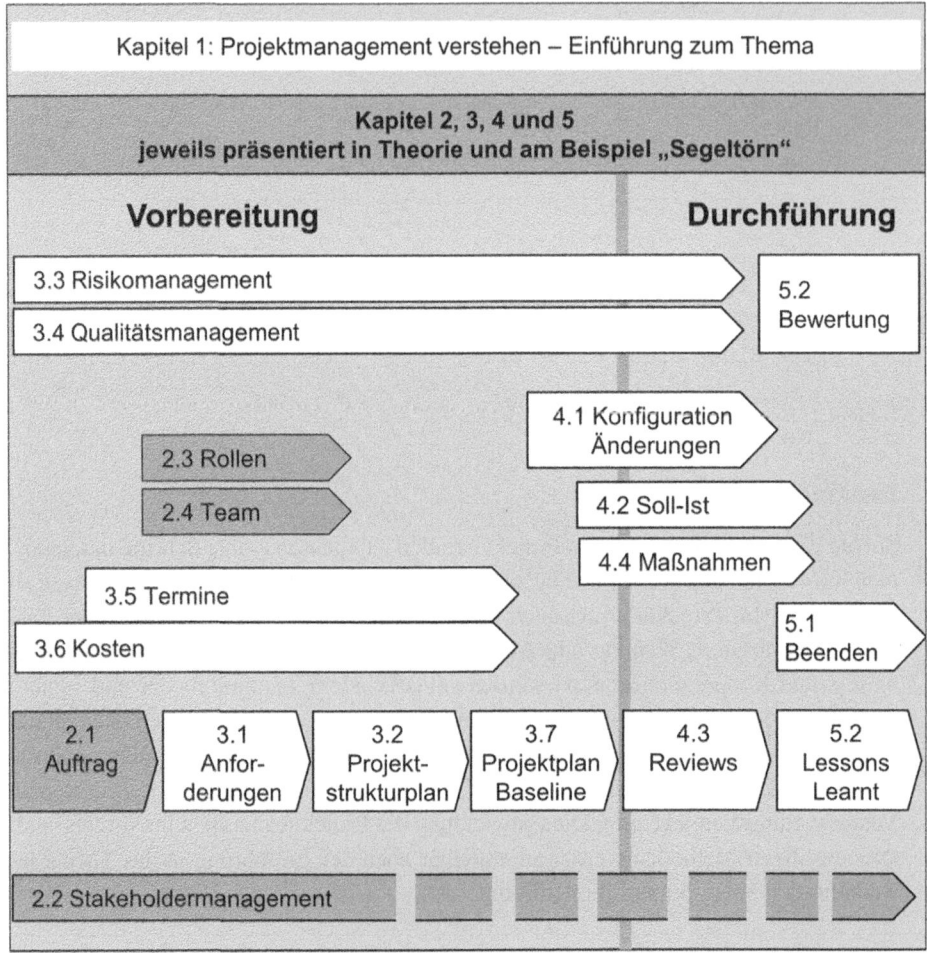

Navigator für dieses Buch – Kap. 2

2.1 Der Projektauftrag

Sobald die Ideen die Köpfe verlassen und anderen bekannt werden, ist möglicherweise ein Projekt geboren (vgl. Kaestner et al. 2012, S. 58). Manchmal scheint es einfach, den Startzeitpunkt eines Projekts zu benennen, etwa wenn es einen konkreten Anlass gibt, ein Vorhaben in Angriff zu nehmen, wie bei einer Ausschreibung. Oft ist die exakte Geburtsstunde eines Projekts schwierig zu bestimmen. Mit dem internen Projektauftrag, dem Charter, wird die Entscheidung für das Projekt sichtbar, weil wichtige Aspekte wie Ziele, Termine, Kosten und Nutzen grob dokumentiert werden.

2.1.1   Im Projektauftrag werden die Eckdaten vereinbart

Was ist ein Projektauftrag – Project Charter?
Der Projektauftrag im hier vorgestellten Sinne ist die übersichtliche Zusammenfassung der wichtigsten Vereinbarungen zum Projekt, wie Projektbegründung, Ziele, Ergebnisse, Meilensteine, Risiken, Budget und Teammitglieder. Er ist nicht zu verwechseln mit einer rechtsgültigen Abmachung zwischen zwei verschiedenen Organisationen. Vielmehr handelt es sich bei dem hier skizzierten Projektauftrag oder Projektcharter um ein organisationsinternes Dokument. Andere mögliche Begriffe für dieses Dokument sind Projektsteckbrief, interner Projektauftrag oder auch Project Assignment.

▶ **Projektauftrag – Project Charter** „Ein Dokument, das vom Initiator oder Sponsor des Projekts herausgegeben wird, mit dem die Existenz eines Projekts formell genehmigt wird, und das den Projektmanager berechtigt, Ressourcen der Organisation für Projektvorgänge einzusetzen" (PMI 2017b, S. 714).

Laut DIN handelt es sich um einen „Auftrag zur Durchführung eines Projekts oder einer Phase, der mindestens folgende Punkte enthält: Zielsetzung, erwartete Ergebnisse, Randbedingungen, Verantwortlichkeiten, geplante Ressourcen, übereinstimmende Willensbekundung des Auftraggebers und des Projektverantwortlichen" (DIN 69901-5:2009-01 2009, S. 12).

Welche Aufgabe hat ein interner Projektauftrag?
Der interne Projektauftrag hält die wichtigen Eckdaten zum Projekt schriftlich fest und ist eine Vereinbarung, die zwischen dem internen Auftraggeber und der Projektleitung getroffen wird. Sie ist Ausgangsbasis für alle weiteren Aktivitäten im Projekt, insbesondere die Planung und Durchführung des Projekts. Mit dem Projektauftrag erhalten die Projektleitung und die Teammitglieder die Erlaubnis, an dem Projekt zu arbeiten sowie Material, Ausstattung, Budget und andere vereinbarte Ressourcen für das Projekt zu verwenden.

▶ **Interner Auftraggeber – Project Sponsor (Project Owner)** „Eine Person oder Gruppe, die für das Projekt, Programm oder Portfolio Ressourcen und Unterstützung bereitstellt und für die Ermöglichung eines Erfolgs rechenschaftspflichtig ist" (PMI 2017b, S. 721).

Wie entsteht der interne Projektauftrag?
Ausgangspunkt für den internen Projektauftrag ist die Projektbegründung, auch Business Case genannt. Die Entscheidung für ein Projekt bedeutet, dass ihm der Vorzug gegenüber Konkurrenzprojekten gegeben wurde. Sie sollte am Ende eines strategischen Auswahlprozesses stehen, der in einem Business Case dokumentiert wird (Bea et al. 2011, S. 121). Handelt es sich um eine sehr umfangreiche Projekteinschätzung, so spricht man auch von Machbarkeitsstudie.

Der **Business Case** wird üblicherweise von der Managementebene erstellt, welche die Investitionsentscheidung trifft und das Projekt sowie die für seine Planung und Umsetzung erforderlichen Einsatzmittel freigibt. Der PRINCE2® Ansatz behandelt den Business Case intensiv von der ersten Idee für das Projekt bis hin zum Abschluss des Projekts. Im Sinne einer fortlaufenden Rechtfertigung wird der Business Case im Laufe des Projekts kontinuierlich validiert und gepflegt. Er ist das verbindende Dokument zwischen Projekt und projektdurchführender Organisation (Axelos 2013, S. 26–32). Inhaltlich beantwortet der Business Case Fragen wie:

- Warum ist das Projekt sinnvoll?
- Wie passt das Projekt in die existierende Strategie der Organisation?
- Welche Stakeholder sind betroffen und wie stehen Sie zu der Projektidee?
- Welche alternativen Lösungsideen existieren für den identifizierten Bedarf?
- Wie hoch sind Aufwand und erwarteter Nutzen und stehen sie in einem sinnvollen Verhältnis? (Lohnt sich das Projekt?)
- Können wir uns das Projekt leisten, woher kommen die benötigten Ressourcen? (Finanzierbarkeit)
- Verfügen wir über die notwendigen Kompetenzen? (Umsetzbarkeit)
- Welche Risiken und negativen Nebeneffekte sind zu erwarten?

▶ **Business Case** „Ein Business Case enthält die optimale Zusammenstellung fundierter Informationen für die Beurteilung, ob ein Projekt wünschenswert, lohnend und realisierbar ist (und bleibt) und deshalb eine sinnvolle Investition darstellt" (Axelos 2013, S. 23).

Im nächsten Schritt folgt die **Auftragsklärung**. Entsprechend der seit Aristoteles und Platon bekannten Redewendung „Der Anfang ist die Hälfte des Ganzen" zeigt sich immer wieder, dass es in der Startphase nicht um Geschwindigkeit geht. Deshalb ist es vorteilhaft, wenn die Beteiligten sich für die Definition des Auftrags Zeit nehmen. Auftraggeber, Projektleitung, Kernteam und je nach Projekt weitere Stakeholder müssen an dieser Arbeit mitwirken, ihre Erwartungen austauschen und ein gemeinsames Verständnis für das Projekt entwickeln. Reuter begründet die Bedeutung des Projektstarts aus psychologischer Sicht (2011, S. 82): Der Projektstart ist schwierig, da er für die Beteiligten in hohem Maße von Unsicherheiten gekennzeichnet ist. Unsicherheit darüber, was von ihnen erwartet wird und was auf sie zukommt. Ein gelungener Projektstart umfasst seiner Ansicht nach drei Dinge (ebd., S. 87):

- Die Stakeholder- und Risikoanalyse
- die Projektbeauftragung
- die Projekt-Kick-Off-Veranstaltung und den Start-up-Workshop.

Der Sprachgebrauch zu Kick-off und Start-up-Workshop ist nicht immer einheitlich. Ausgehend von den unten genannten Definitionen dauert ein Projekt-Start-Workshop länger als eine Kick-off-Veranstaltung. Diese hat informativen und symbolischen Charakter, während der Start-up-Workshop mindestens einen halben Tag, besser noch länger dauern sollte. In ihm sollte es den Beteiligten gelingen, die wesentlichen Inhalte des Projekts zu beschreiben, die den Ansichten möglichst aller Teilnehmer entsprechen. Dieser Prozess kann durch einen erfahrenen Moderator, der möglichst nicht in die Projektarbeit involviert ist, unterstützt werden.

▶ **Projekt-Start-Workshop – Start-up-Workshop** Der Workshop dient der Integration der für die Definitions- und Planungsphase notwendigen Mitarbeiter (DIN 69901-5:2009-01 2009, S. 15). Projektauftrag, Projektmanagementplan, die Rollen der Teammitglieder und der kritische Weg sollen in einem oder bei Bedarf auch mehreren Workshops im Fokus stehen (GPM 2017, S. 146).

▶ **Kick-off-Veranstaltung** Das Projekt wird losgetreten bzw. abgesegnet. „Eine Kick-off-Veranstaltung ist also keine Diskussionsveranstaltung, sondern im Regelfall eine Präsentation, welche die verschiedenen Facetten, die bis jetzt erarbeitet wurden, in einen Zusammenhang stellt und freigibt" (Reuter 2011, S. 90).

In den vergangenen Jahren entwickelten die Autoren ein **Muster** für einen Projektauftrag (Projektcharter), das sich in der praktischen Anwendung bewährte. Im Sinne einer generellen Übereinkunft erleichtert diese Form, die auf das Wesentliche konzentrierten Informationen strukturiert zu dokumentieren (vgl. Abb. 2.1 und 2.2).

Projektbeteiligte Die Auftraggeber- und Auftragnehmerorganisation einschließlich der projektbezogenen Entscheidungsträger in Person und Funktion sollten genannt werden, wie auch die Projektleitung und erste Teammitglieder. Wichtige Stakeholder, die unbedingt einzubinden sind, ggf. in einem Lenkungsausschuss als übergeordnetes Entscheidungsgremium, sollten ebenfalls bestimmt werden.

▶ **Lenkungsausschuss – Steering Committe/Project Board** Der Lenkungsausschuss ist nach DIN ein „übergeordnetes Gremium, an das der Projektleiter berichtet und das ihm als Entscheidungs- und Eskalationsgremium zur Verfügung steht" (69901-5:2009-01, S. 19).

Hintergrund des Projekts Für die Auftragsklärung ist es hilfreich zu wissen, weshalb es überhaupt zu dem Projekt gekommen ist. Gibt es einen bestimmten Anlass für das Projekt? Welche Lösungsalternativen wurden zugunsten des Projekts verworfen? Die Projektbegründung – der Business Case – sollte diese Fragen in der Regel schon beantworten können. Fehlt eine schriftliche Projektbegründung, so ist sie an dieser Stelle in kurzen Zügen darzulegen.

Langfristiger Nutzen Welche Vorteile verspricht sich der Auftraggeber von der Bearbeitung des Projekts? Dieser Nutzen geht immer von den Stakeholdern aus. Auftraggeber und

PROJEKTAUFTRAG (Charter)
Projektkurzname/-langtitel
Mission Statement
Meilensteine **M1:** Projektstart **M2:** Generelle Übereinkunft (Projektauftrag) ist verabschiedet **M3:** **M4:** **M5:** Projektende
Projektsponsor/Lenkungsausschuss:
Auftragnehmerorganisation: Projektleitung, Kernteam	Auftraggeberorganisation:
Hintergrund
Nutzen
Liefergegenstände und Erfolgskriterien:
Grenzen Annahmen
Projektbudget /Projektaufwand
Risiken
Sonstiges
Unterschriften: Sponsor   Projektleitung

Abb. 2.1 Muster Projektcharter

Auftragnehmer wollen durch die Durchführung des Projekts Gewinne erzielen. Für Projekte in wirtschaftlich orientierten Unternehmungen steht der erwartete Projektwertbeitrag im Vordergrund. Bei strategischen Projekten richtet sich der Fokus auf den Beitrag zur Unternehmensentwicklung (Bea et al. 2011, S. 501 f.).

Projektergebnisse (Lieferobjekte) Es fällt den Beteiligten oft schwer, die genauen Liefergegenstände zu beschreiben, denn erst mit fortschreitender Entwicklung des Projekts formt sich das Bild, wird klarer, was im Rahmen des Projekts erarbeitet werden soll. Handelt es sich um ein Projekt, dessen Ergebnis überwiegend aus materiellen Strukturen besteht, z. B. der Bau eines Hauses, fällt es den Beteiligten leichter, Liefergegenstände zu definieren. Oftmals ist aber zu Beginn des Projekts nicht erkennbar, wie das Ergebnis

Projektauftrag	Fragen
Beteiligte	• Wer ist der interne Auftraggeber? • Wer vertritt den internen Auftraggeber? • Bei Kundenprojekten: Wer ist der externe Auftraggeber? • Wer vertritt den externen Auftraggeber? • Welche Entscheidungsinstanzen gibt es im Projekt? • Wer sitzt im Lenkungsausschuss? • Welche wichtigen Stakeholder müssen einbezogen werden?
Hintergrund des Projekts	• Was ist der Istzustand? • Was war der Anlass, Auslöser für das Projekt? • Welches Thema soll gelöst werden? • Was ist der Ausgangspunkt, wo stehen wir heute? • Welche Alternativen wurden zugunsten des Projekts abgelehnt?
Nutzen des Projekts	• Was sind die langfristigen Ziele? • Was ist der Zielzustand in der Zukunft, nach Beendigung des Projekts? • Welche messbare Verbesserung tritt ein? • Welcher Gewinn oder Wertbeitrag soll für den Auftraggeber und für den Auftragnehmer realisiert werden?
Projektumfang (Liefergegenstände)	• Welche greifbaren Komponenten liegen am Ende des Projekts vor? • Was wird dem Auftraggeber am Ende übergeben? • Woran wird der Erfolg des Projekts gemessen? • Woran wird gemessen, dass der Auftraggeber das Ergebnis abnehmen muss (Akzeptanzkriterien)?
Grenzen des Projektes	• Welche Voraussetzungen treffen zu? • Welche Annahmen sind Ausgangspunkt für den Projektstart? • Was ist nicht mehr Bestandteil des Projektauftrags? • Wo endet die Verantwortung der Projektleitung?
Projektaufwand	• Wie hoch ist das Budget? • Wieviele Personentage werden benötigt? • Welche Spezialisten sind erforderlich? • Welche Ausstattung ist notwendig?
Projektrisiken	• Was kann schief gehen? • Welche Ereignisse können das Projekt beeinträchtigen?

Abb. 2.2 Fragen zur Klärung des Projektauftrags

aussehen soll. Dieses Phänomen ist für kleine wie für große Projekte zu beobachten. Mit dem internen Auftraggeber sollten erste Erfolgskriterien besprochen werden. Sie legen fest, woran der Erfolg des Projekts sowie die Leistung der Projektleitung und des Teams am Ende beurteilt werden.

Die Liefergegenstände beschreiben die Hardware- und Softwarekomponenten, die im Laufe des Projekts an den Auftraggeber übergeben werden müssen. Sie werden oft als Teil des Vertrages vom Kunden definiert und können später im Projekt grafisch als Projektergebnisstruktur dargestellt werden. Produktspezifische Dokumentationen, z. B. Handbücher, Gebrauchsanleitungen, wichtige Leistungsdaten und Sicherheitsinformationen sind Teil der zu liefernden Hard- und Software (vgl. auch Abschn. 3.1). Im Projektcharter werden zunächst nur die Hauptlieferobjekte benannt.

▶ **Liefergegenstand – Deliverable** Ein Liefergegenstand ist ein „Ergebnis, das am Ende eines Vorgangs, Arbeitspakets oder Projekts zu erbringen bzw. abzuliefern ist" (DIN 69901-5:2009, S. 10). Oder laut PMI „Ein einmaliges und überprüfbares Produkt oder Ergebnis oder eine Dienstleistung, das/die hergestellt bzw. erbracht werden muss, um einen Prozess, eine Phase oder ein Projekt abzuschließen" (PMI 2017b, S. 710).

Grenzen des Projekts Der Begriff „Grenze" bezieht sich auf den Verantwortungsbereich der Projektleitung. Hier sollte geklärt werden, welche Aufgaben der Auftraggeber erledigen muss und welche Voraussetzungen und Rahmenbedingungen vorliegen müssen, damit die Projektarbeit beginnen kann und welche Aufgaben nicht mehr Gegenstand der Projektarbeit sein sollen.

Vereinbarungen hinsichtlich der einzuhaltenden Termine und Kosten zählen nicht zu dem, was hier mit „Grenzen des Projekts" gemeint ist. Sondern es handelt sich um Anforderungen, die erfüllt werden müssen und die Projektleitung muss dafür Sorge tragen, dass diese Vereinbarungen eingehalten werden.

Projektbudget und Projektaufwand Das Projektbudget beschreibt, welche Einsatzmittel dem Projekt zur Verfügung stehen. Möglicherweise hat der Auftraggeber Vorstellungen, wie viel Geld er für das Projekt ausgeben möchte oder kann. Dieser Betrag steht, abzüglich des Gewinns, einer Managementreserve und eines Risikobudgets, für das Projekt zur Verfügung. Abgesehen davon, ist an dieser Stelle aber auch eine Schätzung erforderlich, wie viele Mittel für die Erledigung der Projektaufgaben benötigt werden. Hierbei handelt es sich um eine erste grobe Schätzung mit Abweichungen, die deutlich im zweistelligen Prozentbereich liegen können oder sogar über 50 % zulassen (PMI 2017a, S. 201). Die Schätzungen müssen nicht unbedingt in Geldeinheiten erfolgen. Im Gegenteil, in Projekten liegt der Schwerpunkt oft im Personalaufwand. Dieser wird in Zeiteinheiten, z. B. Personentage, erfasst, um dann mit Geldeinheiten bewertet zu werden. Mit welchen Kostensätzen kalkuliert wird und welche Gemeinkostenzuschläge in welcher

Höhe anzusetzen sind, liegt nicht im Ermessen der Projektleitung, sondern das entscheidet das Management bzw. die zuständige Abteilung.

Liegt ein Business Case mit Wirtschaftlichkeitsbetrachtung vor, können die Projektbeteiligten den Genauigkeitsgrad der ursprünglichen Aufwandsschätzung erhöhen und den Projektaufwand auf Basis der definierten Liefergegenstände aktualisieren. Die Aufwandsschätzung ist eine sehr anspruchsvolle Aufgabe, die gerade zu Beginn des Projekts mit hohen Unsicherheiten behaftet ist. Wenn möglich, sollten Erfahrungen aus vergangenen Projekten berücksichtigt werden. Aber nicht nur alte Projekte sollten betrachtet, auch interne und externe Experten können befragt werden. Je nach Anwendungsgebiet des Projekts existieren unter Umständen Parameter und Kostengliederungen, die helfen, eine grobe Schätzung vorzunehmen. Im Baumanagement können z. B. die Kostengruppen nach DIN 276 und statistische Kostenkennwerte der Architektenkammern (Ahrens et al. 2014, S. 37) nützlich sein.

Wenn Arbeitsstunden einem Dritten nicht in Rechnung gestellt werden, nicht in die Kalkulation eines Projektpreises einfließen, wird dieser Aufwand nicht immer in Geldeinheiten dokumentiert. Betroffen sind vor allem Personalkosten für fest angestelltes Personal aber auch Raumkosten. Die Leistung fließt zwar in das Projekt ein, belastet aber das Projektbudget nicht. Trotzdem kann der gesamte Aufwand in Geldeinheiten ausgedrückt werden, denn letztlich stimmt der Auftraggeber zu, dass Kosten in bestimmter Höhe für das Projekt anfallen und auch zur Verfügung gestellt werden.

▶ **Projektbudget – Project Budget** Das Projektbudget bezeichnet die „Summe der einem Projekt zur Verfügung gestellten finanziellen Mittel" (DIN 69901-5:2009-01 2009, S. 12).

▶ **Projektaufwand – Effort** Projektaufwand entsteht durch die Nutzung von Ressourcen (Bea et al. 2011, S. 143).

Projektrisiken Die Risikoanalyse sollte eine der ersten Aufgaben sein, wenn eine Projektidee bearbeitet wird. Sie beginnt schon in der Machbarkeitsstudie oder im Business Case. Die Risikoanalyse wird Schritt für Schritt detaillierter und mit Blick auf den Projektgegenstand im Kapitel Projektplanung entsprechend vorgestellt. Wenn es um die Projektbegründung geht, stehen zunächst noch Geschäftsrisiken in Form von Ereignissen und Einflüssen von außen im Vordergrund, die dazu führen können, dass der erwartete langfristige Nutzen nicht eintritt. Später dagegen treten Risiken in den Vordergrund, die die Erreichung der Projektziele, also Umsetzung der Liefergegenstände, gefährden können. Hierzu an späterer Stelle ausführlicher (vgl. Abschn. 3.3).

Projektkurzname, Langtitel und Mission Statement Der Projektkurzname und der Langtitel sind Formulierungen, die immer wieder kommuniziert werden. Ein Mission Statement im Sinne eines Leitsatzes, dessen Formulierung nicht zu lang sein sollte, unterstützt die Kommunikation nach außen aber auch innerhalb des Projektteams und ist ein erster Schritt für das Projektmarketing (vgl. hierzu auch das Thema Stakeholdermanagement Abschn. 2.2).

Meilensteine ImRahmen der Auftragsklärung vereinbaren die Beteiligten einen groben Terminplan, der mindestens die Meilensteine jeweils zum Ende der Planungs-, Durch-führungs- und Abschlussphase näher beschreibt und den offiziellen Beginn des Projekts enthält:

- M1: Projektstart, die Idee zur Durchführung des Projekts ist kommuniziert (Business Case).
- M2: Der Projektauftrag (Project Charter), die generelle Übereinkunft ist verabschiedet.
- M3: Die Planungsphase ist beendet, alle Grundlagen, die Baseline, zur Durchführung des Projekts sind erstellt und beschlossen.
- M4: Die Liefergegenstände sind an den Kunden übergegeben und abgenommen.
- M5: Projektende. Alle Dokumentationen sind fertiggestellt und alle Kostenstellen geschlossen.

Der grobe Terminplan mit den konkreten Meilensteinen sollte folgende Punkte enthalten:

- Nr. oder eindeutige Kennung des Meilensteins.
- Kurzbezeichnung des Meilensteins.
- Stichtag bzw. Termin, zu dem der Meilenstein erreicht sein soll.
- Beschreibung, welche mess- und überprüfbaren Ergebnisse vorliegen müssen.
- Beschreibung, wer worüber entscheidet.

Der zeitliche Ablauf wird häufig in einem Gantt Diagramm dargestellt. Die weitere Detaillierung der Termine erfolgt in der Planungsphase. Je nach Projekt und Projektgröße können mehrere Ebenen von Terminplänen entstehen. Ihr Detaillierungsgrad steigt mit fortschreitendem Projekt (vgl. das Thema Terminplanung in Abschn. 3.5).

Wer ist beteiligt?
Projektleitung, Kernteam und Auftraggeber arbeiten an der Formulierung des Projektauftrags mit. Weitere mögliche Beteiligte sind Mitglieder des Lenkungsausschusses und wichtige Stakeholder, z. B. Interessenvertreter wie Betriebsrat oder Personalrat und Benutzervertreter oder auch Lieferantenvertreter. Die Stakeholderanalyse hilft an dieser Stelle weiter.

Wann sollte der Projektauftrag verabschiedet werden?
Der Projektauftrag sollte idealerweise am Ende der Definitionsphase beschlossen werden. Das Ergebnis wird eingefroren, kann jedoch bei Bedarf geändert werden-, aber nur nachdem die Änderungen über einen definierten Prozess freigegeben wurden. Denn Projekte gewinnen mit fortschreitender Bearbeitung an Klarheit und neue Erkenntnisse erfordern durchaus Anpassungen im Projektauftrag. So kann zu Beginn jeder Phase sowohl ein Start-up-Workshop als auch ein Kick-off sinnvoll sein.

Wichtige Begriffe
- Auftraggeberorganisation – Client Organisation
- Auftragnehmerorganisation (Trägerorganisation) – Contractor Organisation (Performing Organisation)
- Business Case (Projektbegründung)
- Interner Auftraggeber – Project Sponsor (Project Owner)
- Kick-off-Veranstaltung – Kick Off Meeting
- Leitbild – Mission Statement
- Lenkungsausschuss – Steering Committe/Project Board
- Liefergegenstand – Deliverable
- Machbarkeitsstudie – Feasibility Study
- (interner) Projektauftrag (Steckbrief, Projektcharter) – Project Charter (Project Assignment)
- Projektaufwand – Project Effort
- Projektbudget – Project Budget
- Projektnutzen – Project Outcome (Benefits Management)
- Start-up-Workshop – Start Up Workshop

Quellen für weiterführende Informationen
Bea, F., Scheurer, S., & Hesselmann, S. (2011). *Projektmanagement* (2., überarbeitete und erweitere Aufl.). Konstanz: UVK Verlagsgesellschaft.
    Reuter, M. (2011). *Psychologie im Projektmanagement*. Erlangen: Publicis Erlangen.

2.1.2   Projektauftrag für den Segeltörn

Projekt Segeltörn
Der Segeltörn, die begleitende Story in diesem Buch, ist ein Projekt. Die Anwendung von Projektmanagementmethoden soll helfen, den Erfolg des Segeltörns zu sichern. Der Törn ist einzigartig, zeitlich begrenzt und wird durch ein Team, in diesem Falle die Crew, gemeinsam definiert, geplant und umgesetzt. Liefergegenstand ist eine Dienstleistung und die Nutzungsphase der zu erbringenden Dienstleistung ist gleichzeitig Realisierungsphase des Projekts. Mit anderen Worten Produktlebenszyklus und Projektlebenszyklus sind identisch. Den Lesern wünschen wir „immer eine Handbreit Wasser unter dem Kiel", damit sie bei Ihrer Projektarbeit nicht „auf Grund" laufen.

Faszination Segeln Antworten des Skippers auf die Frage: „Warum leuchten Deine Augen immer, wenn wir über das Segeln sprechen?" Die erste spontane Antwort lautet: „weil es Freude bringt". Die Suchtext-Fragen wie „Segeln – Warum" und „Faszination Segeln" ergaben beim Googeln zusammen mehr als 800.000 Treffer, die neben der Werbung auch eine Vielzahl von Begründungen und Hinweisen liefern, warum segeln so schön sein kann. Feststeht auf jeden Fall, die Frage kann nur subjektiv beantwortet werden – schon wegen der obengenannten leuchtenden Augen und aus Sicht des Skippers auch nur in mehreren Teilantworten:

- **Segeln wirkt immer.**
  Auf viele verschiedene Weisen und auf eine selbstverständliche und im wahrsten Sinn naturgegebenen Art. Einfach so, ohne Motor, ohne Paddel. Einfach so! Vom Moment des Ablegens an geht es nur noch darum, das Zusammenspiel von Wind, Segel und Ruder zu koordinieren. Primär nicht, um irgendwo hinzukommen, sondern um in diesem Augenblick das Richtige zu tun.
- **Der Weg ist das Ziel.**
  Wenn es eine Tätigkeit gibt, auf die dieses Motto zutrifft, dann ist es das Segeln. Der Sinn und Zweck des Segelns liegt in sich selbst. Allein der Ablauf der Aktivität ist das Ziel. Segeln als Tätigkeit, die einzig und allein um ihrer selbst willen ausgeführt wird (autotelischer Charakter des Segelns).
- **Beim Segeln ein „Flow-Erlebnis" erfahren.**
  Der Segler geht in seiner Aktivität völlig auf und nimmt nur noch die Dinge wahr, die unmittelbar für das Segeln relevant sind. Handlung und Bewusstsein verschmelzen. Der Segler im „Flow-Zustand" ist sich zwar seiner Handlungen bewusst, nicht aber seiner selbst. Fragen, wie z. B.: „Mache ich meine Sache gut? Was tue ich hier? Sollte ich das wirklich tun?", kommen dem Segler gar nicht in den Sinn.
- **Steuern – sich selbst und die Umgebung.**
  Segeln heißt, das eigene Handeln und die Umgebung zu lenken. Jede Handlung des Seglers ist abgestimmt auf seine Umgebung. Er muss die Folgen seines Handelns selbst verantworten. Macht er etwas falsch, sind die Folgen sehr bald zu spüren. Der Segler kann sich gegen (fast) alle Gefahren schützen, die Risiken abschätzen und entsprechend handeln. Die Qualität der Herausforderungen und deren Anspruchsniveau kann er in weiten Teilen selber festlegen und den eigenen Fähigkeiten anpassen. Mit anderen Worten, je mehr er dazu lernt, desto größere Herausforderungen kann er sich suchen. Die Schrittweite kann er dabei selber festlegen. Solange man sich nicht überfordert und es mit der Angst zu tun bekommt und solange es nicht langweilig wird, bleibt der Spaß erhalten.
- **Segeln ist ein Teamsport, ein Teamerlebnis mit „guten" Gefühlen.**
  Die Crewmitglieder entwickeln sich vom „Ich" zum „Wir". Eine Anzahl von Personen wächst an Bord zu einer Gruppe, zu einem Team zusammen. Sie verfolgen gemeinsame Ziele. Sie entwickeln und erleben ein Gefühl der Zusammengehörigkeit. Gerade auch in schwierigen Situationen, wie zum Beispiel bei schwerem Wetter, hilft das Team sich gegenseitig bei den Segelmanövern und der einzelne erhält Unterstützung, wenn er die Aufgabe nicht allein erledigen kann oder wenn er z. B. seekrank wird. Insgesamt entsteht, bei erfolgreichem Abschluss eines Segeltörns, ein positives Wir-Gefühl. Man hat etwas gemeinsam geschafft.

Die Idee für den Segeltörn wird geboren

Es ist November in Norddeutschland, kühl, grau und regnerisch. Die Gedanken gehen zurück zum letzten Sommer – blauer Himmel, warmes Wasser und zu einem Segeltörn in Griechenland. Einige Freunde, Bekannte und Kollegen, die sich mal wieder anlässlich Pauls Geburtstagsfeier im November sehen, stehen beisammen und schwelgen in Erinnerungen an vergangene Urlaubstage. Einer aus der Runde sagt es dann: „Wir sollten wieder einmal Segeln". Das ist der erste Gedanke eines neuen Projekts. Denn genau diesen Segeltörn hat es noch nicht vorher gegeben. Im weiteren Verlauf trifft man sich, telefoniert, schreibt E-Mails und SMS und entwickelt Vorschläge, wohin die Reise gehen könnte, das heißt man diskutiert über mögliche Segelgebiete z. B. Ostsee oder Mittelmeer und über die persönlichen Vorstellungen und Einschränkungen wie Urlaubszeiten und verfügbares Budget. Denn jeder potenzielle Teilnehmer hat eigene Vorstellungen über einen ins Auge gefassten Segeltörn.[1]

Wichtige Fragen müssen nun überlegt und im Rahmen der nächsten Zeit geklärt und beantwortet werden:

- Wer und wie viel Personen sollen mitsegeln?
- Wer soll der Skipper (Kapitän) sein?
- Welche Kompetenzen werden unbedingt an Bord benötigt?
- Welcher Zeitraum soll gewählt werden und wie lange soll der Törn dauern? Welche Zeiträume stehen zur Verfügung?
- Welches Fahrtgebiet soll gewählt werden?
- Welches Schiff soll gechartert werden? Welcher Komfort soll mindestens vorhanden sein?
- Welche Kosten fallen an?
- Welche Art der Verpflegung soll gewählt werden, Dosen oder selber kochen?
- Welche Vorstellungen haben die einzelnen Teilnehmer von diesem Törn?
- Welche Interessen sollen berücksichtigt werden? Soll es ein reiner Segeltörn, ein Badeurlaub, eine Sightseeing-Tour mit Inselbesichtigungen oder gar eine Shopping-Tour sein?

Die Fragen und ihre Beantwortung hängen eng zusammen und müssen im Laufe des Projekts bis zum Start des Törns geklärt und am besten schriftlich dokumentiert werden.

Projektauftrag (Projekt Charter) für den Segeltörn

Die Idee zu einem Segeltörn ist geboren, aber alle Fragen zur Organisation der Reise sind offen. Daher muss ein Kernteam gebildet werden, das den Auftrag für den Segeltörn weiter klärt und schriftlich fixiert. Dazu beschreiben einige der potenziellen Teilnehmer ge-

---

[1]Alle Personen und die Handlung des Projekts sind frei erfunden. Ähnlichkeiten mit tatsächlichen Begebenheiten oder lebenden oder verstorbenen Personen wären rein zufällig.

meinsam den Projektauftrag. Erste Festlegungen werden getroffen und Meilensteine definiert, indem folgende Fragen behandelt werden:

- Wer ist dabei, wer soll die Reise planen? (Kernteam)
- Wann sollen die Planungen der Reise abgeschlossen sein? Wann soll die Reise – Realisierung des Projekts – beginnen? Wie lange soll der Segeltörn dauern – Anfang und Ende des Segeltörns? (Meilensteine)
- Was darf die Reise insgesamt und pro Person kosten? (Projektbudget)
- Was sind die potenziellen Segelgebiete? (Ziele und Anforderungen)
- Welche Wetterverhältnisse werden im Segelgebiet erwartet? (Risiko)
- Was erwarten die potenziellen Teilnehmer von dem Törn, warum wollen Sie mitmachen und wann sind sie zufrieden?
- Was sollen die wesentlichen Ziele und Inhalte des Segeltörns hinsichtlich täglicher Segeldauer, aktivem Mitmachen, Verpflegung (Kochen oder Restaurants), Landgängen, Besuch von Kulturstätten im Segelgebiet usw. sein? (Ziele, Lieferobjekte und Erfolgskriterien)
- Welche Schwerpunkte sollen erfüllt sein?
- Was soll auf jeden Fall geschehen? (Prioritäten)
- Was soll auf keinen Fall passieren? (Grenzen des Projekts)

Diese Punkte werden gemeinsam besprochen, inhaltlich abgestimmt und im Projektauftrag niedergeschrieben. Sie bilden die Basis, um weiter in die Planung des Törns einzusteigen und den Törn erfolgreich durchzuführen (Abb. 2.3).

Für den groben Terminplan, den konkreten Meilensteinplan im Projekt Segeltörn, werden die Termine vereinbart, und die Ergebnisse mit den Entscheidungen, die zu treffen sind, beschrieben (Abb. 2.4 und Tab. 2.1). Später, während der Realisierung des Projekts, werden Reviews durchgeführt, in denen die Erreichung der Meilensteine geprüft wird. Weitere Informationen zu dem Thema Meilensteine und Reviews enthält das entsprechende Kapitel (Abschn. 4.3).

2.2 Stakeholdermanagement

In der Definitionsphase des Projekts müssen Projektumfeld und Kooperationskontext geklärt werden. Im Zentrum dieser Frage stehen die sozialen Einflussfaktoren, die Stakeholder des Projekts. Die Bedeutung des Stakeholdermanagement für den Projekterfolg ist mindestens seit der Arbeit von Cleland 1985 ein Thema, dass im Projektmanagement immer wieder diskutiert wird (zitiert nach Eskerod und Huemann 2014, S. 37). Littau et al. beobachten eine steigende Zahl der Aufsätze zu diesem Thema in den internationalen Projektmanagement Fachzeitschriften (2010, S. 25). 2013 nimmt das Project Management Institute in seiner fünften Ausgabe des Project Management Body of Kowledge (PMBOK®) erstmalig Stakeholdermanagement als eigenes Wissensgebiet von insgesamt zehn Wissensgebieten auf, was die Bedeutung dieses Themas weiter unterstreicht (PMI 2017a, S. 391 ff.).

PROJEKTAUFTRAG (Charter)
Projektkurzname/-langtitel: Segeltörn Segelurlaub auf einer Segelyacht im Mittelmeer
Mission Statement: Blauwasser–Segeln im Mittelmeer: Sport , Kultur, Erholung und Spaß bei Sonne und Wind mit 6 bis 8 Personen

Meilensteine:
    M1: 1. Februar 2015 Projektstart (Idee des Segeltörns ist geboren).
    M2: 1. März 2015 Generelle Übereinkunft (Projektauftrag) ist verabschiedet.
    M3: 30. April 2015 Baseline ist verabschiedet.
    M4: 30. September 2015 Segeltörn ist beendet.
    M5: 30. November 2015 Projektende.

Lenkungsausschuss: Entfällt, es gibt keine übergeordnete Instanz

Organisation des Auftragnehmers: Crew	Organisation des Auftraggebers:
Projekt Sponsor: entfällt Projektmanager & Skipper: Heinz Blaubart Systemarchitektin & Co-Skipper: Sabine Schiffer Risikomanager (Steuermann): Martin Seemann Projektcontroller & Zahlmeister: Herbert Bank Qualitätsmanager & Smutje: Bernd Koch Stakeholder-, Ausflugs- & Kulturmanager: Hartmut Berge	Auftraggeber und Auftragnehmer sind identisch.

Hintergrund: Der Winter in Deutschland ist grau, nasskalt und regnerisch. Es entsteht der Wunsch, möglichst bald, zusammen mit gleichgesinnten Freunden und Bekannten, einen angenehmen Urlaub in südlichen „Gefilden" durchzuführen. Nach ersten Befragungen und Austausch der Wünsche wäre ein zweiwöchiger Segeltörn im September auf einer komfortablen Yacht im Mittelmeer für alle ein „Traum-Urlaub".
Nutzen: Gute Erholung und Stärkung der Gesundheit und des Wohlbefindens durch Aktivurlaub mit gleichgesinnten Freunden und gemeinsame Erlebnisse an Bord und an Land. Motivation für die Zukunft für jeden einzelnen Teilnehmer zur Bewältigung von beruflichen und privaten Aufgaben. Neue kulturelle Eindrücke und Kennenlernen von Land und Leuten eines mediterranen Landes.

Liefergegenstände und Erfolgskriterien (EK):
    1. Erfolgreiche Planung des Segeltörns.
        EK: Zustimmung der Crew mit dem Planungsstand vor Beginn des Törns.
    2. Erfolgreiche Durchführung des Segeltörns gemäß der Planungen.
        a. EK: Alle Teilnehmer bewerten täglich die Qualität des Törns und entwickeln Verbesserungsvorschläge.
        b. EK: Die definierten Erwartungen (Anforderungen) an den Törn sind im Rahmen der geplanten Kosten erfüllt.

Abb. 2.3 Projektcharter – (Interner) Projektauftrag für den Segeltörn

Teil 2

Grenzen:
1. Neue Anforderungen und Erwartungen der Teilnehmer während des Törns.
2. Einfluss von Wetter sowie Schäden an Schiff, Motor, Segel und Ausrüstung.
3. Anspruch auf die Durchführung einer genau definierten Route incl. des Anlaufens bestimmter Inseln, Häfen, Städte.

Annahmen:
1. Die beteiligten Personen kennen sich bzw. lernen sich in einem Crewtreffen vor Antritt der Reise kennen.
2. Jedes Crewmitglied ist teamfähig und kein Einzelgänger.
3. Jeder Teilnehmer ist im Wesentlichen über die Bedingungen und den „Komfort" an Bord einer gecharterten Segelyacht sowie über mögliche, eingeschränkte „Hygienebedingungen" in Häfen und auf dem Schiff informiert.
4. Der Segeltörn ist keine Kreuzfahrt auf einem luxuriösen Schiff mit 5 Sterne-Klassifizierung.
5. Jeder Teilnehmer weiß, dass er seekrank werden kann.

Projektbudget /Projektaufwand:
Kosten pro Person: ca. 1.800.- €. Sachkosten für 8 Personen ca.15.000.- €.
Arbeitswand für die Vorbereitung und Durchführung des Törns,
geschätzt mindestens 1000 Stunden.

Risiken:
1. Einfluss von Wind (Sturm), Wetter (Regen) und niedrige Luft- und Wassertemperaturen.
2. Schäden am gecharterten Schiff, Motor, Segel und Ausrüstung.
3. Personenschäden an Crewmitgliedern durch Unfall.
4. Schäden an anderen Schiffen und Personen durch Kollision.
5. Crew passt nicht zusammen.
6. Crewmitglieder werden vor der Reise oder während des Törns krank.
7. Crewmitglieder bringen sich nicht ein und sind unzufrieden.
8. Verspätete An- und Abreise durch Flugverzögerung oder Ausfall.

Sonstiges:
Der Segeltörn ist eine frei vereinbarte Gruppenreise von interessierten Crewmitgliedern unter Verzicht auf jegliche Schadenersatzansprüche untereinander und gegenüber dem Skipper. Ersatzansprüche an das Charterunternehmen sind im Chartervertrag geregelt.

Unterschriften

Version 1.0 vom 01.03.2015

Abb. 2.3 (Fortsetzung)

Phasen/Meilensteine		2015								
		Feb	März	Apr	Mai		Aug	Sep	Okt	Nov
Definition										
Projektstart	M1 ◆ 01.02									
Projektcharter fertig	M2 ◆ 01.03									
Vorbereitung										
Baseline verabschiedet				M3 ◆ 30.04						
Durchführung										
Törn beendet								M4 ◆ 30.09		
Abschluss										
Projekt beendet									M5 30.11 ◆	

Abb. 2.4 Meilensteinplan im Projekt Segeltörn gemäß Projektcharter

Tab. 2.1 Meilensteine im Projekt Segeltörn

Nr.	Kurzbezeichnung	Termin	Vorliegende Ergebnisse	Wer entscheidet worüber?
M1	Projektstart	01.02.2015	Idee zu einem Segeltörn im Jahr 2015 ist geboren	Gruppe von interessierten Seglern über den Beginn weiterer Planungen
M2	Projektcharter ist verabschiedet	01.03.2015	Das Bild, d. h. der Rahmen und wesentliche Inhalt des Törns und wichtige Meilensteine sind erstellt	Die Personen (Kernteam), die am Törn als Crewmitglieder teilnehmen wollen entscheiden, an dem Törn teilzunehmen und die erforderlichen weiteren Planungen zu beginnen
M3	Baseline ist verabschiedet	30.04.2015	Die Termine, das Törngebiet und die Erwartungen der Crew sind abgestimmt. Das Schiff und die Flüge sind gebucht	Die potenzielle Crew geht mit Abschluss des Chartervertrages Zahlungsverpflichtungen ein
M4	Segeltörn ist beendet	30.09.2015	Das Schiff ist an das Charterunternehmen zurückzugeben und die Abnahme durch den Bootsmann erfolgt (hoffentlich ohne Mängelliste)	Das Charterunternehmen (Bootsmann) über die Rückgabe der Kaution
M5	Projektende	30.11.2015	Die Bewertung und mögliche Verbesserungen (Lessons Learnt) sind dokumentiert Die Endabrechnung ist geprüft und alle Zahlungen sind erfolgt. Ein Abschlussbericht ist erstellt	Die Crew über die Endabrechnung und den Gesamterfolg des Törns einschließlich der An- und Abreise

2.2.1   Interessierte und Betroffene angemessen einbinden

Was ist Stakeholdermanagement?

„Stakeholder sind die soziale Wirklichkeit des Projektes", „Stakeholdermanagement ist im wesentlichen Emotionsmanagement" (Reuter 2011, S. 68). Stakeholdermanagement befasst sich mit den am Projekt interessierten Personen. Wer sind mögliche Unterstützer, Betroffene, Interessierte oder mögliche Gegner? Was bewegt sie, wie sollen sie eingebunden werden? Diese und andere Fragen gilt es zu lösen. Wer hat nicht schon von aufgebrachten Anwohnern, frustrierten Mitarbeitern, kooperationsunwilligen Linienvorgesetzten oder schwierigen Kunden in Zusammenhang mit Projekten gehört? Je nach Projekt wird das Management der Stakeholder verschiedene Dimensionen einnehmen. Fest steht jedoch, dass es für den Erfolg des Projekts wichtig ist, sich dieser Aufgabe bereits in frühen Projektphasen zu widmen.

▶ **Stakeholder – Projektbeteiligte, Interessierte Parteien** „Gesamtheit aller Projektteilnehmer, -betroffenen und -interessierten, deren Interessen durch den Verlauf oder das Ergebnis des Projekts direkt oder indirekt berührt sind" oder „die der Ansicht (sind), von einer Entscheidung, einem Vorgang oder dem Ergebnis eines Projektes … betroffen zu sein oder zu werden" (DIN 69901-5:2009-01 2009, S. 12; PMI 2017b, S. 721).

▶ **Stakeholdermanagement** Das Management der Projektstakeholder schließt alle erforderlichen Prozesse zur Ermittlung der Personen, Gruppen oder Organisationen ein, die Einfluss auf das Projekt haben oder davon betroffen sein könnten. Weiterhin gehört dazu die Analyse der Erwartungen der Stakeholder, deren Auswirkung auf das Projekt sowie die Entwicklung geeigneter Managementstrategien zur effektiven Einbindung der Stakeholder in Projektentscheidungen und deren Umsetzung (PMI 2017b, S. 711).

Warum ist Stakeholdermanagement erforderlich?

Stakeholdermanagement soll helfen, die Wahrscheinlichkeit des Projekterfolgs zu erhöhen (Eskerod und Jepsen 2013, S. 7). Deshalb kann es sinnvoll sein, die Projekterfolgskriterien gemeinsam mit den Stakeholdern zu definieren. Die Schwierigkeit besteht darin, zu entscheiden, welche Stakeholder wie berücksichtigt und eingebunden werden. Dieser Selektionsaspekt ist aus ökonomischen Erwägungen sinnvoll. Im Hinblick auf den Erfolg des Projektes darf jedoch nicht unterschätzt werden, wie wichtig es ist, dafür zu sorgen, dass die richtigen Personen angemessen eingebunden werden. Für das Project Excellence Modell spielt der Umgang mit Stakeholdern in acht von neun Hauptkriterien bei der Bewertung eine Rolle, ob ein Projekt exzellent ist oder nicht (GPM 2014).

Stakeholder liefern wichtige Informationen für die Projektplanung:

* für die Definition der Ziele
* für die Anforderungsanalyse
* für die Risikomanagement.

Ziel des Stakeholdermanagements ist es, die Interessen der Stakeholder des Projekts zu verstehen, um einschätzen zu können, wie sie zum Projekt stehen (vgl. hierzu auch Reuter 2011, S. 61):

- **Förderer**, die sich für das Projekt engagieren. Sie sind Befürworter des Projekts und leisten einen wichtigen Beitrag zum Projekt, indem sie Ressourcen liefern und dabei helfen, Anforderungen zu definieren.
- **Skeptiker**, oft schwer durchschaubar, die sachlich gegen das Projekt argumentieren. Sie können aber wichtige Hinweise zum Risikomanagement beitragen.
- **Opponenten**, d. h. Projektgegner, aber auch **Gleichgültige**, die, wenn möglich, zur aktiven Mitarbeit bewegt werden müssen, da sie über wichtige Informationen und Einflussmöglichkeiten verfügen.
- Tendenziell **neutral** eingestellte Stakeholder, die weiter beobachtet werden müssen, weil sie ihre Position zum Projekt verändern können.

Ausgehend von dieser Einschätzung kann das Projektteam entsprechende Strategien und Maßnahmen entwickeln, auswählen und umsetzen, um das Projekt zu stabilisieren und voranzutreiben.

Die Erfahrung zeigt, dass große Bau- und Infrastrukturvorhaben gar zum Gegenstand eskalierender Auseinandersetzungen zwischen Befürwortern und Gegnern werden können. Stuttgart 21 ist hierfür ein Beispiel. Das Verbundprojekt „Eskalationsforschung zur Kommunikation großer Infrastruktur- und Bauvorhaben" trägt diesem Umstand Rechnung. Im Sommer 2014 bewilligte das Land Niedersachsen 1,3 Mio. € aus dem Förderprogramm „Niedersächsisches Vorab" der Volkswagenstiftung, damit Forscherinnen und Forscher aus Politik- und Rechtswissenschaft, Bauingenieurwesen, Sozialpsychologie und Vertrauensforschung derartige Eskalations- und Entscheidungsprozesse drei Jahre lang interdisziplinär untersuchen (Bandelow 2014).

Stakeholdermanagement auf **Unternehmensebene** ist spätestens, seit R. Edward Freeman 1984 sein Buch „Strategic Management: A Stakeholder Approach" schrieb (wiederveröffentlicht 2010a), ein Thema, das in der Betriebswirtschaftslehre intensiv und breit diskutiert wird. Im Zuge der Diskussion von Wirtschaftsethik und Nachhaltigkeit gewinnt der Stakeholderansatz weiter an Bedeutung, und so gibt es inzwischen Bestrebungen, diese Entwicklung im Projektmanagement intensiver zu reflektieren und Stakeholdermanagement in Bezug auf seine Bedeutung für das Projektmanagement neu zu definieren (Eskerod und Huemann 2014, S. 36). Insofern gilt es wohl den mechanistischen Blick auf die Stakeholder zu relativieren. Nicht die Idee, Stakeholder zu managen, steht im Vordergrund, sondern der Gedanke, dass Projekte dann erfolgreich sind, wenn sie Wertzuwachs für alle Stakeholder erzeugen. Bezogen auf das Stakeholdermanagement für Unternehmen begründen McVea und Freeman diesen Ansatz bereits 2005 (S. 57 f.).

Wie kann Stakeholdermanagement in Projekten umgesetzt werden?
Wie kann das Projektteam nun das Stakeholdermanagement betreiben, wie soll es vorgehen? Ein großer Teil der erforderlichen Tätigkeiten muss, jedenfalls nach Ansicht der Au-

toren, **früh** im Projekt einsetzen. Das jeweilige Management des Unternehmens sollte bereits vor der eigentlichen Beauftragung tätig werden und das **Stakeholdermanagement** nicht komplett dem Projektteam im Rahmen der Projektplanung und Projektdurchführung überlassen. In großen Projekten geschieht dies durch erfolgreiche Lobbyarbeit und Marketingaktivitäten, z. B. mit politischen Entscheidungsträgern oder Umweltverbänden. In kleinen Projekten ist ein klärendes Gespräch mit dem Betriebs- oder Personalrat vor der Freigabe des Projekts sehr wirkungsvoll. Es kann verhindern, dass die Arbeiten am Projekt stillstehen. Berührt das Projekt die Informations- und Beteiligungsrechte der Arbeitnehmervertreter, muss der Betriebs- oder Personalrat ohnehin eingebunden werden.

Sind die großen Widerstände überwunden, kann das Stakeholdermanagement im Projekt beginnen. Ziel ist es, den jeweiligen Stakeholder dazu zu bewegen, dass er möglichst verbindlich eine positive, zumindest aber eine nicht mehr ablehnende Haltung gegenüber dem Projekt einnimmt. Um diese positive Einstellung zu erreichen, empfehlen die Autoren, unter Anwendung der **Win-win-Strategie**, folgenden generellen Fahrplan für den Umgang mit allen Beteiligten. Das Projektteam sollte den jeweiligen Stakeholder:

- Wahrnehmen und nicht ignorieren.
- Verstehen, d. h. versuchen, in die Rolle des anderen zu schlüpfen.
- Unterstützen, das bedeutet Kontakt aufnehmen und Feedback geben.
- Einbeziehen, d. h. in den Projektablauf integrieren.
- Zu einer positiven Verpflichtung (Commitment) gegenüber dem Projekt bewegen.

Dieser generelle Fahrplan steht nicht im Widerspruch zur Stakeholderanalyse, deren Ergebnis eine Bewertung der Stakeholder ist, denn aus seiner anfänglichen Einstufung in eine „geringe Bedeutung" und der damit verbundenen Entscheidung, den Stakeholder nur zu beobachten, kann sich im Laufe des Projekts jederzeit eine höhere Priorität mit anderen erforderlichen Maßnahmen ergeben.

Stakeholdermanagement umfasst grundsätzlich die Schritte Planen, Umsetzen, Kontrollieren und Anpassen. Bezogen auf die Stakeholder bedeutet dies:

- Stakeholderanalyse
  - Stakeholder, identifizieren, d. h. wahrnehmen und verstehen.
  - Stakeholder bewerten.
- Strategien und Maßnahmen entwickeln, auswählen und umsetzen.
- Beobachten, in Kontakt bleiben und Stakeholdermanagement verstetigen und anpassen.

Wie können die Stakeholder identifiziert werden?
Nicht das Projektteam entscheidet wer Stakeholder ist, sondern jeder, der sich für einen Stakeholder des Projekts hält, ist ein Stakeholder. Am besten erfolgt diese Stakeholderanalyse gemeinsam im **Projektteam**. Erfahrungen aus früheren Projekten und Gespräche mit dem Auftraggeber, dem Nutzer oder Hauptzulieferer und anderen, bereits identifizierten Stakeholdern bieten weitere Anhaltspunkte.

Das Project Excellence Modell unterscheidet Kunden, Mitarbeiter und sonstige Interessengruppen (vgl. Tab. 2.2).

Die Tab. 2.2 benennt viele Stakeholder zunächst abstrakt als Gruppe. In der Praxis sind es immer konkrete **Individuen**, mit denen das Projektteam zu tun hat: eine Genehmigungsbehörde, ein Naturschutzbund, ein Betriebsrat – immer sind es die konkreten Menschen, die handeln. „Stakeholders have names and faces and children" (Freeman 2010b, S. 9; McVea und Freeman 2005, S. 60).

Um die wichtigen Stakeholder zu verstehen, gilt es nun, für jeden Stakeholder herauszufinden, wie er von dem Projekt betroffen ist und es beeinflussen kann. Hierzu müssen

Tab. 2.2 Stakeholder im Projekt und ihre Berücksichtigung im Project Excellence Modell (GPM 2019)

Kunden	Es wird berücksichtigt, wie die Kunden das Projektergebnis und das Projektmanagement wahrnehmen
	Für die objektive Bewertung der Leistung werden gemeinsame Indikatoren entwickelt
	Beispiele: Auftraggeber, Nutzer/Anwender
Mitarbeiter	Zufriedenheit der Mitarbeiter, Berücksichtigung der Neigungen und Fähigkeiten der Mitarbeiter, Förderung der Mitarbeiter, Personalentwicklungsaspekte, selbstbestimmtes Arbeiten und Führungsverhalten
Partner und Lieferanten, sonstige Interessengruppen	Vertrauensvoller, respektvoller und offener Umgang mit Partnern und Lieferanten zum nachhaltigen Nutzen der Beteiligten
	Nachweis über die Zufriedenheit sonstiger Interessengruppen
	Beispiele:
	Interessenvertreter (Betriebsrat, Personalrat)
	Projektmanagement Office
	Mitglieder betroffener Abteilungen
	Kapitalgeber: Aktionäre, Banken
	Lieferanten, Berater, Unterauftragnehmer
	Behördenvertreter
	Interessierte Öffentlichkeit: Anwohner, Presse, Bürgervertreter, politische Parteien, Vereine
	Wettbewerber Familien der Projektteammitglieder

Alle Stakeholder spielen eine Rolle bei der Bewertung der Befähigerkriterien Führung, Ziele und Strategie, Methoden und Prozesse, z. B.:

Führungskräfte im Projekt bemühen sich persönlich um interne und externe Stakeholder und berücksichtigen deren Interessen (Führung).

Stakeholder werden frühzeitig identifiziert und ihre Erwartungen und Anforderungen in Erfahrung gebracht. Änderungen von Anforderungen und Erwartungen werden angemessen im Projektverlauf berücksichtigt, wertschätzende kontinuierliche Kommunikation (Ziele und Strategie) wird praktiziert.

Kommunikation und soziale Prozesse (Methoden und Prozesse).

Informationen gesammelt werden. Befragungen, Gespräche, Workshops oder andere empirische Methoden liefern Primärdaten. Oft lohnt sich ein Blick in Dokumente, die zwar für andere Zwecke erarbeitet wurden, etwa Protokolle oder der Projektauftrag, trotzdem aber interessante Informationen – als Sekundärdaten – beisteuern können. Eine dritte Möglichkeit besteht darin, dass das Projektteam im Hinblick auf die identifizierten Stakeholder Annahmen trifft. Die direkte Interaktion mit den Stakeholdern bleibt nie ohne Wirkung, deshalb spielen **Annahmen** häufig eine große Rolle, wenn es darum geht, die Interessen der Stakeholder näher zu beschreiben. Diese Annahmen unterliegen der eigenen Sichtweise, in diesem Fall auf die Stakeholder, und das kann zu Fehleinschätzungen führen. Deshalb sollten bei Annahmen mehrere Teammitglieder ihre Eindrücke einbringen. Wenn Stakeholdermanagement im wesentlichen Emotionsmanagement ist (Reuter 2011, S. 68), spielen auch Gemütsbewegungen eine Rolle, und zwar sowohl die eigenen als auch die der anderen. Gefühle zu erkennen und richtig zu interpretieren, ist jedoch ein sehr schwieriges Unterfangen, das emotionale Fähigkeiten verlangt (Ekman 2010, S. 325).

Für die Einschätzung der Stakeholder bieten sich verschiedene Fragen an (Tab. 2.3). Diese Fragen betreffen den gesamten **Lebenszyklus** der Leistung, die durch das Projekt zu erbringen ist, also den Produktlebenszyklus. Sie sind deshalb sowohl im Hinblick auf das Projekt selbst als auch auf die Zeit nach Abschluss des Projekts zu beantworten. Einige Stakeholder, z. B. Anwender, sind erst betroffen, wenn das Projektergebnis vorliegt und die Nutzungsphase beginnt. Andere, z. B. Umweltaktivisten, interessieren sich für Aspekte, welche die Außerdienststellung betreffen.

Tab. 2.3 Einfluss und Betroffenheit der Stakeholder ermitteln

Aspekt	Fragen
Einfluss des Stakeholders auf das Projekt	Welcher Beitrag des Stakeholders wird unbedingt für das Projekt benötigt?
	Kann dieser erwartete Beitrag auch von ihm geliefert werden?
	Welchen Beitrag könnte er liefern?
	Welche Entscheidungen kann der Stakeholder treffen, die das Projekt beeinträchtigen oder fördern?
	Welche Einsatzmittel kann der Stakeholder beisteuern?
	Welche Informationen kann der Stakeholder liefern?
	Welche Stakeholder des Projekts kann der Stakeholder beeinflussen?
	Wofür kann der Stakeholder das Projekt benutzen?
	Wie könnte der Stakeholder dem Projekt schaden?
Betroffenheit durch das Projekt	Welchen Nutzen verspricht sich der Stakeholder von dem Projekt?
	Was sind seine Wünsche und Erwartungen?
	Welche Ziele verfolgt er?
	Welche Befürchtungen und Sorgen bewegen den Stakeholder in Bezug auf das Projekt?
Stakeholder der Stakeholder	In welchem Kontext bewegt sich der Stakeholder?
	Wer sind seine Bezugspersonen und wie sehen ihre Interessen aus?

Die Ergebnisse zu diesen Fragen ebenso wie die Daten zur Identifikation und Kontaktdaten werden niedergeschrieben. Das entsprechende Dokument ist das **Stakeholderregister**.

▶ **Stakeholderregister** Das Stakeholderregister ist „ein Projektdokument, das die Identifikation, Einschätzung und Klassifikation der Stakeholder eines Projekts beinhaltet"
(PMI 2017b, S. 721). Es enthält außerdem, nach Auffassung der Autoren, mindestens die
in Bezug auf den Stakeholder zu ergreifenden Maßnahmen und wer für diese verantwortlich ist. Das Stakeholderregister ist in regelmäßigen Abständen zu aktualisieren. Einschätzung und Klassifikation der Stakeholder sind hochsensible Daten. Ihre Dokumentation ist
deshalb sorgfältig zu handhaben.

Aufbauend auf die bisherigen Erkenntnisse geht die Analyse weiter. Die Stakeholder werden gruppiert und bewertet. Da die Ressourcen für das Projekt begrenzt sind, müssen sie
vorzugsweise auf die Stakeholder konzentriert werden, die für den Projekterfolg von hoher Bedeutung sind. Eine Bewertung der Stakeholder ist demnach hilfreich, um zu wissen,
mit welchen Stakeholdern sich das Projektteam vorrangig beschäftigen soll, und welche
im weiteren Verlauf zunächst nicht mit konkreten Maßnahmen bedacht werden sollen.

Welche Kriterien unterstützen die Bewertung der Stakeholder?
Die Literatur bietet für die Klassifikation verschiedene Alternativen an. Im Zentrum stehen je zwei oder drei Merkmale, die in jeweils zwei oder mehr Ausprägungen, etwa hoch
und niedrig skaliert werden. Die hieraus resultierende Grafik wird auch **Stakeholderportfolio** genannt und visualisiert die Bewertung der Stakeholder.

Ein **zweidimensionales Portfolio** beschreibt Macht und Interesse bzw. Betroffenheit
eines Stakeholders bezogen auf das Projekt: Aus der Verknüpfung beider Merkmale entsteht eine zweidimensionale Grafik. Wie hoch ist der Einfluss, den ein Stakeholder auf das
Projekt ausüben kann? Stakeholder können ihre Macht sowohl zum Vorteil als auch zum
Nachteil des Projekts einsetzen. Wie viel Zeit wären sie bereit, für das Projekt zu investieren? Wie bedeutsam ist das Projekt aus Sicht des Stakeholders für ihn? Mit anderen Worten: Ist das Interesse oder die Betroffenheit hoch, kann angenommen werden, dass der
Stakeholder eher aktiv wird als bei geringem Interesse. Schätzt das Team zusätzlich das
Machtpotenzial hoch ein, scheint die Rangfolge der wichtigsten Stakeholder klar zu sein.
Hierbei wird allerdings nicht berücksichtigt, ob von einem Stakeholder eher Widerstand
oder eher Unterstützung zu erwarten ist.

In einem **dreidimensionalen Portfolio** wird das Merkmal Macht in zweifacher Hinsicht
differenziert: Potenzial, das Projekt zu unterstützen oder ihm zu schaden (vgl. Abb. 2.5):

• Im positiven Sinne stellt sich die Frage, welche Möglichkeiten und Mittel der Stakeholder hat, um das Projekt zu fördern.
• Im negativen Sinne wird überlegt, welche Möglichkeit der Stakeholder hat, dem Projekt zu schaden.

Stake-holder	Aktiver Gegner	Passiver Gegner	Neutral	Passiver Förderer	Aktiver Förderer
S1			(XO)		
S2	X —————————————→ O				
S3				X———→ O	

Stakeholder Committment Matrix (X = Ist, O = Soll)
(McElroy & Mills, 2003, S. 109, modifiziert)

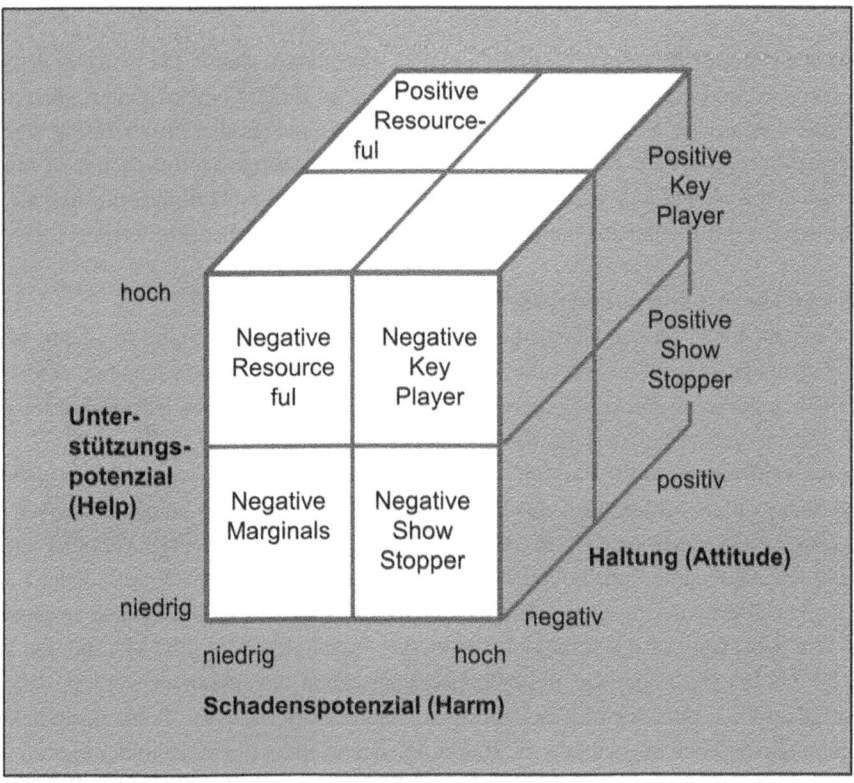

Project Stakeholder Potential and Attitude Cube
(Eskerod & Jepsen, 2013, S. 44, modifiziert)

Abb. 2.5 Dreidimensionale Bewertung der Stakeholder

Kombiniert mit der Frage, ob seine Haltung gegenüber dem Projekt positiv oder negativ ist, entsteht ein Bild, das u. a. die „Key-Player" und „Show-Stopper" zeigt. Hat jemand große Möglichkeiten dem Projekt zu schaden und ist gleichzeitig Gegner des Projekts steigt die Wahrscheinlichkeit, dass dieser Stakeholder zum Nachteil des Projekts aktiv wird, so die Argumentation einiger Autoren (Savage et al. 1991, S. 65; Eskerod und Jepsen 2013, S. 36).

Eine ähnliche Darstellung zeigt die „Stakeholder Commitment Matrix", die die Einsatzbereitschaft für das Projekt und die Einstellung zum Projekt berücksichtigt (Abb. 2.5). Das Besondere an dieser Darstellung ist, dass hier sowohl die aktuelle als auch die **zukünftig gewünschte** Bewertung der Stakeholder dokumentiert wird (McElroy und Mills 2003, S. 109).

Das Projektteam entscheidet mittels eines der vorgestellten Merkmalskombinationen oder anders darüber, wie die Stakeholder gruppiert werden. Es sollte die potenziellen Promotoren, Skeptiker, Opponenten und die eher neutral eingestellten Personen möglichst kennen. Sobald die Entscheidung über die Darstellung der Gruppierung in einem bestimmten Schema gefallen ist, muss sich das Projektteam auf eine messbare Beschreibung der Skalierung verständigen, wann z. B. die Macht eines Stakeholders hoch oder niedrig ist, oder woran man einen Promotor oder Skeptiker erkennt. Diese messbare Beschreibung, auch Operationalisierung genannt, ist wichtig, damit im Projektteam Klarheit darüber besteht, woran sich die Einschätzung orientiert. Die Ergebnisse der Bewertung werden im Stakeholderregister dokumentiert. Eine Operationalisierung kann nur projektbezogen erfolgen. Wie eine Klassifikation der Stakeholder in der Praxis aussehen kann, zeigt das Fallbeispiel Segeltörn.

Welche Strategien sollen gewählt werden?
Nach der Identifizierung und Darstellung im Stakeholderportfolio wird ersichtlich, dass es wichtige und weniger wichtige Stakeholder gibt, die das Projektteam, schon aus Aufwands-, Zeit- und Kostengründen unterschiedlich behandeln wird und muss. Die Wichtigkeit der Stakeholder bestimmt, mit welchem Aufwand der Umgang mit dem jeweiligen Stakeholder betrieben werden soll und eine entsprechende Strategie soll dies berücksichtigen (vgl. Abb. 2.6).

Stakeholderstrategien beschreiben, wie das Verhalten gegenüber den Stakeholdern langfristig ausgerichtet wird. Sie wirken als Orientierungsgröße für die zu ergreifenden

Mögliche Strategien für den Umgang mit Stakeholdern entsprechend ihrer Wichtigkeit					
Bewertung des Stakeholders zum Zeitpunkt der Analyse			Strategie	Aufwand	
Einfluss	Betroffenheit	Rang		Qualitativ	Stunden/ Kosten
Hoch	Hoch	1	Permanent betreuen	Hoch	Schätzung pro Maßnahme erforderlich
Hoch	Niedrig	2	Zufrieden stellen	Mittel	
Niedrig	Hoch	3	Informiert halten	Niedrig	
Niedrig	Niedrig	4	Beobachten	Sehr niedrig	

Abb. 2.6 Mögliche Strategien für den Umgang mit Stakeholdern entsprechend ihrer Wichtigkeit

Maßnahmen und berücksichtigen zum Beispiel, wie aufwendig der Umgang mit dem jeweiligen Stakeholder betrieben werden soll. Standardisierte Strategieempfehlungen wirken vereinfachend und sollten nicht unreflektiert übernommen werden. Vielleicht sieht das Team alternative Handlungsstrategien. Ein Gegner und Bremser ist möglichst intensiv an dem Projekt zu beteiligen. Unterdrückung von Widerständen, nur weil jemand einen geringen Einfluss hat, ist nicht unbedingt die richtige Alternative in einem konkreten Projekt. Im Gegenteil, Widerstand und Ablehnung bergen wichtige Informationen für ihr Projekt (Reuter 2011, S. 61). Savage unterteilt mögliche Stakeholderstrategien grundsätzlich in zwei Gruppen, die Win-win-Strategie und die Win-lose-Strategie (2010, S. 23). Stimmt man Freeman zu, der die Haltung „managing for stakeholder" vertritt, so geht es ohnehin darum, für die Stakeholder so viel Wert wie möglich zu schaffen, und zwar so weit wie möglich, ohne dass Trade-off-Entscheidungen getroffen werden müssen (Freeman 2010b, S. 9). Diese Sichtweise orientiert sich an Prinzipien wie Nachhaltigkeit und soziale Verantwortung. Das ist in Projekten nicht einfach zu realisieren, und so fordern Eskerod und Huemann für das Projektmanagement, sowohl der Haltung „management of stakeholders" als auch „management for stakeholders" zu folgen (2014, S. 40). Nach Ansicht der Autoren ist die **Win-win-Strategie** langfristig die bessere Strategie und möglichst immer zu verfolgen.

Welche Maßnahmen und Prozesse sind von Bedeutung?
Im Fokus stehen sollten auf jeden Fall zwei Prozesse, die für das Stakeholdermanagement eine entscheidende Rolle spielen, die Kommunikation im Projekt und das Projektmarketing. Sie sind sorgfältig zu planen, durchzuführen und zu steuern. Besonders für die Gruppe der wichtigen Stakeholder darf dies nicht unterschätzt werden. Folgende Punkte sollten bedacht werden:

- Empfängerorientierung: Sprechen Sie den ganzen Menschen an, „nicht nur seinen Verstand, sondern auch sein Herz, seine Einstellung, seine Vorlieben, seinen Nutzen und seine Neigungen" (Reuter 2011, S. 63).
    - In die Rolle des Empfängers der Information zu schlüpfen, ist nicht einfach aber unbedingt notwendig.
    - Erhält der Stakeholder die Information, die er benötigt oder sich wünscht? Wird er „zugemüllt" oder „berieselt"? Beides ist nicht optimal.
    - Wie viel Aufwand muss der Empfänger betreiben, damit die Information für ihn verwertbar ist?
    - Versteht er die Informationen bzw. entspricht der gewählte Kommunikationskanal seinen Neigungen und Fähigkeiten?
- Energiefluss:
    - Wenn Energie entsteht, soll sie sinnvoll genutzt werden.
    - Energie überlegt erzeugen. Schnell ist unter Umständen das Wohlwollen der Stakeholder verspielt, wenn bei einem Workshop gemeinsame Ziele definiert und Aktionen geplant werden, das Feuer entfacht wurde, und dann passiert lange Zeit nichts.

- Kommunikation ist ein wechselseitiger Prozess. Erwartungen werden auch durch das Verhalten und die Kommunikation der Projektleitung und des Teams geformt. So können möglicherweise unnötig Erwartungen geweckt werden.

Stakeholdermanagement sollte nicht technokratisch abgehandelt werden. Effizienz und Sachzwänge können dazu führen, dass Stakeholdermanagement als Kostenfaktor betrachtet wird, den es zu minimieren gilt. **Wertschätzung** und Anerkennung im Umgang miteinander können dadurch behindert werden. Wertschätzende Haltung und Interaktion spiegeln sich bereits im Umgangston wider. Respektvoller Sprachgebrauch zählt dazu, auch dann, wenn das Projektteam unter sich ist und der betreffende Stakeholder das Gespräch nicht hören kann. Die Individual Competence Baseline (ICB 4) widmet dem Thema Wertschätzung ein eigenes Kompetenzelement in der Kategorie Projektmanagement-Verhalten. Hinding et al. (2012, S. 509) beschreiben Wertschätzung als einen schillernden Begriff, der je nach Disziplin und Perspektive verschiedene Auffassungen integriert. Begriffe wie Achtsamkeit, Anerkennung, Wärme, Empathie, Echtheit, Würdigung fallen in diesem Zusammenhang. In der Psychologie herrscht inzwischen Einigkeit darüber, dass mangelnde Wertschätzung oder gar das Gegenteil wie etwa Missachtung oder Herabwürdigung der eigenen Leistungen, die Gesundheit beeinträchtigen. Nachfolgend ein Zitat, das uns im Hinblick auf die Zusammenarbeit in Projekten treffend erscheint:

> Wertschätzung meint „die subjektive Wahrnehmung der Umwelt zu hinterfragen und das eigene Handeln von einer anderen Perspektive aus zu betrachten, mit der Bewusstheit über die eigenen Werte. Die unterschiedlichen Werte und daraus resultierenden Verhaltensweisen von Interaktionspartnern können damit als zusätzliches Potenzial für alternative Handlungsoptionen verstanden werden, die den eigenen Blickwinkel erweitern. Je nachdem kann diese Erkenntnis dann bewusst in das Handeln integriert werden oder aber auch abgelehnt werden." Wertschätzung bedeutet dann, seine eigenen Werte und die von anderen relevanten Personen im System zu erkennen, um sie gewinnbringend mit Bezug auf den jeweiligen Nutzen einzubringen. (Esch und Krüger 2012, S. 642)

Wer, wie und wann mit wem regelmäßig kommuniziert, sollte in einem **Kommunikations- und Berichtsplan** festgehalten werden. Eine Tabelle, die folgende Informationen enthält, leistet hierfür gute Dienste:

- Stakeholder, Ansprechpartner, Kontaktdaten einschließlich Position und Organisation.
- Art der Kommunikation (z. B. Email, Meeting).
- Gegenstand und Inhalt der Kommunikation (z. B. Statusbericht).
- Zeitpunkt der Kommunikation (z. B. jeder 1. Montag im Monat).
- Wer im Projektteam für die Kommunikation verantwortlich ist.

Immer wieder erzählen Praktiker, wie wesentlich das „Dran bleiben" bei der Kommunikation mit wichtigen Stakeholdern sei. Wessen Aufgabe es ist, einmal wöchentlich mit dem Vertreter des Kunden zu sprechen, kann im Kommunikationsplan festgehalten werden.

Projekte bringen Neues, Unbekanntes und führen zu Veränderungen. Es entstehen Verunsicherungen bei Betroffenen und Beteiligten. Bewusstes **Projektmarketing** lenkt die Art, wie Informationen, die das Projekt betreffen, in die gewünschte Richtung übermittelt werden und es wird nicht dem Zufall überlassen, wie Vorgesetzte über das Projekt sprechen oder ob das Projekt bei den Stakeholdern bekannt ist. Mit anderen Worten, für die gezielte Einflussnahme auf das soziale Projektumfeld, die Stakeholder, empfiehlt sich ein aktives Projektmarketing.

▶ **Projektmarketing** Projektmarketing bewirbt das Projekt bei den Beteiligten und Betroffenen „unter den Gesichtspunkten des Projektnutzens, der Genehmigung, Unterstützung, Förderung, Erschließung von Ressourcen und Verminderung von Risiken" (DIN 69901-5:2009, S. 15). „Unter Projektmarketing versteht man also jene Aktivitäten, die der Erhöhung des Bekanntheitsgrades und der Imagestärkung eines Projekts dienen" (Patzak und Rattay 2014, S. 207).

Im Zentrum des Projektmarketings steht das Projekt. Patzak und Rattay (2014, S. 207) sprechen in diesem Zusammenhang von prozessbezogenem Projektmarketing und erwähnen als Hilfsmittel und Maßnahmen:

- Den Projektauftrag. Erinnert sei hier an den Projektkurznamen und das Mission Statement (vgl. Abb. 2.3 Projektcharter für den Segeltörn).
- Projektpräsentationen.
- Gezieltes Einbeziehen geeigneter Präsentanten des Umfelds in das Team oder bei bestimmten Veranstaltungen.
- Informelle Kontakte zu wichtigen Meinungsträgern.
- Entwicklung einer Projektidentität, z. B. durch ein projektbezogenes Logo, Veranstaltungen, eigenes Projektbüro oder Projektnewsletter.

Bestimmte Projekte, wie die Einführung eines neuen Produktes, erfordern ein gezieltes produktbezogenes Marketing. Dieses Marketing ist ein Lieferobjekt des Projekts, das für den Auftraggeber erbracht wird und deshalb über das prozessbezogene Projektmarketing hinausgeht.

Wie kann das Stakeholdermanagement im Projektablauf verstetigt werden?
Stakeholdermanagement ist keine einmalige Angelegenheit in Projekten. Menschen ändern ihre Meinung, die geplanten Maßnahmen erreichen nicht den gewünschten Erfolg. Neue Stakeholder, die bislang nicht erkannt wurden, spielen eine Rolle, bisher eher unwichtige Stakeholder erlangen mehr Gewicht. Es muss ermittelt werden, inwiefern die bisher ergriffenen Maßnahmen fruchten oder ob sie angepasst werden müssen. Eventuell ergeben sich auch Verschiebungen hinsichtlich der Bedeutung einzelner Stakeholder. Mit anderen Worten, die Stakeholderanalyse muss in regelmäßigen Abständen wiederholt und

das Stakeholderregister aktualisiert werden. Verstetigen des Stakeholdermanagements lautet die Botschaft. Dies ist möglich, in dem für das Projekt definiert wird, zu welchen Zeitpunkten welche Schritte des Stakeholdermanagements unternommen werden. Zu empfehlen sind folgende Maßnahmen:

- Identifikation und Bewertung der Stakeholder, Planung der Strategie und Maßnahmen jeweils zu Beginn einer Phase wiederholen.
- Definition eines Jour fixe, an dem die Teammitglieder sich über den aktuellen Stand je Stakeholder oder Stakeholdergruppe austauschen. Hierfür ist das Statusmeeting geeignet. Der Bericht über die Stakeholder sollte ein fester Tagesordnungspunkt der Agenda sein (vgl. hierzu auch das Thema Reviews in Abschn. 4.3)

Reuter spricht sehr treffend von „sozialer Wirklichkeit", „Emotionsmanagement" und „emotionalen Klimakurven" wenn es um Stakeholdermanagement geht (2011, S. 70). Dementsprechend ist das Thema Stakeholdermanagement nicht nur technokratisch zu lösen, sondern auch der Gefühlswelt muss Raum gegeben werden.

Wer ist wann beteiligt?

Das gesamte Projektteam ist an der kontinuierlichen Durchführung der Aufgaben, wie Analyse, Bewertung und Planung der anzuwendenden einzelnen Maßnahmen beteiligt. Der Stakeholdermanager ist Gesamtverantwortlicher und zuständig für den Aufbau und die Aktualisierung des Stakeholderregisters sowie für die Überprüfung der korrekten Bearbeitung und der Einhaltung aller getroffenen Maßnahmen gemäß dem Maßnahmenund Kommunikationsplan. Er trägt dafür Sorge, dass jeder im Projektteam seine Rolle in Bezug auf die Stakeholder kennt und erfüllt. Diese Aufgabe kann, muss aber nicht zwangsläufig der Projektleiter übernehmen. Abhängig von der Projektdimension und dem Projektgegenstand kann die Beteiligung der Stakeholder ganz neue Fragen aufwerfen und erhebliche Ausmaße einnehmen.

In der Analysephase helfen Gespräche mit dem Kunden oder weiteren Experten, die Stakeholder möglichst vollständig zu identifizieren. Noch wichtiger: Im Start-up-Workshop können die Anforderungen und Ziele der wichtigsten Stakeholder gemeinsam erarbeitet werden. Stakeholdermanagement zählt zu den permanenten Aufgaben im Projekt. Es ist ein wechselseitiger Prozess, denn Menschen arbeiten mit Menschen und beeinflussen sich gegenseitig. Je nach Phase und Thema können die Stakeholder variieren, aber auch Meinungen und Einstellungen der Menschen können sich verändern. Das Projektteam muss durch eine angemessene Verstetigung des Stakeholdermanagements diesem Umstand Rechnung tragen. Bezogen auf die Projektmanagementphasen verschieben sich die Aufgabenschwerpunkte für das Stakeholdermanagement zwar, aber die beschriebenen Schritte gleichen einem Regelkreis und müssen daher in regelmäßigen Abständen wiederholt und aktualisiert werden (Eskerod und Jepsen 2013, S. 27–28).

Wichtige Begriffe

- Berichtsplan
- Kommunikationsplan – Communications Management Plan
- Stakeholder (Interessierte Personen/Anspruchsgruppen) – Stakeholder (Interested Parties)
- Projektmarketing – Project Marketing
- Stakeholderportfolio – Stakeholder Porttfolio
- Stakeholdermaßnahmen – Stakeholder Measures
- Stakeholdermanagement – Stakeholder Management
- Stakeholderregister – Stakeholder Register
- Wertschätzung

Quellen für weiterführende Informationen

Bandelow, N. (2014). Forschungsverbund Eskalationsforschung. Abgerufen am 07. November 2014 von Technische Universität Braunschweig: https://www.tu-braunschweig.de/innenpolitik/forschung/aktuell/eskalationsforschung.

Campbell, M. (2009). *Communication skills for project managers.* New York: Amacom.

Ekman, P. (2010). *Gefühle lesen: Wie Sie Emotionen erkennen und richtig interpretieren.* Heidelberg: Spektrum Akademischer Verlag.

Eskerod, P., & Huemann, M. (2014). Sustainable development and project stakeholder management: What standards say. *International Journal of Managing Projects in Business, 6*(1), 36–50.

Eskerod, P., & Jepsen, A. L. (2013). *Project Stakeholder Managment.* Burlington: Gower Publishing Company.

Reuter, M. (2011). *Psychologie im Projektmanagement.* Erlangen: Publicis Erlangen.

Schulz von Thun, F., Ruppel, J., & Stratmann, R. (2011). *Miteinander reden. Kommunikationspsychologie für Führungskräfte* (Originalausg., 12. Aufl.). Reinbek: Rowohlt.

Wastian, M., Braumandl, I., & von Rosenstiel, L. (Hrsg.). (2012). Angewandte Psychologie für das Projektmanagement. *Ein Praxisbuch für die erfolgreiche Projektleitung* (2., aktualisierte Aufl.). Heidelberg: Springer.

2.2.2 Stakeholdermanagement im Projekt Segeltörn

Im Abschnitt Auftragsklärung wurde bereits eine Gruppe von Stakeholdern genannt, nämlich die potenziellen Teilnehmer am Törn. Die Liste der Stakeholder ist zu vervollständigen (vgl. Tab. 2.4).

Für diese sechzehn identifizierten Stakeholder wird ein **Stakeholderregister** entwickelt und vervollständigt. Es zeigt ein mögliches Beispiel sowohl im Hinblick auf die gewählte Beschreibung als auch in Bezug auf die konkrete Bewertung der Stakeholder. Es

Tab. 2.4   Stakeholder im Projekt Segeltörn

Nr	Die Crew	
1	Skipper	Heinz Blaubart
2	Co-Skipperin	Sabine Schiffer
3	Smutje	Bernd Koch
4	Steuermann	Martin Seemann
5	Zahlmeister	Herbert Bank
6	Ausflugs- und Kulturverantwortlicher	Hartmut Berge
7	Weitere Crewmitglieder	NN
	Weitere Stakeholder	*Ansprechpartner*
8	Charterunternehmen	1. Kl. Yachten
9	Versicherer für Kaution	Zürich-Vers.-AG
10	Reisebüro	Mittelmeer Reisen
11	Versicherungsmakler	Yachtpool, Sachbearbeiter H. Muster
12	Charteragentur im Übergabe- bzw. Rückgabehafen	Nautica
13	Bootsmann der Charterunternehmen im Übergabe-/ Rückgabehafen	Mr. Angelo
14	Hafenmeister	Mr. Peppo
15	Wasserschutzpolizei des Landes	NN
16	Familien/Partner der Crewmitglieder	NN

gibt andere Beispiele für die Analyse der Stakeholder (vgl. Schelle et al. 2005, S. 408 oder Campbell 2009, S. 126). Die Projektleitung und das Team müssen für ihr Projekt entscheiden, in welcher Art und mit welchem Umfang sie diese Aufgaben bewältigen wollen. Für den Segeltörn hat die Crew das Stakeholderregister wie folgt aufgebaut:

- Teil 1: **Analyse der Betroffenheit**
  Inhaltliche Konkretisierung und Bewertung der Betroffenheit (vgl. Abb. 2.9).
- Teil 2: **Analyse des Einflusses**
  Inhaltliche Konkretisierung und Bewertung des Einflusses (vgl. Abb. 2.10)
- Teil 3: **Maßnahmen**
  Aktivitäten und Art der Kommunikation zum Umgang mit den Stakeholdern (vgl. Abb. 2.11).

Die grafische Darstellung in einem **Portfolio** veranschaulicht die Bedeutung der verschiedenen Stakeholder für das Projekt (vgl. Abb. 2.8). Die Angaben zu den einzelnen Stakeholdern sind Ergebnis einer ersten Einschätzung im Team und können aus mehreren Perspektiven betrachtet und erweitert werden. Bewertung ist immer subjektiv, deshalb hat die Projektgruppe sich auf **gemeinsame Kriterien** verständigt, um die „Betroffenheit durch das Projekt" und den „Einfluss auf das Projekt" zu bewerten. Für beide Kriterien definierte das Kernteam in der Planungsphase des Projekts jeweils neun Skalenwerte mit einer zugehörigen verbalen Beschreibung (vgl. Abb. 2.7). Die Bedeutung der Stakeholder ergibt

Skalierung für die Priorisierung der Stakeholder								
Betroffenheit: Wie stark ist das Interesse des Stakeholders, dass der Segeltörn erfolgreich wird?								
Ich kann mir nicht vorstellen, dass es den Stakeholder interessiert, ob der Segeltörn ein Erfolg wird oder nicht.			Ich glaube der Stakeholder würde sich freuen, wenn der Segeltörn ein Erfolg wird.			Ich bin mir sicher, dass der Stakeholder alles unternimmt, damit der Segeltörn ein Erfolg wird.		
1	2	3	4	5	6	7	8	9
Einfluss: Wie ausgeprägt ist die Möglichkeit des Stakeholders, einen Abbruch des Segeltörns zu erwirken oder den Segeltörn gar zu verhindern?								
Ich kann mir nicht vorstellen, dass der Stakeholder irgendetwas unternehmen kann, was den Segeltörn verhindert oder zum Abbruch führt			Ich glaube der Stakeholder könnte, wenn er wollte, den Segeltörn abbrechen oder verhindern.			Ich bin mir sicher, dass der Stakeholder den Segeltörn verhindern bzw. abbrechen kann.		
1	2	3	4	5	6	7	8	9

Abb. 2.7 Bewertungsmaßstab des Teams für die Priorisierung der Stakeholder

sich aus dem Produkt der beiden Bewertungen (vgl. hierzu das Stakeholderportfolio Abb. 2.8). Die identifizierten Stakeholder bilden vier Gruppen (Abb. 2.8):

1. Stakeholder mit sehr hoher Bedeutung für das Projekt, die am besten permanent betreut werden müssen. Zu dieser Gruppe zählen zwei Stakeholder, der Skipper (Nr. 1), als Promotor und die Wasserschutzpolizei (Nr. 15), deren Mitglieder tendenziell zu potenziellen Opponenten werden können.
2. Stakeholder mit hoher Bedeutung für das Projekt müssen zufrieden gestellt werden. In diesem Fall sind dies die Co-Skipperin (Nr. 2), als Promotorin und die Familien sowie Partner der Crewmitglieder (Nr. 16), die Förderer aber auch Opponenten sein können.
3. Stakeholder, die eine mittlere Bedeutung für das Projekt haben und informiert sein wollen. Hierzu gehören:
   – Der Ausflugs- und Kulturmanager (Nr. 6), sein Engagement im Sinne eines Promotors ist gefragt.
   – Das Reisebüro (Nr. 10), der Bootsmann der Charteragentur (Nr. 13) und der Hafenmeister (Nr. 14) sind gegenüber dem Projekt tendenziell neutral eingestellt, sollten aber auch als interessierte Unterstützer gewonnen werden.
4. Die Hälfte der identifizierten Stakeholder hat zum aktuellen Zeitpunkt nur eine geringe Bedeutung für das Projekt. Sie werden weiterhin beobachtet.

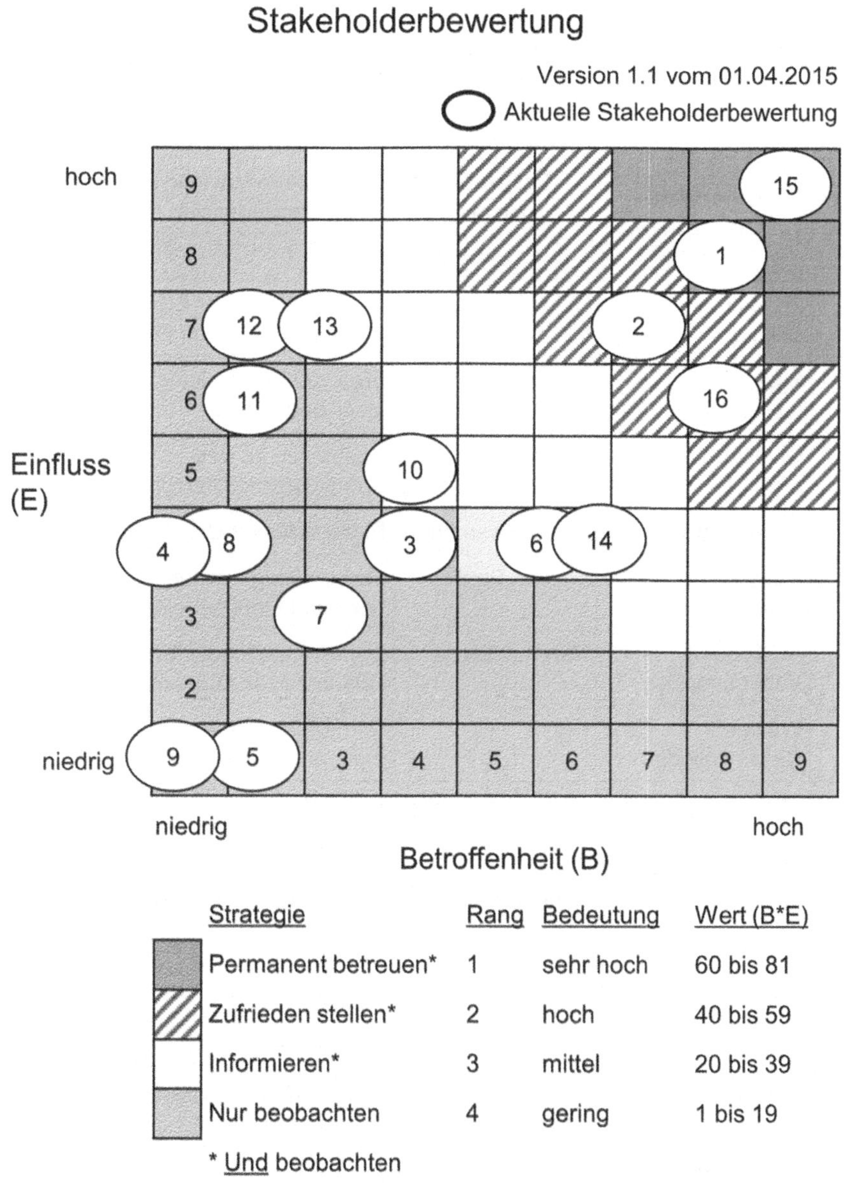

Stakeholderbewertung

Version 1.1 vom 01.04.2015

◯ Aktuelle Stakeholderbewertung

Abb. 2.8 Stakeholderportfolio Segeltörn

Nach der Bewertung müssen für die Stakeholder der Gruppen 1 bis 3 konkrete Maßnahmen geplant und umgesetzt werden und ein Verantwortlicher ist zu benennen. Diese Informationen werden im Stakeholderregister dokumentiert (vgl. Abb. 2.11). Das vorgestellte Stakeholderregister zeigt die Informationen zu einem bestimmten Stichtag. Sie müssen in regelmäßigen Abständen aktualisiert werden.

Stakeholder Register Teil 1: Betroffenheit – Vers. 1.1 / 1. April 2015			
Nr.	**Stakeholder**	**Ansprech-partner**	**Welche Vorteile erwartet der Stakeholder von dem Projekt?**
Crewmitglieder			
1	Projektmanager & Skipper	Heinz Blaubart	Sammeln weiterer Erfahrungen beim Segeln, Führen von Schiffen
2	Systemarchi-tektin, Co-Skipper	Sabine Schiffer	Ergänzendes Training zur Führung einer Segelyacht
3	Qualitätsmanager & Smutje	Bernd Koch	Seemeilen für den Sportküstenschifferschein sammeln
4	Steuermann	Martin Seemann	Einen schönen Urlaub machen
5	Projektcontroller& Zahlmeister	Herbert Bank	Vorbereitung auf den Sportbootführerschein
6	Ausflugs- & Kulturmanager	Hartmut Berge	Unbekannte Inseln für private Urlaubsreisen kennenlernen
7	Weitere Crewmitglieder	NN	Vermutung: Einen schönen Urlaub machen, segeln kennenlernen
Weitere Stakeholder			
8	Charterfirma	1. Kl. Yachten	Umsatz / Gewinn durch Chartervertrag
9	Versicherung	Zürich-Vers.-AG	Die Versicherungsprämie zu erhalten
10	Reisebüro	Mittelmeer Reisen	Provision durch Verkauf der Flugtickets
11	Versicherungs-makler	Yachtpool	Provisionsgebühr für die Vermittlung der Versicherung
12	Charteragentur im Yachthafen	Nautica	Provision für die Übergabe und Rücknahme des Schiffes
13	Bootsmann der Charteragentur	Angelos	Hat dadurch einen interessanten Arbeitsplatz im Törn Gebiet
14	Hafenmeister	Mr. Peppos	Sein Arbeitsplatz wird durch weitere Kunden abgesichert
15	Wasserschutz-polizei	NN	Indirekt durch die Gebühren und Ausgaben der Segler
16	Partner der Crewmitglieder	NN	Ein entspannter Partner kommt aus dem Urlaub zurück.

Abb. 2.9 Stakeholderregister Teil 1: Betroffenheit

Stakeholder Register Teil 1 (Fortsetzung) – Vers. 1.1 / 1. April 2015				
		Bewertung		
Nr.	**Welche Nachteile /Ängste bewegen den Stakeholder**	**Niedrig 1 bis 3**	**Mittel 4 bis 6**	**Hoch 7 bis 9**
Crewmitglieder				
1	Stress durch unzureichendes Teamverhalten			8
2	Konflikte über das Verhalten im Gefahrenfall (z.B. Anlegen d. Rettungswesten)			7
3	„Meckern" der Crew über das Essen		4	
4	Nur schlechtes Wetter im Törngebiet	1		
5	Geringe Akzeptanz wegen geringer Segelkenntnisse	2		
6	"Meckern" über die Ausflugsziele		6	
7	Ängste noch nicht bekannt	3		
Weitere Stakeholder				
8	Dass sein Angebot nicht zum Tragen kommt	1		
9	Dass ein Schadensfall eintritt und reguliert werden muss	1		
10	Reklamationen zum Ablauf der Reise		4	
11	Arbeit zur Klärung und Regulierung eines möglichen Schadenfalles	2		
12	Scheck der Kautionsversicherung ist nicht gedeckt	2		
13	Dass das Schiff beschädigt zurückgegeben wird und Überstunden für die Beseitigung erforderlich sind	3		
14	Ärger bei unpassendem Verhalten der Crew im Hafen (z.B. zu laute Musik außenbords)		6	
15	Unvorhergesehene Einsätze/Überstunden durch rechtswidriges und fahrlässiges Verhalten von Skipper und Crew			9
16	Ängste, dass etwas passieren kann			8

Abb. 2.9 (Fortsetzung)

Stakeholder Register Teil 2: Einfluss auf das Projekt – Vers. 1.1 / 1.April 2015			
Nr.	Stakeholder	Ansprechpartner	Wie kann der Stakeholder das Projekt unterstützen?
Crewmitglieder			
1	Projektmanager & Skipper	Heinz Blaubart	Durch gute Schiffsführung und sehr gutes Teamverhalten
2	Systemarchitektin, Co-Skipperin	Sabine Schiffer	Alle über die Ausrüstung informieren (Schwimmwesten, Rettungsboot etc.)
3	Qualitätsmanager & Smutje	Bernd Koch	Zubereiten schmackhafter Mahlzeiten mit preisgünstigem Proviant
4	Steuermann	Martin Seemann	Klare Absprachen mit dem Skipper
5	Projektcontroller	Herbert Bank	Übersichtliche Führung d. Bordkasse.
6	Ausflugs- & Kulturmanager	Hartmut Berge	Alternativen für Landgänge u. Kulturelles vorbereiten u. darstellen
7	Weitere Crewmitglieder	NN	Klare Beschreibung ihrer Erwartungen
Weitere Stakeholder			
8	Charterfirma	1.Klasse Yachten	Gute Vertragsangebote unterbreiten
9	Versicherung	Zürich-Vers. -AG	Günstige Versicherungstarife
10	Reisebüro	Mittelmeer Reisen	Schnelle Vermittlung von Direktflügen
11	Versicherungsmakler	Yachtpool	Flexible Angebote, kulante Schadensbegleichung
12	Charteragentur im Yachthafen	Nautica	Schnelle Übergabe und Rücknahme des Schiffes vor Ort
13	Bootsmann der Charteragentur	Mr. Angelo	Klare und vollständige Einweisung bei der Schiffsübergabe
14	Hafenmeister	Mr. Peppo	Unbürokratische Handhabung der Formalitäten.
15	Wasserschutzpolizei	NN	---
16	Partner der Crew	NN	Hilfe bei der Vorbereitung des Törns

Abb. 2.10 Stakeholderregister Teil 2: Einfluss auf das Projekt

| \multicolumn{5}{c}{Stakeholder Register Teil 2 (Fortsetzung) – Vers. 1.1 / 1.April 2015} |
Nr.	Wie kann der Stakeholder das Projekt behindern?	Niedrig 1 bis 3	Mittel 4 bis 6	Hoch 7 bis 9
		Bewertung		
\multicolumn{5}{c}{Crewmitglieder}
1	In dem er Kompetenzen vortäuscht			8
2	Sie teilt nicht mit, dass sie wegen einer körperl. Einschränkung best. Manöver nicht kann (z.B. beim Reffen der Segel)			7
3	In dem er schlecht kocht		4	
4	In dem er beim Steuern unaufmerksam ist		4	
5	In dem er Ausgaben nicht bucht	1		
6	In dem er nicht die wichtigen Quellen, wie Internet & Bücher zu Rate zieht		4	
7	In dem sie Seekrankheit verschweigen	3		
\multicolumn{5}{c}{Weitere Stakeholder}
8	Falsche Angaben über das zu charternde Schiff mitteilen		4	
9	Das „Kleingedruckte" auf der Rückseite der Police nicht eindeutig beschreiben	1		
10	Ungenügende Auswertung von Flugmöglichkeiten		5	
11	Versicherungsbedingungen unklar oder auslegbar beschreiben		6	
12	Fehlen sicherheitsrelevanter Ausrüstung (z.B. Life Belts)			7
13	In dem er nicht pünktlich zur Übergabe und Rücknahme des Schiffes erscheint			7
14	---		4	
15	„Pingelige" Vorgehensweise bei einem evtl. Eingreifen			9
16	Keine Akzeptanz der "Segelleidenschaft"		6	

Abb. 2.10   (Fortsetzung)

\multicolumn{5}{c}{**Stakeholderregister Teil 3: Maßnahmen – Vers. 1.1 / 1. April 2015**}
Nr.	**Stakeholder**	**Rang**	**Maßnahmen**	**Wer**
\multicolumn{5}{c}{**Crewmitglieder**}
1	Projektmanager & Skipper	1	- Eigene Vorschläge einbringen - Angenehme Treffen durchführen - Alle Fragen freundlich beantworten - E-Mails etc. umgehend beantworten	Crew
2	Systemarchitektin, Co-Skipper	2	- Alle Fragen freundlich beantworten - Bei Fehlern freundlich eingreifen	Crew
3	Qualitätsmanager & Smutje	4	keine	
4	Steuermann	4	keine	
5	Projektcontroller& Zahlmeister	4	keine	
6	Stakeholder-, Ausflugs- & Kulturmanager	3	Über die Törn Planung informieren "Briefing" vor & während des Törns	Skipper
7	Weitere Crewmitglieder	4	keine	
\multicolumn{5}{c}{**Weitere Stakeholder**}
8	Charterfirma	4	keine	
9	Versicherung	4	keine	
10	Reisebüro	3	Buchung bestätigen (und bezahlen)	Zahl-meister
11	Versicherungs-makler	4	keine	
12	Charteragentur im Yachthafen	4	keine	
13	Bootsmann der Charteragentur	3	Rechtzeitig über den Schiffszustand informieren	Skipper
14	Hafenmeister	3	Ihn "persönlich" über das Schiff / Situation informieren	Skipper
15	Wasserschutz-polizei	1	Gesetzkonformes Verhalten, mit "guter Seemannschaft" glänzen	Crew
16	Partner/Familie der Crewmitglieder	2	Kontinuierlich über den Planungsstand informieren	Crew

Abb. 2.11 Stakeholderregister Teil 3: Maßnahmen

Nr.	Status	Auf-wand	Kommunikation Wie	Kommunikation Wann	Ziel
Stakeholderregister Teil 3 (Fortsetzung) – Vers. 1.1 / 1. April 2015					
Crewmitglieder					
1	I.B.	Gering	Gespräch, E-Mail Meeting, SMS,	Bei jedem Treffen und jeder Anfrage	Skipper ist und bleibt begeistert
2	I.B.	Gering	Gespräch	Kontinuierlich	Hohe Motivation der Co-Skipperin (auch bei Fehlern)
3					
4					
5					
6	I.B.	Gering	Gespräch, E-Mail	Vor, während & nach dem Törn.	Engagierte Planung & Betreuung der Ausflüge
7					
Weitere Stakeholder					
8					
9					
10	I.B.	Gering	E-Mail & Brief	Nach Wahl des Zielortes, Buchung & Rechnung	Erfolgreiche (kostengünstige) Buchung
11					
12					
13	I.B.	Gering	Telefon & Funk	Im Schadensfall	Bootsmann ist freundlich und hilft schnell
14	I.B.	Gering	Gespräch, Telefon, Funk oder SMS	Vor bzw. kurz nach dem Einlaufen im Hafen	Der Hafenmeister ist zufrieden & hilft bei Problemen
15	I.B.	Gering	möglichst keine Kommunikation, nur freundlich Grüßen & Winken	Während des Törns	Keine Probleme mit der Wasser-schutzpolizei, kein Stress
16	I.B.	Gering	Gespräch	Kontinuierlich	Familie steht hinter der Crew

I.B.: In Bearbeitung

Abb. 2.11   (Fortsetzung)

2.3 Rollen im Projektmanagement

In der Projektpraxis existieren unterschiedliche Rollen und Organisationseinheiten wie auch verschiedene Bezeichnungen (vgl. hierzu Abb. 2.12).

2.3.1 Rollen klären

Was ist eine Rolle im Projektteam?
Der Rollenbegriff wird im Alltag häufig verwendet, seine Bedeutung ist durchaus unscharf und vieldeutig. In der Wissenschaft ist „Rolle" ein soziologischer Grundbegriff. Die folgenden generellen Sichtweisen zum Rollenbegriff helfen bei der Differenzierung:

- **Personenunabhängige** Sicht: „Die Grundidee des Rollenkonzepts besteht darin, dass an die Mitglieder einer Gesellschaft in bestimmten sozialen Situationen Verhaltenserwartungen gerichtet werden, die jeder Rollenhandelnde auf etwa gleiche Weise erfüllt. Somit bezieht sich der Rollenbegriff auf ein regelmäßig ablaufendes Verhalten, das in bestimmten Situationen von den Mitgliedern einer Gesellschaft erwartet wird" (Miebach 2014, S. 40). Eine Rolle beschreibt demnach ein Bündel von Erwartungen, die an das Verhalten der Träger von Positionen (auch Stellen) geknüpft sind, wobei Menschen immer in mehrere soziale Systeme eingebunden sind, z. B. Unternehmen, Projekt, Familie oder Verein, und dementsprechend mehreren Erwartungen gerecht werden müssen (Dahrendorf 1973, S. 26).
- **Personenabhängige** Sicht: Rolle als eine Tendenz, sich auf eine bestimmte Art zu verhalten, mit anderen in Beziehung zu treten und zu arbeiten, eine Art wiederkehrendes Verhaltensmuster, das in der Person des Handelnden begründet ist (Belbin zitiert nach Batenburg et al. 2013; Mayntz 1980, S. 2044).

Maßgeblich für die vorliegende Arbeit ist die Definition, die den Rollenbegriff personenunabhängig versteht, also Rolle als Verhaltenserwartungen, die an eine Position – hier im Kontext von Projekten – geknüpft sind. Im Unterschied hierzu gibt es auch Autoren, die im Kontext von Projekten den Begriff der Rolle personenabhängig verwenden und ein wiederkehrendes Verhaltensmuster von Menschen, die im Team arbeiten, in den Vordergrund stellen. Die Erwartungen anderer haben dann keine Bedeutung. Bekannt sind in diesem Zusammenhang die Arbeiten von Belbin, der durch seine Untersuchungen neun Teamrollen mit jeweils spezifischen Verhaltensmustern identifiziert und einen positiven Zusammenhang zwischen Teamleistung und Rollenvielfalt im Team nachweist, was nach der Studie von Batenburg et al. zumindest in Teilen nicht unumstritten ist (2013, S. 911). In diesem Buch wird der Ansatz von Belbin nicht weiter verfolgt. Vielmehr orientieren sich die weiteren Ausführungen an der folgenden Definition.

Mögliche Rollen und Organisationseinheiten in Projekten			
PRINCE2® (2013, S. 337)	PMBOK® (2013) und ICB (2013)	Automobilindustrie (Hab und Wagner 2013)	Organisations- einheiten nach Bea et al. (2011, S. 54)
Auftraggeber (Executive, Senior Project Owner)	Project Sponsor Projektmanager	Gesamtprojektleiter/ Programmleiter Teilprojektleiter	Projektauftraggeber Projektlenkungs- ausschuss,
Benutzervertreter (Senior User)	Projektmanagement -personal	Entwicklung	Steering Committee
Lieferantenvertreter (Senior Supplier)	Projektpersonal	Einkauf Produktions-	Projektleiter
Projektmanager (Project Manager)	Unterstützende Experten	vorbereitung Qualitätsmanager	Projektcontroller Projektteam
Teammanager (Team Manager)	Kunden oder Nutzervertreter	Projektcontroller	Projektmanagement Office
Project Assurance	Auftraggeber / Sponsor		
Änderungs- Ausschuss (Change Authority)	Projektleiter		
Projekt- unterstützung (Project Support)	Lieferanten Nutzer		

Abb. 2.12 Mögliche Rollen und Organisationseinheiten in Projekten

▶ **Rolle – Role** „Eine Rolle beinhaltet die Summe der Erwartungen des Umfelds an den Inhaber einer bestimmten Stelle. Rollen sind grundsätzlich personenunabhängig" (Bea et al. 2011, S. 54).

Für das Projektmanagement konkretisieren Bea et al. verschiedene Organisationsein-heiten mit einer Projektstelle als kleinste selbstständige Einheit mit eigenen Zuständig-keiten und einer Stellenbeschreibung (2011, S. 54). Gerade in Projekten hapert es aber durchaus mit explizit ausgewiesenen Stellen oder gar Stellenbeschreibungen. Dies gilt besonders, wenn es jenseits von Projektleitung und Projektcontrolling um die weiteren Rollen im Projektteam geht.

Weshalb ist es sinnvoll, Rollen zu definieren?
Damit Aufgaben, Verantwortlichkeiten und Erwartungen geklärt sind und sichergestellt ist, dass sie erledigt bzw. erfüllt werden. In Projekten müssen sehr verschiedene Aspekte

bearbeitet werden und arbeitsteilige Prozesse sind nötig, um die einzelnen Themenfelder abzudecken und um den Gesamtumfang der Projektaufgaben zu bearbeiten. Deshalb werden sinnvollerweise Rollen definiert und Personen zugeordnet. Für die Projektsituation ist kennzeichnend, dass einzelne Personen Träger mehrerer Rollen sein können. Bei kleinen Projekten nimmt insbesondere der Projektleiter immer mehrere Rollen ein. Je größer das Projekt und der Umfang der durchzuführenden Arbeiten, desto eher werden die Projektrollen auf verschiedene Personen verteilt.

Welche Rollen sind wichtig?
Die Rollen Projekteiter und Projektcontroller werden wohl am häufigsten in der Fachliteratur bedacht. Darüber hinaus werden Teammitglieder genannt, die als Vertreter Ihrer Fachabteilung in der Stammorganisation agieren, beispielsweise der Entwicklungsabteilung, der Produktionsvorbereitung oder dem Vertrieb (Bea 2011, S. 63 sowie Hab und Wagner 2013, S. 37). Die Autoren halten folgende Rollen für wichtig:

1. Projektleiter – Project Manager
2. Projektcontroller – Project Controller
3. Systemarchitekt – Systems Engineer (Systems Architect), auch Systemverantwortlicher
4. Qualitätsmanager – Quality Manager
5. Risikomanager – Risk Manager
6. Stakeholdermanager – Stakeholder Manager
7. Zusätzlich sollten die Verantwortlichen, die für weitere Umsetzungen oder für die spätere Nutzung verantwortlich sind, eingebunden werden, dies sind z. B. Vertreter der Produktion, der Arbeitsvorbereitung oder fachliche Schnittstellen zu Unterauftragnehmern. Ihre Einbindung sollte schon mit Beginn des Projekts zumindest zeitweise und mit steigendem Anteil in der Designphase sowie später in der Durchführungsphase realisiert werden. Ihre Aufgabe besteht darin, die Planer und das Projekt auf real umsetzbare Bahnen zu lenken. Teammitglieder, die diese Rolle erfüllen, übernehmen zwar keine Projektmanagementrolle im engeren Sinne, sie sind aber für den Erfolg des Projekts wichtig.

Projektleiter sind „Unternehmer auf Zeit im Unternehmen" (Schelle 2007, S. 68). Sie stehen im Fokus des Projektgeschehens und pflegen die Schnittstellen zu Auftraggeber, Projektteam, Linienorganisation, Lieferanten und vielen anderen Projektbeteiligten. Insbesondere obliegt dem Projektleiter die Führung des Projektteams. Da Projektleiter in der Regel keine disziplinarische Führungsverantwortung gegenüber den Projektteammitgliedern haben, kann dies ihre Machtbasis im Vergleich zu Linienvorgesetzten schwächen. Wastian et al. beschreiben eine Reihe spezifischer Rahmenbedingungen, die die Führungssituation in Projekten charakterisieren. Hierzu zählen die Unklarheit der Projekt- und Leistungsziele, die Aufgabenkomplexität und der Zeitdruck bei der Bearbeitung der Projektaufgaben (2012, S. 215). Projektleiter müssen ihr Führungshandeln an diese Situation anpassen, partizipative Führung steht im Vordergrund (ebd., S. 221).

▶ **Projektleiter – Project Manager**   Der Projektleiter oder die Projektleiterin ist „die von der ausführenden Organisation zur Führung des Teams ernannte Person, die für die Erreichung der Ziele des Projekts verantwortlich ist" (PMI 2017b, S. 721). PRINCE2® sieht die Verantwortung des Projektleiters umfassender. „Seine Hauptaufgabe ist es sicherzustellen, dass das Projekt die geforderten Produkte innerhalb der für Zeit- und Kostenaufwand, Qualität, Umfang, Risiken und Nutzen definierten Toleranzen erreicht. Außerdem ist er dafür verantwortlich, dass das Projekt im Endeffekt ein Ergebnis liefert, mit dem der im Business Case definierte Nutzen erzielt werden kann" (Axelos 2013, S. 308).

Der **Projektcontroller** unterstützt die Projektleitung bei der Planung und Steuerung des Projekts. Er versorgt die Projektleitung mit den für das Projekt entscheidungsrelevanten Informationen. Zu diesem Zweck umfasst das Aufgabenspektrum dieser Rolle:

- Erstellung der Termin-, Kosten- und Ressourcenplanung.
- Berechnung alternativer Pläne.
- Erhebung und Darstellung der Ist-Situation u. a. hinsichtlich Kosten, Arbeitsfortschritt mit Darstellung der Abweichungen zum Plan und Berechnung von Trendanalysen.
- Vorschläge für Korrekturmaßnahmen zu entwickeln, deren Auswirkungen darstellen und vergleichen, so dass Projektleitung und/oder Lenkungsausschuss, in der Lage sind, eine fundierte Entscheidung zum weiteren Vorgehen zu treffen.

Fiedler stellt vielfältige weitere Unterstützungsfunktionen des Projektcontrollers vor, z. B. bei der Erstellung des Projektstrukturplans, beim Risikomanagement oder bei der Einrichtung eines Planungs-, Kontroll- und Informationssystems (Fiedler 2014, S. 12).

Die Rolle des **Systemarchitekten** geht auf das Systems Engineering zurück, das in seinen modernen Zügen im Rahmen technischer Projekte in den 1930er-Jahren entstand (INCOSE 2012, S. 8). Als Verantwortlicher für das Gesamtsystem der zu erstellenden Leistung, beispielsweise das zu entwickelnde Produkt, richtet der Systemarchitekt sein Augenmerk auf die Definition und Überwachung der Schnittstellen und die Sicherstellung der Funktion des Systems in seiner Gesamtheit. Dies beinhaltet die technischen, sozialen und wirtschaftlichen Bedürfnisse der Nutzer entlang des gesamten Lebenszyklus des zu entwickelnden Systems und schließt auch solche Anforderungen ein, die sich aus dem Fertigungsprozess ergeben und aus Sicht der Qualität zu berücksichtigen sind. PRINCE2® definiert die Rolle des Benutzervertreters. Diese Rolle weist auf den ersten Blick gewisse Übereinstimmungen mit der Rolle des Systemarchitekten auf, etwa hinsichtlich der Verantwortung für die „Gewährleistung, das die auf Benutzerseite mit dem Projekt angestrebten Ergebnisse spezifiziert sind" (Axelos 2013, S. 307). Der Verantwortungsbereich des Systemarchitekten ist speziell in technischen Projekten wichtig und in Projekten der Raumfahrtindustrie seit vielen Jahren bekannt. In Projekten, die „weiche" Ergebnisse entwickeln, wirkt der Begriff „Systemarchitekt" technokratisch und der Begriff „Nutzervertreter" scheint ansprechender zu sein. Der Systemarchitekt ist die Schnittstelle zur Umsetzung. Sein Fokus richtet sich auf eine Zielgröße aus dem magischen Zieldreieck, auf die Leistung bzw. das Sachziel. Er erfüllt seine Rolle, indem er vor allem die Aufgaben übernimmt, die Anforderungen zu definieren und ihre Verifikation und Validierung zu planen.

Qualität ist ein zentraler Wettbewerbsfaktor für Unternehmen. Ob im Rahmen einer Differenzierungsstrategie oder als Standard, der zwingend eingehalten werden muss. Qualitätsmanagement ist längst nicht mehr nur Qualitätskontrolle sondern ein sehr umfassender Prozess, eingebettet in die Qualitätspolitik des Unternehmens. Systematisches Qualitätsmanagement im Projekt bezieht sich sowohl auf das Projektergebnis als auch auf die Prozesse, um diese Ergebnisse zu erreichen und muss mit dem Qualitätsmanagement des Unternehmens abgestimmt sein. Der **Qualitätsmanager im Projekt** stellt sicher, dass die Teilprozesse des Qualitätsmanagements, hierzu zählen Qualitätsplanung, Qualitätslenkung, Qualitätssicherung und Qualitätsverbesserung, mit ihren jeweiligen Aufgaben und den Techniken zur Lösung im Projekt angemessen umgesetzt werden. Die konkrete Projektsituation kann allerdings auch so aussehen, dass das Qualitätsmanagement in der Trägerorganisation ein Schattendasein führt und der Qualitätsmanager im Projektteam nur wenige Anknüpfungspunkte in der Trägerorganisation findet.

Projekte sind immer mit Risiken behaftet, sonst wären sie keine Projekte. Ein Mitglied des Projektteams sollte sicherstellen, dass ein angemessenes Risikomanagement betrieben wird. Das ist die Aufgabe des **Risikomanagers**. Risikoidentifikation, Risikobewertung, Planung der Maßnahmen zum Umgang mit Risiken, ihre Überwachung und das fortschreitende Monitoring auch im Hinblick auf eventuelle neue Risiken müssen gewährleistet sein.

Das Stakeholdermanagement ist eine der wichtigsten Aufgaben in Projekten, denn die Stakeholder entscheiden über den Erfolg des Projekts. Dementsprechend sollte im Projektteam sichergestellt sein, wer darauf achtet, dass diese Aufgabe angemessen und mit all ihren erforderlichen Schritten wie Identifikation, Einschätzung, Maßnahmen, Verstetigung und Beobachtung durchgeführt wird. Der **Stakeholdermanager** übernimmt nicht alle diese Aufgaben, sondern er trägt dafür Sorge, dass sie erledigt werden. Häufig übernimmt die Projektleitung diese Rolle, dass muss aber nicht sein.

Bei Bedarf, besonders in großen Projekten, kann es erforderlich sein, weitere Rollen zu vergeben, z. B.:

- Programmleiter – Programme Manager
- Unterauftragsmanager/Vertragsmanager – Subcontract/Contract Manager
- Konfigurationsmanager – Configuration Manager
- Projektmarketingmanager – Project Marketing Manager
- Manager für Zusammenbau, Integration und Test.

Programmleiter koordinieren sehr große Vorhaben, die mehrere Projekte umfassen. Fahrzeugentwicklungsprojekte in der Automobilindustrie sind beispielsweise so umfangreich, dass sie mehrere Projekte umfassen, die wiederum jeweils eine eigene Projektleitung haben (Hab und Wagner 2013, S. 37). Spielen im Projekt Verträge mit Externen eine größere Rolle, ist es von Vorteil, einem Teammitglied die Rolle des Vertragsmanagers zu übertragen, um hier alle rechtlichen Angelegenheiten zu bündeln. Entstehen umfangreiche Dokumentationen, Zeichnungen und Spezifikationen, ist die Rolle des Konfigurationsmanagers von Bedeutung. In einem internen Projekt, das auf eine größere Restrukturierung einer Organisation abzielt, gewinnt das Marketing des Projekts und die Übertragung dieser Verantwortung auf ein Teammitglied an Bedeutung.

Projekte sind in Organisationen eingebunden. Oft sogar in mehrere verschiedene Organisationen, nämlich die des Auftragnehmers, des Auftraggebers und der beteiligten Unterauftragnehmer. Übergeordnete Entscheidungsinstanzen tragen dafür Sorge, dass die Belange der beteiligten Organisationen, z. B. strategische Aspekte, berücksichtigt werden. Zu diesem Zweck entsenden die Vertreter der wichtigen beteiligten Organisation ihre Vertreter in ein übergeordnetes Entscheidungsgremium, den Lenkungsausschuss.

Für jedes Projekt ist zwingend ein **interner Auftraggeber** zu benennen. Dieser interne Auftraggeber (Project Sponsor oder Project Owner) ist Mitglied des Managements und somit das Bindeglied zwischen Projekt und Trägerorganisation. Er bevollmächtigt den Projektleiter, an dem Projekt zu arbeiten. Idealerweise hat er zuvor bereits den Business Case für das Projekt formuliert. Im Projektauftrag hat er die wichtigen Eckdaten für das Projekt, wie Meilensteine, Ziele und Lieferobjekte und Budget abgesegnet. Im weiteren Verlauf des Projekts übernimmt er eine wichtige Kontroll- und Steuerungsfunktion. Zugleich vertritt er die Projektinteressen gegenüber weiteren Managementebenen genauso wie gegenüber wichtigen Stakeholdern nach außen (Patzak und Rattay 2014, S. 147–151).

Bei großen oder für das Unternehmen sehr bedeutsamen Projekten kommt der interne Auftraggeber aus dem Top Management und oft wird für die Dauer des Projekts ein **Projektlenkungsausschuss** (Steering Committee/Project Board) etabliert, indem mehrere Entscheider mitwirken. Auch wenn so ein Lenkungsausschuss aus mehreren Mitgliedern beispielsweise des Top Managements besteht, die gemeinsam den internen Auftraggeber repräsentieren, so sollte trotzdem einer der Lenkungsausschussmitglieder die Rolle des Projektsponsors übernehmen und die Interessen des Projekts im Lenkungsausschuss vertreten. Denn „Projektleiter brauchen immer Vorgesetzte, die Verantwortung übernehmen und dem Projektleiter entsprechend Rückhalt bieten" (Reuter 2011, S. 54). Projektsponsor bzw. Lenkungsausschuss fungieren bei schwerwiegenden Konflikten oder Krisen als Schlichtungsstelle und unterstützen den Projektleiter bei allen unerwarteten Problemen größeren Ausmaßes (Bea et al. 2011, S. 55).

▶ **Interner Auftraggeber – Project Sponsor (Project Owner)** „Eine Person oder Gruppe, die für das Projekt, Programm oder Portfolio Ressourcen und Unterstützung bereitstellt und für die Ermöglichung eines Erfolgs rechenschaftspflichtig ist" (PMI 2017b, S. 721).

▶ **Lenkungsausschuss – Steering Committee, Project Board** Der Lenkungsausschuss ist nach DIN ein „übergeordnetes Gremium, an das der Projektleiter berichtet und das ihm als Entscheidungs- und Eskalationsgremium zur Verfügung steht" (69901-5:2009-01, S. 19).

Bei Kundenprojekten entsenden Auftraggeber und Auftragnehmer jeweils einen Projektsponsor in den Lenkungsausschuss (Hirsch und Marschall 2011, S. 101). Je nach den Gegebenheiten des Projekts kann es sinnvoll sein, Repräsentanten eines wichtigen Stakeholders in den Lenkungsausschuss aufzunehmen, etwa ein Mitglied des Betriebsrats oder den Vertreter eines Hauptlieferanten.

In der Praxis haben Projekte immer ihre eigenen Rahmenbedingungen. So kann es tatsächlich vorkommen, dass es keine Trägerorganisation mit Managementvertretern gibt, die einen internen Auftraggeber repräsentieren, weil Projektleiter und Auftraggeber identisch sind. Der Segeltörn ist dafür ein Beispiel. Bei der Mehrheit der Projekte aus dem Alltag der Wirtschaft wird dies aber nicht der Fall sein, eher werden die Beteiligungs- und Entscheidungsstrukturen komplexer sein. In dem Übungsbeispiel, das auf der Homepage beim Verlag zur Verfügung steht, ist dies der Fall.

Zuletzt sollen zwei unterstützende Organisationseinheiten erwähnt werden, das Projektmanagementoffice und das Projektoffice. Während das Projektmanagementoffice „projektübergreifende Unterstützungsfunktionen zur Einführung und Optimierung von Projektmanagementsystemen sowie der operativen Unterstützung von Projekten und Projektbeteiligten" leistet, übernimmt das Projektoffice Unterstützungsleistungen für ein konkretes Projekt (DIN 69901-5:2009-01 2009, S. 14 und 15).

Wie kann das RASCI-Chart bei der Klärung der Rollen helfen?

Rollen beschreiben Aufgaben und Verantwortlichkeiten unter Berücksichtigung der Erwartungen des Umfelds an den jeweiligen Rollenträger. Die Praxis nutzt für die Dokumentation dieser Aufgaben Funktionendiagramme, auch **Verantwortlichkeitsmatrix** (Responsibility Assignment Matrix) genannt (Motzel 2010, S. 232). Funktionendiagramme haben gegenüber Stellenbeschreibungen den Vorteil, dass die Aufgaben für mehrere Rollen gleichzeitig tabellarisch dargestellt werden. Dies erleichtert den Überblick. Eine spezifische Methode in diesem Zusammenhang ist das RASCI-Chart. Die Dimensionen Aufgabe und Rolle werden ergänzt durch eine dritte Dimension, die die Rolle weiter differenziert, indem die Art der Zuständigkeit oder Mitarbeit beschrieben wird. Der Vorteil liegt darin, dass durch diese differenzierte Betrachtung die **Schnittstellen** identifiziert werden.

Das Role & Responsibility Charting (RASCI) kennt fünf verschiedene Arten der Zuständigkeit:

1. **R** – Responsible – Zuständig für die Durchführung
   Kümmert sich darum, dass die Sache erledigt wird, oder führt die Aufgabe selbst durch.
2. **A** – Accountable – Verantworten, entscheiden
   Nimmt das Arbeitsergebnis ab, trägt die Verantwortung für die Folgen. Die Person sollte über entsprechende Kompetenzen und Entscheidungsbefugnisse verfügen.
3. **S** – Support – Mitarbeit, Unterstützer
   Erledigt die erforderlichen Arbeiten.
4. **C** – Consult – Beratung
   Verfügt über Informationen oder Erkenntnisse, die für die Bearbeitung erforderlich sind, muss daher vor der Abnahme zu Rate gezogen werden.
5. **I** – Inform – Informieren
   Muss über die Ergebnisse informiert werden, aber nicht vor der Entscheidung einbezogen werden.

Die Abkürzung RASCI weist auf die empfohlene Reihenfolge der Rollenzuweisung hin, nämlich erst zu entscheiden, wer für die Durchführung der Aufgabe verantwortlich ist, danach, wer das Ergebnis freigibt, dann diejenigen zu identifizieren, die die eigentliche Arbeit erledigen und dann zu bestimmen, wer einbezogen werden muss, und wer über das Ergebnis informiert werden muss (Smith und Erwin 2001, S. 7). Die Unterstützerfunktion (S für Support) wird nicht immer genutzt, so dass auch vom RACI-Chart die Rede ist.

Ein mögliches Beispiel für die Rollenklärung mit dem RASCI-Chart zeigt Abb. 2.13. Wichtig für die Erarbeitung der RASCI-Tabelle ist, dass die Beteiligten, am besten während eines Workshops, ihre gegenseitigen Erwartungen und Vorstellungen zu den Rollen austauschen und im Ergebnis Rollen dokumentiert werden, die beauftragt, geleistet werden können und von allen akzeptiert sind (Smith und Erwin 2001, S. 6–14).

Eine wesentliche Herausforderung in der Praxis liegt darin, die Interessen und Fähigkeiten der Teammitglieder zu berücksichtigen, um eine effiziente Bearbeitung der Aufgaben zu fördern. Menschen arbeiten erfolgreich, wenn sie ihre Stärken nutzen können. Sie entfalten ihre Stärken, wenn sie an Aufgaben arbeiten, die Ihnen liegen und deshalb ist es wichtig, dass sie entsprechend ihrer Stärken im Projekt eingesetzt werden (Köhler und Oswald 2009, S. 171). Psychologen schufen verschiedene Modelle, die Aufschluss über Neigungen und Fähigkeiten von Individuen geben. Köhler und Oswald nutzen den Typenindikator von Myers und Briggs in Verbindung mit anderen Theorien und entwickeln eine Methode „die gemeinsame Wissensbasis – der Collective Mind", die für den Einsatz der Menschen im Projekt und ihre Zusammenarbeit ein umfangreiches Instrumentarium bietet. Ihr Kerngedanke ist, mit „der Collective Mind als Werkzeug" ein gemeinsames Projektverständnis zu schaffen (ebd., S. 6, 23, 40).

Wer ist beteiligt bei der Rollenklärung und wann ist dies am besten zu tun?
Die Rollenklärung sollte möglichst frühzeitig im Projekt erfolgen. Der Projekt-Start-Workshop bietet hierfür eine Möglichkeit. Im Zuge der Projektarbeit können sich Veränderungen ergeben, deshalb ist es wichtig, die Rollenklärung, in regelmäßigen Abständen, z. B. jeweils zu Beginn einer neuen Phase erneut im Team zu besprechen. Später im Projekt, wenn der Projektstrukturplan steht, und die Arbeitspakete bekannt sind, wird diese erste Verantwortlichkeitsmatrix fortgeschrieben und enthält nun alle Arbeitspakete und Teilaufgaben des Projekts. Wird diese Verantwortlichkeitsmatrix mit der RASCI-Methode vorgenommen, hilft dies, die jeweils betroffenen Schnittstellen herauszuarbeiten.

Wichtige Begriffe
- Lenkungsausschuss – Steering Committee, Project Board
- Projektcontroller – Project Controller
- Projektleiter – Project Manager
- Projektmanagementoffice – Project Management Office (PMO)
- Projektoffice – Project Office
- Projektsponsor (Interner Auftraggeber) – Project Sponsor, Project Owner
- Qualitätsmanager – Quality Manager

Aufgaben (Ergebnis oder Aktion)	Rolle						
	Projekt-sponsor	Pro-jekt-leiter	Con-troller	System-archi-tekt	Qua-litäts-mana-ger	Risiko-mana-ger	Stake-holder-manager
Business Case	A/R	S	C				
Projektauftrag	A/R	S	S				
Team entwickeln	A	R					
Projektstrukturplan	A	R	S	S	S	S	C
Terminplan		A	R	S	I	I	I
Kostenplan		A	R	S	S	C	
Risikomanagement durchführen		A	S	S		R	I
Qualitätsplan erarbeiten		A		S	R	S	
Baseline für Konzept		A	S	R	S	S	S
Spezifikation erstellen Anforderungen verhandeln	A	R		S	S		
Termin- und Kostenkontrolle		A	R	C			
Fertigstellungsgrad ermitteln		R	S	S	S		
Abschlussbericht erstellen		R	S	S	S		S

R – Responsible: Zuständig für die Durchführung. Kümmert sich darum, dass die Sache erledigt wird oder führt die Aufgabe selbst durch.

A - Accountable – Verantworten, entscheiden: Nimmt das Arbeitsergebnis ab, trägt die Verantwortung für die Folgen.

S - Support – Mitarbeit, unterstützen: Erledigt die erforderlichen Arbeiten.

C - Consult – Beratung: Verfügt über Informationen, die für die Bearbeitung erforderlich sind, muss vor der Abnahme zu Rate gezogen werden.

I - Inform – Informieren: Muss über die Ergebnisse informiert werden, aber nicht vor der Entscheidung einbezogen werden.

Abb. 2.13 Beispiel für eine RASCI-Tabelle zur Definition wichtiger Projektmanagementrollen

- RASCI-Chart (Role & Responsibility Charting)
- Risikomanager – Risk Manager
- Rolle – Role
- Stakeholdermanager – Stakeholder Manager
- Systemarchitekt – Systems Architect, Systems Engineer.
- Verantwortlichkeitsmatrix (Funktionendiagramm) – Responsibility Assignment Matrix (RAM)

Quellen für weiterführende Informationen

Köhler, J., & Oswald, A. (2009). *Die Collective Mind Methode. Projekterfolg durch Soft Skills*. Heidelberg: Springer.

Patzak, G., & Rattay, G. (2014). *Projektmanagement. Projekte, Projektportfolios, Programme und projektorientierte Unternehmen* (S. 143–168). Wien: Linde.

Smith, M., & Erwin, J. (2001). Role and responsibility charting (RACI). http://www.pmforum.org/library/tips/pdf_files/RACI_R_Web3_1.pdf. Zugegriffen: 19. Jan. 2012.

2.3.2 Rollen im Projektteam Segeltörn

Abhängig von der Projektgröße, gibt es verschiedene Möglichkeiten, wie die beschriebenen Rollen ausgefüllt werden. In großen Raumfahrtprojekten gibt es beispielsweise ein Team, das hauptamtlich für die Wahrnehmung der bereits beschriebenen Projektmanagementrollen zuständig ist. Die notwendigen fachspezifischen Rollen und Aufgaben nehmen weitere Mitarbeiter und Mitarbeiterinnen wahr. In kleinen Projekten, z. B. der Durchführung von Machbarkeitsstudien oder der Entwicklung von Komponenten, ist der Personalaufwand für das Managen des Projekts wesentlich geringer, zum Teil unbedeutend. Erforderliche Projektmanagementaufgaben, wie Kosten und Terminkontrolle müssen von den Fachverantwortlichen parallel zu den Fachaufgaben mit erledigt werden. Den Schwerpunkt der Tätigkeit bilden die fachlichen Arbeiten, etwa die Durchführung von Analysen, Berechnungen, Designaktivitäten, Entwicklung und Bau der Komponenten und deren Tests. Der Aufwand für das Projektmanagement ist so gering, dass eine hauptamtliche Wahrnehmung der Projektmanagementrollen nicht sinnvoll und auch nicht vertretbar ist. Dies trifft auf den Segeltörn zu.

Zur Planung des Törns gibt es bereits ein **Kernteam**, wie im Projektauftrag beschrieben:

- Projektmanager und Skipper: Heinz Blaubart
- Systemarchitektin und Co-Skipperin: Sabine Schiffer
- Risikomanager und Steuermann: Martin Seemann
- Projektcontroller, Vertragsmanager und Zahlmeister: Herbert Bank
- Qualitätsmanager und Smutje: Bernd Koch
- Stakeholdermanager sowie Ausflugs- und Kulturverantwortlicher: Hartmut Berge.

Die Mitglieder des Kernteams in der Planungsphase sind nicht zwangsläufig dieselben Personen, die am Segeltörn teilnehmen werden. Vielmehr ist das Planungsteam vergleichbar mit einem Mitarbeiterteam eines Reisebüros, bei dem man eine komplette Reise buchen kann. Man gibt dort seine Wünsche für den Termin, das Reiseziel, das Hotel usw. an und die Mitarbeiter des Büros unterbreiten Vorschläge für verschiedene Optionen. Ist ein optimales Angebot gefunden, kommt es schließlich zur Buchung der Reise, die man dann zum gewünschten Termin antritt.

Im Falle eines privaten, selbst durchgeführten Segeltörns ist es nicht sehr sinnvoll, die Planungsarbeiten einem Reisebüro zu überlassen. Im Planungsteam sollten auf jeden Fall einige Teilnehmer des Segelteams, also der Crew, Mitglied sein, um die Erfahrungen, die fachliche Kompetenz der einzelnen Crewmitglieder und deren Erwartungen in die Planungen besser einzubinden. Im vorliegenden Fall sind idealer Weise der vorgesehene Skipper und die Crewmitglieder mit verschiedenen erforderlichen Kompetenzen wie Co-Skipperin und Koch (Smutje) Teil des Planungsteams. Für die Auswahl des Planungsteams und die Zusammenstellung der Crew ist es somit von Beginn an sehr wichtig, welche Rollen, Kompetenzen und Verantwortlichkeiten für die Planung und die Durchführung des Segeltörns benötigt werden.

Hilfreich ist die Anwendung der RASCI-Tabelle. Hierfür werden, am besten im Team, zunächst alle erforderlichen Aktivitäten und Aufgaben über alle Phasen des Segeltörns, d. h. Vorbereitung, Durchführung und Nachbereitung in der RASCI-Tabelle gesammelt. Auf der horizontalen Achse werden die involvierten Personen und ihre Rollen ergänzt, wobei dieselbe Person mehrere verschiedene Rollen einnehmen kann. In der Tabelle können nun die verschiedenen Arten der Zuständigkeit und Mitarbeit gemäß der RASCI-Methode festgelegt werden.

Die RASCI-Tabelle (vgl. Abb. 2.14) für das Beispiel Segeltörn enthält ausgewählte Aufgaben, die mitwirkenden Personen und die jeweiligen Rollen und Verantwortungsgrade. So ist erkennbar, dass Heinz Blaubart zwei verschiedene Rollen ausfüllt. Er ist Projektleiter und Skipper. Im Rahmen dieser Rollen erfüllt Heinz Blaubart verschiedene Aufgaben, manchmal ist er zuständig für die Durchführung der Aufgabe (R), d. h. z. B. wählt er, zusammen mit der Co-Skipperin, das Schiff aus, oder er segnet das von der Co-Skipperin ausgewählte Segelgebiet ab. In seiner Rolle als Projektleiter nimmt er die Kostenschätzung ab.

Bei der Zuordnung der Aufgaben und Verantwortlichkeiten sollten die Interessen und Fähigkeiten der Teammitglieder berücksichtigt werden. Die Verknüpfung der Fähigkeiten und Interessen mit den Anforderungen, die aus den Aufgaben resultieren, ist eine Herausforderung, die gelöst werden muss.

2.4 Das Team

„Teamwork – der Mythos des 21. Jahrhunderts" (Harald Martenstein 2007, o. S.) ist in Projekten unerlässlich, denn Teams eignen sich besonders, wenn neuartige, hochkomplexe, d. h. unstrukturierte und mit hoher Unsicherheit behaftete Aufgaben zu lösen sind.

	RASCI-Tabelle für die Vorbereitungs- und Durchführungsphase „Segeltörn" (Ausschnitt)									
Person		**1**	**2**	**3**		**4**		**5**		**6**
Name / PM Rolle		**Heinz Blaubart** Projektmanager	**Sabine Schiffer** Systemarchitektin	**Martin Seemann** Risikomanager		**Herbert Bank** Projektcontroller		**Bernd Koch** Qualitätsmanager		**Hartmut Berge** Stakeholdermanager
Rolle Segeltörn		Skipper	Co-Skipperin	Steuermann	Navigator	Zahlmeister	Decksmann	Smutje	Decksmann	Ausflüge Kultur
Aufgabe		**Verantwortlichkeit (RASCI)**								
	Vorbereitungsphase									
F	Segelgebiet wählen	A	R	S		C		C		S
F	Schiff auswählen	R	S	S		A		C		C
PM	Schiff buchen	A	I	I		R		I		I
PM	Kosten schätzung	A	I	I		R		S		S
	Durchführungsphase									
F	Schiff Übernahme	R	S	S		I				
F	Route planen	A	R		S	C			C	S
F	Segel trimm.	A	S	S				R		S

Art der Aufgabe: Fachaufgabe (F), Projektmanagementaufgabe (PM)

R - Responsible: Zuständig für die Durchführung.

A - Accountable - Verantworten, Entscheiden: Nimmt das Arbeitsergebnis ab.

S - Support – Unterstützung, Mitarbeit: Erledigt die erforderlichen Arbeiten.

C - Consult - Beratung: Verfügt über Informationen, die für die Bearbeitung erforderlich sind, muss vor der Abnahme zu Rate gezogen werden.

I - Inform - Informieren: Muss über die Ergebnisse informiert werden

Abb. 2.14 RASCI-Tabelle für die Vorbereitungs- und Durchführungsphase im Projekt Segeltörn (Ausschnitt)

Wenn dagegen Routineaufgaben bearbeitet werden, ist eine Bearbeitung durch Teams wenig sinnvoll, da Abstimmungsprozesse und Konflikte zu hohen Aufwendungen führen, die unnötig sind, da die Schritte zur Lösung bereits bekannt sind (Trebesch 1980, S. 2216 und 2220). Ein Blick auf Stellenanzeigen zeigt, dass Teamfähigkeit eine Anforderung ist, die sich nahezu jeder Arbeitgeber von seinen Beschäftigten wünscht. Teamarbeit als Form der Zusammenarbeit, die die Organisationspraxis seit vielen Jahren kennt, soll offenbar helfen, Aufgaben und Probleme generell besser lösen zu können. Ein näherer Blick auf die Aspekte der Teamarbeit lohnt sich daher. Der Begriff ist keinesfalls nur positiv besetzt. Harald Martenstein zeigt dies in seiner Kolumne sehr deutlich mit folgenden Worten: „Teamwork ist Ausbeutung der Gutmütigen durch Ungutmütige. Es gibt in der Gruppe nämlich immer Leute, die arbeiten, und andere, die sich schmarotzerhaft dranhängen … dass man sich austauscht, die Ergebnisse der eigenen Arbeit mit anderen diskutiert oder in einer Gruppe mit klaren Zuständigkeiten eine Teilarbeit übernimmt, verstehe ich natürlich nicht unter ‚Teamwork‘. Unter Teamwork verstehe ich, dass es keine klare Verantwortlichkeit gibt" (2007).

Die folgenden Ausführungen geben einige wenige ausgewählte erste Anregungen für die Teamarbeit in Projekten. Projektteams agieren in vielfältigen Situationen, wenn etwa Internationalität und Virtualität eine Rolle im Projekt spielen, dann kommen verschiedene Kulturen ins Spiel und es gelten möglicherweise andere Regeln (vgl. Dörrenberg et al. 2014). Die Berücksichtigung dieser Facetten ist hier nicht möglich.

2.4.1 Teamentwicklung – Ausgewählte Aspekte aus der Theorie

Was kennzeichnet ein Team, ein Projektteam und ein Projektmanagementteam?
Ein Team ist eine Sonderform der Gruppe. In einer Gruppe interagieren die Mitglieder zielgerichtet miteinander und stimmen ihr Handeln und die zugrunde liegenden Ziele aufeinander ab. In Abgrenzung zur Gruppe überwiegt in einem Team die Aufgabenorientierung und es herrscht eine hohe Identifikation mit der Gruppe und mit der Aufgabe vor (Stahl 2007, S. 2 und 261). Müthel definiert im Hinblick auf die Arbeit in Projekten Teams wie folgt:

▶ **Team** „Unter einem Team wird eine geringe Anzahl von Personen verstanden, die für einen gewissen Zeitraum in direkter, sozialer Interaktion steht und ein gemeinsames Ziel verfolgt, welches ihm von außen in Form eines Arbeitsauftrages vorgegeben wird. Die Teammitglieder geben ein Commitment zur Erreichung der Leistungsziele ab, für die sie gemeinschaftlich haften und verpflichten sich zu bestimmten Herangehensweisen hinsichtlich der Aufgabenerfüllung sowie zu bestimmten sozialen Regeln und Normen" (Müthel 2006, S. 9).

Diese Definition nähert sich einem Teamverständnis, dass Stahl als „Gruppenideal im Bereich der Wirtschaft" bezeichnet (2007, S. 261). Die Definition der DIN Norm ist bezüglich der Art der Zusammenarbeit zurückhaltender. Das Project Management Institute (PMI) unterscheidet Projektteam und Projektmanagementteam.

▶ **Projektteam, Projektpersonal – Project Team** Zum Projektteam zählen „alle Personen, die einem Projekt zugeordnet sind und zur Erreichung des Projektzieles Verantwortung für eine oder mehrere Aufgaben übernehmen" (DIN 69901-5:2009-01 2009, S. 16).

▶ **Projektmanagementteam(-Personal) – Project Management Team** „Die Mitglieder des Projektteams, die direkt in Projektleitungsvorgänge eingebunden sind. (PMI 2017b, S. 721)."

Insofern beschreibt der Begriff Projektmanagementteam eine Teilmenge des Projektteams, während zum Projektteam sowohl diejenigen zählen, die fachbezogene Aufgaben erledigen, als auch diejenigen, die Projektmanagementaufgaben übernehmen. Bei kleinen Projekten, in denen der Aufwand für das Projektmanagement überschaubar ist, wird es sich dabei allerdings um dieselben Personen handeln.

Projektteams existieren immer **zeitlich befristet**. Diese zeitliche Befristung kann sich auf die Dauer des gesamten Projekts erstrecken, muss es aber nicht. Häufig wechselt die Teamzusammensetzung im Laufe eines Projekts. Insbesondere wenn eine neue Phase beginnt, z. B. wenn die Planungsphase endet und die Umsetzungsphase startet, verlassen möglicherweise einige Mitglieder das Team und neue kommen hinzu. Projektarbeit findet meistens parallel zum Tagesgeschäft statt, oder die Teammitglieder arbeiten in mehreren Projekten gleichzeitig. Die Aussage von Trebesch (1980, S. 2216), es handele sich dann um ein Team, wenn mehrere Personen mit dem größten Teil ihrer Arbeitskraft eine ihnen vorgegebene Aufgabe bearbeiten, lässt Raum für die Erwartungen an Teamarbeit, die Müthel in ihrer Definition formuliert. Allerdings können Individuen dann zur gleichen Zeit immer nur Mitglied in einem Team sein.

Warum ist Teamentwicklung wichtig?
Teamentwicklung passiert so oder so. Mit anderen Worten, Teamentwicklung findet immer statt. Damit sie fruchtbar verläuft, das Projektteam sein volles Potenzial entwickelt und unnötige Reibungsverluste minimiert werden, empfiehlt es sich, sich näher mit diesem Thema zu beschäftigen. Denn in Projekten müssen qualitativ neue und komplexe Lösungen erarbeitet werden. Eine Voraussetzung dafür, dass dies gelingen kann, ist, dass alle Teammitglieder ihr ganz spezifisches Wissen einbringen können. Dafür ist eine offene Teamatmosphäre notwendig. Dass sie entsteht, kann und darf nicht dem Zufall überlassen werden. Die Individual Competence Baseline widmet dem Thema konsequenterweise ein eigenes Kompetenzelement (GPM 2017, S. 33).

Wie kann sich das Projektteam entwickeln?
Das Thema Teamarbeit ist nach Auffassung der Autoren einer der zentralen Faktoren, die den Erfolg von Projekten bestimmen. Zugleich ist das Thema komplex, der Raum für

seine Behandlung in diesem Buch begrenzt. Die Entscheidung fiel für einige ausgewählte Themenbereiche, die aus Sicht der Verfasser einen ersten sinnvollen Zugang zu der Thematik gewähren:

1. Wer und wie viele sind Mitglied des Kernteams?
2. Besondere Rahmenbedingungen im konkreten Projekt.
3. Ziele und Erwartungen in Gruppen.
4. Prozesse in Gruppen verstehen.

Zu Punkt 1: **Wer und wie viele sind Mitglied des Teams?** Teams können nicht beliebig groß sein. Hinsichtlich der Gruppengröße pendeln sich die Empfehlungen bei fünf bis sieben Personen als Optimum ein. Stadler spricht von einem Optimum von sechs Personen. Steigt die Zahl der Mitglieder darüber hinaus, bilden sich schnell Untergruppen (2007, S. 128). Die Kommunikation im Team wird mit zunehmender Anzahl der Teammitglieder komplexer. Diese Komplexität resultiert aus der Anzahl der möglichen Kommunikationsbeziehungen, die mit Hilfe der folgenden Formel berechnet wird:

$$n \cdot \frac{n-1}{2} \text{ wobei } n = \text{Anzahl } der \text{ Teammitglieder } ist.$$

So hat ein Team mit vier Mitgliedern sechs mögliche **Kommunikationsbeziehungen**, ein Team mit sechs Mitgliedern bereits fünfzehn. Abb. 2.15 zeigt, wie die Zahl der möglichen Kommunikationsbeziehungen im Team mit zunehmender Zahl der Mitglieder überproportional steigt.

Spannend ist die Frage, wer zum Kernteam gehört und warum überhaupt der Begriff Kernteam gewählt wird. Motiv für die Begriffswahl ist, dass abhängig von der Größe des Projekts ganz unterschiedliche Konstellationen von Teammitgliedern und Rollen im Team entstehen. In einem sehr kleinen Projekt, wie beispielsweise dem Segeltörn, gibt es kein Team, das Vollzeit mit Projektmanagementaufgaben beschäftigt ist. Hier arbeiten im Kernteam diejenigen zusammen, die die nötigen Fachaufgaben erledigen und zusätzlich die Projektmanagementaufgaben wahrnehmen. In einem großen Projekt, mit einem Budget von vielleicht mehr als 50 Mio. €, gibt es ein Kernteam, das hauptamtlich die Projektmanagementaufgaben übernimmt und damit je nach erforderlichem Arbeitsaufwand vollzeitig beschäftigt sein kann. In solch einem großen Projekt wird es weitere Teams geben, die sich etwa bestimmten fachlichen Aufgaben widmen.

▶ **(Projekt) Kernteam – Core Team** Das „Kernteam unterstützt den Projektmanager bei der Führung und dem Management von Arbeitspaketen" (DIN ISO 21500:2016-02, S. 12).

Das Kernteam ist nicht über die tägliche Beschäftigungsdauer mit dem Projekt zu definieren, sondern über die Intensität der Zusammenarbeit in bestimmten Zeitabschnitten der Hauptphasen im Projekt. Den inneren Kern des Teams bilden durchgehend Projektleiter,

Projektcontroller, Systemarchitekt und Qualitätsmanager. Das Kernteam wird je nach Aufgabenstellung im Projekt durch den Vertrags-, -Stakeholder- und Risikomanager komplettiert. Die Rollen und Mitglieder im Kernteam können im Laufe des Projekts wechseln; so werden in der Durchführungsphase die Verantwortlichen für die Fertigung, Integration oder Test zum Kernteam dazu stoßen, während z. B. der Vertrags- und/oder der Risikomanager mehr und mehr in den Hintergrund treten. Sie verbleiben aber mit dem reduzierten Arbeitsaufwand und ihren Aufgaben im erweiterten Team, sind aber nicht mehr Teil des inneren Zirkels. Eine enge, direkte Zusammenarbeit des Kernteams ist wichtig und kann durch eine räumliche Nähe, ein gemeinsames Büro, gefördert werden.

In Projekten, großen aber auch kleinen, gibt es hinter dem Kernteam, das sich mit den Managementaufgaben beschäftigt, weitere Teams und Bereiche, die sich im und für das Projekt den fachlichen und unterstützenden Aufgaben widmen, wie z. B. Design, Entwicklung, Produktion und Test oder Bereiche der Infrastruktur wie Informationsverarbeitung, Einkauf und Beschaffung, Finanz- und Rechnungswesen, Verwaltung u. a. Jeder Mitarbeiter, der irgendwie am Projekt mitarbeitet, ist wichtig und verdient für seine Leistung Anerkennung. Jeder ist auf seine Weise am Projekterfolg beteiligt, als Mitarbeiter in den Fachabteilungen, als ausführender Konstrukteur, Monteur, Qualitätsbeauftragter und als Mitarbeiter in den verschiedensten unterstützenden Abteilungen. Die Projektleitung ist dafür verantwortlich, dass diese Grundhaltung im Projekt gelebt wird.

Der Projektleiter hat immer das Magische Dreieck aus Leistung, Kosten und Zeit im Kopf. Dennoch hat er zusammen mit seinem Kernteam einen großen Gestaltungsspielraum. Das Gesamtergebnis des Projekts, d. h. die Kundenzufriedenheit bei gleichzeitigem wirtschaftlichen Erfolg des Projekts, hängt sehr stark von seinem motivierten Projektteam ab, in dem jeder seine Aufgabe erfüllt, ge- und beachtet ist und gewürdigt wird. Im Konkreten heißt das, dass für jeden Mitarbeiter die Aufgaben, der Grad der Verantwortung, die Termine, die Anforderungen und die erforderliche Qualität klar definiert und beschrieben, mit dem Mitarbeiter besprochen und von ihm akzeptiert worden sind.

Zu Punkt 2: **Besondere Rahmenbedingungen im konkreten Projekt** Hier ist die Frage zu stellen, ob besondere Rahmenbedingungen herrschen, die sich aus dem konkreten Projekt ableiten. Mögliche spezifische Rahmenbedingungen können z. B. entstehen durch:

• Virtuelle Zusammenarbeit.
• Internationalität und kulturelle Vielfalt (Diversity) der Teammitglieder.
• Soziale Dichte als besondere Bedingung, z. B. an Bord eines Segelschiffes.

Zahl der Kommunikationskanäle in Abhängigkeit von der Gruppengröße									
Anzahl Personen	3	4	5	6	7	8	9	10	50
Mögliche Kommunikationskanäle	3	6	10	15	21	28	36	45	1225

Abb. 2.15 Zahl der möglichen Kommunikationskanäle in Abhängigkeit zur Anzahl der Teammitglieder

Mangelnde Projektmanagement Kompetenz des Auftraggebers bzw. des übergeordneten Managements.Besteht Klarheit über die besonderen Rahmenbedingungen im Projekt, kann das Kernteam den Umgang damit bewusst gestalten und damit die Teamarbeit positiv beeinflussen.

Zu Punkt 3: **Ziele und Erwartungen in Gruppen** Stahl unterscheidet die Beschaffenheit von Zielen in Gruppen nach ihrer Transparenz und ihrer Wählbarkeit (2007, S. 27). Diese Klassifikation ist auch auf Projekte anwendbar. Projektteams bearbeiten zwar Ziele, die primär von außen, d. h. durch den Auftraggeber gesetzt sind, dennoch existieren Handlungsspielräume, die oft unterschätzt werden und die es deshalb aufzudecken gilt (vgl. Tab. 2.5). Viel zu schnell werden sonst Ziele als zwingend akzeptiert. Eine Differenzierung in „Muss-Ziele" oder „Kann-Ziele" kann die Zielbeschaffenheit weiter erhellen.

Wichtig ist auch zu klären, welches Teamverständnis der gemeinsamen Arbeit zu Grunde liegt. Entspricht das Teamverständnis dem weiter oben beschriebenen Ideal, wie es in der Definition von Müthel zum Ausdruck kommt, oder wie sieht der Konsens hierzu in der Gruppe aus? In Projekten gibt es durchaus Ziele, die nicht offen angesprochen werden. Sei es, weil man davon ausgeht, dass dieses Ziel so selbstverständlich ist, dass es im Moment noch nicht wichtig erscheint, oder weil man nicht den Mut hat, darüber zu sprechen. Derartige verdeckte Ziele und unausgesprochene Erwartungen behindern die Arbeit im Team und können als gruppendynamische Kostentreiber wirken. Indem auch diese Probleme offen angesprochen werden, können unnötige Konflikte oder Scheindebatten vermieden werden (Stahl 2007, S. 28, 29). Aber eine gewisse Vorsicht ist geboten und bestmögliche Transparenz ist keinesfalls für jedes Thema das richtige Gebot. Man denke nur an das kulturelle Umfeld. Reuter (2011, S. 124) beschreibt drei Themen, die aus seiner Erfahrung in der Zusammenarbeit von Teams immer wieder eine große Rolle spielen:

- Gerechtigkeit,
- Zuverlässigkeit und
- Kollegialität.

Aus Sicht der Verfasser sind diese Punkte auch in studentischen Teams immer wieder die wichtigen Themen, die aber meistens, wenn überhaupt, nur oberflächlich angesprochen werden.

Das Kernteam sollte sich darüber verständigen, welche Ziele in den vier möglichen Feldern der Tab. 2.5 eine Rolle spielen, welches Verständnis die einzelnen Teammitglieder

Tab. 2.5 Matrix zur Identifizierung der Ziele in Gruppen. (In Anlehnung an Stahl 2007, S. 28 f.)

	Öffentlich	Nicht öffentlich
Gesetzt	Schriftlich dokumentiert z. B. im Projektauftrag	Unausgesprochene Erwartungen des Auftraggebers
Wählbar	Ideen der Stakeholder, Spielräume im Projektauftrag	Unausgesprochene Erwartungen der Teammitglieder, gerechte Behandlung, kollegialer Umgang miteinander und Zuverlässigkeit

dazu haben und wie das Team damit umgehen will. Zu Beginn der Arbeit können Teamregeln aufgestellt werden. Dies fällt manchmal schwer und der umgekehrte Weg, zu beschreiben, was vermieden werden soll, kann einfacher sein. Gleichzeitig lässt diese negative Abgrenzung Raum für spontane Gestaltungen (Bea et al. 2011, S. 84). Handlungsmaxime bei der Arbeit im Team muss nach Ansicht der Autoren immer die Win-win-Strategie sein.

Zu Punkt 4: **Prozesse in der Gruppe verstehen** Teamentwicklung ist keine einmalige Angelegenheit im Projekt. Um besser zu verstehen, wie Menschen sich in Gruppen verhalten, wenn sie interagieren, entwickelten Wissenschaftler verschiedene Modelle. Weit verbreitet ist das Modell von Tuckman. Er veröffentlichte erstmals 1965 vier Stufen der Teamentwicklung, die er 1977 um eine weitere Stufe ergänzte (Bonebright 2010, S. 112):

- Forming
- Storming
- Norming
- Performing

Adjourning (ergänzt 1977 durch Tuckman und Jensen).Das **Tuckman-Modell** erfreut sich großer Beliebtheit, da es ein einfaches, lineares Muster beschreibt, wie sich Teams entwickeln. Tuckman geht davon aus, dass eine Gruppe jede dieser Phasen durchlaufen muss, um eine produktive Arbeitsphase zu erreichen. Mittlerweile hat sich in der Wissenschaft die Meinung durchgesetzt, dass das Geschehen in Gruppen komplexer ist und keineswegs immer nur linear verläuft. Dennoch tauchen die in den Phasen zu beobachtenden Phänomene in Gruppen zwangsläufig auf (vgl. Abb. 2.16). Das Phasenmodell bietet deshalb einen guten Orientierungsrahmen, um sich in Gruppen zurechtzufinden und Interventionen vorzunehmen. Stahl entwickelt auf der Basis des ursprünglichen Modells von Tuckman ein spiralförmiges Modell, ergänzt um die Phase Re-Forming. Wobei das Re-Forming nicht notwendigerweise die letzte Phase der Teamarbeit sein muss (Abb. 2.16). Sobald sich die Teamzusammensetzung ändert oder die Aufgabe sich verändert, wird ein Re-Forming erforderlich. Ein Team kann die verschiedenen Phasen mehrmals durchlaufen, etwa in jeder Projektphase neu, wobei die Reihenfolge der Phasen für die Evolution der Gruppe zwingend ist. In der Praxis umgehen Gruppen aber durchaus Phasen, weil sie etwa das Storming fürchten. Oder die Gruppe unternimmt einen Schnelldurchlauf, weil sie beispielsweise die Bilanzierung scheut. Umgehungen oder Schnelldurchfahrten wirken jedoch bremsend auf den Reifeprozess. In der Regel führt das mehrfache Durchlaufen der Stationen zu einem Veränderungs- und Wachstumsprozess (Stahl 2007, S. 47, 54, 2012, S. 73, 74).

Wie wichtig es für die Gruppe ist, die einzelnen Stationen zu durchlaufen, formuliert Stahl sehr anschaulich:

„Schnelldurchfahrten und Umgehungen (einzelner Phasen, d. Verf.) führen zwangsläufig zu einem Verlust an Entwicklungsfähigkeit: Defizite können nicht erkannt und ausgebügelt werden. Gleichzeitig gehen bei derartigen Manövern die einzelnen Gruppenmitglieder innerlich von Bord. Da deren seelische Verarbeitung des Gruppengeschehens unaufhaltsam weiterläuft, sich aber keine Gelegenheit bietet, dieses innere Geschehen nach außen mitzuteilen und sich dadurch mit den anderen Mitgliedern zu synchronisieren, koppeln sich die Beteiligten immer mehr und mehr vom Gruppengeschehen ab und vereinzeln. Oder es bilden sich Klatschzirkel, in denen die versäumte Arbeit (der versäumte Austausch miteinander, d. Verf.) im Geheimen nachgeholt wird. Die Aufmerksamkeit versickert und sammelt sich unterirdisch, um im Verborgenen an der unerledigten Phase weiterzuarbeiten. Dieses Versickern zeigt sich dann in Arbeitsstörungen wie Lustlosigkeit, Unpünktlichkeit, Vergesslichkeit, zäher Stimmung, fruchtlosen Auseinandersetzungen usw. Derartige Störungen werden behandelbar, wenn die Gruppe jene Phasen ansteuert, in denen Unerledigtes auf Bearbeitung wartet." (2007, S. 55)

Das vorgestellte Modell von Stahl bietet Ansatzpunkte und mögliche Erklärungen für das Geschehen in Projektteams.

Fünf Phasen des Gruppenprozesses (Stahl 2007, S. 50, modifiziert)				
Phase	Vorherrschende Aktivitäten	Klima, Gefühle	Evolutionäre Leistung der Gruppe	Entwicklung des Miteinanders durch
Gründungsphase (Forming)	Sich-Kennenlernen, Sich-Einschätzen Einordnung	Gehemmt, unverbindlich, unsicher	Abgrenzung nach außen durch Sicherheit spendende Struktur	Konventionen, vermeintliche Benimmregeln
Streitphase (Storming)	Sich-Zeigen Sich-Vertreten Auseinandersetzung	Reizklima: Ungeduld, Angst, Ironie, Enttäuschung, Trotz, Ärger, Aggression	Zuspitzung	Konflikte
Vertragsphase (Norming)	Sich-Festlegen Sich-Abfinden Einigung	Ernüchterung Erleichterung Versöhnung	Entscheidung	(Ziel-) Vereinbarungen
Arbeitsphase (Performing)	Sich-Einbringen Sich-Engagieren Zusammenarbeit	Konzentriert, sachlich, offen solidarisch	Bewährung, Beständigkeit, inneres Gleichgewicht	Kooperation
Orientierungsphase (Re-Forming)	Bilanzieren Sich-Besinnen Erfahrungsaustausch Sich-Neuorientieren Abschied nehmen	Unsicherheit	Veränderung, erneuter Eintritt in Streitphase oder Ende	Bilanzen

Abb. 2.16 Fünf Phasen des Gruppenprozesses. (Stahl 2007, S. 50, modifiziert)

Wann ist Teamentwicklung wichtig und wer ist verantwortlich?
Die Projektleitung trägt die Verantwortung dafür, dass die Entwicklung im Team bewusst gestaltet wird. Köhler und Oswald beschreiben die Rolle des Projektcoaches, den sie als Gegenpol und Sparringspartner zum Projektleiter sehen. Diese Rolle kann extern oder auch intern besetzt werden (Köhler und Oswald 2009, S. 50). Die Teamarbeit spielt eine so entscheidende Rolle, dass externe Unterstützung eine sinnvolle Investition sein kann.

Mindestens drei Stationen der Teamentwicklung zeichnen Projekte aus (Reuter 2011, S. 106):

- Der Start
- Die fortgesetzte Zusammenarbeit
- Der Abschluss.

Im Rahmen der Auftragsklärung wurde bereits der Start-up-Workshop definiert. Er bietet sich sowohl zu Beginn des Projekts als auch zu Beginn einer Projektphase an. In der täglichen Zusammenarbeit kann ein Jour fixe ein gutes Mittel der Wahl sein, um die regelmäßige Kommunikation sicherzustellen. Insbesondere der Projektleiter sollte sicherstellen, dass die Kommunikation angemessen und vor allem offen und dialogorientiert erfolgt. Alle Mitarbeiter im Projekt sind in regelmäßigen Abständen entsprechend ihres Verantwortungsgrades und zu den Hauptmeilensteinen über den Stand des Projekts und bei Schwierigkeiten und Risiken mündlich und schriftlich zu informieren. „Social Events", die von Zeit zu Zeit durchgeführt werden, können, sofern sie nicht aufgesetzt sind, gute Dienste leisten, die zwischenmenschlichen Beziehungen im Projekt zu pflegen.

Abschluss des Projekts oder auch Abschluss einer Phase sind wiederum besondere Situationen, diesen sollte deshalb auch ein besonderer Rahmen gegeben werden. Im Vordergrund steht die Bilanzierung. Auch die Erreichung eines wichtigen Meilensteins kann einen besonderen Rahmen verdienen.

Symbolische Handlungen helfen, die Bedeutung bestimmter Ereignisse zu unterstreichen. Dies gilt sowohl für den Start als auch für den Abschluss eines Projekts oder einer Phase. Ein Kick-off-Event markiert den Beginn eines wichtigen Projekts und im Rahmen eines Abschlussevents wird dem Abschiednehmen und der Ehrung ein angemessener Rahmen bereitet (vgl. hierzu auch Kap. 5).

Wichtige Begriffe
- Gruppe – Group
- Kernteam – Core Team
- Projektmanagementteam – Project Management Team
- Projektteam(-personal) – Project Team
- Team
- Tuckman-Modell (Forming, Storming, Norming, Performing, Adjourning/Reforming)

Quellen für weiterführende Informationen

Bonebright, D. (2010). 40 years of storming: A historical review of Tuckman's model of small group development. *Human Resource Development International, 13*(1), 111–120.

Kauffeld, S. (2001). *Teamdiagnose.* Göttingen [u. a.]: Verl. für Angewandte Psychologie. Kauffeld, S. (Ed.). (2019).

Arbeits-, Organisations- und Personalpsychologie für Bachelor (Arbeits-, Organisations- und Personalpsychologie für Bachelor: T1 – Teams und ihre Entwicklung). Berlin, Heidelberg: Springer Berlin Heidelberg. https://doi.org/10.1007/978-3-662-56013-6_8

Reuter, M. (2011). *Psychologie im Projektmanagement.* Erlangen: Publicis Erlangen.

Schulz von Thun, F., Ruppel, J., & Stratmann, R. (2011). *Miteinander reden. Kommunikationspsychologie für Führungskräfte* (Originalausg., 12. Aufl.). Reinbek: Rowohlt.

Stadler, M. (2007). *Psychologie an Bord* (6., überarbeitete Aufl.). Bielefeld: Delius Klasing.

Stahl, E. (2012). *Dynamik in Gruppen. Handbuch der Gruppenleitung*, (3., vollständig überarbeitete und erweiterte Aufl.). Weinheim: Beltz.

2.4.2 Das Team im Projekt Segeltörn

Der Leitsatz des Segeltörns lautet: „Blauwasser – Segeln im Mittelmeer: Sport, Kultur, Erholung und Spaß bei Sonne und Wind mit 6 bis 8 Personen auf einer Segelyacht." Mit anderen Worten: auf jeden Fall keinen Stress.

Das Kernteam besteht in der Planungsphase aus:

- Projektmanager und Skipper Heinz Blaubart
- Projektcontroller, Vertragsmanager und Zahlmeister Herbert Bank und
- Systemarchitektin (Co-Skipperin) Sabine Schiffer.

Schon im Laufe der Planungsphase aber auch zu Beginn der Durchführungsphase vergrößert sich das Kernteam. Hierzu zählen dann alle, die am Segeltörn teilnehmen. Im vorliegenden Fall sind dies sechs Personen, also eine ideale Gruppengröße. Folgende Mitglieder und Rollen sind dann auch im Kernteam vertreten:

- Risikomanager und Steuermann Martin Seemann
- Qualitätsmanager und Smutje Bernd Koch
- Stakeholdermanager und Ausflugs- und Kulturverantwortlicher Hartmut Berge.

Die **soziale Dichte** an Bord ist ein besonderes Merkmal für die Teamarbeit während des Törns. Für die Dauer des Segeltörns lebt die Crew auf vergleichsweise engem Raum zusammen, so dass der durchschnittliche Lebensraum pro Person bei zwei bis drei Quadratmeter liegt. Dies kann zu Stress und Verhaltensauffälligkeiten führen, auch Crowding genannt. Stadler beschreibt, durch welche **Maßnahmen** Stress an Bord vermieden, mindestens aber vermindert werden kann (Stadler 2007, S. 119–124):

- Klare Rollenverteilung und Hierarchie an Bord (RASCI-Chart).
- Klar strukturierte Interaktionsbedingungen, wer muss worüber informiert werden, wer muss zu welchen Themen gefragt werden? (Kommunikationsplan und Kommunikationsregeln).
- Schon die Kenntnis darüber, dass Crowding-Stress auftreten kann, vermindert die Eintrittswahrscheinlichkeit, da sich die Betroffenen darauf einstellen können.
- Zeitweiliges Schließen von Schotten und Durchgängen, um Einzelnen oder Untergruppen die Möglichkeit zum Rückzug zu geben.

Wenn die Crew zu Beginn des Urlaubstörns an Bord kommt, ist sie noch kein Team, sondern lediglich eine Ansammlung von Individuen. Erst wenn die Crewmitglieder langsam zum Team heranwachsen, bilden sich auch Strukturen, geordnete Beziehungen zwischen den einzelnen Gruppenmitgliedern und Rangordnungen heraus. Die Crewmitglieder entwickeln ein Zusammengehörigkeitsgefühl, das auch emotionale Komponenten enthält. Sie verfolgen gemeinsame Ziele, sie teilen Normen und Verhaltensvorschriften an Bord und sie identifizieren sich mit gemeinsamen Bezugspersonen. Das Stakeholdermanagement hat in unserem Fall idealerweise bereits ergeben, welche Erwartungen die Einzelnen haben.

Nach Stadler hat der Skipper an Bord eines Segelschiffes maßgeblichen Einfluss auf den Erfolg des Segeltörns. Im Idealfall erfüllt der Skipper zwei Erwartungen (Stadler 2007, S. 138–140):

- Er ist der Tüchtigste mit unbestrittener Qualifikation und Erfolgsorientierung und zugleich
- der Beliebteste, der am ehesten als Ansprechpartner bei sozialen und emotionalen Problemen gefragt wird.

Kaum zu glauben, dass jemand alle diese Anforderungen erfüllt, denn sie schließen sich in Teilen gegenseitig aus. Teams können sich daher auch entscheiden, einen **aufgabenorientierten** Koordinator und einen **sozial-emotionalen** Koordinator zu etablieren. Oft ist dies aber nicht möglich. Stadler entwickelt Vorschläge, die dem Skipper helfen, seine Rolle zu meistern (S. 140–141):

- Der Skipper muss nicht alles besser wissen an Bord.
- Der Skipper muss nicht alles besser können als seine Crew.
- Der Skipper darf sich für keine Arbeit an Bord zu schade sein.
- Der Skipper sollte seine Crew nicht durch Kommandos, sondern durch das Segeln selbst motivieren.
- Bei kritischen Situationen und in Störfällen ist er in der Lage, seine sachgemäße Autorität einzusetzen. Diskussionen über Alternativen erfolgen nach Klärung der Situation.

Sicher ist die Situation an Bord eines Segelschiffes spezifisch. Dennoch geben diese Vorschläge Hinweise für das eigene Verhalten im Projekt.

Im weiteren Verlauf des Projekts sind für die Teamentwicklung konkrete Aufgaben zu formulieren, im **Projektstrukturplan** zu verankern und im Rahmen der Projektdurchführung zu praktizieren. Aktivitäten, die die Teambildung beim Segeltörn bewusst unterstützen sollen sind:

- In der Planungsphase: die Crewtreffen, die Klärung der Erwartungen und Ziele.
- In der Durchführungsphase: das Crewtraining, das Briefing und Debriefing an Bord, ausgewählte gemeinsame Unternehmungen.
- In der Abschlussphase: das abschließende Treffen der Crew.

Das Bewusstsein, das Team positiv zu entwickeln, sollte im Idealfall kontinuierlich handlungsleitend sein. Die Verantwortung dafür, dass dem Thema ausreichend Raum gewährt wird, muss einem Teammitglied übertragen werden. Häufig ist dies die Projektleitung. Aber auch andere aus dem Projektteam können diese Aufgabe übernehmen (vgl. Abschn. 2.4.1).

Literatur

Ahrens, H., Klemens, B., & Muchowski, L. (2014). *Handbuch Projektsteuerung – Baumanagement* (5., durchgesehene Aufl.). Stuttgart: Fraunhofer IRB Verlag.

Axelos. (2013). *PRINCE2® Erfolgreiche Projekte managen mit PRINCE2, 2. Auflage, 2009 Edition.* (TSO The Stationary Office, Hrsg.) Norwich: TSO (The Stationary Office).

Bandelow, N. (2014). *Konflikte verstehen und lösen. Presseinformation vom 03. Juli 2014.* Technische Universität Braunschweig. https://blogs.tu-braunschweig.de/presseinformationen/?p=7100. Zugegriffen: 7. Nov. 2014.

Batenburg, R., van Waalbek, W., & der Maur, W. (2013). Belbin role diversity and team performance: Is there a relationship? *Journal of Management Development, 32*(8), 901–913.

Bea, F., Scheurer, S., & Hesselmann, S. (2011). *Projektmanagement* (2., überarb. und erweitere Aufl.). Konstanz: UVK Verlagsgesellschaft.

Bonebright, D. (2010). 40 years of storming: A historical review of Tuckman's model of small group development. *Human Resource Development International, 13*(1), 111–120.

Campbell, M. (2009). *Communication skills for project managers.* New York: Amacom.

Dahrendorf, R. (1973). *Homo sociologicus* (12. Aufl). Opladen: Westdeutscher Verlag.

DIN 69901-5:2009-01. (2009). *Projektmanagement – Projektmanagementsysteme. Teil 5: Begriffe.* (DIN Deutsches Institut für Normung e. V., Hrsg.) Berlin: Beuth.

DIN ISO 21500:2016-02. (2016). Leitlinien Projektmanagement (ISO 21500:2012). (DIN Deutsches Institut für Normung e. V., Hrsg.) Berlin: Beuth.

Dörrenberg, F., Jeebe, H.-J., Passenberg, J., Rietz, S., & Schneider, L. (2014). *Internationales Projektmanagement in der Praxis. Berichte, Erfahrungen, Fallbeispiele.* Düsseldorf: Symposium Publishing.

Ekman, P. (2010). *Gefühle lesen: Wie Sie Emotionen erkennen und richtig interpretieren.* Heidelberg: Spektrum.

Esch, K., & Krüger, T. (2012). Wie aus Krisen Chancen werden: Systemisch-wertschätzende Organisations- und Personalentwicklung. In A. Reichwald, M. Frenz, S. Herrmann, & A. Schipanski (Hrsg.), *Zukunftsfeld Dienstleistungsarbeit. Professionalisierung, Wertschätzung, Interaktion* (S. 627–649). Wiesbaden: Springer Gabler.

Eskerod, P., & Huemann, M. (2014). Sustainable development and project stakeholder management: What standards say. *International Journal of Managing Projects in Business, 6*(1), 36–50.

Eskerod, P., & Jepsen, A. L. (2013). *Project stakeholder management*. Burlington: Gower.

Fiedler, R. (2014). *Controlling von Projekten* (6. Aufl.). Wiesbaden: Springer Vieweg.

Freeman, R. (2010a). *Strategic management: A stakeholder approach*. Cambridge: Cambridge University Press.

Freeman, R. (2010b). Managing for stakeholders: Trade-offs or value creation. *Journal of Business Ethics, 96*(Issue 1 Supplement), 7–9.

GPM Deutsche Gesellschaft für Projektmanagement e. V. (2014). Das Project Excellence Modell Version 2.0. Nürnberg. www.gpm-ipma.de/ueber_uns/gpm_awards/. Zugegriffen: 21. Nov. 2014.

GPM Deutsche Gesellschaft für Projektmanagement e. V. (2017). *Individual Competence Baseline für Projektmanagement Version 4.0 deutsche Fassung*. Nürnberg.

GPM Deutsche Gesellschaft für Projektmanagement e. V. (2019). Das Project Excellence Modell Nürnberg. https://www.gpm-ipma.de/awards/deutscher_project_excellence_award.html. Zugegriffen: 31. Okt. 2019

Hab, G., & Wagner, R. (2013). *Projektmanagement in der Automobilindustrie* (4., überarb. und aktualisierte Aufl.). Wiesbaden: Springer Gabler.

Hinding, B., Akca, S., Spanowski, M., & Kastner, M. (2012). Mit Wertschätzungskultur zu mehr Stolz und Leistungsfähigkeit bei Pflegenden. In A. Reichwald, M. Frenz, S. Herrmann, & A. Schipanski (Hrsg.), *Zukunftsfeld Dienstleistungsarbeit. Professionalisierung, Wertschätzung, Interaktion* (S. 505–524). Wiesbaden: Springer Gabler.

Hirsch, D., & Marschall, N. (2011). *Was Sie schon immer über Projektmanagement wissen wollten*. Mötzingen: Norbert Marschall Consulting.

INCOSE Systems Engineering. (2012). *INCOSE Systems Engineering Handbuch, Version 3.2.2*. München: GfSE SE Handbuch Arbeitsgruppe Gesellschaft für Systems-Engineering e. V. German Chapter of INCOSE.

Kaestner, R., Koolmann, S., & Möller, T. (Hrsg.). (2012). *Projektmanagement im Not for Profit-Sektor. Handbuch für gemeinnützige Organisationen*. Nürnberg: GPM Deutsche Gesellschaft für Projektmanagement e. V.

Köhler, J., & Oswald, A. (2009). *Die Collective Mind Methode. Projekterfolg durch Soft Skills*. Heidelberg: Springer.

Littau, P., Jujagiri, N., & Adlbrecht, G. (2010). 25 years of stakeholder theory in project management literature (1984–2009). *Project Management Journal, 41*(4), 17–29.

Martenstein, H. (2007). Teamwork. *Die Zeit, Nr. 40 vom 27.09.2007*. http://www.zeit.de/2007/40/Martenstein. Zugegriffen: 5. Okt. 2014.

Mayntz, R. (1980). Rollentheorie. In E. Grochla (Hrsg.), *Enzyklopädie der Betriebswirtschaftslehre Bd. 2 – Handwörterbuch der Organisation* (2., völlig neu gestaltete Aufl., S. 2043–2052). Stuttgart: C. E. Poeschel.

McElroy, B., & Mills, C. (2003). Managing stakeholders. In R. Turner (Hrsg.), *People in project management* (S. 99–117). Aldershot: Gower.

McVea, J., & Freeman, R. (2005). A names-and-faces approach to stakeholder management. *Journal of Management Inquiry, 14*(1), 57–69.

Miebach, B. (2014). *Soziologische Handlungstheorie. Eine Einführung* (4., überarb. underweitere Aufl.). Wiesbaden: Springer Fachmedien.

Motzel, E. (2010). *Projektmanagement Lexikon*, (2., aktualisierte Aufl.). Weinheim: Wiley-VCH.

Müthel, M. (2006). *Erfolgreiche Teamarbeit in deutsch-chinesischen Projekten*. Wiesbaden: Deutscher Universitäts-Verlag.

Patzak, G., & Rattay, G. (2014). *Projektmanagement. Projekte, Projektportfolios, Programme und projektorientierte Unternehmen* (6., aktualisierte Aufl.). Wien: Linde.

PMI Project Management Institute. (2017a). *A guide to the project management body of knowledge (PMBOK® Guide) – Sixth Edition*. Newton Square: Project Management Institute.

PMI Project Management Institute. (2017b). *A guide to the project management body of knowledge: (PMBOK® Guide) (Sechste Ausgabe)*. Newton Square: Project Management Institute.

Reuter, M. (2011). *Psychologie im Projektmanagement*. Erlangen: Publicis Erlangen.

Savage, G., Bunn, M., Gray, B., Xiao, Q., Wang, S., Wilson, E., & Williams, E. (2010). Stakeholder collaboration: Implications for stakeholder theory and practice. *Journal of Business Ethics, 96*(Issue 1 Supplement), 21–26.

Savage, G., Nix, T., Whitehead, C., & Blair, J. (1991). Strategies for assessing and managing organizational stakeholders. *Academy of Management Executive, 5*(2), 61–75.

Schelle, H. (2007). *Projekte zum Erfolg führen. Projektmanagement systematisch und kompakt.* (5., überarb. Aufl.). München: Beck-Wirtschaftsberater im dtv.

Schelle, H., Ottmann, R., & Pfeiffer, A. (2005). *ProjektManager*. Nürnberg: GPM Deutsche Gesellschaft für Projektmanagement e. V.

Smith, M., & Erwin, J. (2001). *Role and Responsibility Charting (RACI)*. http://www.pmforum.org/library/tips/pdf_files/RACI_R_Web3_1.pdf. Zugegriffen: 19. Jan. 2012.

Stahl, E. (2007). *Dynamik in Gruppen. Handbuch der Gruppenleitung* (2., vollständig überarb. und erweiterte Aufl.). Weinheim Basel: Beltz.

Stadler, M. (2007). *Psychologie an Bord* (6., überarbeitete Aufl.). Bielefeld: Delius Klasing.

Stahl, E. (2012). *Dynamik in Gruppen. Handbuch der Gruppenleitung* (3., vollständig überarb. und erweiterte Aufl.). Weinheim Basel: Beltz.

Trebesch, K. (1980). Teamarbeit. In E. Grochla (Hrsg.), *Enzyklopädie der Betriebswirtschaftslehre Bd. 2 – Handwörterbuch der Organisation* (2., völlig neu gestaltete Aufl., S. 2216–2227). Stuttgart: C. E. Poeschel.

Wastian, M., Braumandl, I., & von Rosenstiel, L. (Hrsg.). (2012). *Angewandte Psychologie für das Projektmanagement. Ein Praxisbuch für die erfolgreiche Projektleitung* (2., aktualisierte Aufl.). Heidelberg: Springer.

Projekte planen

Zusammenfassung

Mit Beginn der Planungsphase müssen die Anforderungen für die im Projektauftrag formulierten Ziele und Lieferobjekte messbar beschrieben werden. Hierzu werden, aufbauend auf dem Produktbaum, Anforderungen ermittelt, analysiert, verhandelt, gewichtet und spezifiziert und schließlich notwendige Maßnahmen und Tests zur Verifikation und Validierung geplant. Der Plan der Pläne ist der Projektstrukturplan, der im anschließenden Kapitel erläutert wird. Weitere wichtige Themen der Projektplanung sind Risikomanagement, Qualitätsplanung, Ablauf- und Terminplanung und schließlich die Aufwands- und Kostenschätzung, die jeweils in den darauffolgenden Kapiteln behandelt werden. Den Abschluss bildet die Baseline.

© Springer Fachmedien Wiesbaden GmbH, ein Teil von Springer Nature 2020
H. Meyer, H.-J. Reher, *Projektmanagement*,
https://doi.org/10.1007/978-3-658-28763-4_3

Navigator für dieses Buch – Kap. 3

3.1   Anforderungen messbar definieren

„Und dann gab es nur noch die höchsten Ansprüche: Der damalige Bürgermeister Ole von Beust beispielsweise wünschte sich den weltbesten Akustiker" (Beyer und Knöfel 2013, S. 118). Was genau ist der weltbeste Akustiker und was bedeutet das überhaupt für die Anforderungen an die Projektliefergegenstände? „Ein Werk wird nur dann zu einem Wert, wenn die Anforderungen richtig verstanden und umgesetzt sind" (Ebert 2014, o. S.). Anforderungen an Projektergebnisse müssen erhoben, verhandelt, messbar beschrieben und geprüft werden. Dieser Prozess ist für den Projekterfolg sehr wichtig, auch wenn der Auftraggeber hierfür gerne den Aufwand scheut. Laut einer Studie des Project Management Institute ist dürftiges Requirements Engineering einer der Hauptgründe, genauer in 37 % der untersuchten Fälle in 2014, weshalb Projekte nicht erfolgreich sind (Smith 2014, S. 4).

3.1.1 Anforderungen ermitteln, verhandeln und beschreiben

Was sind Anforderungen im Projekt und was bedeutet Anforderungsdefinition?
Anforderungen entstehen aus den Projektzielen, die wiederum aus den Bedürfnissen der verschiedenen Stakeholder resultieren. Im Zentrum stehen dabei die Nutzer des zu entwickelnden Systems und der erwartete Nutzen.

Anforderungen zu definieren beschreibt einen Prozess, der Teil des Requirements Engineering ist und in technischen Disziplinen eine herausragende Rolle spielt. Beispielsweise in der Automobilindustrie, der Luft- und Raumfahrt und der Softwareentwicklung. 2006 wurde in Fürth das International Requirements Engineering Board (IREB) e. V. gegründet und bietet seit 2007 Zertifizierungen zu dem Thema an. Bislang haben weltweit knapp 48.000 Personen aus weltweit über 80 Ländern erfolgreich eine derartige Zertifizierung absolviert (ebd. 2019). Das Thema ist insbesondere in technisch dominierten Projekten hochaktuell und so befasst sich das Systems Engineering seit vielen Jahrzehnten damit, wie die Definition von Anforderungen methodisch unterstützt werden kann.

▶ **Systems Engineering** „Systems-Engineering stellt einen interdisziplinären Ansatz dar und stellt die Methoden und Prozesse für die Realisierung von erfolgreichen Systemen zur Verfügung. Es ist auf die frühzeitige Klärung der Kundenbedürfnisse und der erforderlichen Funktionalität ausgerichtet und fordert die Dokumentation sämtlicher Anforderungen, bevor mit dem Entwurf und der Validierung eine ganzheitliche Lösung erarbeitet wird, die folgende Aspekte beinhaltet: Betrieb des Systems, Kosten und Zeitplan, Leistungsfähigkeit, Schulung und Wartung, Prüfung, Herstellung und Entsorgung. Systems-Engineering berücksichtigt gleichermaßen die geschäftlichen und technischen Anforderungen mit dem Ziel der Erzeugung eines Qualitätsprodukts, das auf die Nutzerbedürfnisse zugeschnitten ist" (INCOSE 2012, S. 7).

Im Kontext des Themas Anforderungsdefinition sind verschiedene Begriffe gebräuchlich. Abb. 3.1 veranschaulicht den Zusammenhang zwischen den Begriffen und stellt die einzelnen Aufgaben im Zeitablauf dar.

▶ **Anforderung – Requirement** „Beschaffenheit, Fähigkeit oder Leistung, die ein Produkt, Prozess oder die am Prozess beteiligte Person erfüllen oder besitzen muss, um einen Vertrag, eine Norm, eine Spezifikation oder andere, formell vorgegebene Dokumente zu erfüllen" (DIN 69 901 5:2009-01, S. 6).

▶ **Anforderungsdefinition – Requirements Specification** Anforderungsdefinition (auch: Anforderungsanalyse) bedeutet, die Anforderungen, die an ein zu entwickelndes, künfti-

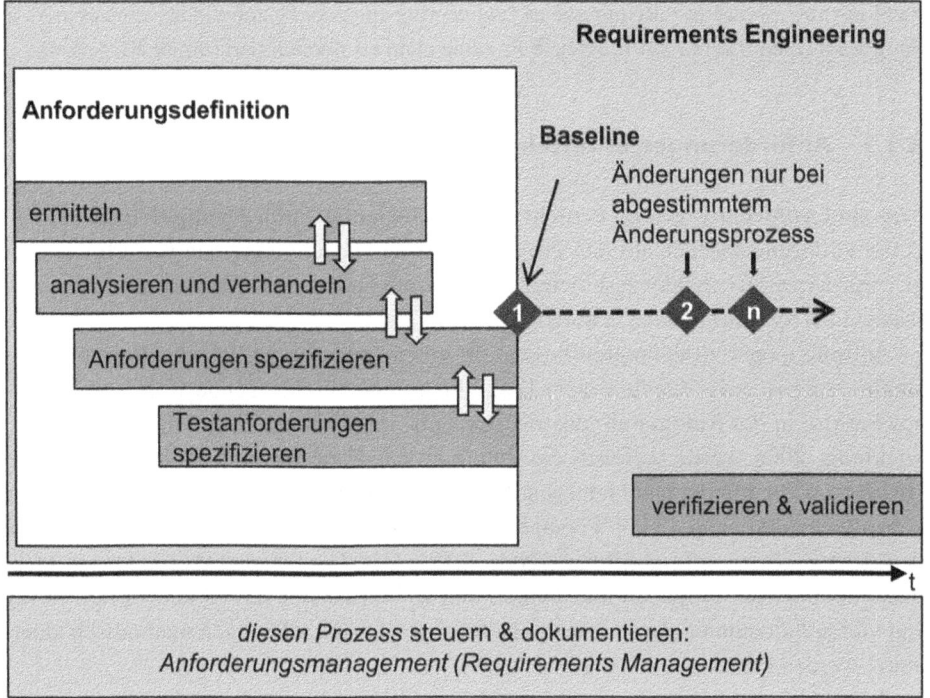

Abb. 3.1 Requirements Engineering, Anforderungsdefinition und Anforderungsmanagement

ges System gestellt werden, möglichst vollständig und für alle Seiten verbindlich zu formulieren (Myrach 2012a). Der Begriff Anforderungsanalyse wird gleichbedeutend von INCOSE (2012, S. 68 und 88) verwendet.

▶ **Requirements Engineering** „Requirements Engineering umfasst das Ermitteln, Analysieren, Spezifizieren, Verifizieren und Validieren aller Eigenschaften und Rahmenbedingungen eines Softwaresystems, die über seinen gesamten Lebenszyklus gewünscht werden bzw. relevant sind" (nach Patig und Dibbern 2014, die diese Definition für Softwaresysteme verwenden).

▶ **Anforderungsmanagement – Requirements Management** Requirements Management ist „der begleitende Prozess, der Änderungen von Anforderungen verfolgt, Anforderungsdokumente über ihren gesamten Lebenszyklus verwaltet und die Kernaktivitäten des Requirements Engineering plant, organisiert und kontrolliert" (Patig und Dibbern 2014).

Die Anforderungsdefinition umfasst mehrere Aufgaben (Abb. 3.1):

- Anforderungen ermitteln.
- Anforderungen analysieren, verhandeln und priorisieren.
- Anforderungen spezifizieren.

Die Bearbeitung dieser Aufgaben verläuft iterativ. Die Ergebnisse werden durch Rückkopplungen und wiederholtes Analysieren und Austauschen der Informationen, die bei der Bearbeitung der Aufgaben entstehen, fortgeschrieben bis schließlich eine akzeptierte Lösung, die Baseline, vereinbart ist (vgl. Abb. 3.1). Requirements Engineering erweitert Anforderungsdefinition um den Aspekt, die definierten Anforderungen zu verifizieren und zu validieren, also die Prüfung, ob die Anforderungen erfüllt sind (vgl. hierzu Abschn. 3.2). Eine deutsche Entsprechung des Begriffs Requirements Engineering ist den Autoren nicht bekannt.

Für Projekte, die informationstechnische Lösungen entwickeln, und die im Auftrag externer Kunden durchgeführt werden, existiert häufig ein Lastenheft. Das **Lastenheft** ist lösungsneutral und beschreibt die grundlegenden Anforderungen. Im Zuge der Projektbearbeitung erstellt das Projektteam als Antwort auf das Lastenheft das **Pflichtenheft**, indem es beschreibt, wie es die vom Kunden definierten Anforderungen versteht. Dazu werden die Anforderungen weiter detailliert und schrittweise für die Teilsysteme bis hinunter auf Komponentenebene definiert, jedoch ohne eine spezifische Lösung zu beschreiben. Diese entsteht erst in den nachfolgenden Entwicklungsprozessen (INCOSE 2012, S. 68 und 88). Allerdings ist diese Auffassung nicht immer anzutreffen. Das Pflichtenheft als Dokument, welches das „wie und womit" festhält, ist ebenfalls eine mögliche Interpretation (Mayer-Bachmann 2007, S. 16). Die Begriffe Lastenheft und Pflichtenheft sind im Rahmen der Entwicklung von Informationssystemen gebräuchlich. Das International Council of Systems Engineering (INCOSE) spricht anstelle von Lasten- und Pflichtenheft von Spezifikationen (2012).

Im weiteren Prozess der Projektbearbeitung verhandeln Auftraggeber und Auftragnehmer das Pflichtenheft und kommen schließlich zu einem vereinbarten Pflichtenheft, bzw. einer vereinbarten Spezifikation, einer ersten Baseline, wobei das Pflichtenheft als Bestandteil eines juristischen Vertrags zwischen Auftraggeber und Auftragnehmer dienen soll (Myrach 2012b).

▶ **Lastenheft – User Specification** Das Lastenheft umfasst „die vom Auftraggeber festgelegte Gesamtheit der Forderungen an die Lieferungen und Leistungen eines Auftragnehmers innerhalb eines (Projekt-)Auftrags" (DIN 69901-5:2009-1, S. 9).

▶ **Pflichtenheft/technische Spezifikation – Statement of Work/Functional Specification** Das Pflichtenheft beinhaltet „die vom Auftragnehmer erarbeiteten Realisierungsvorgaben auf der Basis des vom Auftraggeber vorgegebenen Lastenheftes" (DIN 69901-5:2009-1, S. 10).

Weshalb ist es sinnvoll, Anforderungen zu definieren?
Die Arbeitsschritte der Anforderungsdefinition gewährleisten die wirkungsvolle Verzahnung zwischen der fachlichen Ebene des Projektgegenstands und dem Management des Projekts und erfordern ein gewisses Eintauchen in das Fachgebiet des Projektgegenstands. In einschlägigen branchenübergreifenden Lehrbüchern zum Projektmanagement wird das Thema auch unter den Aspekten Zieldefinition und Qualität besprochen (Bea et al. 2011; Patzak und Rattay 2014; Schelle 2014).

Die Autoren sind der Überzeugung, dass eine angemessene Befassung mit den Kern-
elementen der Anforderungsdefinition auch für „nicht-technische" Projekte eine große
Hilfe ist. Ziele beschreiben für die Zukunft angestrebte Zustände. Mit Hilfe von Anforderungen werden sie in konkrete, wirklichkeitsnahe Objekte und deren Eigenschaften über-
setzt oder überführt. Dies betrifft sowohl Ergebnisziele als auch Prozessziele. Anforderungen verstärken den Blick auf die zu erstellenden Liefergegenstände des Projekts und
deren Beschaffenheit. Welche Eigenschaften müssen sie aufweisen und wie kann geprüft
werden, ob sie vorhanden sind? Diese Fragen stehen im Zentrum der Analyse. Diese
Übersetzungsleistung wird gerade bei „nicht-technischen" Projekten allzu oft vernach-
lässigt. In der Folge bleiben die Ziele schwammig. Erwartungen werden nicht ausreichend kommuniziert, Widersprüche nicht aufgedeckt und notwendige Begrenzungen
nicht aufgezeigt.

Indem Anforderungen messbar beschrieben werden, werden also die Projektziele
konkreter und zwar mit Hilfe der Projektergebnisstruktur. Anforderungen sind dann
ausreichend beschrieben, wenn die Projektbeteiligten die Projektanforderungen verstehen und gleich interpretieren. Sie ermöglichen die Verständigung zwischen Management, Projektmanagement und Fachabteilungen. Kundenanforderungen, die die
Marketingabteilung erhoben hat, sind zwar inhaltlich relevant, eignen sich aufgrund
ihrer Formulierung in der Regel jedoch nicht zwangsläufig als Ausgangsbasis für die
Entwicklung technischer Spezifikationen. Sie müssen erst in eine Sprache überführt
werden, die die Anforderungen exakt und messbar beschreibt, so dass sie für die Entwicklung einer technischen Lösung zugänglich werden. Gleichzeitig muss aber die
Verständigung rückwärts, von den Fachspezialisten zum Kunden oder den Marketing-
spezialisten gewährleistet bleiben.

Wie können Anforderungen im Projekt definiert werden?
Im Projektauftrag sind die Projektziele dokumentiert. Genauer gesagt, sind die Ziele in
folgenden Kategorien beschrieben worden:

* Der langfristige Nutzen des Projekts.
* Die Projektergebnisse bzw. Liefergegenstände, im Idealfall mit Abnahmekriterien.
* Rahmenbedingungen sind gesetzt: Termine, Meilensteine und Endtermin sowie
  das Budget.

Die Liefergegenstände beschreiben die Gesamtheit der Lieferungen, die im Laufe des
Projekts erbracht werden müssen. Diese können grafisch als **Projektergebnisstruktur**
dargestellt werden. Ist nur ein zentrales Lieferobjekt betroffen, spricht man auch von
Produktstrukturplan oder Produktbaum. Für die Projektergebnisstruktur werden die Liefergegenstände in ihre einzelnen Bestandteile, Bauteile oder Komponenten zerlegt und
ergeben die einzelnen Konfigurationseinheiten (vgl. Abschn. 4.1). Dieses Vorgehen ist
auch für „nicht-technische" Projekte relevant. Denn auch Organisationsprojekte haben
eine Projektergebnisstruktur. Die Projektergebnisstruktur entsteht, wie viele andere Ar-

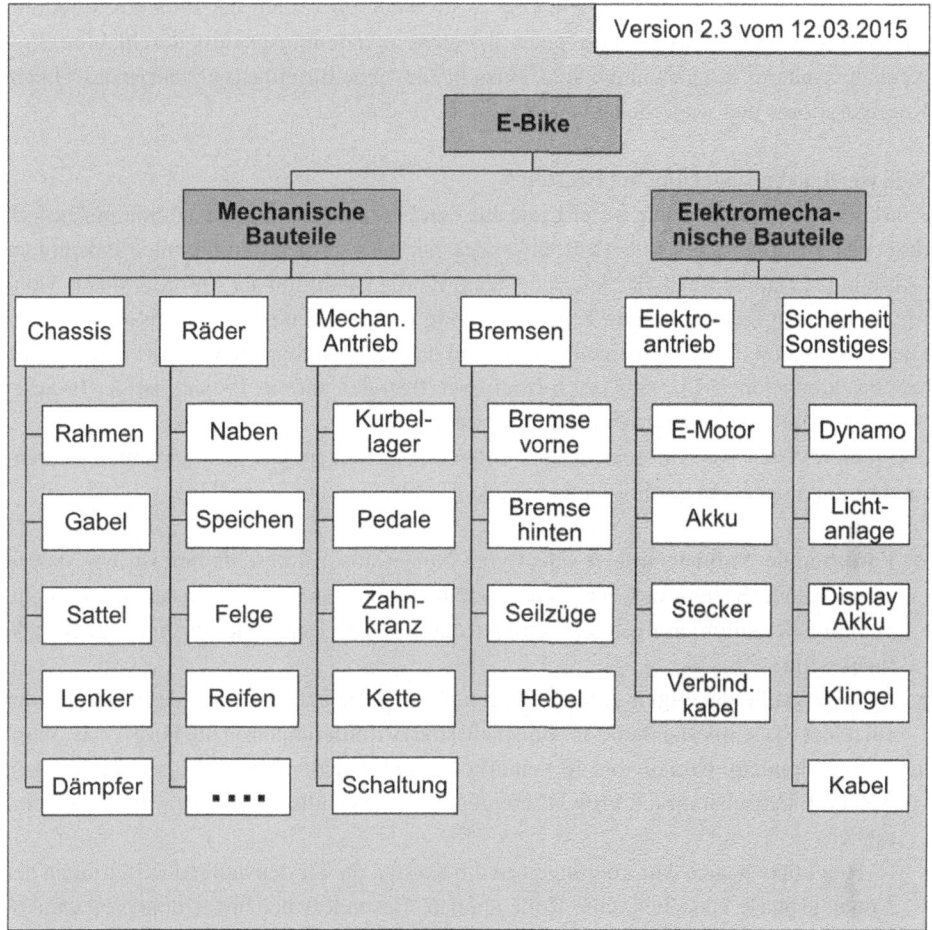

Abb. 3.2 Produktbaum für ein E-Bike (Auszug)

beitsergebnisse, nicht im ersten Wurf. Die Grundstruktur auf oberster Ebene ist durch die Lieferobjekte aus dem Projektcharter vorgegeben. Die tieferen Ebenen der Projektergebnisstruktur werden während des Designs im Zuge eines Iterationsprozesses vom Team erarbeitet, das bei gegebenen Anforderungen, verschiedene Alternativen zur Lösung untersucht, und dann, nach Analyse und Bewertung der Alternativen die aus Sicht des Teams bestmögliche Lösung in der Baseline fixiert und beschreibt.

Der exemplarische Produktbaum für ein E-Bike (Abb. 3.2) umfasst sicher noch nicht die Gesamtheit der Liefergegenstände, die im Projekt erbracht werden müssen. Wahrscheinlich müssen noch spezielle ergänzende Dokumente, z. B. eine Betriebsanleitung, erstellt werden.

Am Ende der Anforderungsdefinition stehen Anforderungen, die von Auftragnehmer und Auftraggeber akzeptiert und verbindlich vereinbart sind. Damit ist die **Baseline** für die weitere Entwicklung geschaffen. Gibt es im weiteren Verlauf der Projektbearbeitung Änderungswünsche, müssen diese einen definierten Änderungsprozess durchlaufen. Erst wenn die Änderungen genehmigt sind, entsteht eine neue Baseline (vgl. hierzu das Thema Konfigurations- und Änderungsmanagement in Abschn. 4.1).

Wie werden Anforderungen ermittelt?
Anforderungen leiten sich in erster Linie aus den Erwartungen der Stakeholder, insbesondere des Auftraggebers und der Anwender ab. Das Projektumfeld, die Stakeholder (Abschn. 2.2) sind deshalb der Ausgangspunkt für die Definition der Anforderungen. Konkret gesprochen geht es darum, Kunden, Märkte und Wettbewerber zu identifizieren und zu verstehen, um den langfristigen Nutzen und das Mission Statement (Ebert spricht auch von Produktvision 2014, S. 54) zu formulieren. Bezogen auf das Projekt, ist der Projektauftrag hierfür eine wichtige Informationsquelle.

Mehrere Arten von Anforderungen werden unterschieden. Die hier gewählte Differenzierung folgt der Sicht der Softwareentwickler (Patig und Dibbern 2014):

- **Funktionale Anforderungen** gehen vom Nutzer aus. Zu beschreiben ist, was das zu entwickelnde System aus der Sicht des Nutzers leisten muss, bzw. auch was nicht. Funktionale Anforderungen werden erst durch Qualitätsanforderungen wirklich aussagekräftig.
- **Qualitätsanforderungen** geben Kriterien für die Güte bzw. Leistung des Systems oder einzelner Systembestandteile an. Beispiele sind Anforderungen an die Form (z. B. Word 2013 Dokument, Umfang bis 40 Seiten) oder andere Kriterien, die näher beschreiben, welche Eigenschaften die Projektliefergegenstände erfüllen müssen (z. B. Geschwindigkeit).

    Hier können auch Anforderungen an die Kosten, die für den laufenden Betrieb in der Nutzungsphase entstehen, eine Rolle spielen. Besonders bei Investitionsprojekten ist dies wichtig. Je nach Interessenlage des Investors kann es erforderlich sein, die Wechselwirkungen aufzuzeigen, die zwischen den funktionalen Anforderungen, den Entwicklungskosten und den Kosten für den laufenden Betrieb (vgl. auch Lebenszykluskosten in Abschn. 3.6), entstehen. Für die Festlegung der Spezifikation ist dann eine Auswahl zu treffen.
- **Rahmen- oder Randbedingungen** im Sinne von Anforderungen, die die Realisierungsmöglichkeiten für das Projekt und seine Liefergegenstände einschränken. Diese resultieren aus dem Projektumfeld. Hierzu zählen u. a.:
    - Technologische Rahmenbedingungen, z. B. Patentsituation oder existierende Softwareumgebung.
    - Organisatorische Rahmenbedingungen, z. B. einzuhaltende Prozesse für das Projektmanagement in der Trägerorganisation oder für das Qualitätsmanagement, virtuelle Teams und vorgegebene Termine.
    - Wirtschaftliche Rahmenbedingungen, z. B. verfügbares Budget und Angebotspreis.
    - Rechtliche Rahmenbedingungen, z. B. existierende EU-Normen, Betriebsvereinbarungen und Gesetze.

– Umwelt, z. B. spezifische Standortbedingungen wie Klima, Verkehrssituation oder Infrastruktur.
– Soziologische Rahmenbedingungen, wie etwa internationale Zusammensetzung des Teams (Sprache) oder soziale Dichte an Bord eines Schiffes.

Die Tatsache, dass funktionale Anforderungen ohne Qualitätsanforderungen wertlos sind, beschreibt Ebert (2014, S. vii) mit einer Anekdote aus der Raumfahrt.

„Die Amerikaner entwickelten einen „Space Pen". Er erfüllte die funktionale Anforderung, denn er funktionierte ohne Schwerkraft. Der „Space Pen" war sehr aufwendig und ganz aus Metall gefertigt. Die Russen nutzten dagegen einen Bleistift. Bleistifte funktionieren auch bei Schwerelosigkeit. In Zusammenhang mit den Qualitätsanforderungen unterliegt der Bleistift allerdings, denn unter den Bedingungen der Schwerelosigkeit bergen abgebrochene Bleistiftminen Risiken für die Gesundheit der Menschen an Bord des Raumschiffes, sie können eingeatmet werden oder ins Auge fliegen und Holz und Grafit stellen in der sauerstoffreichen Luft eines Raumschiffes ein zu großes Brandrisiko dar."

Zu den Erhebungstechniken für die Ermittlung der Anforderungen zählen Befragungen der Stakeholder und Experten. Die Befragungen können methodisch variiert werden vom einfachen Gespräch über Interviews, schriftliche Befragungen bis hin zur Delphimethode. Eine weitere Möglichkeit ist die Dokumentenanalyse. Der Projektauftrag, Prozessbeschreibungen der Trägerorganisation für die Abwicklung von Projekten und weitere Dokumente können wertvolle Hinweise für die Definition von Anforderungen liefern. Nicht zu unterschätzen sind auch Kreativitätstechniken. Denn Projekte sollen neue Lösungen bieten und hierfür ist nicht nur der Blick auf das gefragt, was schon existiert, sondern auch eine schöpferische Leistung.

Ausgangspunkt für die Anforderungsdefinition sind die funktionalen Anforderungen auf der Ebene des Gesamtsystems. Anforderungen sind immer Kontextbezogen (Ebert 2014, S. 54). Aus der Perspektive des Nutzers ist es ratsam, sich die potenziellen **Anwendungsfälle**, sogenannte „**Use Cases**", in denen der Anwender den Liefergegenstand des Projekts nutzt, vorzustellen. Ausgehend von diesen Anwendungssituationen können die funktionalen Anforderungen leichter beschrieben werden. Ein Beispiel, wie selbst in einem sehr kleinen und keinesfalls technischen Projekt die Sichtweise Beschreibung der „Use Cases" helfen kann, gute Projektergebnisse zu entwickeln: Im Rahmen eines Projekts zur Bürgerbeteiligung wurden Ideen für die Stadtteilplanung gesammelt. Für die knapp 150 Ideen mussten Kriterien für den weiteren Umgang mit den Bürgerideen entwickelt werden. Der Anwendungsfall: Die Initiatoren, in diesem Fall der Ortsamtsleiter, stellen den Bürgern das weitere Vorgehen zur Klassifikation der Bürgerideen im Beirat vor. Ausgehend von diesem Anwendungsfall (und weiteren Anwendungsfällen) konnten die Anforderungen definiert werden. Oder in einem Projekt zur Analyse von Prozessen in der öffentlichen Verwaltung ist es beispielsweise wichtig zu wissen, welche rechtlichen Anforderungen die Prozesse erfüllen müssen.

Anforderungen müssen analysiert und verhandelt werden

Die ermittelten Anforderungen sind zunächst unstrukturiert und müssen näher darauf untersucht werden, inwieweit sie sich überschneiden, sich widersprechen, sinnvoll und machbar sind. Dieser Schritt enthält einen Aushandlungsprozess mit den Stakeholdern, der schmerzhaft sein kann, nämlich dann, wenn die Projektleitung dem Auftraggeber klar macht, welche Anforderungen nicht erfüllt werden können. Dennoch ist es nötig, die Erwartungshaltungen hier zu klären und diese notwendige Klärung nicht etwa auf einen späteren Zeitpunkt im Projekt zu verschieben.

Die **Kundenzufriedenheit**, in Projekten auch die Zufriedenheit der Stakeholder, ist einer der wichtigsten Faktoren für den Erfolg eines Projekts. Demzufolge ist es für das Analysieren und Verhandeln der Anforderungen wichtig zu wissen, inwiefern Kundenzufriedenheit und Erfüllungsgrad der Produkt- oder Servicemerkmale(-attribute) zusammenhängen. Hierbei hilft die Unterscheidung in objektiv messbare Qualität und subjektiv wahrgenommene Qualität eines Produktes oder einer Dienstleistung. Aus diesem Blickwinkel entsteht Qualität dann, wenn die Summe der Eigenschaften eines Produktes sowohl bekannte, als auch schlummernde relevante Bedürfnisse des Kunden befriedigt (Hölzing 2008, S. 81). Beim Analysieren und Verhandeln der Anforderungen ist deshalb zu beachten:

- Stakeholder artikulieren nicht alle Anforderungen von sich aus, sondern es gibt auch Anforderungen, die die Stakeholder als selbstverständlich voraussetzen und von deren Erfüllung die Stakeholder implizit ausgehen (Basisanforderungen).
- Bestimmte Anforderungen werden von den Stakeholdern bewusst verlangt (Leistungsanforderungen).
- Es gibt Anforderungen, von deren Existenz die Kunden selbst nichts wissen, die jedoch das Potenzial haben, den Kunden zu begeistern (Begeisterungsanforderungen).

Diese Differenzierung der Anforderungen, bzw. der Produkt- oder Serviceattribute, geht zurück auf Kano. Eine Kernaussage der **Kano-Theorie**, die inzwischen empirisch validiert und sowohl in der Praxis als auch in der Theorie anerkannt ist, lautet, dass die Differenzierung nach den sogenannten **Basis-, Leistungs- und Begeisterungsfaktoren** einen entscheidenden Beitrag zur Generierung von Kundenzufriedenheit leistet. Den Zusammenhang zwischen Kundenzufriedenheit und Erfüllungsgrad dieser Basis-, Leistungs- und Begeisterungsfaktoren zeigt Tab. 3.1. Wegweisend bei diesem Ansatz ist, dass Kundenzufriedenheit nicht von der Leistung des Ergebnisses abgeleitet wird, sondern vom Kunden ausgeht. Die Begriffe Qualität und Qualitätswahrnehmung werden gleichgesetzt (Hölzing 2008, S. 3 und 79).

Für die Anforderungsdefinition in Projekten bedeutet dies:

- **Basisanforderungen**, auch unausgesprochene, müssen aufgedeckt werden.
- Kreativität ist gefragt, um **Begeisterungsanforderungen** zu entdecken.
- Hilfe bei der **Klassifikation** der Anforderungen: Bei Zielkonflikten, etwa wenn zwei Anforderungen aus Kostengründen nicht parallel realisiert werden können, kann die

Tab. 3.1 Erfüllungsgrad der Anforderungen und Kundenzufriedenheit nach Kano

Anforderung	Vom Kunden	Wenn nicht erfüllt oder nur teilweise erfüllt	Hoher Erfüllungsgrad	Primäre Auswirkung
Basisanforderungen	Implizit vorausgesetzt	Große Unzufriedenheit	Keine Auswirkung	Unzufriedenheit
Leistungsanforderungen	Bewusst gefordert	Unzufriedenheit, ab gewissem Erfüllungsgrad jedoch Zufriedenheit möglich	Zufriedenheit steigt	Unzufriedenheit & Zufriedenheit
Begeisterungsanforderungen	Nicht erwartet	Keine Unzufriedenheit (aber vertane Chance)	Zufriedenheit steigt	Zufriedenheit

Kano-Theorie Hinweise geben, welche Anforderung aus Kundensicht vermutlich höher gewichtet wird (Hölzing 2008, S. 210).

Zu berücksichtigen ist ferner der dynamische Aspekt. Produktmerkmale unterliegen einem Lebenszyklus und so werden Begeisterungsanforderungen bei zunehmender Marktdurchdringung zu neuen Basisanforderungen. Begeisterungsfaktoren von heute sind also möglicherweise die Basisanforderungen von morgen (Hölzing 2008, S. 210). Beispiele dafür sind das Navigationsgerät oder die Anschlussmöglichkeit für einen MP3 Player im Auto.

Wie sehen die Designtreiber aus?
Die Einteilung in Muss- und Kann-Ziele bzw. Anforderungen dient einer ersten Gewichtung. Aber unter den Muss-Anforderungen gibt es solche, die für viele weitere abgeleitete Anforderungen bestimmend sind, die sogenannten Designtreiber. Ist in einem Projekt „Brückenbau" einmal die Entscheidung für die Anforderung gefallen, dass Lastkraftwagen bis zu einem zulässigen Gesamtgewicht von 30 t die Brücke überqueren dürfen und können, so beeinflusst diese Anforderung die weitere Planung ganz entscheidend.

Worauf ist zu achten, wenn Anforderungen beschrieben werden?
Startpunkt für die Analyse sind die **Ausgangsanforderungen** (Top-Level Requirements oder Highest-Order Requirements), die sich an das Gesamtsystem richten. Bei der weiteren Detaillierung bis hinunter auf Teilsystemebene ist darauf zu achten, dass die Rückverfolgbarkeit (**Traceability**) der einzelnen Anforderungen stets gewährleistet ist. Sie muss aus der Dokumentation der Anforderungen klar hervorgehen und in den verschiedenen Spezifikationen stets deutlich gemacht werden. Mit anderen Worten, es muss ersichtlich sein, welche Anforderung aus welcher übergeordneten Anforderung abgeleitet ist. Speziell bei Änderungen von Anforderungen ist dieser Pfad wichtig, um prüfen zu können, ob die gewünschte

Versions-Nr. 3.2 vom 11.10.2014					
Ebene	**Produkt-baum**	**Spezifik. Nr,**	**Abgeleitet aus**	**Anf. Nr.**	**Anforderung**
Gesamt-system	E-Bike	E-B	--	E-B 01	Das E-Bike soll elektrisch angetrieben werden
Teil-system	Elek-trischer Antrieb	E-A	E-B0 1	E-A 11	Der elektrische Antrieb soll eine Geschwindigkeit des E-Bike von max.30 km/h liefern
Kom-ponente	Elektro-motor	E-M	E-A 11	E-M 111	Der Elektromotor soll eine Leistung von 450 W liefern
Kom-ponente	Akku	E-Ak	E-A 11 E-A11	E-AK1 E-AK2	Der Akku soll eine Ausgangsspannung von 36 Volt haben und eine Nominalkapazität von 20 Ah besitzen

Abb. 3.3 Ausgewählte Anforderungen an ein E-Bike

Änderung in der Kette nach oben und unten passt und das Gesamtsystem nicht negativ be-einflusst wird. Am Beispiel eines E-Bikes wird dies exemplarisch veranschaulicht (Abb. 3.3).

Anforderungen zu spezifizieren, bedeutet, sie in eine angemessene Dokumentation zu über-führen, die gewissen Regeln folgt (vgl. Abb. 3.3). Anforderungen sind dann gut ausreichend spezifiziert, wenn sie **SMART** sind (vgl. auch Patig und Dibbern 2014; INCOSE 2012, S. 72):

- **Eindeutig** – Specific: Die Formulierung der Anforderung ist klar und präzise und er-laubt nur eine gültige Interpretation. Dieses Bestreben nach einer klaren, eindeutigen Ausdrucksweise kann bis hin zu klaren Regeln für die Wortwahl und Satzkonstruktion führen (z. B. „muss" statt „kann" oder „soll", „shall" und nicht „should", keine Aus-drücke wie „benutzerfreundlich", „am besten" usw.). Übertriebene Genauigkeit ist da-mit nicht zwangsläufig gemeint. Oft sind Zielbereiche besser.
- **Prüfbar** (verifizierbar) – Measurable: Jede Anforderung muss mittels definierter Krite-rien und Methoden, z. B. Review, Inspektion, Analyse, Demonstration oder Test, veri-fiziert werden können.
- **Akzeptiert** – Accepted: Anforderungen müssen von allen Parteien, d. h. Auftragneh-mer und Auftraggeber akzeptiert sein und gelten damit als vereinbart.
- **Gültig** (valide) – Reasonable: Die Anforderung entspricht den Bedürfnissen der Stakeholder.
- **Nachvollziehbar** – Traceable: Der Ursprung der Anforderung ist bekannt und ihre Ent-wicklung nachvollziehbar dokumentiert. Damit fußt letztlich jede Anforderung auf dem angestrebten Nutzen des Projekts, der idealerweise im Business Case dokumentiert ist.

Die Schritte Anforderungen ermitteln, analysieren und verhandeln sowie spezifizieren folgen nicht nur nacheinander, sondern es gibt immer wieder Rücksprünge und Wiederholungen. Am Ende steht die Baseline mit Anforderungen, die von Auftragnehmer und Auftraggeber akzeptiert und verbindlich vereinbart sind (vgl. Abb. 3.1). Das Requirements Engineering in Projekten kann je nach Fachgebiet und Projektgegenstand sehr komplex sein. Mayer-Bachmann stellt 2007 (S. 8) z. B. fest, dass das System Fahrzeug in etwa aus 50 Teilsystemen, 300 Komponenten und bis zu 18.000 Teilen besteht. Bei der Entwicklung technisch hochkomplexer Systeme kommen daher oft softwarebasierte Systeme zur Unterstützung des Requirements Engineering zum Einsatz.

Wer definiert Anforderungen und wann?
Verantwortlich für die Definition der Anforderungen ist der **Systemarchitekt**. Die erforderliche Unterstützung leisten Projektleitung, Qualitätsmanager und Mitarbeiter aus den Fachabteilungen wie z. B. Design, Marketing und Test. Die Aufgaben zur Anforderungsdefinition fallen in den frühen Projektphasen an. Der Schwerpunkt der Tätigkeit liegt in der Planungsphase.

Wichtige Begriffe
- Anforderung – Requirement
- Anforderungsdefinition/Anforderungsanalyse – Requirements Definition
- Anforderungsmanagement – Requirements Management
- Anwendungsfall – Use Case
- Ausgangsanforderungen – Top-Level Requirements oder Highest-Order Requirements
- Designtreiber – Design Driver
- Kano-Theorie
- Lastenheft – User Specification
- Pflichtenheft/technische Spezifikation – Statement of Work/Functional Specification
- Produktbaum – Product Tree
- Projektergebnisstruktur – Product Breakdown Structure
- Requirements Engineering
- Rückverfolgbarkeit – Traceability

Quellen für weiterführende Informationen
Ebert, C. (2014). *Systematisches requirements engineering* (5., überarbeitete Aufl.). Heidelberg: dpunkt.

Kurbel, K., Becker, J., Gronau, N., Sinz, E., & Suhl, L. (Hrsg.). (2008–2014). *Enzyklopädie der Wirtschaftsinformatik. Online Lexikon*. Potsdam: Oldenbourg. http://www.enzyklopaedie-derwirtschaftsinformat.de/. Zugegriffen: 25. Mai 2015.

Pohl, K. (2010). *Requirements engineering. Fundamentals, principles, and techniques.* Berlin: Springer.

Rupp, C. (2014). *Requirements-Engineering und – Management* (6., aktualisierte und erweiterte Aufl.). München: Carl Hanser.

3.1.2   Das Verifizieren und Validieren planen

„Projekte scheitern wegen unzureichender Anforderungen" (Ebert 2014, S. 3). Wenn es in diesem Kapitel doch um das Planen der Verifikation und Validierung geht, warum dann dieses Zitat? Ganz einfach: Weil Anforderungen nur dann gut und richtig spezifiziert sind, wenn bereits während der Definition der Anforderungen die Kriterien und Methoden beschrieben werden, wie die Anforderungen verifiziert und validiert werden können und sollen. Denn werden Verifikation und Validierung nicht bereits bei der Anforderungsdefinition geplant, besteht die Gefahr, dass die Anforderungen fehlerhaft, unpräzise, mehrdeutig, mit anderen Worten, unzureichend definiert sind. Die Planung der Verifikation und Validierung und die Definition der Anforderungen erfolgt daher zusammenhängend. Die Arbeitsschritte sind im Grunde nicht zu trennen.

Was bedeutet verifizieren und validieren?
Verifikation betrachtet die Ergebnisse aus interner Perspektive, nämlich aus der Sicht des Projektteams. Anhand der zuvor durch das Team festgelegten Prüfschritte wird ermittelt, ob das vorliegende Ergebnis richtig bzw. fehlerfrei ist. Das Validieren setzt eine primär externe Sicht voraus. Das bedeutet, aus der Sicht der Stakeholder wird ermittelt, ob das System den angestrebten Nutzen erfüllen wird bzw. erfüllt, mit anderen Worten, ob das System den erwarteten Wert für den Kunden liefert.

▶ **Verifikation** Verifikation zielt darauf ab, die Dinge richtig zu tun (doing things right). Mit Hilfe definierter Vorschriften wird geprüft, ob vorliegende Ergebnisse den definierten Anforderungen entsprechen (Ebert 2014, S. 182).

▶ **Validierung** Validierung zielt darauf ab, die richtigen Dinge zu tun (doing the right things). Die Validierung prüft die Ergebnisse daraufhin, ob das spätere Ergebnis den angenommen Nutzen bringt (Ebert 2014, S. 183). Die Stakeholder sind in den Validierungsprozess einzubinden (INCOSE 2012, S. 127).

Weshalb muss das Verifizieren und Validieren im Projekt geplant werden?
Verifizieren und Validieren rechtzeitig zu planen leistet einen entscheidenden Beitrag zur Qualitätssicherung:

- Projektziele werden in eindeutige, messbare und nutzenbringende Anforderungen umgewandelt. Denn Anforderungen sind nur dann ausreichend konkret beschrieben, wenn sichergestellt ist, dass auch bewertet oder gemessen werden kann, dass sie erfüllt sind.
- Die schrittweise Prüfung der Ergebnisse, die im Laufe des Projekts erbracht werden, wird sichergestellt.

Verifizieren und Testen ist auch in „nicht-technischen" Projekten wichtig, aber vielleicht eher unter Begriffen wie Evaluation, Messung und Bewertung bekannt.

Wie wird Verifikation und Validierung in Projekten gehandhabt?
Viel zitiert ist in diesem Zusammenhang das V-Modell. Das V-Modell 97 wurde zum aktuellen V-Modell XT weiterentwickelt und beschreibt ein weit verbreitetes Standardvorgehensmodell für Systementwicklungsprojekte öffentlicher Auftraggeber, das eine iterative Vorgehensweise erlaubt und Qualitätssicherungsmaßnahmen ausdrücklich bereits in der Planungsphase integriert. Insgesamt handelt es sich bei dem V-Modell XT um ein sehr mächtiges Instrument, welches flexibel auf den Projektalltag anwendbar ist (Friedrich et al. 2009, S. 86 und 3).

Das „V" symbolisiert einige zentrale Gedanken, die nicht nur im V-Model XT sondern auch beispielsweise im Systems Engineering gültig sind. Ausgehend von den Erwartungen der Stakeholder (Kunden, Nutzer) werden die Anforderungen an das Gesamtsystem beschrieben, eine erste Baseline (Referenzkonfiguration) entsteht. Die Anforderungen werden im **Top-down-Prinzip** weiter detailliert und schrittweise für die Teilsysteme bis hinunter auf Komponentenebene definiert (vgl. Abb. 3.4). Neue Referenzkonfigurationen entstehen. Bestandteil der jeweiligen Referenzkonfigurationen sind auch die Anforderungen an die Verifikation und Validierung. Damit betont das V-Modell ausdrücklich die Notwendigkeit, das Verifizieren und Validieren bereits während der Anforderungsdefinition zu

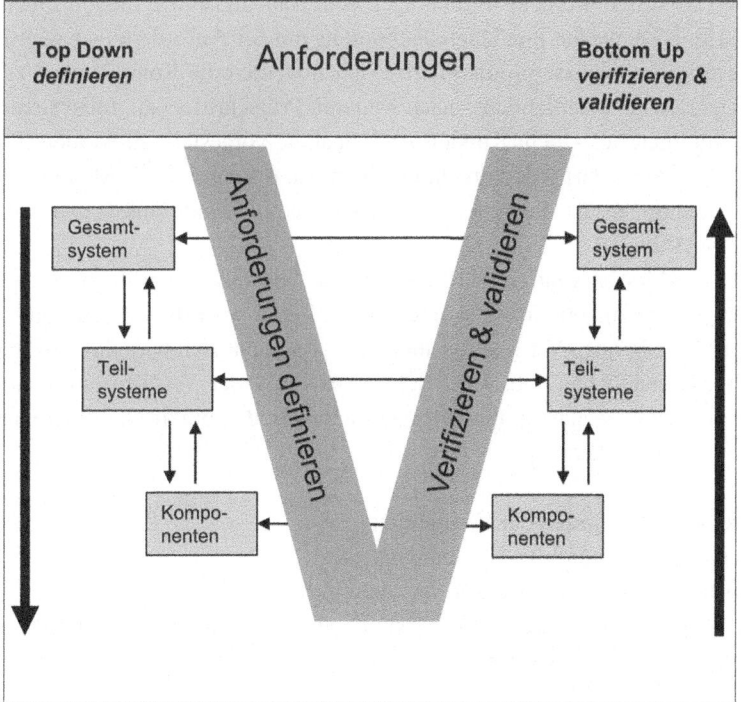

Abb. 3.4   Das V-Modell

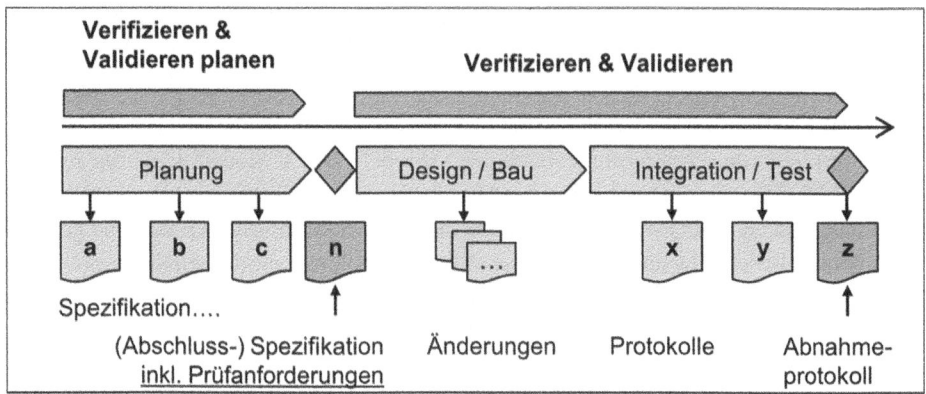

Abb. 3.5 Verifizieren und Validieren im Projektablauf

planen, denn nur eine frühe Validierung führt zu Anforderungen, die mit den Erwartungen der Stakeholder übereinstimmen (INCOSE 2012, S. 26). Für jede von ihnen ist bereits im Prozess der Definition zu überlegen, wie geprüft werden kann, ob die Anforderung auch tatsächlich erfüllt ist. Zu jedem konzeptionellen Schritt auf der linken Seite gibt es einen angemessenen Prüfschritt auf der rechten Seite (vgl. Abb. 3.4 und 3.5).

Während in der Planungsphase die Anforderungen inklusive der Prüfanforderungen schrittweise detailliert werden, werden nach dem Bau sukzessive die einzelnen Komponenten und Teilsysteme auf ihre Übereinstimmung mit den Anforderungen geprüft und die zugehörigen Prüfergebnisse protokolliert. Danach werden die Komponenten zusammengebaut (integriert) um schließlich – nach weiteren Prüfschritten auf Teilsystemebene, als Gesamtsystem getestet – dem Kunden zur Abnahme vorgestellt zu werden. Diese stark vereinfachende Sicht darf jedoch nicht über den wahren Kern des V-Modells hinwegtäuschen, der Iterationen und Schleifen auf jeder Ebene nicht nur zulässt sondern zum Teil auch fordert (Abb. 3.4).

In einer **Verifikationsmatrix** wird festgehalten, wie später geprüft werden soll, ob die definierten Anforderungen erfüllt worden sind. Hierzu wird die Anforderungsdefinition ergänzt durch die Spalte „Verifikationsmethode". Exemplarisch wird dies am Beispiel des E-Bikes veranschaulicht (Abb. 3.6). Bei der Auswahl der Verifikationsmethode ist zu entscheiden, wann sogenannte theoretische Methoden den praktischen Methoden vorzuziehen sind und umgekehrt:

- **Theoretische Methoden** der Verifikation
  - Sie prüfen Pläne und Beschreibungen.
  - Beispiele dafür sind Analysen mit dem Ziel, eine theoretische Übereinstimmung nachzuweisen, wie „Review of Design" oder Suche und Abgleich mit bereits vorhandenen Lösungen (Similarity).

					Versions Nr. 3.2 vom 25.11.2014	
Ebene	Produkt-baum	Spezifi-kation	Ab-geleitet aus	Anf.-Nr.	Anforderung	Veri-fikations-methode
Gesamt-system	E-Bike	E-B	-	E-B 01	Das E-Bike soll elektrisch angetrieben werden	Review of Design
Teil-system	Elek-trischer Antrieb	E-A	E-B0 1	E-A 11	Der elektrische Antrieb soll eine Geschwindigkeit des E-Bike von max.30 km/h liefern	Test
Kompo-nente	Elektro-motor	E-M	E-A 11	E-M 111	Der Elektromotor soll eine Leistung von 450 W liefern	Test
Kompo-nente	Akku	E-Ak	E-A 11	E-AK 2	Der Akku (24 V) soll eine Nominal-Kapazität von 20 Ah besitzen	Test

Abb. 3.6 Verifikationsmatrix für ein E-Bike (Ausschnitt)

- **Praktische Methoden** der Verifikation
  - Sie prüfen existierende Objekte.
  - Beispiele dafür sind Inspektionen und Tests, die ggf. in Prüflaboren, im Wareneingang oder in besonderen Testabteilungen stattfinden. Sie verursachen immer einen Aufwand in Form von Prüf- oder Testanlagen und von Fachpersonal, der sich auf die Projektkosten auswirkt.

Der Aufwand für praktische Methoden ist in der Regel höher als für theoretische Methoden.

Wird in dem Projekt ein komplexes technisches Produkt entwickelt, so entsteht im Laufe der Planungsphase in mehreren Schritten und Schleifen eine Baseline für die Verifikation der Anforderungen, in der die Anzahl der Inspektionen und Tests optimiert ist. Mit ihr steht auch der Testplan für das Produkt zur Verfügung, der mit Hilfe der jeweiligen Testspezifikationen und Prüfvorschriften während der Durchführungs- und Abschlussphase des Projekts umgesetzt wird.

Während des Designprozesses oder in der Durchführungsphase können immer Änderungen durch den Kunden oder durch interne Notwendigkeiten erforderlich werden. Für die Verifikationsmatrix ist wichtig: Ändern sich, wann auch immer, Anforderungen an Komponenten, Teilsysteme oder an das Gesamtsystem, so muss auch ihr Einfluss auf die

Verifikationsmatrix durch den Systemarchitekten geprüft und der Testplan in einem geordneten Verfahren angepasst und revidiert werden (vgl. hierzu das Thema Änderungsmanagement in Abschn. 4.1). In großen technischen Vorhaben werden die Ergebnisse der Verifikation, die Liste der empfohlenen Korrekturmaßnahmen und die Nachweise, inwieweit das Systemelement die Anforderungen erfüllt oder nicht erfüllt hat, in einem Verifikationsbericht dokumentiert (INCOSE 2012, S. 118). Der gesamte Prozess wird anhand des sogenannten Verification Control Document überwacht.

Wie wird validiert?

Mit der Validierung wird nachgewiesen, dass das System in seiner vorgesehenen Einsatzumgebung bedarfsgerecht gemäß den Anforderungen der Stakeholder funktioniert. Validierung betrachtet, im Gegensatz zur Verifikation, immer das Gesamtsystem. Stakeholder sind in der Regel in die Validierungsaktivitäten eingebunden. Unabhängige Dritte können in die Validierung involviert werden. Validierung kann entweder in der tatsächlichen Einsatzumgebung, in einer simulierten Anwendungsumgebung oder, solange sich das System noch in der Konzeptphase befindet, mit Hilfe von Szenarien stattfinden. Die Ergebnisse von Validierungen berücksichtigen die Nutzenerwartungen, die im Business Case formuliert sind. Sie sind Gegenstand von Reviews, die an Entscheidungspunkten, also festgelegten Meilensteinen, stattfinden (vgl. auch das Thema Reviews in Abschn. 4.3).

Wer plant das Verifizieren und Validieren und wann?

Verifizieren und Validieren kann nur im Zusammenhang mit der Definition der Anforderungen geplant werden. Verantwortlich ist daher der Systemarchitekt und der Schwerpunkt seiner Tätigkeiten liegt in der Planungsphase. Die erforderliche Unterstützung leisten Projektleitung, Qualitätsmanager und die verschiedenen Fachabteilungen wie Marketing, Design, Fertigung und Test. Bereits in der Planungsphase muss eine Strategie für die Verifikation und die Validierung erarbeitet werden, die sicherstellt, dass Fehler so früh wie möglich erkannt werden. Mit Bezug auf die Prioritäten der Projektziele hinsichtlich Leistung, Kosten und Termine muss diese Strategie gleichzeitig versuchen, den Aufwand für das Testen, Verifizieren und Validieren zu minimieren.

Wichtige Begriffe
- Validierung – Validation
- Verifikation – Verification
- Verifikationsmatrix
- V-Modell

Quellen für weiterführende Informationen

Friedrich, J., Hammerschall, U., Kuhrmann, M., & Sihling, M. (2009). *Das V-Modell XT. Für Projektleiter und QS-Verantwortliche kompakt und übersichtlich*. Berlin: Springer.

Auszug aus dem PROJEKTAUFTRAG (Charter)
Projektkurzname/-langtitel: Segeltörn Segelurlaub mit 6 bis 8 Personen auf einer Segelyacht im Mittelmeer
Mission Statement: Blauwasser – Segeln im Mittelmeer: Sport , Kultur, Erholung und Spaß bei Sonne und Wind mit 6 bis 8 Personen
Nutzen: Gute Erholung und Stärkung der Gesundheit und des Wohlbefindens durch Aktivurlaub mit gleichgesinnten Freunden und gemeinsame Erlebnisse an Bord und an Land. Motivation für die Zukunft für jeden einzelnen Teilnehmer zur Bewältigung von beruflichen und privaten Aufgaben. Neue Kulturelle Eindrücke und Kennenlernen von Land und Leuten eines mediterranen Landes.

Liefergegenstände und Erfolgskriterien (EK):
    1.   Erfolgreiche Planung des Segeltörns.
         EK: Zustimmung der Crew zum Planungsstand vor Beginn des Törns.
    2.   Erfolgreiche Durchführung des Segeltörns gemäß den Planungen.
        a. EK: Alle Teilnehmer bewerten täglich die Qualität des Törns und entwickeln Verbesserungsvorschläge.
        b. EK: Die definierten Erwartungen (Anforderungen) an den Törn sind im Rahmen der geplanten Kosten erfüllt.

Abb. 3.7 Auszug aus dem Projektauftrag Segeltörn

3.1.3 Anforderungen an den Segeltörn definieren und verifizieren

Im Projekt Segeltörn steht die Kundenzufriedenheit an oberster Stelle. Kunden sind die Crewmitglieder. Ihre Erwartungen haben höchste Priorität und bilden somit die Ausgangs-anforderungen (Top-Level Requirements). Erste Hinweise auf die Erwartungen liefert der Projektauftrag, in dem erste Liefergegenstände und Ideen, wie der Erfolg gemessen werden kann, beschrieben sind (vgl. Abb. 3.7).
Doch welche Bedeutung verbinden die einzelnen Crewmitglieder mit Aussagen wie:

- Sport, Kultur, Erholung und Spaß bei Sonne und Wind
- Gute Erholung und Stärkung der Gesundheit
- Aktivurlaub
- Erfolgreiche Planung des Segeltörns
- Erfolgreiche Durchführung des Segeltörns gemäß den Planungen.

Hierüber müssen sich die Crewmitglieder verständigen, ihre Erwartungen klären und die Anforderungen definieren. Ebenso ist es hilfreich, die Designtreiber zu identifizieren.

Der Projektauftrag lässt noch eine Reihe von Fragen offen:

- Welcher Zeitraum soll gewählt werden?
- Wie lange soll der Törn dauern?
- Welches Fahrtgebiet soll gewählt werden?
- Welches Schiff soll gechartert werden?
- Welcher Komfort soll mindestens vorhanden sein?
- Welche Art der Verpflegung soll gewählt werden?
- Welche Interessen sollen abgedeckt werden?
- Soll es ein reiner Segeltörn, ein Bade-Urlaub, eine Sightseeing-Tour mit Inselbesichtigungen oder eine Shopping-Tour sein?

Nach eingehender Diskussion sieht die Liste der Erwartungen zunächst folgendermaßen aus:

- Fahrtgebiet in warmen Gewässern
- Törndauer zwei Wochen
- Neues Schiff, Komfort geht vor Kosten
- Spaß und Entspannung vor Segeln
- Sicherheit vor Segeln
- Segeln vor Motoren
- Segeln vor Baden
- Segeln vor Landausflüge
- Selber kochen vor Restaurantbesuch
- Land und Leute kennenlernen
- Kultur vor Shopping.

Welche der genannten Punkte sind die Top-Level-Anforderungen für diesen spezifischen Segeltörn im Jahr 2015 mit der vorgesehenen Crew und welche davon sind Designtreiber? Aus der Liste der Erwartungen wählen die Crewmitglieder folgende **Top-Level-Anforderungen** für ihren Segeltörn aus:

- Törndauer: maximal zwei Wochen
- Zeitraum: im Herbst
- Törngebiet: Mittelmeer
- Komfort: vier Kabinen bzw. acht Kojen
- Segeln:
  - Sicherheit hat absoluten Vorrang
  - Spaß und Entspannung hat höchste Priorität, nur Sicherheit geht vor
  - Tägliche Segeldauer nicht länger als maximal sechs Stunden
- Kochen: überwiegend selber an Bord
- Landausflüge: mehrere, verschiedene Inseln.

Aus den Erwartungen der Crew und den Top-Level-Anforderungen kristallisieren sich die folgenden **Designtreiber** heraus:

- Sicherheit
- Spaß und Entspannung
- Komfort
- Segeln (ohne Motor)
- Essen, aus frischen Lebensmitteln selbstzubereitet sowie
- Land und Leute kennenlernen.

Anhand der Liefergegenstände, die in der Projektergebnisstruktur dokumentiert sind (vgl. Abb. 3.8), können die Anforderungen jetzt im Top-down-Verfahren weiter detailliert und bis hinunter auf Teilsystemebene vervollständigt werden. Diese sukzessive Komplettierung der Spezifikationen geschieht im Projektverlauf in Iterationen, Top-down und in mehreren Schleifen bis die endgültige Spezifikation verabschiedet ist. Auch die Methoden der Verifikation und Validierung können festgelegt werden. Die Entscheidung für eine Anforderung, hier z. B. die Zahl der Kabinen, setzt voraus, dass verschiedene Alternativen, z. B. hinsichtlich der Wahl des Schiffes, bedacht und bewertet werden. Nutzwertanalysen können bei Bedarf den Prozess der Entscheidungsfindung unterstützen (vgl. dazu die Ausführungen zur Baseline in Abschn. 3.7).

Auch für den Segeltörn können im Prinzip funktionale Anforderungen, Qualitäts- und Leistungsanforderungen und solche, die aus Rahmenbedingungen resultieren, unterschieden werden. Einschränkungen ergeben sich z. B. aus dem **Projektumfeld**:

- Patentsituation
- existierende Softwareumgebung für Navigation
- Rechtliche Rahmenbedingungen, z. B. Alkoholverbot für denjenigen, der das Schiff steuert
- Umwelt, z. B. spezifische Standortbedingungen wie Klima, Verkehrssituation oder Infrastruktur
- Soziologische Rahmenbedingungen, z. B. soziale Dichte an Bord eines Schiffes.

Ausgewählte Beispiele differenziert nach der Art der Anforderung enthält die Tab. 3.2. Für die Praxis ist wichtig, dass alle notwendigen Anforderungen erfasst werden. Die Anforderungs- und Verifizierungsmatrix für den Segeltörn wird auszugsweise gezeigt (Abb. 3.9).

3.2   Die Projektstruktur gestalten

Die Gestaltung der Projektstruktur ist der Dreh- und Angelpunkt der Projektplanung. Mit diesem „Plan der Pläne" (Schelle 2007, S. 117) werden Festlegungen getroffen, die die weitere Planung und Steuerung des Projektgeschehens erleichtern oder, bei unpraktischer

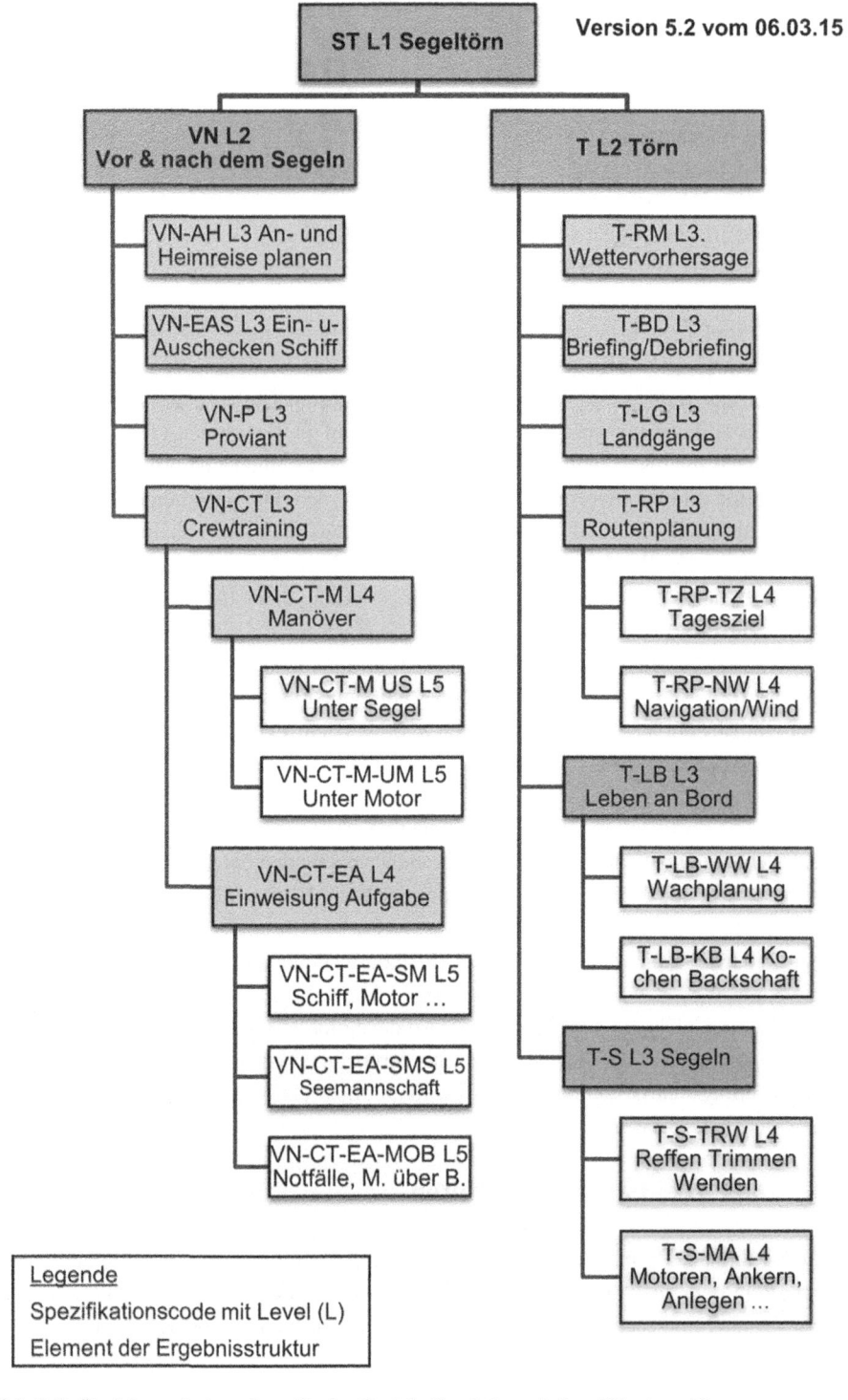

Abb. 3.8 Projektergebnisstruktur für das Projekt Segeltörn mit Spezifikations-Nr

Tab. 3.2 Beispiele für funktionale, Qualitäts- bzw. Leistungsanforderungen und Anforderungen aus Rahmenbedingungen für den Segeltörn 2015

Spezifikation und Anforderungs-Nr.	Level	Anforderung	Typ	Quelle	Verifikation durch
ST L1 004	1	Das zu charternde Schiff soll min. 4 Kabinen haben	Q	Top-Level Komfort	Chartervertrag (Review of Design)
T-LB L3 002	3	Für alle Steuerfrauen und Steuermänner ist der Genuss von Alkohol untersagt	R	Gesetzliche Vorschrift	Überprüfung der Einhaltung durch Inspektion
VN-CT-EA-MOB L5 003	5	Alle Crewmitglieder haben ein Mensch-über-Bord-Ma-növer (MOB) geübt	F	Top-Level Sicherheit	Einweisung und Test

Gestaltung, auch behindern können. Hinweise und Gestaltungsempfehlungen können den Weg zur Projektstruktur erleichtern. Für die Festlegung und Nutzung des Projektstrukturplans ist entscheidend, dass das Team den Plan akzeptiert.

3.2.1   Der Projektstrukturplan

Was ist ein Projektstrukturplan?
Ein Projektstrukturplan umfasst die Gesamtheit der im Projekt zu erledigenden Aufgaben und zerlegt das Projekt systematisch in seine Teilaufgaben und Arbeitspakete. Endpositionen des Projektstrukturplans, die nicht weiter untergliedert werden, nennt man Arbeitspakete. Ergebnisse, Aufgaben, Verantwortlichkeiten und die benötigten Ressourcen werden in den Arbeitspaketen miteinander verknüpft. Termin- und Ablaufplanung, Kostenplanung und Zahlungsmittelflussplanung sowie Ressourcenplanung bauen auf den Projektstrukturplan und die Arbeitspakete auf (vgl. Abb. 3.10).

▶ **Projektstrukturplan (PSP) – Work Breakdown Structure (WBS)** Der Projektstrukturplan enthält die hierarchische Zerlegung der Gesamtheit aller Arbeiten, die erforderlich sind, um die Projektziele und die erforderlichen Lieferobjekte zu realisieren. Übergeordnete Elemente müssen jeweils durch untergeordnete Elemente vollständig beschrieben sein (100-Prozent-Regel). Kleinstes Element des Projektstrukturplans ist das Arbeitspaket (vgl. DIN 69901-5:2009-01, S. 15, 16). Der Projektstrukturplan „unterstützt – durch eine sinnvolle Untergliederung – die Projektplanung und -steuerung. Die Projektstruktur gibt allen Beteiligten eine klare Orientierung und erleichtert die Kommunikation sowie die Delegation von Arbeitspaketen (intern und extern)" (DIN 69901-3:2009-01, S. 8, 9).

▶ **Arbeitspaket (AP) – Work Package (WP)** Das Arbeitspaket ist eine „in sich geschlossene Aufgabenstellung innerhalb eines Projekts, die bis zu einem festgelegten Zeitpunkt

colspan table				
Anforderungen an den Segeltörn – Auszug Version 2.1 vom 06.03.2015				
Level	Übergeordnete Spezifikation (Traceability)	Spezifikations- & Anforderungs-Nr.	Anforderung Kurztitel	Anforderung
Segeltörn				
1	entfällt	ST L1 001	Projektdauer	1 Kalenderjahr
1	entfällt	ST L1 002	Kosten	Max.1800.- € p. Pers.
1	entfällt	ST L1 003	Erwartungen	Erwartungen erfüllen
1	entfällt	ST L1 004	Kabinenanzahl	Min.4 Kabinen
1	entfällt	ST L1 005	Schiffsalter	3 Jahre oder jünger
1	entfällt	ST L1 006	Schiffsausstattung Kopffreiheit	Höhe des Baumes soll min. 2,20 m sein
Vor und nach dem Segeln				
2	ST L1	VN L2 001	Crewtreffen	Treffen vor und nach dem Törn
3	VN L2	VN- AH L3 001	Anreise	10 Std. oder kürzer
3	VN L2	VN- AH L3 002	Heimreise	12 Std. nach Ankunft
3	VN L2	VN- P L3 001	Proviantliste	Crewakzeptanz erf.
3	VN L2	VN- P L3 002	Provianteinkauf	min 3 Crewmitglieder
4	VN L2	VN-CT L3 001	Palstek	Palstek-Knoten können
4	VN L2	VN-CT L3 002	Segelkommandos	Grundkenntnisse der Segelkommandos
4	VN-CT L3	VN-CT-EA L4 002	Gashahn	Einweisung zur Bedienung
Törn				
2	ST L1	T L 2 001	Törndauer	Max. 2 Wochen
3	T L 2	T-RM L3 001	Wettervorhersage	2 mal täglich Wetterdaten bearbeiten
3	T L 2	T-RP L3 001	Törn-Streckeneinteilung	2/3 der Seemeilen bei der Hälfte des Törns
4	T-RP L3	T-RP-NW L4 001	GPS-Navigation	2 GPS-Systeme an Bord benutzen

Abb. 3.9 Anforderungs- und Verifikationsmatrix für den Segeltörn (Auszug)

Level	Status	Aktion	Betroffene Arbeitspakete	Methode zur Verifikation und Validierung/ Bemerkungen
Anforderungen an den Segeltörn – (Fortsetzung) Version 2.1 vom 06.03.2015				
Segeltörn				
1	agreed	Planung	1200, 2100, 4220	Inspektion (I) & Test (T), Test ist Validation
1	agreed	Planung	1200	I & T , Test ist Validation
1	agreed	Erwartungen ermitteln	1100, 4210	I & T , Test ist Validation
1	agreed	Anfrage an Vercharterer	2100	Review of Design (RoD)
1	agreed	Anfrage an Vercharterer	2100	RoD , Risikoregister Nr. R 11
1	agreed	Anfrage an Vercharterer	2100	RoD & I , Risikoregister Nr. R 12
Vor und nach dem Segeln				
2	agreed	Planung	2200	Inspektion
3	agreed	Planung	2400, 3110	Abschließender Test
3	agreed	Planung	2200, 3130	Abschließender Test
3	agreed	Planung	3130	Review of Design (RoD)
3	agreed	Planung & Einkauf	3130	Inspektion
4	agreed	Üben von Knoten	2200, 3140	Test
4	offen	Kennenlernen beim Briefing	2200,3140, 3250	Inspektion
4	agreed	Einweisung an Bord	3140	Inspektion , Einweisung und Test
Törn				
2	agreed	Planung	1200,3260	I & T , Test ist Validation
3	agreed	Aktive permanente Wetterdatenermittlung	3210	Inspektion, Risikoregister Nr. R 13
3	agreed	Törn planen und durchführen	3220	Inspektion
4	agreed	GPS-Bordsystem & eigenes Gerät benutzen	3260	Inspektion und Test

Abb. 3.9 (Fortsetzung)

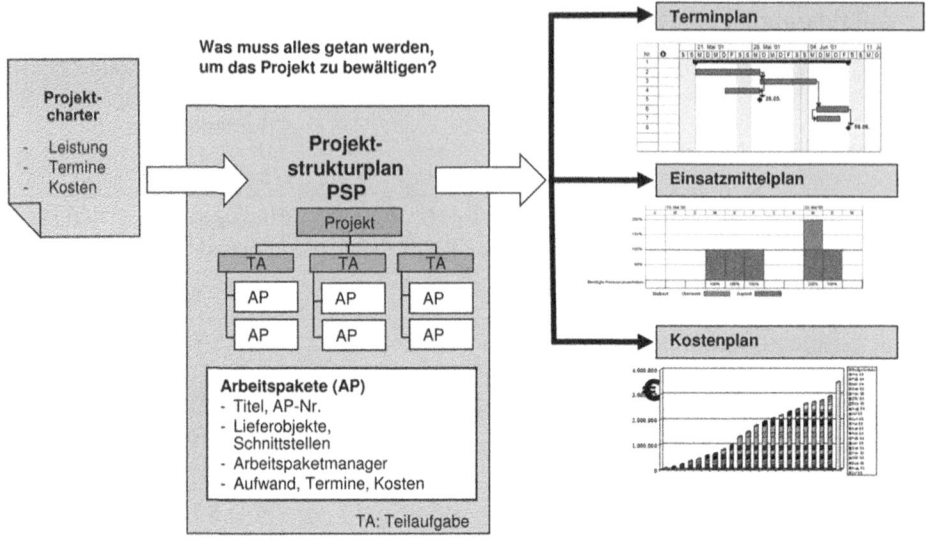

Abb. 3.10 Projektstrukturplan – Der Plan der Pläne

mit definiertem Ergebnis und Aufwand vollbracht werden kann. Ein Arbeitspaket ist das kleinste Element des Projektstrukturplans, das in diesem nicht weiter aufgegliedert werden kann und auf einer beliebigen Gliederungsebene liegt. Es kann allerdings zur besseren Strukturierung und bei der Erstellung des Ablaufplans in Vorgänge aufgegliedert werden" (DIN 69901-5:2009-01, S. 7). Für jedes Arbeitspaket wird eine Arbeitspaketbeschreibung (work package definition) festgehalten (vgl. Abb. 3.12).

Der Projektstrukturplan kann grafisch oder in Listenform dokumentiert werden. Es ist sinnvoll, die Elemente des Projektstrukturplans zu kodieren. Die Abb. 3.14 zeigt eine mögliche Form der Kodierung am Beispiel des Segeltörns.

Warum ist ein Projektstrukturplan erforderlich?
Ziel der Projektstrukturplanung ist, ein hinreichend naturgetreues Modell des Projektgeschehens zu schaffen. Gegenstand der Projektstrukturplanung sind die zu erledigenden Aufgaben. In diesem Sinne beantwortet der Projektstrukturplan die Frage: Was ist zu tun, um das Projekt erfolgreich zu bewältigen? Im Einzelnen gibt er Hilfestellung für die folgenden Aspekte:

1. Ein **vollständiges Abbild** der zu erledigenden Aufgaben wird erzeugt.
   Ausgehend vom Projektauftrag und den definierten **Liefergegenständen**, die in der Projektergebnisstruktur (Product Breakdown Structure – PBS) abgebildet sind, sind alle Aufgaben zu identifizieren, die erforderlich sind, um das Projekt erfolgreich zu realisieren. Der Projektstrukturplan bildet die Gesamtheit (100-Prozent-Regel) aller für das Projekt zu erfüllenden Aufgaben einschließlich ihrer Lieferobjekte ab.

2. **Verantwortlichkeiten** werden zugeordnet.

   Für jedes Arbeitspaket muss ein Verantwortlicher, der Arbeitspaketmanager, benannt werden. Interne und externe Parteien, z. B. Lieferanten oder Unterauftragnehmer, müssen berücksichtigt werden. Ergebnis ist die Verantwortlichkeitsmatrix. In ihr werden die Arbeitspakete mit den Organisationseinheiten der Trägerorganisation verknüpft. In großen Projekten entsteht ein projektbezogenes Organigramm, in dem auch auf Ebene der Teilaufgaben verantwortliche Personen oder auch Organisationen benannt werden können.

3. **Kosten** und **Aufwand** werden geplant und strukturiert.

   Für die Realisierung der Arbeitspakete sind Ressourcen erforderlich. Welche Einsatzmittel, in welchem Umfang und zu welchen Kosten, für jedes Arbeitspaket notwendig sind, fließt in die Einsatzmittel- und Kostenplanung ein. Arbeitspakete sind Kostenträger, mit deren Hilfe die Kostenstruktur für das Projekt abgebildet wird (Cost Breakdown Structure CBS).

4. Ein **Bezugssystem** für die Steuerung, Koordination und Information im Projekt wird hergestellt.

   – Pläne entstehen auf der Basis von Arbeitspaketen und werden Arbeitspaketen zugeordnet.

   – Dokumentationen werden Arbeitspaketen zugeordnet.

   – Fortschrittsmessung und Soll-Ist-Vergleiche erfolgen immer auf der Basis der Arbeitspakete. Deshalb werden die Regeln für die Fortschrittsmessung idealerweise bereits in der Projektplanung pro Arbeitspaket definiert.

Der Projektstrukturplan schafft also Ordnung im Projekt. Er bietet Orientierung und schafft Identifikation für die Projektteammitglieder.

Wie wird der Projektstrukturplan erstellt?

Die folgenden Schritte haben sich bewährt:

- Sammeln der zu erledigenden Aufgaben. Ausgangspunkt sind die Lieferobjekte. Hierzu zählen der Projektgegenstand ebenso wie eventuell notwendige unterstützende Systeme, z. B. Vorbereitung von Produktionsanlagen, Einrichten einer EDV-technischen Infrastruktur.
- Strukturieren und Definieren sinnvoller Arbeitspakete und Bestimmen der Arbeitspaketverantwortlichen.
- Verankern der Prozesse des Projektmanagements und des Systems Engineerings im Projektstrukturplan.
- Mehrfaches Prüfen und Überarbeiten des Projektstrukturplans.
- Erstellen der Arbeitspaketbeschreibungen.

Grundsätzlich gibt es zwei Vorgehensweisen, um die zu erledigenden Aufgaben für den Projektstrukturplan zu sammeln. Im Sinne der Bottom-up-Methode (Zusammensetzungsmethode) sammelt das Projektteam mittels Brainstorming Ideen, was alles getan werden muss, um die im Auftrag genannten Liefergegenstände in der gewünschten Qualität zu erbringen. Ausgangspunkt dafür ist die Projektergebnisstruktur, welche die Liefergegenstände in ihre einzelnen Elemente und Komponenten zerlegt (vgl. Abschn. 3.1.1). Hinzu kommen die erforderlichen Unterstützungsfunktionen, wie z. B. Terminplanung, Anforderungsmanagement usw.

Die Top-down-Methode (Zerlegungsmethode) bietet sich an, wenn die Beteiligten auf Erfahrungen zurückgreifen können. Eventuell existieren bereits Standardstrukturpläne, die für das aktuelle Projekt angepasst werden können. Auf jeden Fall kann der Rückgriff auf existierende Modelle helfen, den vollständigen Projektstrukturplan schneller zu entwickeln.

Sinnvolle Arbeitspakete zu definieren ist durchaus eine schwierige Aufgabe. Projektstrukturpläne sollen in der Regel bis Ebene vier, nur in Ausnahmefällen bis Ebene fünf zergliedert werden. Häufig verwendete **Gliederungsprinzipien** sind (vgl. DIN 69901-3:2009-01, S. 9):

- Verrichtungsorientierung – was ist zu tun, damit das Projekt verwirklicht wird?
- Objektorientierung – welche Ergebnisse, Gegenstände, Lieferobjekte sind im Laufe des Projekts zu erarbeiten (vgl. Abb. 3.11)?
- Phasenorientierung – die Projektstruktur orientiert sich an einem Vorgehensmodell und damit am zeitlichen Ablauf des Projekts (vgl. Abb. 3.11).

In der Projektpraxis bewährt sich die **gemischtorientierte** Form. Aus Sicht der Autoren fällt besonders die Entscheidung schwer, wie der Strukturplan auf der zweiten Ebene, also

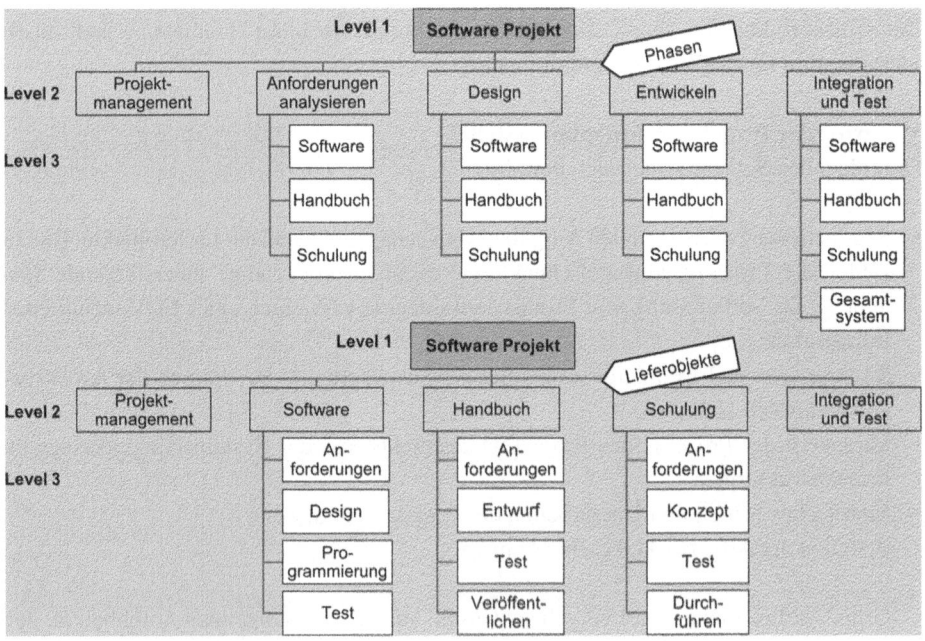

Abb. 3.11 Alternative Projektstrukturen

unmittelbar unter dem Gesamtprojekt, gestaltet werden soll. Was die Wahl erschwert, ist die Tatsache, dass die Projektstruktur mehrdimensional, die Darstellung mittels Diagramm oder Liste aber eindimensional ist. Soll der Projektstrukturplan in seiner Gesamtheit im Terminplan dargestellt werden, kann die Darstellung übersichtlicher sein, wenn der Projektstrukturplan den zeitlichen Ablauf auf der zweiten Ebene berücksichtigt, obwohl er nach der klassischen Lehre keine Aussage über die zeitliche Abfolge treffen soll. Andere argumentieren, dass die Lieferobjekte der zentrale Fokus sind, und plädieren für eine Darstellung, die die Hauptlieferobjekte auf der zweiten Ebene zeigt. Scheuerer empfiehlt aus diesem Grund die Weg/Resultat-Matrix als Hilfsmittel für die Projektstrukturierung. Sie berücksichtigt zwei Dimensionen, den zeitlichen Ablauf auf der zweiten Ebene und in den Ebenen darunter die Lieferobjekte (Scheuring 2013, S. 65, 66). In der Praxis kommt es darauf an, was dem **Team** wichtig ist, was es für praktisch hält und welche übergeordneten Auflagen der Projektstrukturplan erfüllen muss.

Saynisch weist darauf hin, wie wichtig es ist, Projektmanagementaufgaben und Produkt- oder Erzeugnis schaffende Prozesse im Projekt zu verzahnen. Anforderungsmanagement, Konfigurationsmanagement, Änderungsmanagement und Produktstruktur sind hierfür die entscheidenden Schnittstellen, die auch aus der Perspektive des Systems Engineering eine zentrale Rolle spielen (Saynisch 2006, S. 16–17). Aufgaben des Projektmanagements und des Systems Engineerings gehören zur Gesamtheit der Aufgaben eines Projekts und müssen daher im Projektstrukturplan erfasst werden. Projektmanagement ist üblicherweise ein Element der zweiten Ebene im Projektstrukturplan. Die zehn Wissensgebiete des PMBOK® des Project Management Institute (PMI) können bei der Identifikation der Aufgaben des Projektmanagements und des Systems Engineerings helfen (Tab. 3.3).

Aus Sicht der Autoren sind die Prozesse des Systems Engineering im Projektstrukturplan gesondert, d. h. nicht als Teil des Projektmanagements, darzustellen. Letztlich bleibt die Ausgestaltung und Zuordnung im Projektstrukturplan eine von anwendungsbezogenen Aspekten geleitete Entscheidung des Projektteams. Auch die Zuordnung der Kosten kann eine Rolle spielen, z. B. wenn die Kosten im Roll-up-Verfahren bis auf die Ebene der Teilaufgaben verdichtet werden. Kosten für das Projektmanagement, die mehr als fünfzehn Prozent des Projektbudgets ausmachen, kommen beim Management vielleicht nicht gut an. Allerdings hängt es von der Projektart ab, wie hoch der Anteil der Kosten für das Projektmanagement am Gesamtbudget ist.

Die Erstellung des Projektstrukturplans erfolgt in mehreren Iterationen, durch mehrfaches Prüfen und Überarbeiten des Projektstrukturplans. Bei der Entscheidung, ob der Projektstrukturplan seine zentralen Aufgaben erfüllt, können folgende Gesichtspunkte und Fragen eine Rolle spielen:

Das Projektteam:

- Identifizieren sich alle Teammitglieder mit der Projektstruktur oder würden sie das Projekt ganz anders strukturieren?
- Sind die Interessen und Fähigkeiten der Teammitglieder berücksichtigt?
- Gibt es für jedes Arbeitspaket ein verantwortliches Teammitglied?

Tab. 3.3 Prozesse des Projektmanagements und des Systems Engineerings orientiert an den Wissensgebieten des Project Management Body of Knowledge (PMBOK®) (vgl. PMI 2017b, S. 25)

Wissensgebiet	Perspektive Projektmanagement	Perspektive Systems Engineering (Projektgegenstand)
Integrationsmanagement	Gesamtsicht des Projekts sicherstellen	Integration der Teilsysteme zu einem funktionierenden Gesamtsystem
Inhalts- und Umfangsmanagement	Projektziele und Lieferobjekte definieren, Projektstrukturplanung	Änderungsmanagement Produktstruktur Requirements Engineering
Termine in Projekten	Planung und Steuerung	
Kosten in Projekten	Planung und Steuerung	
Qualitätsmanagement in Projekten	Qualitätskriterien definieren, Prozessqualität Qualitätssicherungsmaßnahmen festlegen	Produktqualität, Verifikation und Validierung planen und durchführen
Ressourcenmanagement in Projekten	Projektteam entwickeln und führen	
Projektkommunikation	Kommunikation, Dokumentation planen und durchführen, Projektmanagement-Dokumentation sicherstellen (z. B. Meetings, Protokolle verwalten)	Technische Dokumentation sicherstellen Konfigurationsmanagement
Risikomanagement in Projekten	Risikomanagement sicherstellen	Technische Risiken behandeln
Beschaffungsmanagement in Projekten	Auswahl und Steuerung der Unterauftragnehmer. Verträge mit dem Auftraggeber	
Management der Projektstakeholder	Stakeholdermanagement sicherstellen	

Eigenleistung oder Fremdleistung (Make-or-Buy), verfügbare Ressourcen:

- Welche Ressourcen sind verfügbar?
- Welche Kompetenzen sind vorhanden?
- Was soll in Eigenleistung geschehen?
- Für welche Aufgaben (Teilaufgaben und/oder Arbeitspakete) sollen externe Unterauftragnehmer eingesetzt werden?

Vollständigkeit:

- Bildet der Projektstrukturplan alle im Rahmen des Projekts zu erstellenden **Lieferobjekte** und durchzuführenden Aufgaben ab? Eine zu detailgenaue Strukturierung zu Beginn der Planungsphase engt Handlungsspielräume jedoch unnötig ein. Deshalb ist es vorteilhaft, dem Prinzip der rollierenden Planung zu folgen und weiter in der Zukunft liegende Aufgaben nur grob als übergeordnetes Arbeitspaket zu erfassen und erst später zu detaillieren.

- Besteht tatsächlich jedes übergeordnete Element exakt zu 100 % aus den untergeordneten Elementen (100-Prozent-Regel)?
- Sind die Arbeitspakete überschneidungsfrei und welche Schnittstellen existieren zu anderen Arbeitspaketen?
- Werden alle notwendigen unterstützenden Funktionen aus Sicht des Projektmanagements und des Systems Engineerings berücksichtigt?

Anzahl der Arbeitspakete:

- Hat der Projektstrukturplan mehr als vier Ebenen?
- Ist der Aufwand für die Planung und Kontrolle der Arbeitspakete angemessen?
- Lässt der Detaillierungsgrad den Verantwortlichen ausreichend Spielraum?
- Sind die Lieferobjekte sichtbar und hinreichend konkret verankert?
- Ist die Zahl der Arbeitspakete hinreichend minimiert?
- Ist die Zahl der Schnittstellen optimiert?

Managementprozesse:

- Welche Prozesse werden zentral, welche dezentral verankert?
- Ist das Verhältnis der Anzahl Arbeitspakete des Projektmanagements und der Anzahl Arbeitspakete für die Erarbeitung des Projektgegenstandes im Verhältnis zueinander angemessen?
- Wie wird die Steuerung der Unterauftragnehmer in der Projektstruktur verankert?

Termine: Planbarkeit und Fortschrittsmessung:

- Inwiefern soll der zeitliche Ablauf eine Rolle bei der Gestaltung der Projektstruktur spielen?
- Ist die Dauer der Arbeitspakete kürzer als zwei Berichtsperioden, besser noch als eine Berichtsperiode, bei monatlichen Fortschrittsberichten also kürzer als zwei Monate, besser noch kürzer als einen Monat? Ausgenommen sind fortlaufende Prozesse wie z. B. das Termincontrolling.
- Wie kann der Fortschritt gemessen werden (vgl. auch das Thema Projektfortschritt in Abschn. 4.2)?

Kosten:

- Erlaubt der Projektstrukturplan eine erste übersichtliche Kostenschätzung und Verteilung des Budgets (Cost Breakdown Structure), z. B. durch prozentuale Top-down-Zuordnung auf die Teilaufgaben und Arbeitspakete?
- Sind die Arbeitspakete so definiert, dass ein Sachkundiger den Aufwand schätzen kann?
- Sind alle Kosten, die im Projekt entstehen, vollständig als Kostenart identifiziert und den vorhandenen Teilaufgaben und Arbeitspaketen zugeordnet (z. B. Projektbüro für allgemeine Tätigkeiten, Reisekosten)?

- Wie sind Arbeiten oder Mittel für eine möglicherweise notwendige Fehlerberarbeitung oder Nacharbeit erfasst, z. B. dezentral in den Arbeitspaketen oder sind sie zentral einem Risikobudget zugeordnet?
- Erlaubt die Projektstruktur die Darstellung von Ergebnis- und Zahlungsmeilensteinen im Terminplan?
- Können für die Zukunft wichtige Kosteninformationen generiert werden oder verfälschen z. B. Reisekosten das Bild, wenn für spätere Projekte Entwicklungskosten analysiert werden sollen?

Die Namen der Arbeitspakete und der Teilaufgaben sollen eindeutig formuliert werden und sich möglichst nicht wiederholen. Zusätzlich ist es wichtig, die Arbeitspakete mittels einer **Arbeitspaketbeschreibung** näher zu spezifizieren. Die Arbeitspaketbeschreibung dient, ähnlich dem Projektcharter, der Auftragsklärung. Sie kann sehr umfassend sein (vgl. Abb. 3.12). Sie kann jedoch auch auf die Situation im Projekt angepasst werden. Die Arbeitspaketbeschreibung soll mindestens die folgenden Informationen enthalten:

- Name des Projekts.
- Name des Arbeitspakets.
- Input, d. h. welche Arbeitsergebnisse werden benötigt, um das Arbeitspaket zu beginnen.
- Aufgaben, die im Arbeitspaket erledigt werden müssen.
- Output, d. h. welche Liefergegenstände in dem Arbeitspaket erzeugt werden.
- Verantwortlicher Arbeitspaketmanager.
- Spätestens nach erfolgter Terminplanung und Aufwandsschätzung Angaben zu:
  - Start und Endtermin und
  - Aufwand/Einsatzmittel.

Die Dokumentation dieser Informationen trägt dazu bei, doppelte Arbeiten zu vermeiden sowie Überschneidungen und Lücken zwischen den Arbeitspaketen aufzudecken. Die richtige Lösung für einen Projektstrukturplan hängt davon ab, was für das Projekt und die maßgeblich Beteiligten praktisch ist (Haugan 2001, S. 45).

Wer ist beteiligt und wann?
Auftraggeber, Projektsponsor und wichtige Stakeholder sollen gegebenenfalls in den Gestaltungsprozess einbezogen werden. Die Projektleitung ist verantwortlich dafür, dass ein von Projektteam und (internem) Auftraggeber genehmigter Projektstrukturplan vorliegt.

Ausgehend vom Projektcharter entsteht der Projektstrukturplan in der Phase der Projektplanung. Er ist das Ergebnis eines iterativen Prozesses. Der endgültige Projektstrukturplan gelingt selten mit dem ersten Wurf. Vielmehr ist es ein Zeichen intensiver Auseinandersetzung

Arbeitspaket (AP) Definition		Projekt:	Beispiel
Projektphase:	PLANUNG	PSP *Code:*	
Teilaufgabe:		AP Name:	
Produkt/Teilsystem:		Version:	Datum:
Ausführende Einheit:		AP Manager:	
AP Startereignis:		Termin:	
AP Endereignis:		Termin:	
AP Dauer in Tagen:			
AP Aufwand:		Wieviel Personentage sind erforderlich? Welche Materialien und Geräte werden benötigt? Welche Kosten entstehen?	
AP Input:		Welche Ergebnisse müssen vorliegen, um mit dem Arbeitspaket zu beginnen?	
AP Lieferobjekte (Output):		Was liegt nach Beendigung des Arbeitspakets vor?	
AP Aufgaben:		Was soll getan werden?	
AP Grenzen:		Was gehört nicht mehr zum Arbeitspaket?	
AP Schnittstellen:		Welche anderen Arbeitspakete im Projekt sind betroffen?	
AP Fortschritt:		Wie wird der Leistungsfortschritt des Arbeitspakets gemessen? Woran orientiert sich der Fertigstellungsgrad?	
AP Risiken:		Welche Ereignisse können den Erfolg beeinflussen?	
AP Qualität:		Welche Abnahme- bzw. Prüfkriterien werden angewandt?	
Sonstiges:		z. B. zu berücksichtigende Vorgaben / Standards / Formulare	

Abb. 3.12 Muster für eine Arbeitspaketbeschreibung

mit dem Projekt, wenn das Projektteam nach Beginn der Ablaufplanung noch Optimierungswünsche am Projektstrukturplan hegt. Zum Abschluss der Planungsphase muss ein genehmigter Projektstrukturplan als Bestandteil der Baseline zur Verfügung stehen. Änderungen sind nur zulässig, wenn eine entsprechende Genehmigung auf der Basis eines formalisierten Änderungsprozesses vorliegt. Je nach Projekt kann es erforderlich sein, Aufgaben zukünftiger Phasen erst zu Beginn der jeweiligen Phase durch Arbeitspakete zu konkretisieren.

Wichtige Begriffe

- Arbeitspaket (AP) – Work Package (WP)
- Arbeitspaketbeschreibung – Work Package Definition (WPD)
- Arbeitspaketmanager – Work Package Manager
- Bottom-up-Methode (Zusammensetzungsmethode)
- Kostenstruktur – Cost Breakdown Structure (CBS)
- Projektstrukturplan (PSP) – Work Breakdown Structure (WBS)
- Top-down-Methode (Zerlegungsmethode)
- 100-Prozent-Regel – 100-Percent Rule
- Verantwortlichkeitsmatrix – Responsibility Assignment Matrix (RAM)

Quellen für weiterführende Informationen
Haugan, G. T. (2013). *The government manager's guide to the work breakdown structure.* Vienna: Management Concepts.

PMI Project Management Institute. (2006; Reaffirmed March 2011). *Practice standard for work breakdown structures* (2. Aufl.). Newton Square: Project Management Institute.

Schelle, H. (2010). *Projekte zum Erfolg führen* (6. Aufl.). München: Beck-Wirtschaftsberater im dtv.

Strohmeier, H. (2/2014). Der zweidimensionale Projektstrukturplan (PSP). *Projekt management aktuell* (S. c1–c4).

3.2.2 Projektstruktur für den Segeltörn: Den Überblick behalten und nichts vergessen

„Kein Wind ist demjenigen günstig, der nicht weiß, wohin er segeln will" (Michael Eyquem de Montaigne, Philosoph, 1533 bis 1592). Die Crew sollte nicht nur wissen, wohin sie segeln will, sondern auch was zu tun ist, damit der Segeltörn den Vorstellungen entspricht. Vor Beginn des Segeltörns muss an alles gedacht werden, was benötigt wird, um den Segeltörn erfolgreich werden zu lassen.

Für den Projektstrukturplan müssen neben den **Lieferobjekten** (vgl. Projektergebnisstruktur in Abb. 3.13) alle weiteren **unterstützenden Aufgaben**, die für einen erfolgreichen Segeltörn erforderlich sind, ermittelt werden.

Das Team im Projekt Segeltörn geht folgendermaßen vor. Hierbei gilt grundsätzlich, ein anderes Team sieht und entscheidet möglicherweise anders (vgl. Abb. 3.14):

1. Sammeln der Aufgaben, die zu erledigen sind.
   Mit Hilfe von Klebezetteln sammelt das Team im Rahmen eines Brainstormings Aufgaben, die durchzuführen sind. Als Grundlage für das Brainstorming beschafft man einschlägige Segelliteratur, z. B. Skipperhandbücher, Törnführer, oder greift auf Erfahrungen im Team und außerhalb des Teams zurück. Eine weitere Informationsquelle ist die Projektergebnisstruktur (vgl. Abschn. 3.1).

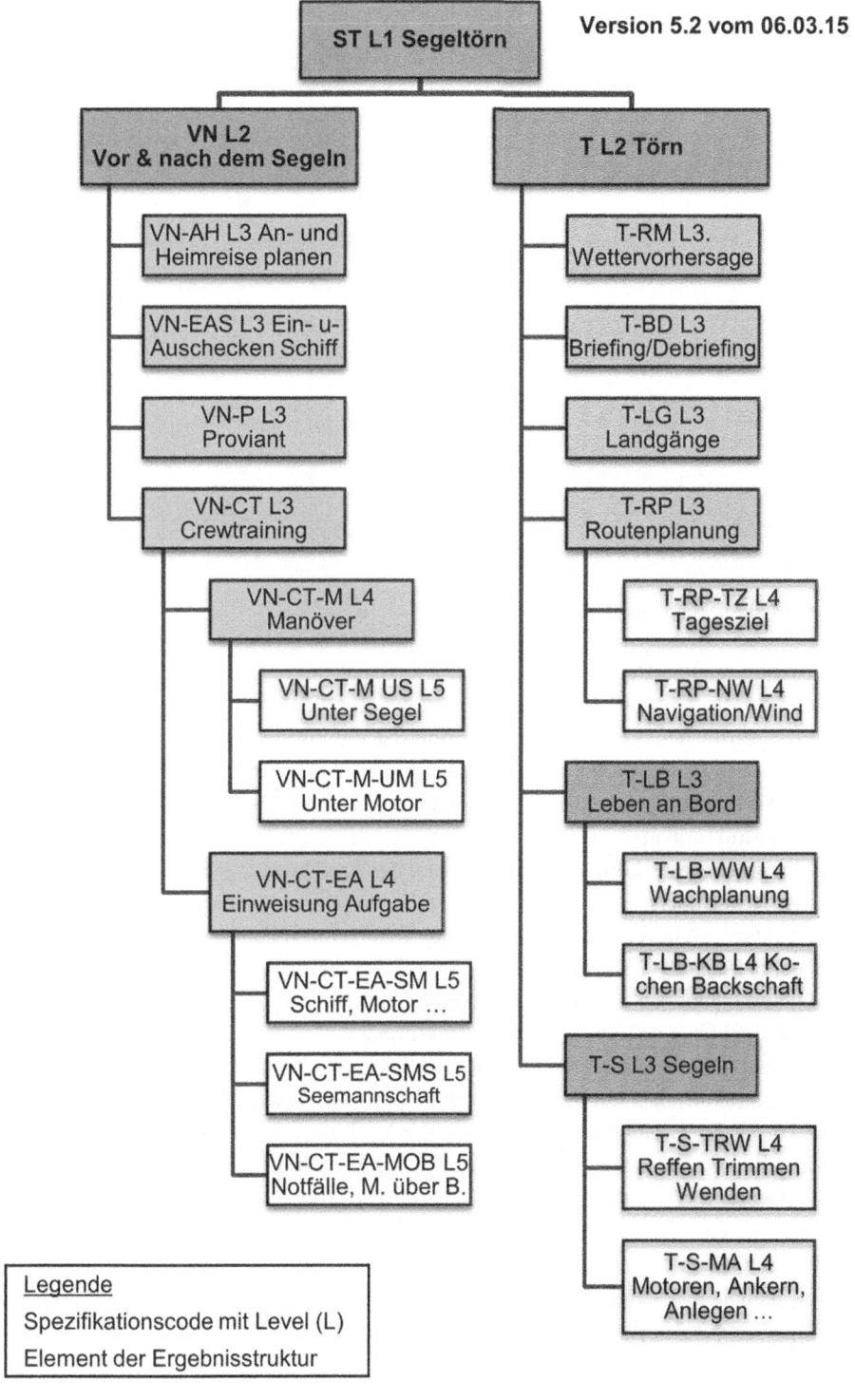

Abb. 3.13 Projektergebnisstruktur für den Segeltörn

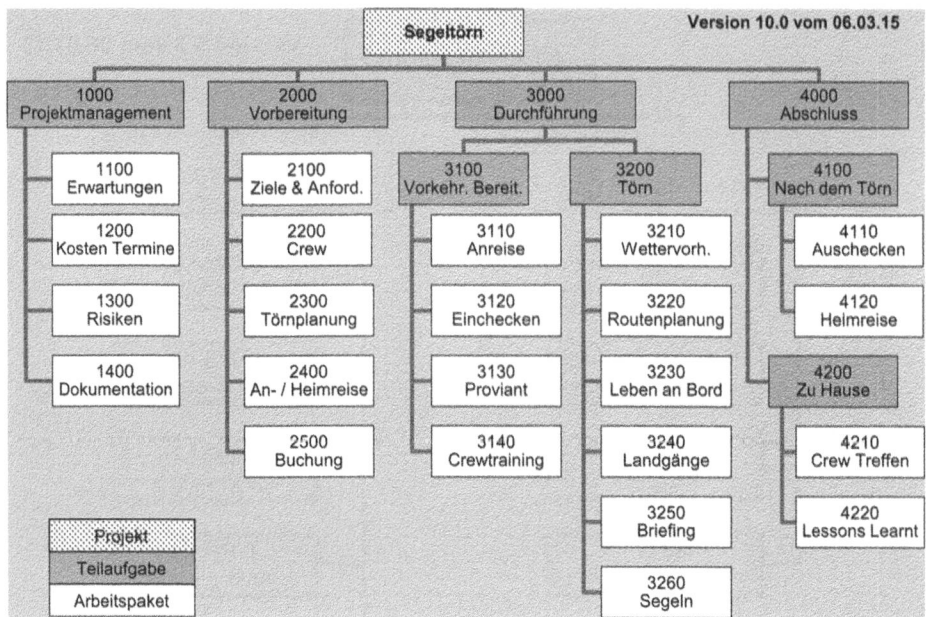

Abb. 3.14 Projektstrukturplan für den Segeltörn

2. Strukturieren und Definieren sinnvoller Arbeitspakete.
   Der Skipper und sein Team entscheiden sich dafür, den Projektstrukturplan phasenori-
   entiert anzugehen. Dementsprechend umfasst die zweite Ebene des Projektstrukturplans die Teilaufgaben Vorbereitung, Durchführung und Abschluss.
3. Verankern der Prozesse des Projektmanagements und des Systems Engineerings im
   Projektstrukturplan.
   Im Projekt Segeltörn sind die Aufgaben des Projektmanagements und des Systems
   Engineering überschaubar. Die Teilaufgabe Projektmanagement erscheint vielleicht
   übertrieben. Dennoch entscheidet sich das Team, eine Teilaufgabe Projektmanagement
   zu definieren, die vier Arbeitspakete umfasst, da dies die übersichtliche Darstellung der
   weiteren Planungen z. B. im Terminplan erleichtert.
4. Prüfen und Überarbeiten des Projektstrukturplans.
   Das Team überprüft mehrmals, ob auch nichts vergessen wurde. Der erste Entwurf des
   Projektstrukturplans steht. Er ist sehr detailliert. Das Team fasst deshalb einzelne Aufgaben wieder zusammen und sortiert sie zum Teil neu. Hierbei spielt der Gedanke,
   wichtige Aufgaben als Arbeitspaket zu erhalten, eine Rolle. Dies betrifft z. B. das Brie-
   fing/Debriefing und das Risikomanagement. Die Abb. 3.14 zeigt den Projektstrukturplan, auf den sich das Team schließlich verständigt hat.
5. Was gehört in die Projektabschlussphase, was zählt noch zur Projektdurchführung?
   Das Team hat sich entschieden, die Arbeitspakete Auschecken des Schiffes und Heimreise unter der Abschlussphase zuzuordnen. Begründung hierfür ist, dass der „Energie-

level" der Beteiligten erfahrungsgemäß mit Einlaufen des Schiffes in den Zielhafen deutlich sinkt. Das Team befindet sich bereits im Auflösungsprozess.

6. Sicherstellung der **Dokumentation**.

Im Rahmen des Projekts entsteht eine Reihe von Dokumenten als Ergebnis von Arbeitspaketen. Das sind teilweise Lieferobjekte, z. B. der Crewvertrag, die Proviantliste und der Einweisungsplan. Andere Dokumente sind Ergebnis der Managementtätigkeit (Project Management Deliverables). Hierzu zählen beispielsweise der Projektstrukturplan und der Terminplan.

Um sicherzustellen, dass die erforderlichen Dokumente ordnungsgemäß erstellt und gespeichert werden und eine Versionskontrolle stattfindet, entscheidet sich das Team, ein gesondertes Arbeitspaket Dokumentation unter der Teilaufgabe Projektmanagement anzulegen und jemandem die Verantwortung dafür zu übertragen. Zu den Aufgaben des Arbeitspakets zählen:

- Eine Liste der erforderlichen Dokumente führen und beschreiben, in welchen Arbeitspaketen sie entstehen.
- Einige Dokumente ggf. selbst erzeugen, z. B. den Projektstrukturplan.
- Die Dokumente überwachen und speichern (Versionenkontrolle).

7. Erstellen der **Arbeitspaketbeschreibungen**.

Der verabschiedete Projektstrukturplan, umfasst 23 Arbeitspakete. Jedem Arbeitspaket wird ein verantwortliches Teammitglied (Arbeitspaketmanager) zugeordnet, mit der Aufgabe, eine Arbeitspaketbeschreibung zu verfassen, die dann im Team reflektiert, ggf. ergänzt und freigegeben wird. Ein mögliches Beispiel für eine Arbeitspaketbeschreibung zeigt die Abb. 3.15. Allerdings handelt es sich in unserem Beispiel um ein sehr überschaubares Projekt. Deshalb entscheidet sich das Team, die Arbeitspaketbeschreibungen in Form einer erweiterten Verantwortlichkeitsmatrix zu erstellen. Diese enthält mit den Spalten Input, Aufgaben, Output und verantwortliches Teammitglied die wichtigsten Inhalte der Arbeitspakete (Abb. 3.16).

3.3 Risiken abschätzen und managen

„Buten un binnen: wagen un winnen", dieser Devise der bremischen Kaufmannschaft wurde 1899 über dem Rundbogen des Schütting-Portals an der Marktseite eingemeißelt. Autor ist der Bremer Senator und Bürgermeister Otto Gildemeister. „Draußen und drinnen" – in der Hansestadt Bremen (dem Lebensmittelpunkt der Autoren) und weit darüber hinaus – sollten die Kaufleute „wagen und gewinnen" (Handelskammer Bremen 2014). Sowie vor hunderten von Jahren gilt auch heute:

- Wer nicht wagt, der nicht gewinnt.
- „Risiko ist die Bugwelle des Erfolgs" und „Was wir tun, ist riskant. Was wir nicht tun, ist es auch." (Romeike 2014).

Arbeitspaketbeschreibung	Projekt:		Segeltörn
Projektphase:	Durchführung	PSP Code:	3140
Teilaufgabe:	Vorkehrungen/ Bereitstellungen	AP Name:	**Crewtraining**
Produkt/Teilsystem:	Vor und nach dem Segeln	Version: Datum:	1 15.02.2015
Ausführende Einh.:	---	AP Manager:	Sabine Schiffer
AP Startereignis:	Das Einchecken ist fertig	Termin:	12.09.2015
AP Endereignis:	Ankunft im Zielhafen	Termin:	25.09.2015
AP Dauer in Tagen:	14	Kosten:	Personal: 2400.- €*
AP Aufwand:	20 Stunden		
AP Input:	Einweisungsplan (in AP 2200 erstellt)		
AP Lieferobjekte (Output):	Die Crewmitglieder sind gemäß dem Einweisungsplan in ihre Rollen und Aufgaben an Bord eingewiesen.		
AP Aufgaben:	1. Einweisen der Crew in ihre Rollen und Aufgaben Erklären von Lage und Funktion, Schiffsausrüstung: Gasherd, Kühlschrank, Lichtschalter, Batteriehauptschalter, Luken, Toiletten, Ventile usw. Seemannschaft: Verhalten an Bord, Knoten, Seezeichen, Flaggen, Ausweichregeln usw. Sicherheit und Notfälle: Rettungswesten und Lifebelts anpassen, Anleinen, Rettungsring werfen, Rettungsinsel, Seenotsignale, Funkgerät (MOB-Taste). Mensch-über-Bord-Manöver (MOB) 2. Überprüfen, ob alles verstanden worden ist 3. Anwenden und üben durch die Crewmitglieder 4. Steuern des Schiffes		
AP Grenzen:	Tätigkeiten der Crewmitglieder dürfen erst nach Freigabe durch Skipper oder Co-Skipperin selbstständig durchgeführt werden.		
AP Schnittstellen:	AP 2200 Crew, AP 3230 Leben an Bord, AP 3260 Segeln		
AP Fortschritt:	Meilensteinmethode: 50 % nach Testlauf, 50 % Ende des Törns		
AP Risiken:	Einzelne Crewmitglieder haben kein Interesse oder sind nachlässig. Einzelne Crewmitglieder haben kein Verständnis für die Wichtigkeit ihrer Aufgabe.		
AP Qualität:	Inspektion und Testlauf, Freigabe durch Skipper		
Sonstiges:	Kalkulatorischer Stundensatz = 120.- €		

Abb. 3.15 Beschreibung für das Arbeitspaket Crewtraining

AP	Arbeitspaket	Verant-wortlich	Aufgaben	Input	Output
	Teilaufgabe Projektmanagement				
1400	Doku-mentation	Hartmut Berge	Zentrale Dokumentation einrichten, Ablage & Pflege der gesamten Dokumentation	Dokumentierte Ergebnisse aus allen Arbeits-paketen, Auf-zeichnungen und Fotos vom Törn	Aktualisierte Datenbank
2000	**Teilaufgabe Vorbereitung**				
2500	Buchung	Herbert Bank	Einholung von Angeboten, Buchung für das Schiff und die Flüge, Erstellung & Abschluss des Crewvertrages	Vorschlag für die Auswahl des Schiffes & Zielflughäfen, Törngebiet (Output AP 2100, 2200, 2300, 2400)	Auswahl des Schiffs, Schiffsunter-lagen, Char-tervertrag, Flugtickets Crewvertrag
	Teilaufgabe Durchführung - Törn				
3220	Routen-planung	Heinz Blaubart	Tägliche Route planen, Kurse bestimmen, Logbuch führen	Wetterdaten (Output AP 3210) Törngebiet (Output AP 2300)	Daten zur Tages- und Routenpla-nung liegen beim mor-gendlichen Briefing vor

Abb. 3.16 Verantwortlichkeitsmatrix mit Kurzbeschreibung der Arbeitspakete (Auszug)

3.3.1   Risikomanagement im Projekt

Was ist ein Risiko und was ist Risikomanagement im Projekt?
Man spricht von Risiken, wenn man sich Gedanken darüber macht, welche zukünftigen Ereignisse eintreten können und welche Auswirkungen sie auf angestrebte Ziele haben. Im allgemeinen Sprachgebrauch verbindet man mit Risiken in der Regel negative Auswirkungen. Die aktuellen Definitionen schließen jedoch sowohl negative als auch positive Abweichungen, also Chancen, ein.

▶ **Risiko – Risk** Bezeichnet die „Auswirkung von Unsicherheit auf Ziele", wobei die Auswirkung eine Abweichung von Erwartungen in positiver wie auch negativer Hinsicht meint (DIN EN 62198:2014-08, S. 6).

▶ **Risikomanagement – Risk Management** „Systematisches Risikomanagement ist bemüht, aktiv durch nachvollziehbare Verfahren zur Analyse und Bekämpfung von Risiken die Gefahren, die dem Projekt drohen, möglichst klein zu halten. Damit unterscheidet es sich von zufallsgesteuerten Einzelaktivitäten und ansonsten ausschließlich passiver Bildung von Rückstellungen per Risikozuschlag" (Rohrschneider und Spang 2012, S. 128). Zu den Zielen des Risikomanagements in Projekten zählt auch die Steigerung der Wahrscheinlichkeit positiver Ereignisse und deren Auswirkungen. Entsprechend findet in der ICB 4 das Kompetenzelement „Chancen und Risiken" seinen Platz (GPM/ICB 2017, S. 150).

▶ **Risikoverantwortlicher – Risk Owner** „Derjenige, der für die Überwachung des Risikos und für die Entscheidung über eine angemessene Risikobewältigungsstrategie verantwortlich ist" (PMI 2017b, S. 719).

Ein Beispiel, wie Chancen aus der Risikoidentifikation entstehen können, sei angemerkt. Dem Risiko „Starkwind" beim Segeln können sowohl Risiken als auch Chancen innewohnen. Die Chance wäre etwa, schneller und sportlicher zu segeln. In der Folge wäre das nächste Etappenziel schneller zu erreichen, mehr Zeit für die Erkundung des Zielortes und mehr Spaß beim Segeln gewonnen. Soll eine Chance genutzt werden, erfordert dies aber in der Regel neue Vorkehrungen und Planungen.

Für das vorliegende Kapitel wird Risiko im Sinne möglicher negativer Auswirkungen erschlossen. Im Einzelnen greifen folgende Merkmale:

- Ein Risiko beschreibt die Gefahr, dass ein Projektziel nicht erreicht wird.
- Es handelt sich um Auswirkungen, die in der Zukunft liegen.
- Es besteht Unsicherheit darüber, ob die Auswirkungen eintreten, d. h. die Eintrittswahrscheinlichkeit liegt unter 100 %.
- Für den Fall, dass das Risiko eintritt, besteht Unsicherheit über die Wirkung. Tritt das Risiko ein, so ist die Auswirkung nicht bekannt, sondern muss ebenfalls geschätzt werden.

Festzuhalten bleibt, ein Risiko ist noch kein Problem, es kann aber zum Problem werden. Risikomanagement umfasst die notwendigen Schritte, damit aus Risiken keine Probleme werden. Mögliche Risiken in Projekten können, ausgehend vom Produktlebenszyklus, aus verschiedenen Perspektiven betrachtet werden:

- Geschäftsrisiken: Welche Ereignisse beeinträchtigen den erhofften Nutzen bzw. Wertbeitrag, den das Projekt schaffen soll?
- Produktrisiken: Welche negativen Auswirkungen, insbesondere Haftungsrisiken, können bei der Nutzung der im Projekt geschaffenen Produkte entstehen?
- Projektrisiken: Welche Ereignisse können im Laufe des Projekts auftreten und das Erreichen der vereinbarten Projektziele gefährden?

Geschäftsrisiken betreffen die Frage, ob das gewählte Projekt überhaupt das richtige ist, um den im Business Case definierten Nutzen oder Wertbeitrag zu erzielen. Geschäftsrisiken können, sollten sie eintreten, das Projekt als Ganzes in Frage stellen und aus dem Projekt heraus nur schwer beeinflusst werden. Diese Perspektive ist im Business Case gefragt. Insbesondere PRINCE2® berücksichtigt die kontinuierliche Prüfung des Projekts im Hinblick auf den definierten Business Case und betrachtet somit kontinuierlich das Geschäftsrisiko. Es gibt Bezüge zur Analyse und Bewertung von Szenarien für Investitionen. Die Verantwortung hierfür liegt jedoch primär beim Projektsponsor und Auftraggeber und weniger beim Projektmanager und seinem Team. Allerdings verfügt die Projektleitung aufgrund ihres umfassenden Einblicks in die Belange des Projekts oftmals über Kenntnisse im Hinblick auf die Einschätzung von Geschäftsrisiken. Das Geschäftsrisiko beim Segeltörn wäre, wenn ein Mitglied der Crew feststellt, das ihm Segeln prinzipiell nicht gefällt. Ein Segeltörn wäre dann ungeeignet für einen Erholungsurlaub.

Produkthaftung und Sicherheitsaspekte im laufenden Betrieb führen zu Rückrufaktionen von Automobilen. Das ist bekannt. Für viele mögliche Gefahren wird jedoch in der Entwicklung bereits Vorsorge getroffen. Mit anderen Worten, aus der Art der technischen Lösung für ein Produkt können Risiken entstehen, die erst bei der Nutzung des Produkts auftreten. Für diese Fälle muss durch ein entsprechendes Risikomanagement Vorsorge getroffen werden. Diese Aufgabe ist eng verbunden mit den Themen Anforderungsmanagement und Qualität.

Projektrisiken beziehen sich auf Ereignisse, die den Projektablauf betreffen und die Erreichung der vereinbarten Ziele gefährden.

Haftungsrisiken, ausgelöst durch das entwickelte Produkt, können den angestrebten Nutzen oder Wertbeitrag erheblich beeinflussen oder Rückholaktionen auslösen. Umgekehrt können Geschäftsrisiken zu weitreichenden Änderungen bei den Projektzielen, speziell dem Projektgegenstand, führen. Terminverschiebungen im Projektablauf können den Geschäftserfolg, bedingt durch die verspätete Markteinführung schmälern. Die Qualität des ausgelieferten Produkts kann darunter leiden, dass nicht alle vorgesehenen Tests durchgeführt wurden. Neue Fehlerquellen entstehen, weil Aufgaben, die ursprünglich sequenziell geplant wurden, nun aufgrund von Terminschwierigkeiten parallel bearbeitet werden.

Die Ausführungen zeigen, dass es vielfältige Zusammenhänge zwischen den drei beschriebenen Perspektiven gibt. Die weiteren Ausführungen stellen zwar Projektrisiken in den Mittelpunkt, aber alle Risiken müssen im Projektablauf berücksichtigt und ggf. behandelt werden.

Weshalb ist Risikomanagement in Projekten notwendig?

In der unternehmerischen Praxis hat die Bedeutung des Risikomanagements allgemein zugenommen, seit 1998 das Gesetz zur Kontrolle und Transparenz im Unternehmensbereich (KonTraG) in Kraft getreten ist. Die erweiterte Haftung von Vorstand, Aufsichtsrat und Wirtschaftsprüfer, die Verpflichtung zur Risikofrüherkennung sowie die Tatsache, dass Aussagen zu den Risiken des Unternehmens im Lagebericht veröffentlicht werden müssen und das Risikofrüherkennungssysteme vom Abschlussprüfer geprüft werden müssen, tragen dazu bei, dass Risikomanagement heute zumindest in Unternehmen, die den entsprechenden Bestimmungen des Aktienrechts unterliegen, eine wichtige Aufgabe ist (Wagner 2014). Erwähnt sei in diesem Zusammenhang auch die ISO 31000:2018-10 Risikomanagement – Leitlinien.

Risikomanagement trifft Vorsorge, damit Risiken nicht zum Problem werden und möglicherweise den Erfolg des Projekts behindern. Projekte bergen immer Risiken, da sie komplex und neuartig sind.

Wie kann Risikomanagement im Projekt aussehen?
Das Risikomanagement umfasst verschiedene Aktivitäten, deren Ergebnisse in einem Risikoregister dokumentiert werden (Abb. 3.17).

Risiken identifizieren und beschreiben
Projektrisiken resultieren entweder aus dem Projektumfeld, oder entstehen bei den Stakeholdern. Mögliche Risikofaktoren beim Segeltörn sind z. B. schlechtes Wetter oder Verletzungen an Bord. Für die Projektarbeit hat es sich bewährt, Risiken durch „wenn – dann" Aussagen zu konkretisieren. Bevor dies geschehen kann, stellt sich generell die Frage, wie potenzielle Risiken für das Projekt überhaupt erkannt werden können. Hierzu bietet sich an (vgl. auch Rohrschneider 2006, S. 31; Larson und Gray 2014, S. 208):

- Der Rückgriff auf **Erfahrungen**.
  - Für den Rückgriff auf Erfahrungen können Checklisten verwendet werden, die am besten firmenindividuell gepflegt werden.
  - Für bestimmte Situationen sammeln professionelle Institutionen Daten und werten diese aus, z. B. Unfallstatistiken.
  - Expertenbefragungen.
  - Wichtige Stakeholder zu möglichen Risiken befragen.
- Mit offenen Fragen **Themenfelder** und die daraus resultierenden Risiken bearbeiten.
  - Themenfelder ergeben sich aus dem **Projektumfeld** und der Analyse der **Stakeholder** (vgl. Abschn. 2.2).
  - Aus den Arbeitspaketen des Projektstrukturplans Risiken ableiten.
  - Allgemeine Themenfelder bearbeiten
  - Themenfeld Technik: z. B. die eingesetzte Technologie ist noch unerprobt, unklare Anforderungen.
  - Themenfeld Verträge: z. B. Haftungsrisiken.
  - Themenfeld Personal und Organisation: z. B. Streitigkeiten im Team, niedrige Priorität des Projekts beim Top Management.
  - Themenfeld Projektmanagement: z. B. unerfahrene Projektleitung.

Aufgaben für das Risikomanagement in Projekten (Schritte 1 bis 3 in Anlehnung an DIN 69901- 5:2009-01, S.17-18)		
Aktivität	**Erläuterung**	**Wird dokumentiert im**
1. Risiken identifizieren	Alle als relevant erkannten Risikofaktoren eines Projekts erfassen und dokumentieren.	Risikoregister
2. Risiken bewerten	Eintrittswahrscheinlichkeit und mögliche Auswirkung für alle identifizierten Risikofälle einschätzen und bewerten	Risikoregister
3. Maßnahmen planen, bewerten und auswählen	Präventive oder korrektive Maßnahmen, durch die die Risiken vermieden, vermindert oder abgewälzt werden, beschreiben, Aufwand schätzen, Maßnahmen auswählen und Mittel bereitstellen.	Maßnahmenplan (Abschnitt im Risikoregister) Anpassen: Projektstrukturplan und aufbauende Pläne (Terminplan, Einsatz- mittelplan, Kostenplan)
4. Risikomaßnahmen umsetzen	Verantwortlichkeiten zuweisen.	Projektstrukturplan und aufbauende Pläne (Terminplan, Einsatz- mittelplan, Kostenplan)
5. Controlling der Risikomaß- nahmen & Risiko- management im Projektablauf sicherstellen	Umsetzung der Risikomaßnahmen steuern, Schritte 1 bis 4 in regelmäßigen Abständen wiederholen.	Risikoregister, Abschnitt Maßnahmenplan
6. Aus Risiken lernen	Die Erfahrungen für zukünftige Projekte aufbereiten, Checklisten erstellen oder ergänzen.	Projektabschlussbericht

Abb. 3.17 Aufgaben des Risikomanagements in Projekten

- Der Einsatz von **Kreativitätstechniken**.
  Risiken können unabhängig von den Themenfeldern oder auch mit Bezug darauf unter Einsatz von Kreativitätstechniken identifiziert werden.

Aus Sicht der Autoren sind zwei Aspekte zu unterstreichen:

- Die Teamleistung ist gefragt.
  Die Dominanz anerkannter Erfahrungsträger gegenüber anderen Teammitgliedern sollte vermieden werden, denn die Teamleistung ist ja gerade deshalb so wichtig, weil

die Meinung aller Teammitglieder einfließen soll, nicht die einzelner Experten (Rohr-schneider und Spang 2012, S. 132).
- Wichtige Stakeholder sollten einbezogen werden.
  Aus den Ergebnissen der Stakeholderanalyse sind die wichtigen Stakeholder des Pro-jekts bekannt. Sie können wichtige Hinweise zu potenziellen Risiken beisteuern.

Beim Identifizieren und beschreiben der Risiken ist es hilfreich an Ereignisse zu denken und „wenn – dann" Aussagen zu formulieren. Mit dem Statement „wenn das passiert", „dann hat es folgende Auswirkung" können die einzelnen Risiken sehr gut beschrieben werden. Die Information, ob Leistung, Kosten oder Termine am stärksten betroffen sind, ist eine nützliche Ergänzung.

Risiken bewerten Die Behandlung der identifizierten Risiken soll mit vertretbarem Auf-wand erfolgen, das heißt, nicht für alle Risiken werden Maßnahmen ergriffen, sondern nur für die wirklich gefährlichen „Top-Risiken" und gegebenenfalls noch für die gemäßigten Risiken. Eine Risikobewertung beschreibt die Einschätzung der Risiken zu einem be-stimmten Zeitpunkt im Projektablauf. Diese Einschätzung, die in der Regel durch die Teammitglieder erfolgt, muss in regelmäßigen Abständen aktualisiert werden, weil Ein-trittswahrscheinlichkeit und Tragweite sich möglicherweise verändern oder das Risiko ab einem bestimmten Zeitpunkt vielleicht ganz entfällt und neue Risiken dafür auftre-ten können.

Am Ende des Bewertungsprozesses steht eine Risikoliste mit Prioritäten. Sie enthält:

- Die Top-Risiken, für die auf jeden Fall Maßnahmen getroffen werden müssen.
- Die gemäßigten Risiken, für die Vorsorge getroffen werden kann.
- Die geringen Risiken, die akzeptiert werden und auf der Liste zu beobachtender Risi-ken (Risiko-Watchlist) geführt werden.

Bei der Bewertung der Risiken stehen die **Eintrittswahrscheinlichkeit** und die **Auswir-kung** bzw. Tragweite im Mittelpunkt.

- Wie wahrscheinlich ist es, dass das Risiko eintritt?
- Wie groß wird die Auswirkung sein, wenn das Risiko eintritt?
- Welcher Risikolevel (Eintrittswahrscheinlichkeit und Auswirkung) ergibt sich insgesamt?

Die Kombination beider Bewertungen mündet in eine Gesamtklassifikation, dem Risiko-level, der im **Risikoportfolio** dargestellt ist. Die Portfoliodarstellung zeigt die Zahl der Top Risiken, gemäßigten Risiken und geringen Risiken (vgl. das Risikoportfolio für den Segeltörn in Abb. 3.20). Die Bewertung im Beispiel ist qualitativ. Im Gegensatz hierzu können Risiken auch quantitativ bewertet werden. Quantitativ bedeutet, Auswirkung und

Eintrittswahrscheinlichkeit werden mit numerischen Werten beurteilt. In der Praxis haben sich semi-quantitative Vorgehensweisen bewährt. Es wird versucht, die Abstände zwischen den verschiedenen Schadens- und Wahrscheinlichkeitsausprägungen mittels messbarer und nachvollziehbarer Beschreibungen mehr oder weniger exakt zu bestimmen und zu interpretieren (Rohrschneider und Spang 2012, S. 137). Hierfür muss sich das Team auf einen Bewertungsmaßstab einigen. Die Eintrittswahrscheinlichkeit kann in Prozent gemessen werden. Zu starke Differenzierungen sind nicht zu empfehlen, da sie den Bewertungsprozess unnötig erschweren und einen Genauigkeitsgrad vortäuschen, der nur schwer zu rechtfertigen ist. Bewertungsmaßstäbe für die zu erwartende Auswirkung zu definieren, die allgemeingültigen Charakter haben, ist schwierig. Larson und Gray machen hierzu einen Vorschlag (Abb. 3.18). Besser ist es, wenn das Projektteam – gemeinsam und bezogen auf das konkrete Projekt – einen Bewertungsmaßstab entwickelt (Abb. 3.20). Es ist auch möglich, den potenziellen Schaden monetär zu bewerten. Die tatsächliche Bewertung der Risiken ist letztlich immer subjektiv, auch wenn objektive Daten, wie z. B. Unfallstatistiken einfließen.

Im Hinblick auf Risiken, die sich aus der technischen Lösung eines Produkts ergeben, gibt es vielfältige Methoden, diese zu analysieren und zu bewerten, z. B. Fehlermöglichkeits- und Einflussanalyse (Failure Mode Effects and Criticality Analysis – FMECA), Worst Case Szenario and – Analysis, Reliability (Zuverlässigkeits-) und Safety-Analysen. Diese Analysen und Berechnungen sind oft Teil der fachlichen Arbeit im Projekt.

Risikomaßnahmen planen, bewerten und auswählen Prinzipiell gibt es vier **Strategien** zum Umgang mit Risiken (Abb. 3.19):

| Projektziele | Maßstab zur Bewertung der Auswirkung bei Risikoeintritt | | | |
	1 niedrig	2 mittel	3 hoch	4 sehr hoch
Kosten	< 10% höhere Kosten	10-20% höhere Kosten	21-40% höhere Kosten	≥ 40% höhere Kosten
Termine	< 5% Terminverzug	5-10% Terminverzug	11-20% Terminverzug	≥ 20% Terminverzug
Projektumfang	Reduktion kaum merklich	Geringfügig reduziert	Stark reduziert	Reduktion für den Sponsor unakzeptabel
Qualität	Reduktion kaum merklich	Nur sehr anspruchsvolle Merkmale sind betroffen	Genehmigung des Sponsors erforderlich	Qualitätsminderung für den Sponsor unakzeptabel

Abb. 3.18 Maßstab zur Bewertung der Auswirkungen bei Risikoeintritt. (In Anlehnung an Larson und Gray 2014, S. 211)

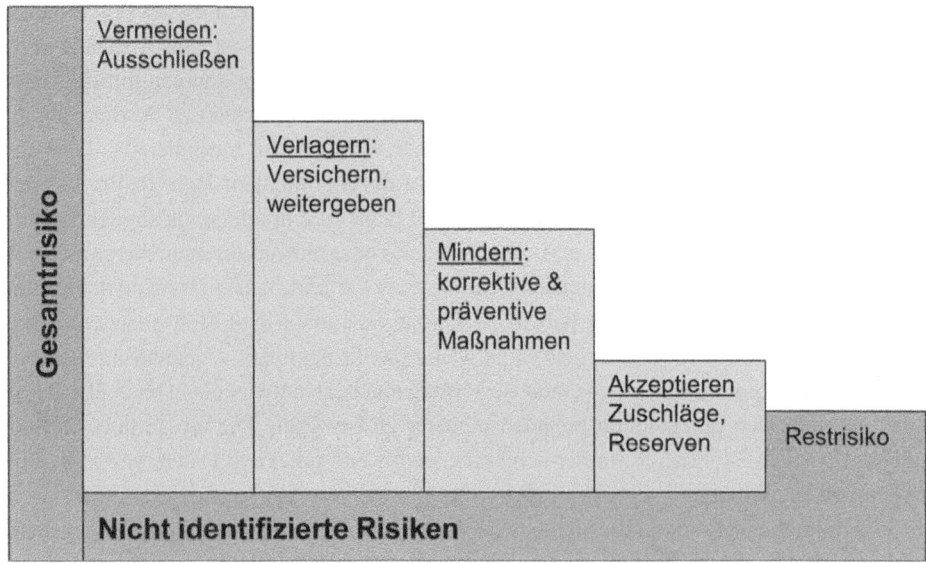

Abb. 3.19 Strategien zum Umgang mit Risiken. (In Anlehnung an Rohrschneider und Spang 2012, S. 143)

1. Risiken vermeiden.
   Es werden Maßnahmen ergriffen, die verhindern, dass das Risiko überhaupt eintreten kann, z. B. indem eine Anforderung gestrichen wird, oder im schlimmsten Fall, das Projekt eingestellt wird.
2. Risiken auf andere verlagern.
   Das Risiko, genauer der Schaden, der bei Eintritt des Risikos entsteht, wird auf andere Organisationen überwälzt, z. B. durch den Abschluss einer Versicherung oder durch einen entsprechenden Vertrag mit dem Auftraggeber oder dem Lieferanten.
3. Risiken vermindern.
   Risiken können vermindert werden, indem die Eintrittswahrscheinlichkeit und/oder der potenzielle Schaden reduziert werden. Zusätzliche Tests und Proben können verhindern, dass ein Lieferergebnis fehlerhaft ist oder ein Segelmanöver schiefgeht. Die Bereitstellung von Ersatzmaterial reduziert die Auswirkung, wenn etwas beschädigt wird. Diese Maßnahmen umfassen präventive und korrektive Maßnahmen.
4. Risiken ohne Veränderungen akzeptieren.
   Das Risiko wird in Kauf genommen, aber weiter beobachtet. Dies trifft vor allem für Risiken zu, die einen geringen Risikolevel haben, so dass es sich nicht lohnt Maßnahmen zu ergreifen, weil der Aufwand hierfür als zu hoch eingeschätzt worden ist. Diese Risiken werden jedoch auf der Liste zu beobachtender Risiken (Watchlist) geführt, da unklar ist, was weiter aus ihnen werden kann.

Risikomaßnahmen werden in mehreren aufeinanderfolgenden Schritten entwickelt und umgesetzt:

- Zunächst werden für die Risiken mit hohem Risikolevel Strategie und mögliche Maßnahmen entwickelt.
- Dann wird der Aufwand für die beschriebenen Maßnahmen geschätzt.
- Aus den entwickelten Maßnahmen werden diejenigen ausgewählt, die das Team für geeignet hält.
- Die ausgewählten Maßnahmen werden eingeleitet und überwacht.

Das Risikomanagement kann noch weiter verfeinert werden, indem bestimmt wird, welche Ereignisse oder Situationen darauf hinweisen, dass der Eintritt eines Risikos bevorsteht. Der Project Management Body of Knowledge des Project Management Institute spricht in diesem Zusammenhang von einer **Triggerbedingung** (PMI 2017a, S. 723).

Die ausgewählten Risikomaßnahmen müssen eingesteuert werden. Das bedeutet, Projektstrukturplan oder bestimmte Arbeitspaketbeschreibungen werden um die Risikomaßnahmen ergänzt. Ebenso müssen Kosten- und Aufwandsplanung sowie die Terminplanung angepasst werden. Für Risiken, die akzeptiert werden, sind im Prinzip Reserven einzuplanen. In der Praxis ist dies nicht immer einfach umzusetzen.

Risikomaßnahmen und Risikomanagement im Projektablauf verstetigen Mit der Planung und Auswahl der Maßnahmen ist es nicht getan. Die Risiken im Projekt und die Wirkung der Maßnahmen müssen kontinuierlich überwacht werden. Auch Bewertung und Identifikation der Risiken sind Arbeitsschritte, die in regelmäßigen Abständen wiederholt werden müssen, weil Risiken sich ändern. Das betrifft sowohl die Bewertung der bereits identifizierten Risiken als auch die Tatsache, dass neue Risiken entstehen, die bewertet und behandelt werden müssen, während andere Risiken entfallen können. Damit sichergestellt ist, dass die erforderlichen Schritte des Risikomanagements regelmäßig erledigt werden, müssen dafür Zeitpunkte und Form festgelegt werden.

Aus Risiken lernen. Die Erfahrungen aus dem Risikomanagement können für zukünftige Projekte sehr wertvoll sein, um Risiken besser einzuschätzen und Zeit zu sparen. Im Abschlussbericht des Projekts kann das Team Vorschläge zur Aktualisierung oder Erweiterung der Risikocheckliste dokumentieren.

Das Risikoregister ist das Dokument, das die Ergebnisse des Risikomanagements enthält. Die Autoren empfehlen folgende Inhalte:

- Versionsnummer und Datum der Erstellung
- Risikoidentifikation
  - Risiko Nr. als eindeutige Identifizierung, z. B. R001
  - Nr. des/der betroffenen Arbeitspakete

- Übergeordnetes Thema/Risikobezeichnung (z. B. Wetter, Unfälle) hier empfiehlt sich die Anknüpfung an eine Systematik, damit die Chance steigt, möglichst alle relevanten Risiken zu erkennen.
- Risikobeschreibung durch Wenn-dann-Aussagen: Wenn … eintritt, dann passiert …
- Risikobewertung
  - Eintrittswahrscheinlichkeit
  - Auswirkung
  - Risikolevel
  - Hauptsächlich betroffenes Projektziel (Termine, Kosten, Leistung)
  - Eine Erläuterung der gewählten Maßstäbe zur Einschätzung der Eintrittswahrscheinlichkeit und der Auswirkung.
- Risikomaßnahmen
  - Risikostrategie
  - Inhaltliche Beschreibung der Maßnahmen, eventuell differenziert nach Maßnahmen, die die Eintrittswahrscheinlichkeit reduzieren und Maßnahmen, die den voraussichtlichen Schaden verringern.
  - Aufwand für die Maßnahmen bewerten
- Risikomaßnahmenplan zur kontinuierlichen Überwachung
  - Beschreibung der ausgewählten Maßnahmen
  - Risk Owner
  - Status: offen oder erledigt.

Das Risikoregister muss kontinuierlich aktualisiert werden. Diese regelmäßige Aktualisierung ist wichtiger als eine möglichst lange Liste identifizierter Risiken. Daher ist es besser, wenige relevante Risiken zu identifizieren und zu bewerten und diese dann zu managen. Das Risikoregister muss, wie alle anderen Pläne auch, stets mit Versionsnummer und Erstellungsdatum gekennzeichnet werden.

Wann und wer ist am Risikomanagement beteiligt?
Risiken müssen im Projekt so früh wie möglich, also bereits im Business Case, untersucht werden. Je früher im Projekt die Risikobetrachtung erfolgt, desto einfacher ist es, aus den identifizierten Risiken Chancen abzuleiten. Die Erstellung des Risikoregisters erfolgt spätestens in der Planungsphase. Risikomanagement ist ein kontinuierlicher Prozess im Projekt, dessen Sicherstellung dem Risikomanager obliegt. Unterstützung leisten die Teammitglieder und bei Bedarf weitere Stakeholder. Nur dann, wenn verschiedene Perspektiven in die Risikoanalyse einfließen, ist davon auszugehen, dass die relevanten Risiken entdeckt werden. Risiken müssen zu festgelegten Zeitpunkten, am besten zu bestimmten Meilensteinen, einem Review unterzogen werden und das Risikoregister entsprechend den Ergebnissen aus dem Review aktualisiert werden.

Wichtige Begriffe
- Eintrittswahrscheinlichkeit – Probability of Occurence
- Auswirkung – Impact
- Projektrisiko – Project Risk
- Risiko – Risk
- Risikolevel – Risk Level
- Risikomanagement – Risk Management
- Risikoportfolio – Risk Portfolio
- Risikoregister – Risk Register
- Risiko Verantwortlicher – Risk Owner
- Triggerbedingung – Trigger Condition
- Watchliste – Watchlist

Quellen für weiterführende Informationen

Ebert, C. (2013). *Risikomanagement kompakt. Risiken und Unsicherheiten bewerten und beherrschen* (2., überarbeitete und erweiterte Aufl.). Berlin: Springer Vieweg.

Rohrschneider, U. (2006). *Risikomanagement in Projekten*. München: Rudolf Haufe.

Rohrschneider, U., & Spang, K. (2012). Risiken und Chancen. In M. Gessler (Hrsg.), *Kompetenzbasiertes Projektmanagement (PM3)* (5. Aufl., Bd. 1, S. 123–153). Nürnberg: GPM Deutsche Gesellschaft für Projektmanagement e. V.

Romeike, F. (2014). *RiskNET*. The risk management network. http://www.risknet.de.

Romeike, F., & Hager, P. (2013). *Erfolgsfaktor Risiko-Management 3.0. Methoden, Beispiele, Checklisten. Praxishandbuch für Industrie und Handel* (3. Aufl.). Wiesbaden: Springer Gabler.

3.3.2 Risiken im Projekt Segeltörn managen

„Segeln ist gefährlich" das hört man landauf landab von vielen Menschen. Wie gefährlich ist es nun wirklich und im Vergleich zu anderen Transportmitteln? Jede Bootstour, ob auf der Jolle oder dem Dickschiff, ist gegenüber dem Aufenthalt an Land mit einem höheren Unfallrisiko behaftet. Nach Angaben des bundesweit größten Sportversicherers, der ARAG, kommt auf 15 verletzte Fußballspieler ein verunglückter Segler. Ganz von der Hand zu weisen ist das Gefahrenpotenzial für Mensch und Material also nicht. Wenn etwas beim Segeln passiert, so die ARAG – Statistik, handelt es sich oft um schwere Unfälle, wie Kopfverletzungen oder Kollisionen mit hohen Sachschäden (ARAG 2014).

Die Bundesstelle für Seeunfalluntersuchung in Hamburg berichtet in ihrem Jahresbericht 2013 für einen Zeitraum von 11 Jahren (2003 bis 2013) insgesamt 1417 gemeldete Unfälle mit Sportbooten, d. h. ca. 129 pro Jahr. Für die Jahre 2012 und 2013 verursachte die Berufs- und Sportschifffahrt im Durchschnitt 440 gemeldete Seeunfälle, davon ca. 11–18 schwere Unfälle, z. B. mit Todesfolge (Bundesstelle für Seeunfalluntersuchung 2014, S. 21).

Die **Unfallursachen** gehen auf die folgenden Fehler und Unzulänglichkeiten zurück
(Bundesstelle für Seeunfalluntersuchung 2006, S. 16):

- Mangelnde Praxis in Mensch-über-Bord Manövern.
- Rettungswesten werden nicht getragen. 2005 trugen alle diejenigen, die starben, nachdem sie über Bord gefallen waren, keine Rettungswesten.
- Kein Gebrauch der Seenotmittel.
- Überschätzung der Qualifikation.
- Fehlende Sicherheitseinweisung und Unterrichtung der Personen an Bord.
- Unangemessene Reiseplanung.

Eine Analyse von 131 Verletzungen ergab besondere Unfallschwerpunkte beim Segeln
oder bei Tätigkeiten auf dem Segelboot. Die am stärksten gefährdeten Körperteile des
Seglers sind (Schönle 2004, S. 5):

- Die Hand mit 35,1 % aller Verletzungen.
- Der Kopf mit 21,3 % aller Verletzungen.

Entsprechende Vorkehrungen, z. B. das Tragen von Handschuhen, mindern die Verletzungsgefahr. Über 80 % der Schiffsunfälle werden in den verschiedenen Statistiken auf
menschliches Versagen zurückgeführt. Der Mensch und sein Verhalten ist das Risiko: Das
Verhalten der handelnden Personen, die einzelnen Mitglieder der Crew und deren Gebrauch
der Rettungsmittel. Ferner sind auch die Risiken zu beachten, die aus den Rahmenbedingungen resultieren. Hierzu zählen das Leben an Bord (soziale Dichte), Wetter, insbesondere
Wind, Segelgebiet, Wassertiefe und Material, z. B. Schiff und Schiffsausrüstung und Karten.
    Auf dieser Basis ergeben sich folgende **Themenfelder für potenzielle Risiken:**

- Crewmitglieder (Qualifikation, Praxis, Selbsteinschätzung)
- Besondere Gefahrensituationen an Bord („Mensch-über-Bord" Manöver, Starkwind, Unfälle)
- Leben an Bord (soziale Dichte)
- Reiseplanung für den Törn, Wetter, Segelgebiet, Routenplanung
- Schiff, Schiffsausrüstung, Charterunternehmen.

Die Crew bewertet die Risiken und entwickelt dem Risikolevel entsprechend geeignete
Maßnahmen, aus denen sie wiederum die zutreffenden auswählt. Die Bewertung der einzelnen Risiken und die Eintrittswahrscheinlichkeit ist subjektiv und abhängig davon, wie
viel Erfahrung und Praxis die Crewmitglieder mitbringen. So werden erfahrene Hochseesegler und Crews Risiken anders einschätzen als Anfänger oder Nichtsegler. Die Betrachtung der Risiken, deren Bewertung und das Einleiten von Maßnahmen müssen über die
gesamte Projektdauer erfolgen, d. h. das Risikoregister wird kontinuierlich überprüft,
nicht mehr vorhandene Risiken markiert und zusammen mit den nicht behandelten Risi-

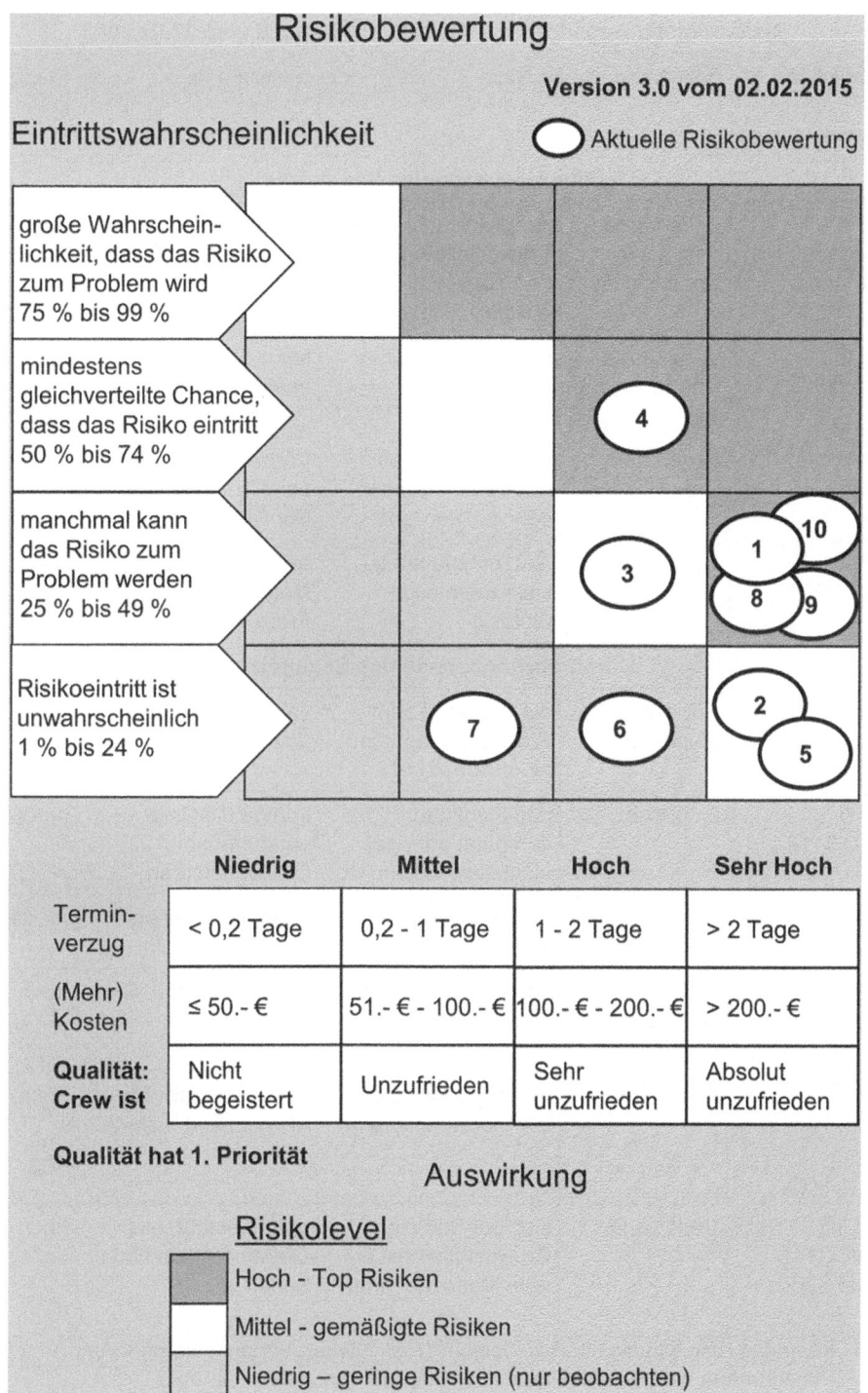

Abb. 3.20   Risikoportfolio für das Projekt Segeltörn

Risikoregister Segeltörn[1.] – Auszug Version 3.0 vom 02.02.2015				
Risiko-Nr. Betroffene Arbeitspakete	Bezeichnung	Risiko "wenn..."	Auswirkung "dann..."	Risiko Level
Planungsphase des Segeltörns				
R 1 AP 1100 AP 1200 AP 2100	Erwartungen der Crewmitglieder	die Erwartungen der Crewmitglieder an den Törn nicht erfüllt werden	ist das ganze Projekt (der Törn) ein Misserfolg	hoch
R 2 AP 2500	Vercharterer & Chartervertrag	der Vercharterer in Konkurs gerät	kann der Törn ausfallen	mittel
R 3 AP 1100 AP 2200	Aufgaben & Rollen der Crewmitglieder	Aufgaben und Verantwortungen nicht oder ungenau definiert werden	entstehen in der Vorbereitung und beim Törn unnötige Konflikte	mittel
R 4 AP 2300	Törnplanung	die Törnstrecke zu viele Seemeilen umfasst	ergeben sich kaum Möglichkeiten für Freizeitgestaltung	hoch
Durchführungsphase des Segeltörns				
R 5 AP 3110	Autofahrt zum Flughafen	die Crew auf dem Weg zum Flughafen einen Unfall hat	verpasst die Crew das Flugzeug	mittel
R 6 AP 3110	Flugreise	das Flugzeug verspätet oder gar nicht starten kann	kommt die Crew verspätet am Zielflughafen an	niedrig
R 7 AP 3120	Schiffs- übernahme	die Übernahme unpünktlich erfolgt	kann die Crew erst später lossegeln	niedrig
R 8 AP 3210	Wetter- vorhersage	die Vorhersagedaten nicht präzise sind	können Schiff u. Crew in einen Sturm geraten	hoch
R 9 AP 3140 AP 3260	Starkwind	wenn Starkwind bzw. ein Sturm aufkommt	besteht Gefahr für Mensch und Material	hoch
R 10 AP 3140 AP 3260	Verletzung	sich auf See ein Crewmitglied bei ei- nem Manöver verletzt	dann besteht u.U. Gefahr für Leib und Leben	hoch

1. Für jedes Risiko muss ein Risikoeigner (*Risk Owner*) benannt werden. Aus Platzgründen wurde in diesem Beispiel darauf verzichtet.

Abb. 3.21 Risikoregister Segeltörn (Auszug)

Risikoregister Segeltörn (Fortsetzung)			
Risiko-Nr.	Haupt Effekt	Mögliche Maßnahmen	Status
Planungsphase des Segeltörns			
R 1 AP 1100 AP 1200 AP 2100	Qualität	• Genaue Analyse der Erwartungen • Durchführung von Vorbesprechungen • Gemeinsame Stakeholderanalyse • Priorisierung der Erwartungen	offen
R 2 AP 2500	Kosten	• Reisesicherungsschein anfordern • Versicherung abschließen	offen
R 3 AP 1100 AP 2200	Qualität	• Besprechungen vor Beginn des Törns • Erwartungen und Fähigkeiten der Crewmitglieder bei der Aufgabenverteilung berücksichtigen	offen
R 4 AP 2300	Qualität	• Wetterbedingungen einplanen • Angemessenen Tagesplan definieren • Reserven einplanen	offen
Durchführungsphase des Segeltörns			
R 5 AP 3110	Kosten	• Taxi zum Flughafen nehmen • Öffentliche Verkehrsmittel benutzen • Mehr Zeit für die Anfahrt einplanen	offen
R 6 AP 3110	Zeit	• Zuverlässige Fluggesellschaft auswählen • Alternativen der Weiterreise vor Beginn des Törns prüfen	offen
R 7 AP 3120	Zeit	• Verspätung hinnehmen • Auswahl eines zuverlässigen Vercharterer	offen
R 8 AP 3210	Qualität	• Verschiedene Wettervorhersagen nutzen • Systeme zu Hause testen • Hafenmeister & Einheimische befragen	offen
R 9 AP 3140 AP 3260	Qualität	• Mensch und Material sichern • Rettungsweste und "Life Belt" anlegen • Reffen, abwettern & Kurs ändern • Erfahrene Crewmitglieder einsetzen	offen
R 10 AP 3140 AP 3260	Qualität	• Erste Hilfe leisten & ggf. nächsten Hafen anlaufen • Seenotrettung anfordern (Kanal 16) • Schiffskoordinaten übermitteln	offen

Abb. 3.21   (Fortsetzung)

ken als sogenannte Watchlist weiter geführt. Die Nummerierung bleibt erhalten. Das Risiko wird beim Wiederaufflackern erneut besprochen und erforderliche Maßnahmen werden eingeleitet oder wieder aufgenommen. Neu auftretende Risiken werden in das Register eingepflegt und entsprechend bearbeitet.

Das **Risikoportfolio** zeigt die Risikobewertung (Abb. 3.20):

- Die Einschätzung der Eintrittswahrscheinlichkeit.
- Die Einschätzung der Auswirkung, bewertet anhand der Projektziele Termine, Kosten und Qualität. Bei differierenden Auswirkungsgraden hat die Auswirkung auf die Qualität erste Priorität. Diese ist maßgebend für die Einstufung der Auswirkung in niedrig, mittel, hoch oder sehr hoch.
- Risikolevel als Kombination von Eintrittswahrscheinlichkeit und Auswirkung.
- Das Qualitätsziel „Sicherheit" hat absoluten Vorrang und ist ein K.-o.-Kriterium.

Das **Risikoregister** ist auszugsweise und beispielhaft zu einem frühen Zeitpunkt, d. h. in der Planungsphase des Segeltörns erstellt worden (vgl. Abb. 3.21). Es enthält neben anderen Informationen auch die Risikobewertung, ausgedrückt im Risikolevel. Es ist subjektiv und erhebt keinen Anspruch auf Vollständigkeit, auch nicht auf die richtige Auswahl der Einzelrisiken oder die richtige Bewertung der Eintrittswahrscheinlichkeit und der Wirkung des Risikos. Dasselbe gilt für die Wahl der einzuleitenden Maßnahmen. Es handelt sich eben um die Einschätzung einer bestimmten Crew zu einem bestimmten Zeitpunkt.

Die kontinuierliche Bearbeitung der Risiken ist sehr wichtig, um auch während der Durchführungsphase die tatsächlichen Risiken ermitteln und behandeln zu können. Das gilt beim Segeln, bei der Durchführung von Projekten und im Leben. Die Autoren wünschen den Lesern beim Managen ihrer Risiken allzeit Mast und Schotbruch.

3.4   Qualität planen

Das Thema Qualität ist vielschichtig und Qualitätsmanagement eine eigene Disziplin. Aber wie kann Qualität im Projekt erzeugt werden? Zum einen sind die Gegebenheiten des Projekts und das kontinuierliche Qualitätsmanagement der ausführenden Organisation aufeinander abzustimmen. Zum anderen muss die Projektleitung zusammen mit dem Team ein Qualitätsverständnis für das konkrete Projekt entwickeln, planen und umsetzen, d. h. eine Qualitätsorientierung für das Projekt gestalten, die im Qualitätsplan dokumentiert wird. Eine Anleitung für Qualitätsmanagement in Projekten gibt die DIN ISO 10006:2019-04. Qualitätsmanagement – Leitfaden für Qualitätsmanagement in Projekten (ISO 10006:2017) die in deutscher und englischer Sprache vorliegt. Sie skizziert Grundsätze und Methoden des Qualitätsmanagements, deren Umsetzung für das Erreichen von Qualitätszielen in Projekten wichtig ist.

3.4.1 Qualität in Projekten erzeugen

Was ist Qualität und was ist Qualitätsmanagement in Projekten?
Was ist Qualität, wie sieht eine gute Qualität aus, wie eine schlechte? Qualität kann je nach Branche sehr unterschiedlich definiert sein, beispielsweise:

- Luftfahrtlinien: pünktlich, komfortabel.
- Medizin: korrekte Diagnose, schnelle Behandlungserfolge.
- Post: schnelle Zustellung, korrekte Lieferung.
- Restaurant: schmackhaftes Essen, kurze Servierzeiten.

Qualität zeigt an, in welchem Maße ein Produkt oder eine Dienstleistung den definierten Anforderungen entspricht. Qualität kann als schlecht, gut oder ausgezeichnet beschrieben werden.

▶ **Qualität – Quality** „Grad, in dem ein Satz inhärenter Merkmale Anforderungen erfüllt." Merkmale sind dann inhärent, wenn sie als ständiges Merkmal nachweisbar oder objektiv messbar sind, wie z. B. Länge, Breite, Gewicht, Materialspezifikationen (DIN EN ISO 9000:2015-11, S. 18).

▶ **Qualitätsmanagement – Quality Management** „Qualitätsmanagement beschreibt aufeinander abgestimmte Tätigkeiten zum Leiten und Lenken einer Organisation bezüglich Qualität" und umfasst „üblicherweise das Festlegen der Qualitätspolitik und der Qualitätsziele, die Qualitätsplanung, die Qualitätslenkung, die Qualitätssicherung und die Qualitätsverbesserung" (DIN EN ISO 9000:2015-11, S. 21).

Für Projekte gilt, dass Qualitätsmanagement zwei Aspekte berücksichtigt, die Produktqualität und die Prozessqualität, wobei die Produktqualität im Wesentlichen durch die angemessene Definition der Anforderungen und Anforderungsmanagement gestaltet wird (vgl. Abschn. 3.1).

▶ **Produktqualität in Projekten** Produktqualität ist dann erreicht, wenn das Projektteam genau die Liefergegenstände liefert, die der Kunde bestellt hat, wobei die Qualität der Liefergegenstände exakt den gemeinsam definierten Anforderungen entspricht.

▶ **Prozessqualität in Projekten** Prozessqualität betrifft die erforderlichen Prozesse der Produktentwicklung und -realisierung und des Projektmanagements und ist dann erreicht, wenn die gemeinsam im Projekt definierten Qualitätsziele für diese Prozesse erfüllt sind.

Gute Prozesse führen zu guten Ergebnissen, also zu guten Produkten, d. h. zu guten Projektliefergegenständen. Qualitätsmanagement in Projekten berücksichtigt diese Sichtweise. Wobei auch gilt, das Projekt hat dann eine gute Qualität, wenn die Erwartungen des Kunden und der Stakeholder voll erfüllt werden. Denn sind die mit dem Kunden vereinbarten Anforderungen objektiv nachweisbar erfüllt, bedeutet dies indes nicht notwendigerweise, dass die Kundenzufriedenheit damit zwangsläufig sichergestellt ist (DIN EN ISO 9000:2015-11, S. 19). Der Qualitätsgedanke enthält zusätzlich zur objektiven auch eine subjektive Komponente. Die Kano-Theorie berücksichtigt diesen Aspekt und leitet Kundenzufriedenheit nicht von der Leistung des Ergebnisses ab, sondern geht von der Sichtweise des Kunden aus, indem sie Basis-, Leistungs- und Begeisterungsfaktoren unterscheidet und deren Wirkung auf die Zufriedenheit des Kunden analysiert, was beim Requirements Engineering unter Umständen entsprechend zu berücksichtigen ist. Nähere Ausführungen zu diesem Aspekt behandelt das Kapitel Anforderungen definieren (vgl. Abschn. 3.1).

Qualität in Projekten muss das Qualitätsmanagement der Trägerorganisation berücksichtigen. Gute Handwerker sagen: „Kein Pfusch am Bau", mit anderen Worten, Qualität wird im Prozess, d. h. beim Bauen des Hauses erzeugt. Aber nicht erst beim Bauen, schon bei der Definition der Anforderungen, beim Design und allen weiteren Prozessen werden unterschiedliche Qualitätsleistungen erzeugt. Kunden erwarten eine bestimmte Qualität, für die sie bezahlen. Dabei setzen sie voraus, dass das mit der Durchführung des Baus beauftragte Unternehmen einen gewissen Qualitätsstandard einhält. Dieser Standard wird in der ISO-9000-Familie beschrieben, in dem jeweiligen Unternehmen in Form eines Qualitätsmanagementsystems umgesetzt und in einem unternehmensspezifischen Qualitätshandbuch beschrieben. Erfüllt eine Organisation die Anforderungen der ISO 9000/9001, kann sie, nach Überprüfung durch externe Auditoren, eine „ISO – Zertifizierung" erhalten. Diese Zertifizierung bestätigt, dass die in dem Qualitätshandbuch beschriebenen Prozesse geeignet sind, Qualität zu erzeugen, jedoch nicht, ob das von dem Unternehmen produzierte Produkt gute oder schlechte Qualität besitzt.

Die im **Qualitätshandbuch einer Organisation** dokumentierten Prozesse treffen in der Regel auch Festlegungen für Entwicklungsprozesse und damit für das Projektmanagement. So kann z. B. geregelt sein, dass nach dem V-Modell XT zu verfahren ist. Eventuell existiert sogar ein **Projektmanagementhandbuch**. Auf jeden Fall ist das Qualitätshandbuch und, wenn vorhanden, das Projektmanagementhandbuch des Unternehmens oder der Behörde maßgebend für das Qualitätsmanagement im Projekt. Eine Abbildung veranschaulicht den Zusammenhang (Abb. 3.22). Besondere Herausforderungen entstehen,

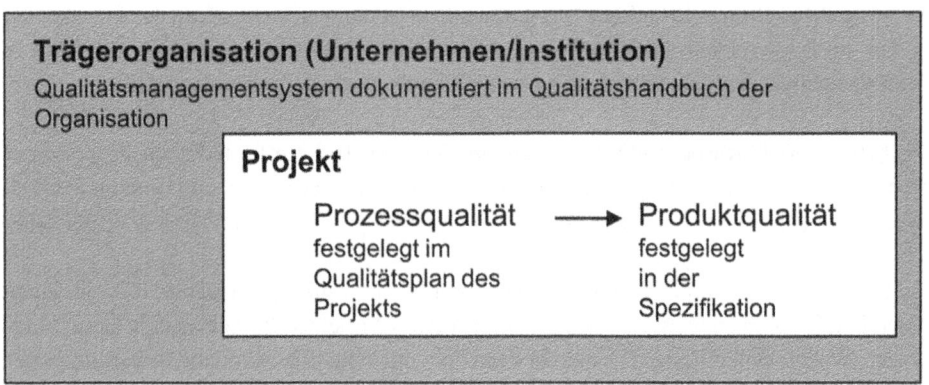

Abb. 3.22 Qualitätsmanagement der Trägerorganisation und Qualitätsmanagement im Projekt

wenn an dem Projekt mehrere Organisationen beteiligt sind, die jeweils eigene Qualitätsmanagementsysteme und Auffassungen zum Projektmanagement haben.

Weshalb ist Qualitätsmanagement im Projekt wichtig? Qualitätsmanagement im Projekt gewährleistet, dass die angestrebte Projektqualität erreicht wird. Es handelt sich im
weitesten Sinne um ein **Führungsinstrument**, das helfen soll, den Projekterfolg zu sichern.
Auch übergeordnete Argumente sind denkbar (vgl. auch DIN EN ISO 9000:2015-11, S. 9):

- Der Kunde kommt wieder.
- Die Beteiligten lernen.
- Ressourcen werden geschont.
- Die Beteiligten sichern ihre Existenz.
- Zufriedenheit und Vertrauen schaffen.

Eine gültige Beantwortung der Frage, was genau die Qualität im Projekt ausmacht, ist nur
für den konkreten Fall möglich. Es empfiehlt sich, erste Kriterien hierzu, nämlich die Erfolgskriterien, bereits im Projektcharter zu definieren.

Wie kommt die Qualität in das Projekt und damit in das Produkt? Qualität wird erzeugt, indem die erforderlichen Festlegungen, Verantwortlichkeiten und Prozesse zur ter-
min-, kosten- und anforderungsgerechten Fertigstellung der Liefergegenstände beschrieben werden. Ausgangspunkt hierfür sind die Qualitätsziele, die für das Projekt gelten.
Verfügt das ausführende Unternehmen über ein Qualitätsmanagementsystem oder ist es
gar zertifiziert nach ISO 9000, so beantwortet das Qualitätshandbuch diese Frage möglicherweise oder weist zumindest die Richtung. Die entsprechenden Hinweise liefern die
Kapitel „Qualitätspolitik" und „Qualitätsziele" und die Zusammenarbeit mit dem Qualitätsbeauftragten des Unternehmens oder der Behörde. Ist der Rückgriff auf ein existieren-
des Qualitätsmanagementsystem nicht möglich, müssen alle Überlegungen zum Thema
Qualität im Projekt getroffen werden.

▶ **Qualitätspolitik – Quality Policy** Qualitätspolitik wird durch die oberste Leitung festgelegt und bildet den Rahmen, innerhalb dessen Qualitätsziele in einer Organisation bestimmt werden (DIN EN ISO 9001:2015-11, S. 22)

▶ **Qualitätsziel – Quality Objective** Die Organisation muss Qualitätsziele für relevante
Funktionen, Ebenen und Prozesse, also auch Projekte festlegen. Diese Qualitätsziele müssen messbar sein und überwacht werden (DIN EN ISO 9001:2015-11, S. 24/25).

Qualitätsziele im Projekt beantworten die Fragen (vgl. Abb. 3.22):

- Wie soll im Projekt gearbeitet werden?
- Welche Prioritäten werden gesetzt?
- An welchen Kriterien wird Qualität gemessen?

Die Ziele müssen durch Kriterien einschließlich ihrer Ausprägung spezifiziert werden (SMART Regel) und um entsprechende Maßnahmen und Verfahrensvorschriften ergänzt werden. Diese wirken dann handlungsleitend auf die tägliche Projektarbeit (Abb. 3.23). Der Umfang der qualitätsbezogenen Aktivitäten muss für das konkrete Projekt angepasst werden. Für kleine Projekte kann eine kurze Liste der wichtigen Qualitätsziele, wie im Beispiel Segeltörn geschehen, ausreichen (Abb. 3.25). In sehr umfangreichen Projekten kann das Qualitätsmanagement im Projekt mehrere Arbeitspakete umfassen und wird in einem eigens hierfür erstellten Qualitätsplan dokumentiert. Ausgangspunkt ist in jedem Fall, so vorhanden, das existierende, übergeordnete Qualitätsmanagementsystem der ausführenden Organisation. Dieses Vorgehen sichert im optimalen Fall zudem den **Lernprozess**, indem ausgewertete Erfahrungen in Qualitätsziele für zukünftige Projekte einfließen. Friedrich beschreibt dazu ein Beispiel:

> Die Auswertung eines Projektes in der Abschlussphase zeigt, dass die mangelnde Zuweisung von Verantwortlichkeiten zu Problemen im Projekt führte. Als Qualitätsziel wird nun für zukünftige Projekte das Kriterium „Die Rollenverteilung im Projekt muss vom internen Auftraggeber bestätigt sein, bevor 5 % des Projektbudgets verbraucht sind" vorgegeben. (Friedrich et al. 2009, S. 121)

Für die Definition der Qualitätsziele eines Projekts bietet es sich an, auf Bestehendes zurückzugreifen. Das Qualitätsmanagementsystem der Organisation wurde bereits erwähnt. Darüber hinaus können organisationsunabhängig die **sieben Grundsätze des Qualitätsmanagements**, wie sie die Normen der ISO-9000-Familie beschreiben, als Orientierung dienen (vgl. Tab. 3.4). Die Normen der ISO-9000-Familie beschreiben die Anforderungen an Qualitätsmanagementsysteme im Allgemeinen während die DIN ISO 10006:2019-04 Qualitätsmanagement – Leitfaden für Qualitätsmanagement in Projekten, als Teil der ISO-9000-Familie, speziell auf das Thema Projektmanagement eingeht.

Eine weitere Unterstützung bietet das **Project Excellence Modell** (Abb. 3.24). Es wurde 1996 von der GPM Gesellschaft für Projektmanagement Deutschland e. V. entwickelt und ist die Grundlage für den Deutschen Project Excellence Award der GPM (2019). Exzellenzmodelle für Organisationen beruhen auf den gleichen Prinzipien wie Qualitätsmanagementsysteme nach den Normen der ISO-9000-Familie. Allerdings enthalten Exzellenzmodelle Kriterien, die eine vergleichende Beurteilung der Leistung von Organisationen, in diesem Fall der betrachteten Projektorganisation, ermöglichen. Das Project Excellence Modell der GPM Gesellschaft für Projektmanagement e. V. bestimmt Kriterien, auf deren Grundlage Projektleistungen bewertet und mit den Leistungen anderer Projekte verglichen werden können. Neben der Prämierung exzellenter Projektleistungen bietet das Modell Projektleitern die Möglichkeit, eine Selbstbewertung ihrer Projekte durchzuführen. Unternehmen oder Behörden können das Modell nutzen, um ihr Projektmanagement systematisch weiterzuentwickeln (GPM 2019, S. 3).

Basis für die aktuelle Version des Project Excellence Modells ist das EFQM-Excellence Modell 2013, das die Qualität von Managementsystemen in Unternehmen bewertet. Das Project Excellence Modell unterscheidet zwischen (Abb. 3.24):

Qualitätsziel	Wo	Beispiele
Liefergegenstände und Termine sind exakt definiert (vom Kunden unterschrieben).	Vertrag, Projektcharter, Spezifikation	Das Haus soll am 15.7. 2015 schlüsselfertig, einschließlich der kompletten Bauunterlagen, Dokumentation, vom Kunden abgenommen, übergeben werden.
Abnahmekriterien sind definiert und mit dem Kunden und Auftraggeber vertraglich geregelt.	Vertrag, Projektcharter, Spezifikation, Verifikationsmatrix	Haus wurde gemäß der vom Kunden unterschriebenen Spezifikation geliefert. Alle Anforderungen sind verifiziert. Alle Verifikations- und Einzeltests sind erfolgreich abgeschlossen. Die Validation (Probelauf) ist erfolgreich beendet.
Verantwortlichkeiten sind klar geregelt.	Projektcharter, RASCI Chart	Projektleitung kann über Summen bis zu 100.000.- € entscheiden. Projektmitarbeiter haben klare Beschreibungen für ihre Arbeitspakete und über den Grad ihrer Kompetenzen.
Die Erfolgsfaktoren des Projektes sind definiert.	Vereinbarung mit dem internen Auftraggeber (AG)	Projekt ist ein Erfolg, wenn es vom Kunden abgenommen, termingerecht übergeben, mit einem Gewinn von 5 % beendet wurde. Abhängig von der Höhe des Gewinns wird dem Projektteam eine leistungsabhängige Prämie gezahlt (gem. Vereinbarung mit dem Betriebsrat)
Qualitätspolitik im Projekt (Prioritäten für das magische Zieldreieck).	Qualitätsplan	Im Konfliktfall gilt grundsätzlich: Qualität geht vor Termin- und Kostentreue.
Key Performance Indikatoren (KPI's) zur Messung der Projekteffizienz.	Qualitätsplan Vereinbarung mit dem internen AG	KPI für die Dauer der Entwicklungszeit: Verhältnis Entwicklungszeit / Projektdauer bis Ende Durchführungsphase. Aufwand für Nacharbeiten.
Regeln der Zusammenarbeit im Team sind besprochen und abgestimmt.	Verbal	Meetings: Nur involvierte Mitarbeiter einladen, Teilnahme ist Pflicht (mind. 80 % der Einberufenen des Teams sind anwesend). Während der Meetings: Handys und Laptops sind ausgeschaltet.
Das Verhalten gegenüber dem Kunden und den Lieferanten ist besprochen und festgelegt.	Verbal	In welchen Projektsituationen soll Win-win-Strategie oder Win-loose-Strategie Anwendung finden. Auch „Nein " sagen, wenn z. B. Änderungen ohne weitere Bezahlung gewünscht werden.

Abb. 3.23 Beispiele für Qualitätsziele im Projekt

Tab. 3.4 Sieben Grundsätze des Qualitätsmanagements (in Anlehnung an DIN EN ISO 9000:2015-11 und DIN ISO 10006:2019-04. S. 14)

Kundenorientierung und nachhaltiger Erfolg	Organisationen hängen von ihren Kunden ab und sollten daher gegenwärtige und zukünftige Erfordernisse der Kunden verstehen, deren Anforderungen erfüllen und danach streben, deren Erwartungen zu übertreffen.
Führung und Leadership	Führungskräfte schaffen die Übereinstimmung von Zweck und Ausrichtung der Organisation. Sie sollten das interne Umfeld schaffen und erhalten, in dem sich Personen voll und ganz für die Erreichung der Ziele der Organisation einsetzen können.
Engagement von Personen	Auf allen Ebenen machen Personen das Wesen einer Organisation aus, und ihre Einbeziehung, Befähigung, Motivation und Anerkennung helfen, ihre Fähigkeiten zum Nutzen der Organisation einzusetzen.
Prozessorientierter Ansatz	Ein erwünschtes Ergebnis lässt sich effizienter erreichen, wenn Tätigkeiten und dazugehörige Ressourcen als Prozess geleitet und gelenkt werden.
Kontinuierliche Verbesserung	Die ständige Verbesserung der Leistungen, Prozesse und Produkte stellt ein permanentes Ziel der Organisation dar.
Faktengestützte Entscheidungsfindung	Wirksame Entscheidungen beruhen auf der Analyse von Daten und Informationen.
Beziehungsmanagement	Eine Organisation und ihre Lieferanten sind voneinander abhängig. Beziehungen zum gegenseitigen Nutzen erhöhen die Wertschöpfungsfähigkeit beider Seiten.

- Befähigerkriterien für das Projektmanagement und
- Ergebniskriterien für die Projektergebnisse.

Die Ergebniskriterien messen neben der objektiven Zielerreichung auch die subjektive Wahrnehmung der verschiedenen Stakeholder (GPM 2019, S. 3).

Ziele für den Projektablauf gehen darauf ein, welche Aufgaben und Verhaltensweisen sicherstellen sollen, dass Produkt und Prozessqualität im Projekt erzeugt wird. Zehn wichtige Ziele aus Sicht der Autoren sind:

1. Die zu liefernden Produkte (Liefergegenstände) wie Hardware, Software und Dokumentation des Projekts exakt beschreiben.
2. Eindeutige Anforderungen und ihre Verifikationsmethode in der Spezifikation festlegen und durch den Kunden bestätigen lassen.
3. Zu jedem Zeitpunkt des Projekts eine gültige Baseline haben.
4. Jede Änderung der Baseline nur über einen definierten Prozess mit den verantwortlichen Personen im Team durchführen.
5. Änderungen der Anforderungen oder des Designs immer mit dem Kunden schriftlich festhalten und vorher Aufwand und Bezahlung verbindlich regeln.
6. Regeln der Zusammenarbeit im Team und mit dem Kunden vereinbaren und einhalten.

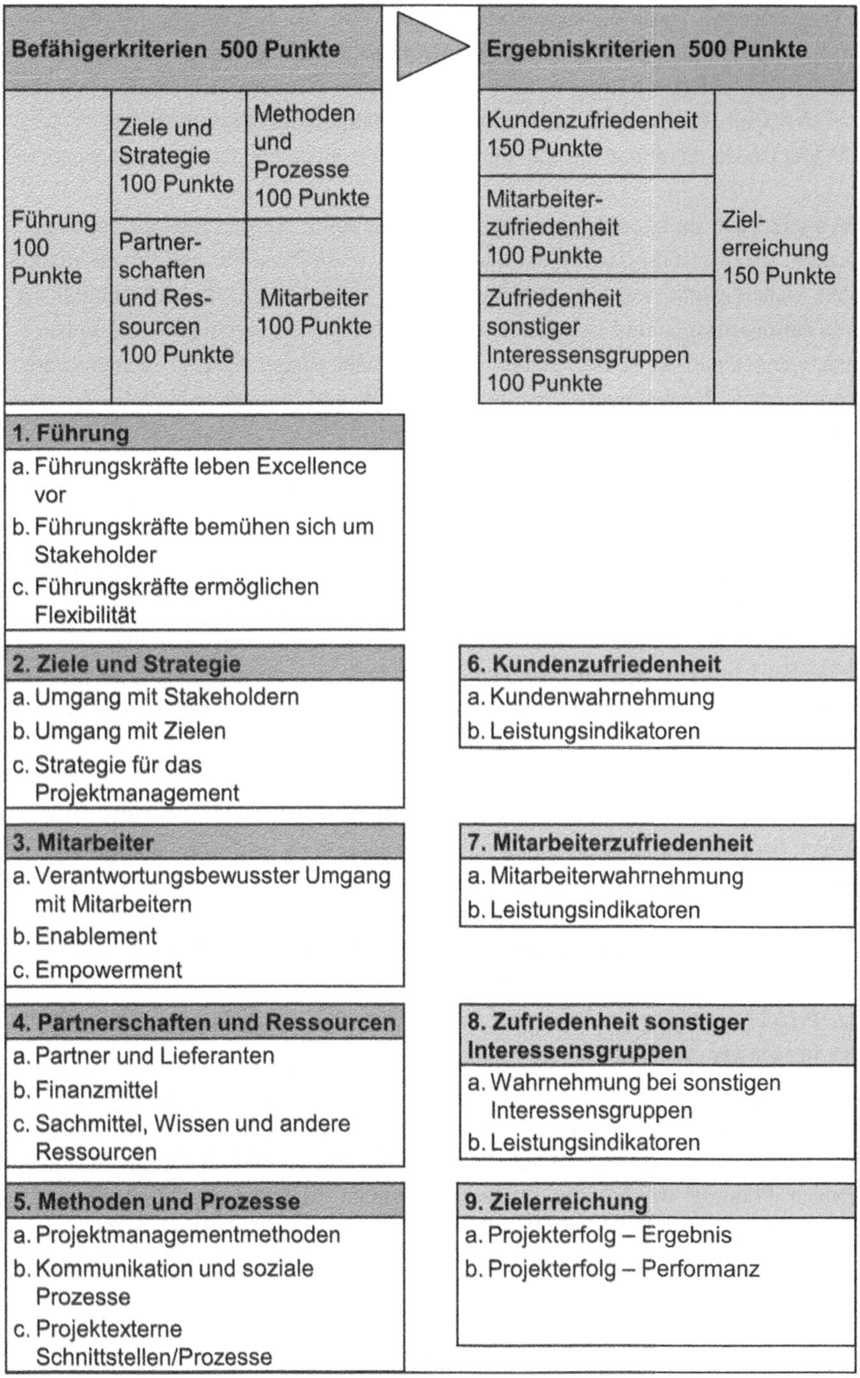

Befähigerkriterien 500 Punkte			Ergebniskriterien 500 Punkte	
Führung 100 Punkte	Ziele und Strategie 100 Punkte	Methoden und Prozesse 100 Punkte	Kundenzufriedenheit 150 Punkte	Ziel-erreichung 150 Punkte
	Partner-schaften und Ressourcen 100 Punkte	Mitarbeiter 100 Punkte	Mitarbeiter-zufriedenheit 100 Punkte	
			Zufriedenheit sonstiger Interessensgruppen 100 Punkte	

1. Führung

a. Führungskräfte leben Excellence vor

b. Führungskräfte bemühen sich um Stakeholder

c. Führungskräfte ermöglichen Flexibilität

2. Ziele und Strategie

a. Umgang mit Stakeholdern

b. Umgang mit Zielen

c. Strategie für das Projektmanagement

6. Kundenzufriedenheit

a. Kundenwahrnehmung

b. Leistungsindikatoren

3. Mitarbeiter

a. Verantwortungsbewusster Umgang mit Mitarbeitern

b. Enablement

c. Empowerment

7. Mitarbeiterzufriedenheit

a. Mitarbeiterwahrnehmung

b. Leistungsindikatoren

4. Partnerschaften und Ressourcen

a. Partner und Lieferanten

b. Finanzmittel

c. Sachmittel, Wissen und andere Ressourcen

8. Zufriedenheit sonstiger Interessensgruppen

a. Wahrnehmung bei sonstigen Interessensgruppen

b. Leistungsindikatoren

5. Methoden und Prozesse

a. Projektmanagementmethoden

b. Kommunikation und soziale Prozesse

c. Projektexterne Schnittstellen/Prozesse

9. Zielerreichung

a. Projekterfolg – Ergebnis

b. Projekterfolg – Performanz

Abb. 3.24 Das Project Excellence Modell. (Quelle: GPM 2019, S. 4)

7. Vertrauensvoll zusammenarbeiten und dabei Win-win-Ergebnisse mit dem Kunden, mit den Lieferanten, im Team und mit dem Firmenmanagement erzeugen.
8. Jeder gibt fehlerfreie Ergebnisse ab, so dass keine Nacharbeiten erforderlich sind.
9. Vier-Augen-Prinzip anwenden, dabei gilt bestätigen, nicht kontrollieren.
10. Fehler passieren immer, deshalb die Fehler offen ansprechen und gemeinsam beheben.

Ebenso wie Ziele und Liefergegenstände genau definiert werden müssen, ist es auch erforderlich, spezifisch für das Projekt darzulegen, wie die Produkt- und Prozessqualität im Projekt sichergestellt werden. Hinsichtlich der (technischen) Produktqualität ist das Thema Anforderungen und Requirements Engineering sowie die damit verbundenen Methoden, wie beispielsweise das Quality Function Deployment (QFD) beachtenswert.

Verschiedene **branchenspezifische Standards** und Vorgehensmodelle beschreiben sehr umfangreich, wie vorzugehen ist, um Qualität im Projekt zu erzeugen. Zwei Beispiele:

- Das V-Modell XT subsumiert diese Aufgaben beispielsweise unter dem Thema Qualitätssicherung.
- Für Projekte der Raumfahrt schreibt der Standard der European Cooperation for Space Standardization einen eigens für das Projekt zu erstellenden Qualitätsplan (Product Assurance-Plan) vor, der die qualitätssichernden Maßnahmen spezifiziert. Dieser Qualitätsplan kann bei kleinen Projekten ein Kapitel des Projektplans oder in größeren Projekten ein eigenständiges und umfangreiches Dokument füllen (Friedrich et al. 2009, S. 120 f.; European Space Agency 2013).

In kleinen Projekten reicht es meist aus, wenn sich die Beteiligten zu Beginn darüber verständigen, woran sie messen, ob das Projekt erfolgreich ist, und welche Regeln sie befolgen wollen, um dem Projekterfolg den Weg zu ebnen.

Wann wird das Thema „Qualität im Projekt erzeugen" bearbeitet und wer ist zuständig?
In der Projektabschlussphase wird das Projekt bewertet. Deshalb ist es sinnvoll, die Erfolgskriterien spätestens in der Definitionsphase gemeinsam mit den wichtigen Stakeholdern zu vereinbaren und zu dokumentieren und zwar am besten bei Erstellung des Projektcharters. Denn es ist besser, dass die Projektbeteiligten bereits zu Beginn des Projekts wissen, woran sie später gemessen werden (DIN 69901-2:2009-01, S. 11). In der darauffolgenden Planung werden die qualitätssichernden Maßnahmen beschrieben. In der Durchführungsphase arbeiten die Projektbeteiligten dann nach diesen Regeln.

Zu definierten Zeitpunkten, den **Meilensteinen**, wird die Projektqualität, bestehend aus Produkt- und Prozessqualität geprüft:

- Die Qualität des Produkts wird anhand der festgelegten Verifikations- und Validierungsmethoden geprüft (vgl. Abschn. 3.1.2).
- Die Qualität der Projektarbeit wird begutachtet, indem ermittelt wird, inwieweit die vereinbarten Erfolgskriterien und Qualitätsziele eingehalten worden sind.

Die Verantwortung für das Thema Qualität verteilt sich im Prinzip auf **zwei Funktionsträger**:

- den Qualitätsbeauftragten der Unternehmung und
- den Qualitätsmanager im Projekt.

Der Qualitätsbeauftragte des Unternehmens oder der Behörde ist, unabhängig vom Projekt, dauerhaft mit dem organisationsweiten Qualitätsmanagement betraut. Der Qualitätsmanager im Projekt ist für die Qualität der Projektprozesse und die Qualität der Lieferobjekte zuständig, hoffentlich nicht im Gegensatz zur Projektleitung, die sich neben der Qualität übergeordnet auf das magische Zieldreieck in seiner Gesamtheit konzentriert. In kleinen Projekten kann die Rolle durch den Projektleiter übernommen werden.

Wichtige Begriffe
- Produktqualität – Product Quality
- Produkthaftung – Product Liability
- Project Excellence Modell – Project Excellence Model
- Product Assurance Plan
- Prozessqualität – Process Quality
- Qualität – Quality
- Qualitätsmanagement – Quality Management
- Qualitätsmanagementsystem – Quality Management System
- Qualitätspolitik – Quality Policy
- Qualitätsziele – Quality Objectives

Quellen für weiterführende Informationen
Bartsch-Beuerlein, S., & Frerichs, E. (2012). Qualität. In M. Gessler (Hrsg.), *5. A. Kompetenzbasiertes Projektmanagement (PM3)*. Nürnber: GPM Deutsche Gesellschaft für Projektmanagement e. V.

Friedrich, J., Hammerschall, U., Kuhrmann, M., & Sihling, M. (2009). *Das V-Modell XT. Für Projektleiter und QS-Verantwortliche kompakt und übersichtlich*. Berlin: Springer.

Gross, B., & Wehnes, H. (5/2014). Das Project Excellence-Modell in seiner neuen Version. projekt-Management aktuell (S. 59–65).

3.4.2   Qualitätsplan für das Projekt Segeltörn

Einen Qualitätsplan für einen Segeltörn niederzuschreiben war bislang kein Thema bei bisher durchgeführten Segeltörns im Leben des Skippers. Erfahrungen aus einem „missratenen" Segeltörn, bei dem die Erwartungen, Meinungen, und Handlungen eines Teilnehmers absolut nicht mit den anderen Crewmitgliedern übereinstimmten, werfen allerdings ein neues Licht auf das Thema Qualitätsplanung. Ergebnis des missratenen Segeltörns war der frühzeitige Abbruch des Törns und ein unerfreuliches Segelerlebnis für alle Crewmitglieder. Statt, wie ursprünglich geplant, zwei Wochen gemeinsam zu segeln, traten alle Teilnehmer bereits nach einer Woche unzufrieden die Rückreise an.

Woran lag es? An Bord stellte sich schon nach einem Tag eine negative Stimmung ein, die sich von Tag zu Tag verschlechterte, ausgelöst durch die Kommentare und Handlungen einer Person, die zum Teil diametral zu den Ansichten der anderen Crewmitglieder standen. Erschwerend kam hinzu, dass, bei einem aufkommenden Starkwind, die Reffleine des Vorsegels riss und die Fock so schwer beschädigt wurde, dass sie ersetzt werden musste. Für diese Reparatur war es erforderlich, das Schiff unter Motor über 80 Seemeilen zur Charterbasis, dem Starthafen, zurück zu bringen. Diese unvorhergesehene Rücktour dauerte 2 Tage, die anschließende Reparatur weitere drei Tage. Die Crew entschied, den Törn abzubrechen und einen vorzeitigen Heimflug zu buchen. Bei dieser Crewzusammensetzung wäre es sicherlich hilfreich gewesen, wenn die Crew vor Beginn des Segeltörns im Rahmen eines Qualitätsplans gemeinsam Erfolgs- und Abbruchkriterien für den Segeltörn entwickelt und angewandt hätte.

Wie könnte ein Qualitätsplan mit Qualitätszielen einschließlich Erfolgs- und Abbruchkriterien aussehen? Ein Beispiel zeigt Abb. 3.25. Der Inhalt des Qualitätsplans muss die Erwartungen der einzelnen Teammitglieder berücksichtigen. Verschiedene Segeltörns, in unterschiedlichen Revieren und für Crews mit unterschiedlicher Erfahrung und Qualifikation werden jeweils in andersartige Qualitätspläne münden. In jedem Fall sind jedoch am Ende zwei Dinge wichtig:

- Jedes Crewmitglied weiß, wie die Qualität seines Törns sein wird.
- Jedes Crewmitglied weiß, was zu beachten ist, damit das Segelabenteuer ein Erfolg werden kann.

Qualitätsziele wurden in dem Beispiel des missratenen Törns nicht erarbeitet. In der Folge resultierten daraus Abbruch, Unzufriedenheit und finanzieller Schaden. Das war ein misslungenes Projekt. Ob ein Qualitätsplan dieses unbefriedigende Projektergebnis verhindert hätte, bleibt unbeantwortet. Die Autoren empfehlen trotzdem, vor Beginn und während der Durchführung eines Segeltörns über die einzelnen Punkte des Plans zu sprechen. Somit ist auch nach Ende des Törns die beschriebene Faszination des Segelns für jeden einzelnen der Teilnehmer weiterhin von Bestand.

3.5   Projektablauf und Termine planen

Zeit ist eine der drei Zielgrößen des magischen Dreiecks und die Einhaltung des Endtermins ein maßgeblicher Faktor für den Projekterfolg. Um dieses Ziel zu erreichen, ist eine angemessene Termin- und Ablaufplanung notwendig. Phasenkonzept und Meilensteine zerlegen den Projektablauf in erste wichtige Etappen.

Qualitätsplan für einen Segeltörn		
Qualitätsziel	**WO**	**Beispiel**
Der Segeltörn ist exakt definiert.	Crewvertrag, Chartervertrag: Beschreibung des zu charternden Schiffes und seiner Ausstattung.	Der Crewvertrag beschreibt und regelt in: § 1 Chartervertrag und Schiff § 2 Skipper und Co-Skipper Verantwortung § 3 Kosten des Törns § 4 Rücktrittsrecht § 5 Gegenseitige Haftung
Die Erfolgs- und Abbruchkriterien sind gemeinsam besprochen und fixiert.	Mündlich beim Crewtreffen vor dem Törn oder/und schriftlich im Anhang zum Crewvertrag.	Törn ist erfolgreich, wenn 2/3 der Crewmitglieder zufrieden sind. Abbruch (ohne Kostenerstattung), wenn mehr als die Hälfte der Crew unzufrieden ist. Ausschluss einer Person vom Törn durch Mehrheitsentscheid der Crew.
Verantwortlichkeiten sind klar geregelt.	Crewliste (für Skipper und Co) Gemeinsam erarbeitetes RASCI-Chart	Der Skipper trägt die Verantwortung für die Crew und das Schiff und ist weisungsberechtigt.
Die Regeln über das Verhalten an Bord sind mit der Crew besprochen und abgestimmt.	Verbal	Jeden Tag morgens ein „Briefing" und abends ein „De-briefing". Jeder kann offen seine Meinung sagen und alle hören zu. Bei Unstimmigkeiten und „Unwohlsein" den Grund nicht „hinter dem Berg halten". Die Mehrheitsentscheidung wird akzeptiert.
Prioritäten: Sicherheit vor Segeln (Spaß) Segeln (auch bei wenig Wind) vor Motoren (Grenzen definieren) Reffen vor Materialschädigung Angenehmes Segeln geht vor „Seemeilen machen" Gekochte und frische Gerichte gehen vor Konserven.	Verbal Crewvertrag	Im Konfliktfall gilt grundsätzlich: Sicherheit geht vor. Entscheidungen des Skippers im Notfall oder in kritischen Situationen werden ohne Diskussion direkt umgesetzt, können aber später und im „De-briefing" diskutiert und kritisiert werden.
Das Verhalten gegenüber dem Vercharterer und dem Bootsmann vor Ort (z. B. im Schadensfall).	Verbal	Mängel oder Schäden werden entweder vom Skipper oder im Auftrag durch den Co-Skipper gemeldet.

Abb. 3.25   Qualitätsplan für einen Segeltörn

3.5.1 Terminpläne realistisch gestalten

Was bedeutet Ablaufplanung und welche Terminpläne gibt es im Projekt?
Für die Ablaufplanung im Projekt wird die Reihenfolge der Aufgaben durchdacht und
festgelegt und mit einer Zeitleiste versehen, so dass letztlich ein Terminplan entsteht. Je
nach Umfang und Art des Projekts wird es mehrere Terminpläne geben.

▶ **Ablaufplanung** „Systematisch vorbereitete Festlegung der (kalender-)zeitlichen und
örtlichen Reihenfolge von Aktionen …, unter Beachtung des Wirtschaftlichkeitsprinzips
und von Anforderungen aus dem Humanbereich" (Voigt 2014).

Im Zuge der Planung entstehen in der Praxis in der Regel folgende Terminpläne:

Der **Vertragsterminplan (Meilensteinplan):**

- Dieser Terminplan wird zwischen dem Kunden und dem Projektteam vereinbart und
  zeigt die Hauptmeilensteine aus Sicht des Auftraggebers.
- Er basiert auf dem vereinbartem Projektcharter bzw. dem Vertrag für das vorgesehene
  Projekt und ist im Wesentlichen ein Meilensteinplan. Die Termine sind fix. Änderungen
  und Zeitreserven werden nur nach schriftlicher Vereinbarung mit dem Kunden
  eingebaut.
- Er zeigt Beginn (z. B. Kick-off-Veranstaltung) und Ende des Projekts, außerdem wich-
  tige Projektphasen wie etwa Entwicklung und Durchführung, Termine für Reviews und
  für die Übergabe der Liefergegenstände.
- Oft enthält dieser Terminplan wichtige kundenbezogene, technische und finanzielle
  Meilensteine, z. B.:
  - Meilensteine für Zahlungen, die der Kunde leistet, beispielsweise zehn Prozent des
    Preises bei Projektstart, zwanzig Prozent bei Abnahme der Planung usw.
  - Termine für vorgesehene Überprüfungen, Besprechungen, angestrebte Genehmi-
    gungen, Probelauf, Abnahme- und Übergabetermine sind ebenfalls enthalten.

Der **Masterterminplan:**

- Er berücksichtigt die Vorgaben aus dem Vertragsterminplan und wird im Projektteam in
  mehreren Iterationsschritten und Schleifen erarbeitet und abgestimmt.
- Der Masterterminplan ist der interne Projektplan zur Planung und Steuerung des Projekts, zu dem nur das Kernteam Zugang hat.
- Er ist maßgebend für die gesamte Projektdurchführung und für alle verbindlich. Er
  enthält alle wichtigen Teilaufgaben, Phasen, Arbeitspakete und Meilensteine, wird
  sukzessiv zur Baseline entwickelt und dann permanent abgeglichen und angepasst.
  Die erforderlichen Änderungen werden eingepflegt und kontrolliert geändert (vgl.
  Abschn. 4.1.1). Der Plan kann auf verschiedenen Ebenen und in verschiedenen Auflö-

sungen bis ins Detail, aber auch übergeordnet und komprimiert dargestellt werden und dient dem Soll-Ist-Vergleich.

- Er zeigt die Triggerzeitpunkte für die Einleitung wichtiger Aktionen, z. B. für Unterauftragnehmer, Lieferanten oder Testkampagnen.
- Im Masterterminplan müssen Zeitreserven eingeplant werden. In welchem Umfang dies geschieht, hängt von der Einschätzung der Risiken und dem Schwierigkeitsgrad der Aufgabe ab. Informationen hierfür liefern der Projektstrukturplan und die darin enthaltenen Aufgaben und Arbeitspakete. Die Liefertermine werden durch Pufferzeiten abgesichert, um eventuelle Terminverzögerungen ausgleichen zu können.

Terminpläne für externe und interne Lieferanten:

- Diese Pläne werden spezifisch je nach Bedarf und Informationsbedarf für ausgewählte ausführende Stellen erstellt. Sie enthalten die Daten, die für den jeweiligen Empfänger wichtig sind.
  - In der Angebotsaufforderung zeigen sie, zu welchem Termin ein Liefergegenstand, wie z. B. Hardware, Software oder Dokumentation, benötigt wird.
  - Sie zeigen keinen Puffer. Das Angebot wird verhandelt und dann in der Baseline mit dem Lieferanten festgeschrieben.
- Diese Lieferantenterminpläne beinhalten nur die gewünschten Liefertermine, jedoch keinesfalls Pufferzeiten aus dem Masterterminplan. Sie müssen eingehalten werden, um sicherzustellen, dass bei den nachfolgenden Prozessen keine Verzögerungen eintreten.
- Aufgaben und Termine werden für externe Auftragnehmer in Verträgen und Bestellungen vereinbart. Die interne Beauftragung und Terminfestlegung erfolgt im Rahmen von Arbeitsaufträgen, die aus den Arbeitspaketbeschreibungen abgeleitet werden.

Weshalb ist es sinnvoll Abläufe und Termine genauer zu planen?

Termintreue ist ein Qualitätsmerkmal. Sie stärkt das Vertrauen in die Zusammenarbeit aller am Projekt Beteiligten im Außen- und im Innenverhältnis zwischen Auftraggeber, Projektleitung, Unterauftragnehmern und Lieferanten. Termineinhaltung hat meistens hohe, oft die höchste Priorität im Projekt. So kann der Zeitpunkt der Fertigstellung des Projekts den Produkterfolg, der mit dem Verkauf des fertigen Produktes erzielt werden kann, maßgeblich beeinflussen, denn ein verspäteter Markteintritt kann den erwarteten Wertbeitrag reduzieren. Bei externen Projekten können je nach Ausmaß des Terminverzugs Vertragsstrafen fällig werden. Auch kann Terminverzug zu Imageschäden führen. Der Projektendtermin ist einer der drei Eckparameter des magischen Zieldreiecks und Termintreue ist demnach ein Kriterium für den Projekterfolg. Mit welcher Priorität ist im konkreten Projekt zu beantworten.

Die Termin- und Ablaufplanung erfüllt wichtige Funktionen:

- **Koordinationsfunktion**
  Der Termin- und Ablaufplan ist einerseits die Voraussetzung für weitere Planungen im Projekt, wie z. B. die Personalplanung und die Finanzplanung. Andererseits beeinflussen die Personal- und Finanzplanung die Ablauf- und Terminplanung. Der Terminplan steht immer im Zentrum der Kommunikation. Er ist notwendig für die Einweisung der Mitarbeiter, die Personaleinsatzplanung, bei Statussitzungen und bei Verhandlungen mit Entscheidungsträgern.
- **Prognose- und Steuerungsfunktion**
  Die ermittelten Termine müssen realistisch sein. Unrealistische Termine dürfen gar nicht erst vereinbart werden. Getreu dem Motto „Frühwarnung ist alles: Man kann nur beeinflussen, was noch nicht geschehen ist." (Schelle 2014, S. 144) ist der Terminplan auch ein wichtiger Bezugspunkt für die Messung des Projektfortschritts. Er ist die Grundlage für die Frage „wo stehen wir und was ist noch alles zu tun" und somit Ausgangspunkt für Prognosen und Steuerungsmaßnahmen.

Wie entsteht ein Termin- und Ablaufplan im Projekt?

Der grobe Terminrahmen wird im Phasen- und Meilensteinplan des Projekts abgesteckt. Er stellt in der Regel den verbindlichen Rahmen dar, innerhalb dessen die notwendigen Aufgaben zu erledigen sind. Die Verschiebung bereits zugesicherter Meilensteine wird eher die Ausnahme sein.

Welche Faktoren spielen eine Rolle, wenn der Terminplan entwickelt wird? Wie ist vorzugehen und was ist zu berücksichtigen? Wichtige Aufgaben und Themen sind:

- Dauer der Arbeitspakete schätzen, ihre Reihenfolge festlegen und dabei die Schnittstellen berücksichtigen.
- Terminplanung und Ressourcenplanung aufeinander abstimmen.
- Umgang mit Zeitreserven planen.
- Betriebskalender und andere gegebene Kalendersituationen berücksichtigen.
- Unterstützende Tools wie Terminlisten, Balkenpläne und/oder Netzpläne auswählen und einsetzen.

Wie kann die Dauer der Arbeitspakete geschätzt werden?

Ausgangspunkt sind die Arbeitspakete des Projektstrukturplans. Wenn erforderlich, können Arbeitspakete zusammengefasst oder in mehrere Vorgänge zerlegt werden. Für die Schätzung muss, abhängig von der Projektdauer, eine praktikable Zeiteinheit bestimmt werden, die einerseits nicht zu grob ist, andererseits auch keine unerreichbare Genauigkeit vorspiegelt. Groh und Gutsch (1982, S. 20) empfehlen z. B. Arbeitswoche pro Jahr oder Arbeitstag pro Halbjahr zu verwenden. Gängige Praxis ist wohl, die Dauer in Tagen zu planen. Die Schätzung, wieviel Zeit für eine bestimmte Arbeit benötigt wird, erfolgt häufig mittelbar, denn sie wird bestimmt durch Umfang und Qualität des erwarteten Ergebnisses und Anzahl und Qualifikation des Personals, das für die Bearbeitung der Aufgabe zur Verfügung steht.

Die Dauer eines Arbeitspakets hängt von mehreren Faktoren ab:

- Vom Arbeitsaufwand für die zu erbringende Leistung.
- Von der Anzahl der Personen, die an der Aufgabe arbeiten.
- Von der Qualifikation der Mitarbeiter.
- Vom Koordinationsaufwand.

Beim Erstellen des ersten Terminplans unterstellt man Normalbedingungen. Ausgangspunkt ist das zu erbringende Arbeitsergebnis, das Lieferobjekt und die erwartete Qualität des Arbeitsergebnisses. Soll im Rahmen eines Projekts beispielsweise ein 20 Seiten umfassender wissenschaftlicher Aufsatz entstehen, so kann unter der Annahme, dass eine Person konzentriert an dem Aufsatz schreibt und in der Regel von einem Output von zwei Seiten pro Tag auszugehen ist, die Dauer grob auf zehn Arbeitstage geschätzt werden. Soll der Text fertig lektoriert, formatiert und gedruckt sein, wird die Kalkulation vielleicht anders aussehen, und die zehn Arbeitstage werden um drei weitere Tage für Lektorat, Layout und Ausdruck ergänzt. Arbeiten zwei Kollegen an dem Aufsatz wird der Text schneller fertig. Aber die Dauer verkürzt sich sicher nicht auf die Hälfte der ursprünglich geplanten Dauer, denn die beiden Bearbeiter müssen sich untereinander abstimmen, d. h. in die neue Zeitplanung muss der nun zusätzlich erforderliche Koordinationsaufwand einbezogen werden.

In dem Beispiel wurde auf bestimmte Erfahrungen zurückgegriffen. Dies gelingt bei Projekten nur bedingt. Denn Projekte sind per Definition einmalig. Die Schätzung muss durch Fachleute erfolgen, am besten durch diejenigen, die für die Ausführung der Arbeit verantwortlich sind. Die Ergebnisse werden dann in Planungsbesprechungen diskutiert (Schelle 2014, S. 158). Mehr zu dem Thema Schätzung und Schätzklausur an anderer Stelle (vgl. Abschn. 3.6).

Was häufig verkannt wird: Die produktive Arbeitszeit, die sogenannte **Nettoarbeitszeit**, ist geringer als die vertragliche Arbeitszeit. Setzen wir voraus, ein Arbeitstag hat acht Stunden, eine Woche 40 Arbeitsstunden. Wird nun der Arbeitsaufwand für ein Arbeitspaket auf 40 h geschätzt, so dauert das Arbeitspaket rein rechnerisch genau eine Woche. Das erscheint logisch und doch liegt hierin ein gedanklicher Trugschluss, denn Menschen können nicht mit 100 % ihrer Arbeitszeit verplant werden. Sie können krank werden, sie machen Urlaub, sie arbeiten nicht nur an einem Projekt, ein altes Projekt muss noch fertiggestellt werden. Sie gehen auf Fortbildung und sie müssen sich einarbeiten. Als Faustregel kann man davon ausgehen, dass achtzig Prozent der Arbeitszeit als produktive Zeit zur Verfügung stehen (Abb. 3.26). Beträgt der Aufwand 40 h, dann dauert ein Arbeitspaket – unter der Annahme, dass ein Mitarbeiter vollzeitbeschäftigt nur an dem Arbeitspaket arbeitet – nicht nur eine Woche, sondern entsprechend länger, fast sieben Arbeitstage.

Zusätzlich zur Schätzung der Dauer der Arbeitspakete müssen diese in eine logische Reihenfolge gebracht werden. Die sachlichen **Abhängigkeiten** sind zu identifizieren, weil

Kalendertage pro Jahr	365 Tage
Samstage und Sonntage	104 Tage
Feiertage	10 Tage
Werktage pro Jahr	251 Tage
Urlaub	30 Tage
Normalarbeitszeit	221 Tage
Krankheit, z. B. 4,1 Prozent	15 Tage
Weiterbildung	5 Tage
Verfügbare Bruttoarbeitszeit	201 Tage
Sachliche und persönliche Verteilzeit (z. B. insgesamt 10% für Verwaltung, Störungen, Pausen, persönliche Besprechungen)	20 Tage
Verfügbare Nettoarbeitszeit als Faustregel kann gelten, 80 Prozent der Arbeitszeit stehen für produktive Tätigkeiten zur Verfügung, die genauen Werte werden vom Controlling betriebs-, ggf. auch abteilungsbezogen ermittelt.	181 Tage
entspricht bei einer 40-Stunden-Woche	1448 Std.

Abb. 3.26 Beispiel zur Ermittlung der Nettoarbeitszeit

z. B. gewisse Arbeiten nur nacheinander, in einer bestimmten Abfolge sinnvoll bearbeitet werden können. So kann die Buchung der Tickets erst erfolgen, wenn die Entscheidung für den Zielhafen getroffen wurde. Neben der Identifikation der Abhängigkeiten sollen mit Hilfe der Ablaufanalyse auch die Aufgaben ermittelt werden, die parallel abgewickelt werden können. Eine sinnvolle Vorgehensweise besteht darin, dass Projekt vom Ende aufzurollen, bzw. von den gesetzten Meilensteinen jeweils rückwärts zu planen. Dabei sind auch sogenannte Langlaufteile (Long Lead Items) zu berücksichtigen. Etwa Bestellungen oder Buchungen, die, bedingt durch lange Lieferzeiten, bereits sehr frühzeitig im Projekt erfolgen müssen.

Bei der Schätzung der Dauer wird gelegentlich übersehen, dass die Abstimmung zwischen den Arbeitspaketen, die Koordination der Schnittstellen und Übergabepunkte Aufwand verursacht. Bei der Bearbeitung müssen die Beschäftigten mit anderen Arbeitspaketverantwortlichen Rücksprache halten und das entsprechende Zeitfenster hierfür ist im Terminplan zu berücksichtigen.

Wie werden Terminplanung und Ressourcenplanung aufeinander abgestimmt?
Terminplanung ist eng verknüpft mit der Ressourcenplanung für das jeweilige Projekt. Generell sind vier Ressourcenarten zu unterscheiden:

- Personal, wie Projektteammitglieder, Mitarbeiter aus Fachabteilungen, externe Leiharbeiter und Berater.

- Sachmittel, wie Testanlagen, Maschinen oder Gebäude.
- Material, z. B. Teile oder Rohstoffe, die in das zu entwickelnde Projektergebnis eingehen.
- Finanzmittel.

Personal und Finanzmittel sind in Projekten häufig die **kritischen Ressourcen**, und ihre Planung muss dementsprechend in enger Verzahnung mit dem Terminplan optimiert werden. Die Personalplanung muss für jede Qualifikation getrennt berechnet werden. Es macht wenig Sinn, bei einem Bauprojekt Maurer, Zimmerleute, Dachdecker und Elektriker „in einen Topf" zu werfen. Vielmehr ist zu ermitteln, welcher Bedarf jeweils an Maurern, Elektrikern usw. besteht. Dieser Bedarf wird mit dem vorhandenen Personalbestand verglichen und dann – auch unter Anpassung des Terminplans – optimiert. Je nach Projektart können aber auch Material oder Sachmittel, etwa teure Spezialmaschinen, kritische Ressourcen sein. Die Planung der Finanzmittel ist insbesondere im Hinblick auf die Planung der Zahlungsausgänge und Zahlungseingänge von Interesse, nämlich dann, wenn Ressourcen vorfinanziert werden müssen und so zusätzliche Kosten für die Finanzierung entstehen.

Der erste Terminplan ist vorläufig und dient als Input für weitere Planungen, z. B. die Personalplanung und die Finanzplanung. Aus diesen Planungen ergibt sich wiederum ein Änderungsbedarf, der entweder in den Terminplan eingepflegt oder anders, z. B. auch durch Verhandlungen gelöst werden muss. In einem iterativen Prozess entsteht letztlich der gültige Terminplan als Baseline für das Projekt. Sie ist der Bezugspunkt für alle weiteren Aktivitäten im Projekt. Anpassungen sollten nur in geregelter Weise vorgenommen werden, d. h. keinesfalls auf Zuruf, sondern erst nach einem geordneten Entscheidungsprozess. Dazu mehr im Kapitel Konfigurations- und Änderungsmanagement (Abschn. 4.1).

Eine realitätsnahe Terminplanung ist nur in Verbindung mit einer Personaleinsatzplanung möglich. Die klassische Ablaufplanung im Unternehmen spricht von dem **Dilemma der Ablaufplanung**, weil zwei Ziele optimiert werden sollen, die üblicherweise miteinander konkurrieren: Die optimale Auslastung des Personals einerseits und kurze Durchlaufzeiten der Aufträge andererseits. Dies gilt im Prinzip auch für Projektarbeit, die heute häufig in einer **Multiprojektumgebung** stattfindet. Optimieren des Personaleinsatzes bedeutet aus Sicht der Unternehmen, die unproduktiven Zeiten der Mitarbeiter zu minimieren und gleichzeitig Nutzen aus dem Erfahrungsaustausch zwischen den Projekten zu ziehen. Optimierung des Personaleinsatzes durch ein rein quantitatives Rechenmodell, wie dies der Einsatz von Software suggeriert, greift jedoch etwas kurz. Die Arbeitsbedingungen in einer Multiprojektumgebung können zu hohen Belastungen für die Mitarbeiter führen. Negative Folgen für die Mitarbeiter und letztlich das Unternehmen sind gesundheitliche Belastung durch Stress und mangelnde persönliche Entwicklung der Mitarbeiter (Zika-Viktorsson et al. 2006, S. 390). Projektarbeit eröffnet Spielräume und Mitarbeiter können sich durch kreative Lösungsideen einbringen, gleichzeitig bedeutet dies aber auch erhöhten Termin- und Leistungsdruck und Abstimmungsaufwand mit anderen Projektbeteiligten. Projektmanagement als Methode ist prädestiniert Termindruck aufzubauen.

Leistungen werden durch Arbeitspakete und Terminpläne zurechenbar und individuell sichtbar. Wird ein Termin nicht eingehalten, entsteht Rechenschaftspflicht.

In diesem Zusammenhang sei an das **Project Excellence Modell** erinnert, das – als Modell für die Qualitätsplanung im Projekt eingesetzt – Kriterien beschreibt, die ausdrücklich das Wohlergehen der Mitarbeiter berücksichtigen (GPM 2019, S. 6):

- Verantwortungsbewusster Umgang mit Mitarbeitern, u. a. Fürsorgepflicht.
- Enablement, indem z. B. Wissen und Fähigkeiten der Mitarbeiterinnen und Mitarbeiter gefördert und weiterentwickelt werden.
- Empowerment, indem z. B. das Umfeld Mitarbeiterinnen und Mitarbeiter motiviert, ihre Fähigkeiten, Talente und Kreativität zum Wohl des Projekts einzusetzen.

Eine realitätsnahe Terminplanung darf deshalb nicht nur rein quantitative Optimierungen anstreben, sondern muss im Sinne einer guten Projektqualität auch die Belange der Mitarbeiter berücksichtigen, indem Zeiten für Erholung und Reflexion in die Planung einfließen.

Welche Rolle spielen Zeitreserven?

Der Umgang mit Zeitreserven im Projekt sollte bewusst gestaltet werden, indem z. B. das Projektteam zu Beginn des Projekts eine Strategie für die Erstellung von Terminplänen und das Anwenden und Einfügen von Zeitreserven entwickelt. Die Schätzung der Dauer für die einzelnen Arbeitspakete sollte zunächst allerdings keine Zeitreserven enthalten (vgl. auch Meredith und Mantel 2005, S. 132).

Goldratt geht in seinem Konzept der kritischen Kette davon aus, dass die einzelnen Mitarbeiter Zeitreserven in ihre Schätzungen einbauen, denn keiner möchte gerne Rechenschaft für einen nicht eingehaltenen Termin ablegen. Ist die Zeitreserve erst über einen gesetzten Termin verankert, wird sie sowieso genutzt. Andersherum, setzt man sich enge Termine, so ist man bestrebt, sie einzuhalten. Für dieses Phänomen entwickelt Goldratt Vorschläge, wie diese – seiner Ansicht nach – für das Projekt wenig nutzbringenden Zeitreserven, vermieden werden können (Schelle 2014, S. 155):

- Arbeitspaketverantwortliche sollen den Zeitaufwand realistisch, ohne persönliche Zeitreserven schätzen.
- Mitarbeiter, insbesondere diejenigen, die für das Projekt sehr wichtig sind, können sich voll auf das Projekt konzentrieren und werden von anderen Aufgaben entlastet.
- Schätzungen bleiben Schätzungen. Mitarbeiter sehen sich dann nicht mehr genötigt, Puffer in den Schätzungen einzuplanen.
- Zeitreserven werden nur für das Projekt als Ganzes berücksichtigt und an das Ende des Vorhabens gestellt.

Die Autoren erachten die beiden letztgenannten Punkte als kritisch und halten aus der praktischen Erfahrung heraus Zeitreserven für wichtig. Sie sollten keineswegs nur am

Ende des gesamten Projekts gesammelt werden. In einem Punkt ist Goldratt allerdings zuzustimmen. Der Umgang mit Pufferzeiten sollte bewusst erfolgen.

Zeitreserven können eine wichtige Rolle bei der **Risikominimierung** spielen, und zwar nicht nur bezogen auf das Projektende, sondern auch bezogen auf wichtige Meilensteine innerhalb des Projektablaufs (vgl. Abschn. 3.3). An bestimmten Punkten im Projekt ist die bewusste Einplanung von Reserven deshalb erforderlich und für das Gesamtprojekt sehr nützlich. Das gilt z. B. in der Planungsphase für den Fall, dass für das Errichten einer Anlage eine Betriebsgenehmigung erforderlich ist. Hier sind von vornherein zwischen der Planungs- und der Durchführungsphase entsprechend realistische Zeitreserven einzuplanen, damit das Team nicht warten muss, bis es weiterarbeiten kann und dadurch unnötige Kosten verursacht werden. Diese Vorgehensweise führt möglicherweise insgesamt zu einer längeren Projektlaufzeit, weil jeder einen Puffer einbaut. Dies ist realistisch, denn der Einbau von Pufferzeiten ist aus Sicht der Autoren dringend erforderlich, um insgesamt Engpässe, Verzögerungen, Fehler, Schwankungen und Mängel ausgleichen zu können. Solange der Endtermin gehalten werden kann, entsteht daraus auch kein Problem.

Wie entstehen die Termine und auf welche unterstützenden Tools kann zurückgegriffen werden?

Für die Aufgaben müssen nicht nur deren Dauer geschätzt und ihre Reihenfolge bestimmt werden, sondern sie müssen auch Kalenderterminen zugeordnet werden. Das bedeutet, Betriebskalender und andere „natürliche" Kalenderzyklen müssen berücksichtigt werden. Arbeitspausen, die durch Urlaub, Feiertage oder Fortbildungen entstehen, dürfen nicht vergessen werden. Organisationen haben ihren eigenen Kalenderzyklus. Vor dem Jahresabschluss geht nichts mehr, in Hochschulen orientiert sich das Leben an Semestern mit Vorlesungen und vorlesungsfreien Perioden usw. Eine Terminplanung wider natürliche Zyklen birgt von vornherein höhere Risiken.

Unterstützung für die Ablaufplanung bieten Terminlisten, Balkenpläne und die Netzplantechnik. **Terminlisten** sind ein einfaches Hilfsmittel für überschaubare Projekte. Die Aufgaben werden entsprechend ihrer logischen Reihenfolge in einer Tabelle aufgezählt und mit Dauer und Terminen versehen.

Balkenpläne bzw. Gantt-Diagramme, entwickelt von dem Unternehmensberater Gantt Ende des 19. Jahrhunderts, sind in der Praxis sehr beliebt. Sie sind übersichtlich, weil die Aufgaben als Balken auf einer Zeitachse dargestellt werden (Abb. 3.28). Optisch ist schnell erkennbar, wann welche Aufgaben anfangen, wie lange sie dauern und welche Meilensteine wann geplant sind. Ein Nachteil ist, dass Abhängigkeiten leicht übersehen werden. Vernetzte Balkenpläne beheben diesen Nachteil und markieren mit Pfeilen logische Abhängigkeiten.

Netzplantechnik ist ein Sammelbegriff für Methoden zur Darstellung und Berechnung von Abläufen in Projekten. Der Begriff geht zurück auf die Darstellung der Abläufe als Netz mit Knoten und Kanten. Heute werden die schwer lesbaren Netzpläne dank entsprechender Software größtenteils in Form von Balkenplänen, vernetzten Balkenplänen oder Terminlisten dargestellt. Begriffe, Darstellungen und Berechnungen der Netzplantechnik regelt die Deutsche Norm Projektmanagement – Netzplantechnik; Beschreibungen und Begriffe (DIN 69900:2009-01).

Netzpläne bieten sich für sehr komplexe Projekte mit komplizierten Abläufen und vielfältigen inneren und äußeren Abhängigkeiten an, z. B. bei großen Bauvorhaben wie dem Potsdamer Platz in Berlin. Ausgangspunkt für die Netzplantechnik war die Überlegung, dass bei solchen Projekten nur ein Teil der Aufgaben, nämlich eine Abfolge bestimmter kritischer Vorgänge, der sogenannte **kritische Weg**, die minimal erforderliche Dauer des Projekts bestimmen. Wenn dem so ist, muss es auch Aufgaben im Projekt geben, deren zeitliche Verschiebung, zumindest wenn sie einen gewissen Rahmen nicht überschreitet, den vereinbarten Projektendtermin nicht verzögern, sogenannte nichtkritische Vorgänge, die über Zeitreserven verfügen. In dem Beispiel zur Eröffnung einer Galerie endet das Projekt nach 25 Wochen. Die kritischen Aktivitäten sind in diesem Fall diejenigen, die für den Umbau und das Einrichten erforderlich sind. Sie bestimmen die Projektdauer. Auf diesem kritischen Weg durch den Netzplan existieren keine Zeitreserven. Jede Verzögerung auf diesem Weg verschiebt den Projektendtermin nach hinten (Abb. 3.27).

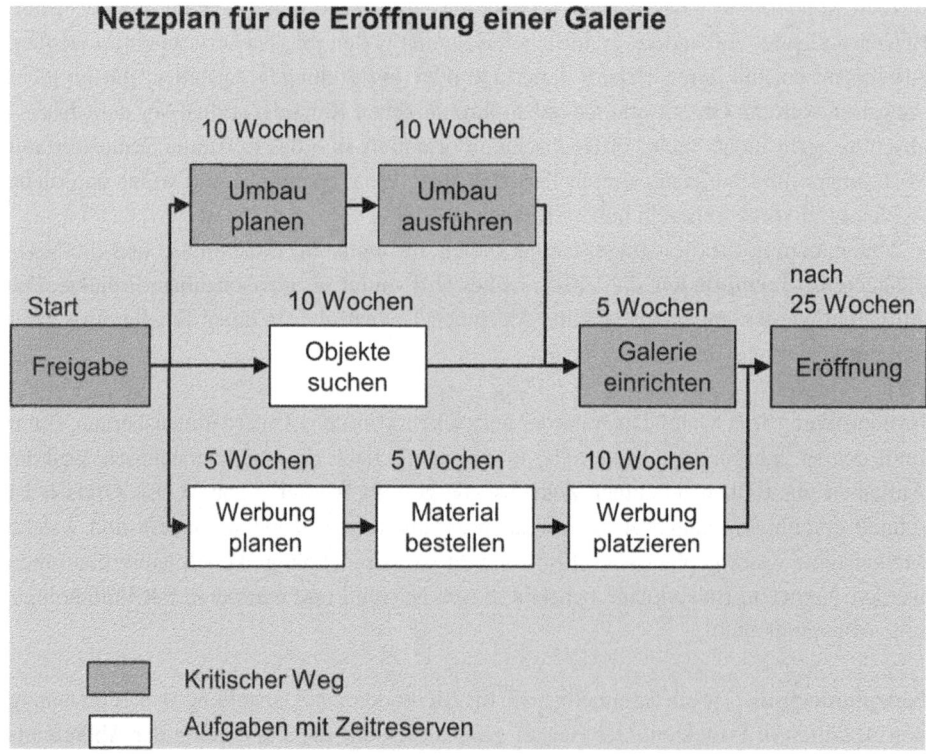

Abb. 3.27 Netzplan mit kritischem Weg

Diese Identifizierung kritischer und nichtkritischer Vorgänge erlaubt dem Planer und Controller, zielgerichtet verschiedene Handlungsalternativen in Bezug auf die Personaleinsatzplanung und Zahlungsmittelflussplanung zu simulieren, und kann zu besseren und verlässlicheren Lösungen führen, so die Annahme. Für die Einschätzung und Prognose der aktuellen Projektsituation liefert ein Netzplan gute Dienste, denn die Hochrechnung auf der Basis aktuell erledigter Arbeiten gibt Aufschluss über die Auswirkungen auf den voraussichtlichen Endtermin.

Die Ursprünge der Netzplantechnik gehen zurück auf die Jahre 1956 bis 1958. Zwei Methoden wurden in den Vereinigten Staaten, eine in Europa entwickelt (Groh und Gutsch 1982, S. 39; Biederbick 2014):

- Die Critical-Path-Methode (CPM) entstand beim Chemiekonzern E. I. Du Pont de Nemours & Company, der diese Methode um 1956 zur Investitions- und Instandhaltungsplanung chemischer Anlagen anwendete.
- Die Program Evaluation and Review Technique (PERT) resultierte 1957 aus der Zusammenarbeit des Verteidigungsministeriums der Vereinigten Staaten, der Firma Lockheed und des Beratungsunternehmens Booz, Allan & Hamilton.
- Kurze Zeit später, 1958, entwickelte die Unternehmensgruppe Metra in Frankreich die Metra-Potenzial-Methode (MPM) und setzte diese zunächst zum Bau eines Kreuzfahrtschiffes ein.

Insgesamt ist die Netzplantechnik ein sehr mächtiges Instrument, das dazu verleitet, in der Planungsphase alle Aufgaben und Abläufe detailliert zu durchdenken. Für sehr komplexe Vorhaben ist das äußerst nützlich. Die Kehrseite ist allerdings der hohe Aufwand und die unter Umständen zu frühe detailgetreue Festlegung von Abläufen und Terminen, die wiederum hohen Änderungsaufwand nach sich zieht und gleichzeitig Spielräume einschränkt. In der Praxis kann dies zu Plänen führen, die nicht aktuell sind. Ein Umstand, der auf jeden Fall zu vermeiden ist.

Softwareprodukte unterstützen die Termin- und Ablaufplanung im Projekt. Auf der Basis der Netzplantechnik ermöglichen sie die Planung und Steuerung der Termine, Kosten, Finanzmittel und des Personals und bieten vielfältige weitere Lösungen rund um das Projektmanagement. Meyer und Ahlemann (2013) testen beispielsweise in ihrer Studie Projektmanagementsoftware von führenden Anbietern anhand von über 250 Kriterien. Lizenzkostenfreie Open-Source-Software ist am Markt ebenfalls verfügbar. Oft kommt in der Praxis Microsoft Excel zum Einsatz. Als Tabellenkalkulation weit verbreitet und bekannt, können Terminlisten und einfache Balkenpläne erstellt werden, die ohne zusätzlichen Aufwand, z. B. durch weitere Lizenzgebühren oder Schulungen, von vielen Projektbeteiligten genutzt werden können.

Wer ist wann an der Termin- und Ablaufplanung beteiligt?
Die Hauptaufgabe hat der Projektcontroller. Ausgangspunkt für seine Tätigkeit sind Termine und Daten aus dem Vertrag mit dem Kunden und/oder der Projektcharter, die An-

fangs- und Endtermine und weitere Hauptmeilensteine des Projekts definieren. Der Masterterminplan und alle weiteren Pläne werden unter der Leitung des Projektcontrollers, gemeinsam mit dem Projektleiter, dem Systemarchitekten, mit den Arbeitspaketverantwortlichen und anderen betroffenen Mitgliedern des Projektteams in mehreren Iterationsschritten und Schleifen erarbeitet und abgestimmt. Dies geschieht auch in enger Zusammenarbeit mit den Unterauftragnehmern und Lieferanten. Der Projektcontroller ist für die Erstellung und Pflege des Masterterminplans verantwortlich. Die weiteren untergeordneten Pläne werden von den Arbeitspaketmanagern, im Falle von Fremdleistungen und größeren Unteraufträgen, von Unterauftragsmanagern verantwortlich betreut.

Wichtige Begriffe
- Ablaufplan, Terminplan – Schedule
- Aktionenliste (To-do-Liste) – Action Item List
- Arbeitsaufwand – Effort
- Balkenplan – Gantt Chart
- Konzept der kritischen Kette – Critical Chain Project Management
- Kritischer Weg – Critical Path
- Langlaufteile – Lang Lead Items
- Netzplantechnik – Network Analysis, Precedence Diagram Method, Critical Path Analysis
- Vernetzter Balkenplan
- Zeitreserve, Puffer – Slack Time, Buffer

Quellen für weiterführende Informationen
Meyer, M., & Ahlemann, F. (2013). *Project management software systems* (8. Aufl.). BARC.
    Noosten, D. (2013). *Netzplantechnik. Grundlagen und Anwendung im Bauprojektmanagement*. Wiesbaden: Springer Viehweg.
    Steeger, O. (3/2007). Die Projektflotte ist heute in Staffelformation unterwegs. CCPM-Pionier Transtechnik mit neuen Ansätzen für das Multiprojektmanagement. Projekt Management aktuell (S. 3–9).

3.5.2 Termin- und Ablaufplan im Projekt Segeltörn

Der Terminrahmen für den Segeltörn im Jahr 2015 wird aus dem Projektcharter abgeleitet (vgl. den Meilensteinplan Abb. 2.4). Der Projektstart (Meilenstein M1) ist am 01.02.2015, Projektendtermin (Meilenstein M5) ist der 30.11.2015. Die Reiseplanungen sollen mit der Buchung des Schiffes und den Flügen bis Ende April (Meilenstein M3) abgeschlossen werden, der Törn selbst soll von Mitte bis Ende September durchgeführt werden. Nach Festlegung der Baseline ist noch ausreichend Zeit für die letzten Feinplanungen vorhanden, z. B. für die endgültige Erarbeitung des Einweisungsplanes und des Proviantplanes.

Auch eine eventuelle Verschiebung des Meilensteins M3 (Baseline fertig) muss nicht unbedingt zu Problemen führen, da Zeitreserven eingeplant wurden.

Mit Abschluss der Buchungen für Schiff und Flüge sind die Daten für den Zeitraum der Durchführung des Törns fix und nur noch mit hohen zusätzlichen Kosten zu ändern. Bei den Buchungen handelt es sich um Verbindlichkeiten, die frühzeitig im Projekt eingegangen werden, damit der Endtermin wie gewünscht realisierbar ist. Sie führen zwangsläufig zu Ausgaben, da nun Dritte Forderungen aus einem Vertrag geltend machen können. In der Praxis spricht man auch von sogenannten Langlaufteilen (Long Lead Items). Im Rahmen des Risikomanagements sollten entsprechende Maßnahmen überlegt und eingeleitet werden, um Vorsorge für den Fall zu treffen, dass die Bestellungen rückabgewickelt werden müssen. Für den Fall, dass Skipper oder Co-Skipperin erkranken, kann beispielsweise durch Abschluss einer Reiserücktrittsversicherung und Suche nach Personen, die die Rollen übernehmen könnten, Vorsorge getroffen werden.

Aus dem Meilensteinplan, dem Projektstrukturplan und den Arbeitspaketbeschreibungen entwickelt der Projektcontroller gemeinsam mit der Crew den Masterterminplan, indem sukzessive immer weitere Details eingepflegt werden. Es ist ein iterativer Prozess. Weitere Plandaten, die in den einzelnen Arbeitspaketen erarbeitet werden, wie z. B. die Termine für die vorgesehenen Crewtreffen, werden in den Masterterminplan übernommen, sobald sie vorliegen. Den Status des Masterterminplans kurz vor Verabschiedung der Baseline zeigt Abb. 3.28.

Ergänzend zum Masterterminplan kann eine einfache, übersichtliche Terminliste erstellt werden. Sie enthält alle Ereignisse, die für die Planung und Durchführung des Segel-

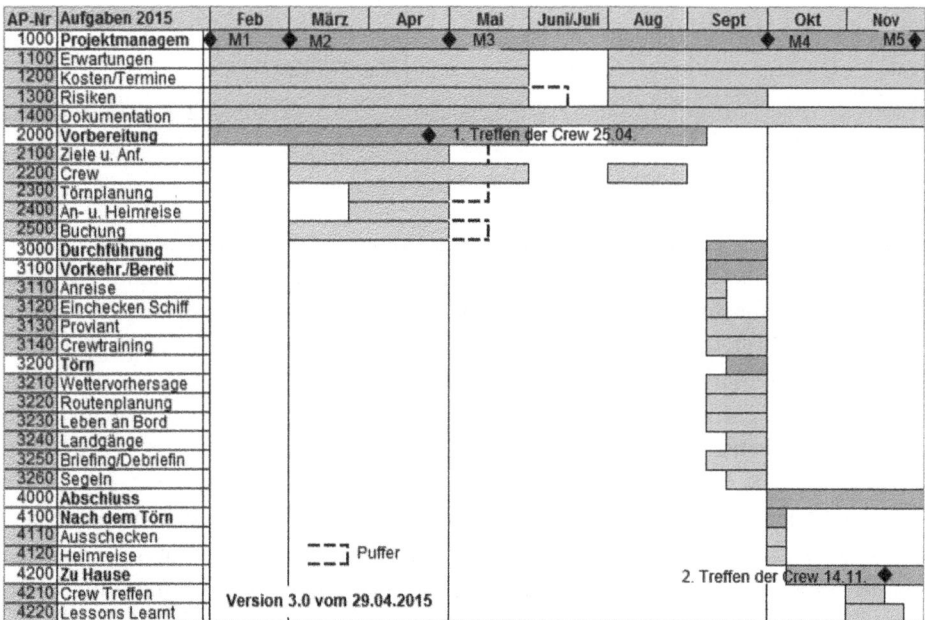

Abb. 3.28 Masterterminplan für den Segeltörn

Titel	Verantwortlich	Zählt zu Arbeitspaket	Arbeitsergebnis	Soll-Termin 2015	Ist-Termin 2015
Projektstart (M1)	Heinz Blaubart	1100	Autorisierung für Projektstart	01.02.	01.02.
Projektcharter fertig (M2)	Heinz Blaubart	1100	Rahmendaten liegen vor	01. 03.	01.03
Erwartungen der Crew	Heinz Blaubart	1100	Auswertung liegt vor	20.03.	
Crewtreffen	Heinz Blaubart	1100	Treffen der Crew	25.04.	
Risikoregister	Martin Seemann	1300	Risikoregister	30.03	
Einweisungs-plan	Sabine Schiffer	2200	Entwurf des Einweisungsplans	30.04	
Proviantliste	Sabine Schiffer	2200	Entwurf der Proviantliste	30.04	
Buchung erfolgt (M3)	Herbert Bank	2500	Chartervertrag für das Schiff und Flugtickets liegen vor	30.04	
Anreise zum Törn	Herbert Bank	3110	Crew reist zum Charterhafen	12.09	
Projektende	Heinz Blaubart	1100	Projekt ist abgeschlossen	30.11-	
				Version 3.2 vom 15.03.2015	

Abb. 3.29 Terminliste für den Segeltörn – Auszug

törns relevant sind. Zusätzlich werden die jeweils Verantwortlichen, die Arbeitspaketnummer, die Dauer, das Arbeitsergebnis und das entstehende Dokument aufgeführt. Die Liste ist eine Mischung aus Terminplan und Aktionenliste (Action Item List), die sich sehr gut zum Soll-Ist-Vergleich und zur Verfolgung der Arbeitsergebnisse eignet (vgl. Abb. 3.29).

3.6 Aufwand schätzen und Kosten kalkulieren

Einsatzmittelmengen müssen möglichst zuverlässig geschätzt und Kosten ermittelt werden, damit das Projektbudget geplant werden kann. Das Thema Kosten hat Auswirkungen auf die beiden anderen Größen des magischen Dreiecks und so müssen die Anforderungen, die sich aus Sicht der abzuliefernden Ergebnisse und der Termine ergeben, eingearbeitet werden. Am Ende wird ein Projektbudget als Baseline verabschiedet, das die Kosten pro Arbeitspaket und im Zeitablauf zeigt und als wichtige Kontroll- und Steuerungsgröße für das Controlling des Projekts dient.

3.6.1 Projektkalkulation

Was versteht man unter Aufwand und Kosten im Projekt?
Im Zusammenhang mit der Aufwands- und Kostenplanung in Projekten gibt es eine Reihe von Begriffen. Insbesondere der Arbeitsaufwand spielt für die Schätzung der Projektkosten eine große Rolle. Er wird in der Regel in Personenstunden, Personentagen oder Personenmonaten, manchmal sogar Personenjahren, geschätzt.

▶ **Aufwand-Effort** Grundsätzlich entsteht Aufwand durch die Nutzung von Ressourcen. Den Gepflogenheiten des Projektmanagements folgend wird unter Aufwand der Verbrauch an Geldmitteln oder Einsatzmitteln (Ressourcen) verstanden, die für die Erledigung einer Aufgabe (z. B. Projekt, Teilaufgabe, Arbeitspaket) aufzuwenden sind (Motzel 2010, S. 32).

▶ **Projektkalkulation – Project Calculation** „Ermittlung der kostenwirksamen Projektleistungen und ihre Bewertung" (DIN 69901-5:2009-01, S. 13).

▶ **Kostenplan – Cost Plan** „Darstellung der voraussichtlich für das Projekt anfallenden Kosten, welche auch den Kostenverlauf enthalten kann" (DIN 69901-5:2009-01, S. 9). Sind die Plankosten durch die Leitung genehmigt, so handelt es sich um ein Budget (Seibert 2012, S. 456).

▶ **Projektbudget – Time-Phased Budget** Das Projektbudget ist die Summe der geplanten Kosten, die der interne Auftraggeber (Projektsponsor) für das Projekt genehmigt und somit die Summe der Finanzmittel, die einem Projekt zur Verfügung gestellt werden. Es enthält eine ausreichende Detaillierung nach Zeitperioden, Arbeitspaketen (Kostenträgern), Kostenarten und Kostenstellen und führt zu einem zeitorientierten Budget, der Kontroll- und Steuerungsgröße für das Kostencontrolling des Projekts (DIN 69901-5:2009-01, S. 12; Seibert 2012, S. 456; Larson und Gray 2014; S. 274).

▶ **Risikozuschläge, Vorsorgebudget – Management Reserve, Budget Reserve** „Rücklagen oder Schätzungen für unvorhergesehene Ausgaben werden genutzt, um Risiken oder Unwägbarkeiten zu berücksichtigen, und sollten als separat ausgewiesener Posten zu den geschätzten Projektkosten addiert werden" (DIN ISO 21500:2016-02, S. 32). Bei der Managementreserve handelt es sich um einen Posten, der übergeordnet für das gesamte Projekt zurückgelegt wird. Budgetreserven werden auf der Ebene der Arbeitspakete verwaltet (Larson und Gray 2014).

Welchen Zwecken dient die Kosten- und Aufwandsschätzung?
Grundsätzlich dienen Aufwandsschätzung und Kostenplanung im Projekt mehreren Zwecken (Bea et al. 2011, S. 197):

- Der Kalkulation von „Projektpreisen" bei Auftragsprojekten für externe Kunden.
- Der Sicherstellung der Projekteffizienz, die im Rahmen der Projektsteuerung durch regelmäßige Soll-Ist und Soll-Wird-Vergleiche ermöglicht wird.
- Der Projekteffektivität, indem der Wertbeitrag des Projekts ermittelt wird.

Projekte sind sehr unterschiedlich. Es gibt Unternehmen, die ihr Geld primär durch Projekte verdienen, z. B. Unternehmensberatungen. Für diese Auftragsprojekte muss ein Preis kalkuliert werden, der bei effizienter Projektabwicklung zu einem Gewinn führt. Zusätzlich können die Kundenzufriedenheit und eine daraus resultierende Kundenbindung oder auch der Kompetenzerwerb bei den Mitarbeitern einen langfristigen Wertbeitrag für die Unternehmensberatung leisten. Für den Kunden stellt das Projekt eine Investition dar, von der er sich einen bestimmten Wertbeitrag erhofft.

Kalkulation von „Projektpreisen"
Handelt es sich um ein Projekt, dass für einen externen Kunden, den Auftraggeber, erbracht wird, verhandeln Auftraggeber und Auftragnehmer einen Preis, zu dem die Projektleistung zu liefern ist. In aller Regel ist der Konkurrenzdruck heute so groß, dass der Auftraggeber konkrete Vorstellungen hat, wieviel er zu zahlen bereit ist. Die Aufwands- und Kostenplanung liefert für diesen Verhandlungsprozess wichtige Informationen über die Preisuntergrenze. Die Anforderungen an die Kosten- und Aufwandsschätzung für die Kalkulation sind insofern hoch, als bedingt durch den harten Wettbewerb einerseits Preise gedrückt werden und die projektdurchführende Organisation sehr scharf kalkulieren muss, um den Auftrag zu gewinnen. Auch erwarten Kunden oftmals die Offenlegung der Kalkulation, die es erschwert, Risikozuschläge zu integrieren.

Projekteffizienz wird daran gemessen, inwiefern es gelingt, das Projekt zu den geplanten Kosten zu realisieren. Regelmäßige Soll-Ist und Soll-Wird-Vergleiche sind daher erforderlich und die geplanten kumulierten Projektkosten liefern einen zentralen Bezugspunkt für die Projektsteuerung.

Es ist anerkannt, dass bereits bei der Konzeption eines Produktes Festlegungen getroffen werden, die den größeren Teil (70–80 %) der Gesamtkosten des Produktlebenszyklus bestimmen (Bea et al. 2011, S. 202). Mit anderen Worten, im Projekt wird entschieden, wie hoch die Kosten sind, die im weiteren Lebensweg des Produkts, z. B. für die Produktion oder Wartung, entstehen. Bei dieser Sichtweise ist es folglich notwendig, die langfristige Wirkung von Projekten und die Sicht des Kunden und Anwenders zu beachten. Das **Life Cycle Costing** trägt diesem Gedanken Rechnung. Die **Projekteffektivität** fragt nach dem Projektwertbeitrag, den das Projekt liefert. Für diese ökonomische Beurteilung des Projekts müssen alle wirtschaftlichen Folgen berücksichtigt werden (Bea et al. 2011, S. 202). Projekte sind eine Investition, die im Hinblick auf einen bestimmten prognostizierten Nutzen getätigt wird. Mit der Auswahl des Projekts verbinden die Entscheider bereits eine bestimmte, wenn auch grobe Vorstellung zu den Kosten (und Nutzen), die in späteren Lebensphasen des Produkts entstehen. Der prognostizierte Projektwertbeitrag ist ausschlaggebend dafür, dass das Projekt ausgewählt und somit anderen Projekten vorgezogen wird. Diese Betrachtung ist strategisch orientiert, denkt meist weit über das unmittelbare Projektende hinaus und integriert den gesamten Lebenszyklus der zu erstellenden Projektleistung. Dementsprechend spielen aus der Perspektive des Projektwertbeitrages nicht nur die Kosten eine Rolle, die durch die Erstellung der vereinbarten Liefergegenstände entstehen, sondern auch die Kosten, die im laufenden Betrieb und durch die Außerdienststellung entstehen. Hierzu zählen z. B. die Energiekosten für die Beheizung einer Immobilie, die Produktionskosten für ein E-Bike und die Kosten, die durch die Entsorgung verursacht werden.

Zielkosten und die Methodik des **Target Costing** nehmen den Grundgedanken der Kundenorientierung auf: Wie viel Geld ist der Kunde bereit, für ein bestimmtes Auto zu zahlen? Es wird eine Kostenobergrenze (allowable costs) ermittelt, in dem der Zielgewinn von den Preisvorstellungen des Kunden subtrahiert wird.

Beide Aspekte, Life Cycle Costing und Target Costing, stellen besondere Ansprüche an die Projektplanung. Sie wirken über die reine Betrachtung der im Projekt unmittelbar verursachten Kosten hinaus und münden idealerweise in entsprechenden Anforderungen, die das Projektergebnis erfüllen muss. Diese Anforderungen an den wirtschaftlichen Einsatz aus der Sicht des Kunden müssen mit der entwickelten Lösung realisiert werden und in die Definition der Anforderungen einfließen (vgl. das Thema Anforderungsmanagement Abschn. 3.1).

Die Zusammenführung der vorgestellten Zwecke der Kostenplanung ist recht komplex und Bea et al. sprechen deshalb auch von „integrierter Projektkostenplanung" mit umfangreichem methodischem Repertoire, das über den hier gesteckten Rahmen weit hinausgeht (2011, S. 202 f.). Das Verständnis der Zusammenhänge zählt jedoch dazu, will man Projektmanagement verstehen. Für die weiteren Ausführungen steht die Projektkalkulation im Mittelpunkt. Sie ist Bezugspunkt für die Kontrolle und Steuerung der Projektkosten.

Wie wird geschätzt?
Die Schätzung der Kosten erfolgt häufig indirekt, indem die Arbeitsmenge in Personentagen oder Personenstunden geschätzt und mit Geld bewertet wird. Eine zuverlässige Schätzung der benötigten Arbeitsstunden ist jedoch wegen der Neuartigkeit der Aufgaben schwierig. Notwendige Informationen werden in den folgenden bereits behandelten Themen erarbeitet:

- Definition der Liefergegenstände (vgl. Abschn. 2.1.1).
- Stakeholder- und Risikomanagement (vgl. Abschn. 2.2 und Abschn. 3.3).
- Requirements Engineering (vgl. Abschn. 3.1).

Die eigentliche Schätzung hat direkten Bezug zum Projektstrukturplan und seinen Arbeitspaketen. In diesem Sinne werden:

- Die Kosten Top-down grob geschätzt.
- Bottom-up, ausgehend von den Arbeitspaketen, die Kosten ermittelt.
- Die Ergebnisse der beiden ersten Schritte verhandelt und in einen akzeptierten Kostenplan überführt.

Top-down-Schätzungen in frühen Projektphasen haben einen geringen Genauigkeitsgrad. Erst mit zunehmendem Planungsfortschritt gewinnen das Projekt und die zu erstellenden Liefergegenstände schärfere Konturen. In der Praxis geben die verwendeten Begriffe einen Hinweis auf den Genauigkeitsgrad der Schätzungen. Spricht man zu Beginn des Projekts von Kostenrahmen, Kostenüberschlag oder Rough Order of Magnitude (ROM), so will man damit ausdrücken, dass der angegebene Wert noch große Abweichungen zulässt. In Bauprojekten können diese Abweichungen 30 % ausmachen (Ahrens et al. 2014, S. 338). Dies ist verständlich, denn ausgehend vom Gesamtprojekt werden die zu erwartenden Kosten zunächst grob mittels globaler Bezugsgrößen und mit Hilfe von mathematischen Gleichungen geschätzt. Bezugsgrößen sind wichtige Parameter wie Quadratmeter Nutzfläche oder Kubikmeter umbauter Raum bei Bauprojekten.

Diese Schätzungen werden dann prozentual auf die darunterliegenden Ebenen des Projektstrukturplans, etwa Phasen und Teilaufgaben, verteilt. Die prozentuale Verteilung basiert auf Erfahrungswerten und kann auf die folgenden Ebenen des Strukturplans bis hinunter auf Arbeitspaketebene fortgesetzt werden. So kann auch der Aufwand für das Projektmanagement prozentual geschätzt werden. Je nach Projektart und Umfang kann der Aufwand variieren. Ein Spektrum von sieben bis zwölf Prozent kann Orientierung geben. Festzuhalten ist aber, dass die Schätzung der „wahren" Projektmanagementkosten schwierig ist, da es sich in der Tendenz um schwer zurechenbare Kosten handelt und die Sichtbarkeit, die sich aus dem Projektstrukturplan ergibt, beeinflusst werden kann. Hohe Kosten für das Projektmanagement sind gegenüber dem Management und dem Kunden schwer vermittelbar.

Ausgehend vom Kunden steht mit der Idee für ein Projekt in der Regel auch ein bestimmtes begrenztes Budget im Raum. Dies nimmt Rücksicht auf:

- Preisvorstellungen des Kunden
- erwartete Gewinnmarge des Auftragnehmers oder einfach auf
- gegebene Einsatzmittel, die vom Projektsponsor für das Projekt bereitgestellt werden.

Die **Bottom-up-Schätzung** geht von den Arbeitspaketen aus. Schätzungen auf der Basis der Arbeitspakete erhöhen den Genauigkeitsgrad. Dies passiert in der Planungsphase z. B. im Rahmen einer Schätzklausur. Für jedes Arbeitspaket wird der Aufwand geschätzt und zwar am besten unter Einbeziehung der Arbeitspaketverantwortlichen. Erfolgt dies im Kreise einer Schätzklausur, können sich wertvolle Hinweise zur inhaltlichen Konkretisierung des Arbeitspaketes ergeben. Werden Dienstleistungen oder Materialien extern eingekauft, müssen Preise recherchiert oder Angebote eingeholt und in die Schätzung integriert werden.

Die im Bottom-up-Verfahren ermittelten Werte werden über die verschiedenen Ebenen des Projektstrukturplans summiert und legen die Gesamtkosten für das Projekt auf der Basis detaillierter Planungen fest. Dieser Aufwand übersteigt – je nach Projektart – in der Regel den im Top-down-Ansatz vorgegebenen Rahmen, möglicherweise sogar um ein Vielfaches. Was dann beginnt, ist der **Aushandlungsprozess**:

- mit dem Management
- mit dem Kunden und
- mit den Arbeitspaketverantwortlichen.

In einem iterativen Prozess werden die Kosten für das Projekt und die Arbeitspakete im Gegenstromverfahren festgelegt. Projektumfang und Termine müssen vor allem in den ersten Iterationen und Schleifen angepasst werden.

Sobald die Kosten für das Projekt und auch die Kosten je Arbeitspaket durch die Leitung genehmigt worden sind, gibt es ein Budget für das Projekt und damit für die Arbeitspakete. Dieses Budget ist Bezugsgröße für die mitlaufende Kalkulation, also die Soll-Ist und Soll-Wird Vergleiche im Rahmen der Projektsteuerung und die Nachkalkulation am Ende des Projekts.

Welche Schätzmethoden werden in Projekten eingesetzt?
Zwei ausgewählte Ansätze zur Schätzung sind:

- Expertenschätzungen, auch im Rahmen einer Schätzklausur.
- Methoden, die mit mathematischen Gleichungen arbeiten.

Expertenschätzungen nutzen das Fachwissen ausgewählter Personen. Eventuell reicht es aus, wenn ein einzelner, der Projektleiter oder der Arbeitspaketverantwortliche, auf der Basis seiner Erfahrungen den Aufwand prognostiziert. Das Risiko einer Fehleinschätzung kann minimiert werden, indem mehrere Personen unabhängig gebeten werden, den Aufwand zu schätzen. Sogenannte Schätzklausuren beziehen die Erfahrung mehrerer Personen ein, indem die Experten sich gemeinschaftlich mit dem Projekt auseinandersetzen und auf der Basis des Projektstrukturplans den Aufwand für die einzelnen Arbeitspakete schätzen. Schätzklausuren erfordern entsprechende Vor- und Nachbereitung. Da sie als gruppendynamischer Prozess angelegt sind, erfordern sie einen gewissen zeitlichen und organisatorischen Aufwand. Voraussetzung für eine Schätzklausur ist der Projektstrukturplan mit seinen Arbeitspaketen (Schelle 2014, S. 172; DIN 69901-3:2009-01, S. 5). Folgende Punkte sind für eine Schätzklausur zu beachten (Felkai und Beiderwieden 2013, S. 251):

- Teilnehmer:
  Projektleitung, als Experten Projektteammitglieder (Arbeitspaketverantwortliche) und bei Bedarf externe Spezialisten sowie ein Moderator für die methodische Unterstützung.

- Vorbereitung:
  Einladungen aussprechen, Arbeitsmaterial/Medien bereitstellen, ungestörte Arbeitsatmosphäre sicherstellen, Pausenversorgung organisieren, Moderator und Verantwortlichen für die Dokumentation benennen und methodischen Ablauf überlegen.
- Während der Schätzklausur:
  Nach Begrüßung und Einleitung stellen Arbeitspaketverantwortliche jeweils ihre Arbeitspakete vor. Auf dieser Basis schätzten die Teilnehmer individuell, Abweichungen werden diskutiert. Neue Schätzungen finden statt und werden protokolliert. Zum Abschluss folgt eine Feedbackrunde.
- Nachbereitung:
  Dokumentation der Ergebnisse fertigstellen und an die Teilnehmer zurückmelden.

Zu den Methoden, die mit **mathematischen Gleichungen** arbeiten, zählen die Multiplikator Methode und die parametrische Methode. Grundlage für die Multiplikator Methode ist der Gedanke, dass die zu erbringende Leistung in Produktgrößen, z. B. Kubikmeter umbauter Raum, gemessen werden kann und diese Produktgrößen wiederum den Aufwand begründen, der zur Erstellung der Leistung notwendig ist. Basis hierfür sind Erfahrungen aus der Vergangenheit. Als Produktgrößen kommen z. B. in Betracht:

- Quadratmeter Wohnfläche oder Kubikmeter umbauter Raum bei Bauprojekten.
- Zentimeter Bildschirmdiagonale für einen Bildschirm.
- Gewicht (Masse) bei Satelliten.
- Gewicht und Maximalgeschwindigkeit im Flugzeugbau.

Der unterstellte lineare Zusammenhang zwischen Produktgröße und prognostiziertem Aufwand erlaubt nur eine sehr grobe Schätzung. Projekte sind per Definition neuartig, und so sind Werte aus der Vergangenheit nur begrenzt tauglich, oft vielleicht auch gar nicht erst vorhanden.

Parametrische Methoden werden für ausgewählte Branchen eingesetzt. Je komplexer und umfangreicher das Projekt, desto sinnvoller scheinen parametrische Modelle zu sein, da sie vielfältige Zusammenhänge einbeziehen. Hierzu werden abgeschlossene Projekte mit Hilfe von Regressionsanalysen auf Wirkungszusammenhänge untersucht, mit dem Ziel, Algorithmen zu entwickeln, die verlässliche Prognosen für den Aufwand neuer Projekte errechnen. Parametrische Modelle können ausgesprochen komplex sein. Wie umfangreich das Thema ist, zeigt die Tatsache, dass die amerikanische AACE International: The Authority for Total Cost Management sich seit 1956 dem Thema widmet und seit 1976 Zertifizierungen rund um das Thema Cost Management in Zusammenhang mit Projekten, Programmen und Projektportfolios anbietet (AACE International 2014a). Einschränkend muss jedoch bemerkt werden, dass parametrische Modelle nur dann greifen, wenn umfangreiche Kostendatenbanken zur Verfügung stehen. In bestimmten Branchen, z. B. bei Bauprojekten oder in der Luft- und Raumfahrt, werden sie jedoch genutzt, insbesondere in frühen Phasen, etwa bei der Angebotskalkulation. Wer einen Eindruck gewinnen möchte, kann sich ein Beispiel online ansehen (AACE International 2014b). Die Expertenschätzung spielt daher in der Praxis eine wichtige Rolle.

Wie werden die Kosten kalkuliert?
Mit der Schätzung der benötigten Personenstunden und Materialmengen ist es nicht getan. Der erwartete Güterverzehr muss mit Geld bewertet werden. Da Schätzungen immer unter Normalbedingungen, d. h. ohne Reserven, vorzunehmen sind, ist zu unterscheiden zwischen:

- Plankosten errechnen und zuordnen und
- Risikozuschlägen.

Im Rahmen der **Projektkalkulation** werden die Plankosten ermittelt, indem die kostenwirksamen Projektleistungen mit Geldeinheiten bewertet werden. Diese Aufgabe ist nur in Zusammenarbeit mit dem betrieblichen Rechnungswesen zu lösen. Sie bestimmt die Höhe der Verrechnungssätze, denn sobald die geschätzten Mengen mit Geldeinheiten bewertet werden, berührt dies die betriebliche Kosten- und Leistungsrechnung. Auch für Projekte gilt folgende Differenzierung (Seibert 2012, S. 438 f.):

- Kostenarten werden in Projekten unterschieden nach der Art der verbrauchten Güter, z. B. Personalkosten, Materialkosten und Betriebsmittelkosten. Auch andere Unterscheidungen sind denkbar, z. B. Zurechenbarkeit im Sinne von Einzel- und Gemeinkosten oder Dispositionsabhängigkeit im Sinne von variablen und fixen Kosten. Sie stehen bei Projekten aber nicht im Vordergrund, sondern im Zentrum steht die Frage, welche Einsatzmittelarten benötigt werden.
- Kostenstellen bezeichnen den Ort der Kostenentstehung. Am häufigsten werden sie nach Verantwortungsbereichen gebildet. Beantwortet wird die Frage, wo die Kosten entstanden sind.
- Kostenträger sind die Absatzleistungen (Produkte) und innerbetrieblichen Leistungen, die Kosten verursachen. Beantwortet wird die Frage, wofür die Kosten entstanden sind.

Das Projekt ist oberster Kostenträger, die **Arbeitspakete** entsprechend unterste **Kostenträger** im Projekt. Häufig wird für ein Projekt eine extra Kostenstelle eingerichtet, denn es handelt sich um einen definierten Verantwortungsbereich, wenn auch für einen begrenzten Zeitraum. Wichtig für die Kostenplanung und Kostensteuerung im Projekt ist, dass die Zuordnung der Kosten zu den Arbeitspaketen erfolgt.

Bei der Kostenschätzung in Projekten sollten mindestens folgende **Kostenarten** berücksichtigt werden (Demleitner 2009, S. 124; Seibert 2012, S. 437, Abb. 3.30):

- Personalkosten (bei Bedarf differenziert nach internem Personal und Fremdpersonal)
- Materialkosten
- Sachkosten, differenziert nach Unteraufträgen, Beratungskosten, Lizenzkosten, Mieten, Reisekosten etc.

- Betriebsmittelkosten, z. B. für Maschinen und Anlagen
- Kapitalkosten, wie Abschreibungen, Wagniszuschläge, Steuern und kalkulatorische Zinsen. Letztere berücksichtigen den Gedanken der Opportunitätskosten und sollen die entgangenen Zinsen für das eingesetzte betriebliche Kapital abdecken, das für alternative Verwendungen nun nicht mehr zur Verfügung steht, da es im Projekt gebunden ist. Der kalkulatorische Zins ist in der Regel unternehmensweit gültig.

Auch in Projekten gibt es direkt zurechenbare Kosten und indirekte Kosten. Je detaillierter der Projektstrukturplan und die Arbeitspaketbeschreibungen, desto genauer können die Kosten geschätzt und direkt zugeordnet werden. Trotzdem ist ein zu hoher Detaillierungsgrad oft nicht zielführend. In welchem Umfang indirekte oder direkte Kosten anfallen, hängt nicht nur von den Gegebenheiten des Projekts, sondern auch von der Situation des Unternehmens ab, da Nettoarbeitszeiten und Auslastungsgrad berücksichtigt werden. In einer Unternehmensberatung, die ein Projekt im Auftrag eines externen Kunden bearbeitet, entsteht Personalaufwand, der direkt zuzuordnen ist, z. B. für den Berater. Andere Aufgaben, z. B. Sekretariatsaufgaben, Computersupport und Aufwand für das Anwerben neuer Aufträge, können nicht direkt zugeordnet, müssen aber trotzdem durch die Projektaufträge erwirtschaftet werden. Die Kosten für diese Aufgaben fließen über entsprechende Gemeinkostenzuschläge in die Kalkulation ein (Abb. 3.30). Für interne Entwicklungsprojekte kann es noch schwieriger sein, die Kosten verursachungsgerecht zuzurechnen. Denn es sind viele indirekte Leistungsbereiche beteiligt, wie z. B. das Qualitätsmanagement oder Laborarbeiten. Veränderungen in der Kostenstruktur der Unternehmen haben dazu geführt, dass die Gemeinkosten in der Vergangenheit stark stiegen, während der Anteil der Lohneinzelkosten stark zurückging, was sich in entsprechend hohen Zuschlagssätzen für die Gemeinkosten niederschlägt. **Stundenverrechnungssätze** in der Größenordnung der doppelten Gehaltskosten sind daher keineswegs unrealistisch (Scheuring 2013, S. 97).

Auftraggeber fordern heute eine Offenlegung der Kalkulation, öffentliche Auftraggeber die Darstellung der Selbstkosten. Hohe Zuschlagssätze sind unter diesen Umständen schwer vermittelbar. Vor diesem Hintergrund gewinnt die Prozesskostenrechnung an Bedeutung, durch die eine stärkere Differenzierung der Gemeinkosten erfolgt, indem diese möglichst über die notwendigen Prozesse anstatt über pauschale Zuschlagssätze verrechnet werden (Coenenberg et al. 2012, S. 159; Bea et al. 2011, S. 205).

Die Stundensätze werden durch das betriebliche Rechnungswesen ermittelt. In der Praxis wird mit Standardstundensätzen kalkuliert, die für Mitarbeiterkategorien bestimmt werden, z. B. (Fiedler 2014, S. 131):

- Geschäftsführer
- Projektleiter
- Techniker
- Sekretariat.

Pos	Vereinfachtes Kalkulationsschema	Arbeitspaket		
		Menge	Verrechnungs-satz	Kosten
1	Materialkosten	Volumen, Länge, Stück, Gewicht usw.	z. B. Euro pro Gewicht	
2	Materialgemeinkosten*	Zuschlag in Prozent		
3	Personalkosten	Stunden	Euro / Stunde	
4	Personalgemeinkosten*	Zuschlag in Prozent		
5	**Herstellkosten**			
6	Gemeinkostenzuschlag Verwaltung	Zuschlag in Prozent		
7	**Selbstkosten**			
8	Sachkosten (Reisen, Frachten, Lizenzen etc.)	gemäß Angebot		
9	Wagniszuschlag (Vorsorge oder Reserve Budget)	Prozent		
10	Marge (erwarteter Gewinn, Steuersatz, kalkulatorische Zinsen)	Prozent		
11	**Verkaufspreis**			
	* die Gemeinkosten (Pos. 2 und 4) können auch bereits in den Verrechnungssätzen enthalten sein			

Abb. 3.30 Mögliche Positionen für die Kalkulation eines Arbeitspakets

Bei Verwendung differenzierter Standardstundensätze muss auch der Personalaufwand getrennt nach Mitarbeiterkategorien geschätzt werden, was wiederum den Aufwand für die Schätzung erhöht. Deshalb entscheiden sich einige Unternehmen, mit einem einzigen Standardstundensatz zu arbeiten. Diesen Entscheidungsspielraum lassen externe Kunden allerdings längst nicht immer zu.

Risikovorsorge Projekte bergen Risiken, für die Vorsorge zu treffen ist. Dies muss sich auch in der Kostenplanung widerspiegeln. Die Schätzungen der Arbeitspakete sollen Normalbedingungen berücksichtigen und keine versteckten Risikozuschläge enthalten. Kosten für Risiken können über folgende Positionen in die Kalkulation einfließen:

- Kosten für gezielte Risikomaßnahmen, die im Risikoregister beschrieben sind, werden in der Arbeitspaketbeschreibung berücksichtigt und dementsprechend kalkuliert. Sie erfordern kein gesondertes Budget.
- Für bestimmte Arbeitspakete wird gezielt ein Risikobudget eingestellt (Budget Reserve). Wird das Risikobudget nicht benötigt, fließt es zurück in das Gesamtbudget.
- Auf der Ebene des Gesamtprojekts wird eine Managementreserve in Höhe eines bestimmten Prozentsatzes vom Gesamtbudget zur Abdeckung unvorhergesehener Probleme gebildet.

Wegen des harten Wettbewerbes ist es oft nicht möglich Risikozuschläge auszuweisen. Doch Beispiele zeigen, dass es sinnvoll ist, Risikovorsorge kostenmäßig zu bewerten (Steeger 2012, S. 13). In Bauprojekten ist auch von Nachtragsvorsorgebudgets die Rede. Die Planungsphase großer Bauprojekte dauert häufig mehrere Jahre, und so können sich beispielsweise gesetzliche Auflagen für den Brandschutz ändern und entsprechende Nachträge erfordern, die wiederum zusätzliche Kosten verursachen (Steeger 2012, S. 7).

Wie hängen Kostenplan und Terminplan zusammen?
Ergebnis der Projektkalkulation ist der Kostenplan, in dem für jedes Arbeitspaket auf der Basis der detaillierten Kostenplanung und unter Berücksichtigung der Gesamtkosten und Verhandlungsergebnisse im Rahmen der Top-down- und Bottom-up-Schätzungen ein Budget freigegeben wird. Hieraus ergeben sich die Plangesamtkosten (Budgeted at Completion – BAC) für jedes Arbeitspaket und für das Projekt. Dieser Kostenplan sollte folgende Auswertungen enthalten:

- Kosten pro Arbeitspaket differenziert nach Kostenarten
- Summe der Kosten pro Arbeitspaket
- Summe der Kosten pro Kostenart.

In Kombination mit dem Terminplan entsteht so das **Projektbudget**, das den Verlauf der Plankosten auf der Zeitachse abbildet. Das endgültige Projektbudget (Time-Phased Budget Baseline) gibt somit zusätzlich Auskunft über den Zahlungsmittelfluss. Im Rahmen der Termin- und Ablaufplanung werden Anfang und Ende der Arbeitspakete terminiert. Das Budget kann z. B. proportional auf die Dauer des Arbeitspakets umgerechnet werden oder, wenn angemessen und notwendig, dem Beginn und/oder dem Ende des Arbeitspakets – ggf. jeweils anteilig – zugeordnet werden. Auf jeden Fall ist das Budget durch die Zuordnung zum Arbeitspaket terminlich fixiert. Die Kosten für die Arbeitspakete können pro Periode addiert und grafisch als Kostenganglinie dargestellt werden. Werden die Kosten zusätzlich über die Perioden kumuliert, entsteht die Kostensummenlinie, die zu jedem Zeitpunkt die bis dahin aufgelaufenen Plankosten darstellt. Sie dient als Kontrolllinie für die Projektsteuerung (vgl. Abb. 3.32).

Die Finanzmittelplanung unterliegt, wie andere Einsatzmittel auch, Optimierungsgesichtspunkten und es ist interessant, ob und in welchem Maße etwas vorfinanziert werden muss. Je nach Projektart und konkreter Vereinbarung zwischen Auftraggeber und Auftragnehmer gibt es „Zahlungsmeilensteine" im Projekt. Abhängig von den vereinbarten Ergebnissen leistet der Auftraggeber Teilzahlungen. Diese Einnahmen stehen den kumulierten Ausgaben gegenüber, und es ist zu erkennen, in welchem Umfang Vorfinanzierungen seitens des Auftragnehmers erforderlich sind.

Wer ist wann an der Aufwandsschätzung und Kostenplanung beteiligt?
Die Projektkalkulation erfolgt in der Planungsphase in enger Zusammenarbeit zwischen Projektleiter und Projektcontroller. Verrechnungssätze werden durch das betriebliche Rechnungswesen bereitgestellt. Die Arbeitspaketverantwortlichen müssen in die Schätzung eingebunden werden. Das Ergebnis wird mit dem Kunden und mit dem Management abgestimmt. Die endgültige Entscheidung über das Projektbudget ist häufig erst nach mehreren Iterationen möglich.

Wichtige Begriffe
- Aufwand – Effort
- Expertenschätzung – Expert Judgement
- Kostenplan – Cost Plan
- Kostenrahmen – Rough Order of Magnitude (ROM)
- Kostensummenlinie – Cumulative Cost Histogram/Time-Phased Budget Baseline
- Lebenszykluskosten – Life Cycle Costing
- Parametrische Methode – Ratio Method, Parametric Technique
- Plangesamtkosten (PGK) – Budgeted at Completion (BAC)
- Projektbudget – Time-Phased Budget
- Projektkalkulation – Project Calculation
- Projektkosten – Project Cost
- Projektpreis – Project Price
- Risikozuschlag, Rücklage, Vorsorgebudget – Management Reserve, Budget Reserve
- Schätzklausur – Estimation Meeting
- Zielkosten – Target Costing

Quellen für weiterführende Informationen
Bea, F., Scheurer, S., & Hesselmann, S. (2011). *Projektmanagement* (2., überarbeitete und erweiterte Aufl.). Konstanz: UVK Verlagsgesellschaft.

Fiedler, R. (2014). *Controlling von Projekten* (6. Aufl.). Wiesbaden: Springer Vieweg.

Schelle, H. (2014a). *Projekte zum Erfolg führen. Projektmanagement systematisch und kompakt* (7., überarbeitete Aufl.). München: Beck-Wirtschaftsberater im dtv.

Steeger, O. (1/2012). Das Projektbudget mit kaufmännischen Tugenden führen. Großinvestition am Frankfurter Flughafen: Neue Flugsteige für den Airbus 380. projekt management aktuell (S. 4–12).

Demleitner, K. (2009). *Projekt-Controlling. Die kaufmännische Sicht der Projekte* (2., durchgesehene Aufl.). Renningen: Expert.

3.6.2   Aufwand und Kosten im Projekt Segeltörn planen

Zum Gesamtaufwand des Segeltörns zählen:

- Arbeitsaufwand in Stunden.
- Sachkosten:
  - Kosten für die Charter des Schiffes.
  - Reisekosten für die An- und Heimreise (zum Charterort im Mittelmeer und nach Hause) wie Flugtickets, Taxi oder Bus.
  - Proviant für die Crew.
  - Kosten während des Törns, wie Diesel, Wasser, Strom und Hafengebühren.
  - Versicherungsbeiträge.
  - Kosten für Ausflüge der Crew.
  - Kosten für Telefon, Fax, Internet und Kartenmaterial.
  - Sonstiges.

Die Gliederung der Gesamtkosten kann den Phasen, Teilaufgaben und Arbeitspaketen zugeordnet werden. Aus der Top-down-Perspektive ergeben sich folgende Schätzungen (vgl. Charter Abb. 2.3):

- Sachkosten für 6–8 Personen ca. 15.000 € (1800,- € pro Person zuzüglich Risikozuschlag).
- Arbeitsaufwand mindestens 1000 h (100 h Projektmanagement, 300 h Vorbereitung, 600 h Durchführung).

Die Daten beruhen auf den Erfahrungen des Skippers und auf Auswertungen vergleichbarer Törns. Sobald sich das Kernteam zusammengefunden hat, erfolgen weitere Detaillierungen, die in die Definition der Ziele und Prioritäten münden. Das Team kann jetzt die Gesamtkosten weiter differenzieren und prozentual auf die Teilaufgaben der zweiten Ebene des Projetstrukturplans verteilen (vgl. Tab. 3.5).

Diese Top-down-Schätzung ist naturgemäß ungenau und bedarf einer weiteren Überprüfung, die fast immer zu einer Korrektur der Annahmen führt. Sobald der Projektstrukturplan fertig ist, können Arbeitsaufwand und Sachkosten für jedes einzelne Arbeitspaket geschätzt werden. Diese Bottom-up-Schätzung führt, unter Anleitung des Projektcontrollers, zu neuen Kosteninformationen (vgl. Abb. 3.31). In Verknüpfung mit dem Terminplan wird ersichtlich, wie der Finanzierungsbedarf im Zeitablauf aussieht. Im konkreten Fall ist eine entscheidende Information, dass die Zahlungen für die Buchung des Schiffes und für die Flugtickets bis zum 30. April erfolgen müssen. Den Verlauf zeigt die Kostensummenlinie (vgl. Abb. 3.32). Sie ist die Basis für die Kostenverfolgung und für den Soll-Ist-Vergleich.

Tab. 3.5 Top-down-Schätzung des Arbeitsaufwandes und der Sachkosten in Prozent für den Segeltörn 2015

	Segeltörn	Projektma-nagement (TA 1000)	Vorbereitung (TA 2000)	Durchführung (TA 3000)	Abschluss (TA 4000)	Schwerpunkt der Tätigkeiten und Kosten
Arbeits-aufwand in Prozent	100	5	20	70	5	*Durchführung*
						Segeln
						Leben an Bord
Sachkos-ten in Prozent	100	5	65	25	5	*Vorbereitung*
						Buchung Schiff, Flüge
						Proviant
						Landgänge

3.7   Baseline und Trade-offs

Die Baseline dokumentiert den Stand der Arbeiten im Projekt zum jeweiligen Zeitpunkt und dient als Vergleichs- und Bezugsrahmen. Sie enthält alle relevanten Projektinformationen, die zum augenblicklichen Zeitpunkt des Projekts vorliegen und von der Projektleitung als aktuelle Arbeitsgrundlage identifiziert und freigegeben wurden. Die Projektinformationen werden in größeren Projekten durch den Konfigurationsmanager verwaltet. In kleinen Projekten wird diese Aufgabe durch den Projektleiter wahrgenommen. Nur er ist berechtigt, neue Dokumente mit Versionsnummer und Datum in die Baseline aufzunehmen, wodurch automatisch eine neue Baseline erzeugt wird. Alle anderen Projektbeteiligten haben nur eine Leseberechtigung und können nur die für ihre Arbeit erforderlichen Dokumente einsehen. Die Projektmitglieder sind verpflichtet, zu überprüfen, ob sie die jeweils neueste Version des Dokumentes benutzen.

Die Baseline wird kontinuierlich fortgeschrieben und vervollständigt bis am Ende der Planungsphase, z. B. zum Critical Design Review (vgl. das Thema Reviews in Abschn. 4.3) idealerweise eine endgültige Baseline vorliegt, die die Basis für die Durchführungsphase bildet. Sollten während der Durchführung Änderungen erforderlich sein, müssen sie immer über einen geordneten Änderungsprozess freigegeben werden (siehe Thema Änderungsmanagement Abschn. 4.1).

Die Baseline umfasst je nach Erfordernis des Projekts kundenbezogene Projektdokumente, wie z. B. Ausschreibung des Kunden, abgegebenes Angebot, Vertrag und Leistungsbeschreibung (Statement of Work).

Zusätzlich enthält die Baseline den **Projektplan** mit:

- Verantwortlichkeitsmatrix
- Projektcharter
- Qualitätsplan

AP	Teilaufgabe / Arbeitspaket	Personal	Sachkosten	Bemerkung
1000	Projektmanagement	Aufwand	Kalkulation	
1100	Erwartungen	50 Std.	150.- €	
1200	Kosten/Termine	30 Std.	10.- €	
1300	Risiken	40 Std.	20.- €	
1400	Dokumentation	30 Std.	20.- €	
2000	Vorbereitung			
2100	Ziele u. Anforderungen	40 Std.	10.- €	
2200	Crew	80 Std.	10.- €	
2300	Törnplanung	40 Std.	10.- €	
2400	An- u. Heimreise planen	8 Std.	10.- €	
2500	Buchung	30 Std.	5630.- €	Flüge, Schiff
3000	Durchführung			
3100	Vorkehrungen / Bereitstellungen			
3110	Anreise	36 Std.	150.- €	
3120	Einchecken des Schiffes	4 Std.	250.- €	Versicherung
3130	Proviant	30 Std.	820.- €	Lebensmittel
3140	Crewtraining	20 Std.	0.- €	
3200	Törn			
3210	Wettervorhersage	20 Std.	30.- €	
3220	Routenplanung	14 Std.	0.- €	
3230	Leben an Bord	140 Std.	210.- €	
3240	Landgänge	38 Std.	340.- €	Ausflüge
3250	Briefing/ De-briefing	78 Std.	0.- €	
3260	Segeln	470 Std.	50.- €	
4000	Abschluss			
4100	Nach dem Törn			
4110	Auschecken des Schiffes	4 Std.	0.- €	
4120	Heimreise	48 Std.	150.- €	
4200	Zu Hause			
4210	Crew Treffen	32 Std.	220.- €	Essen
4220	Lessons Learnt	8 Std.	20.- €	
	Summe	1290 Std.	8110.- €	

Abb. 3.31 Arbeitsaufwand und Kosten für den Segeltörn

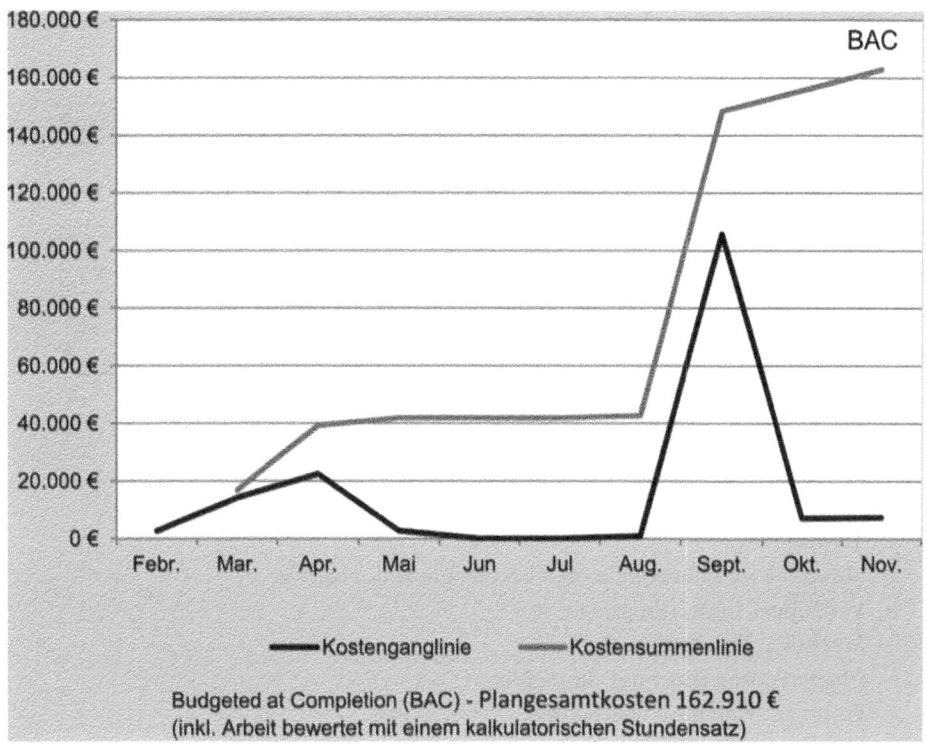

Abb. 3.32   Kostensummenlinie für den Segeltörn

- Stakeholderregister
- Risikoregister
- Pflichtenheft/Systemspezifikation
- Produktbaum
- Projektstrukturplan
- Arbeitspaketbeschreibungen
- Masterterminplan
- Kosteninformationen.

Hinsichtlich der zu erstellenden **Projektleistung** entstehen z. B. folgende Arbeitsergebnisse:

- Spezifikation mit allen untergeordneten Spezifikationen
- Verifikations- und Validierungsmatrix
- Analysen und Berechnungen
- Zeichnungen und Pläne
- Ergebnisse von Qualifikations- und Entwicklungstests
- Abnahmevorschriften und Akzeptanzkriterien.

Die Baseline für den **Segeltörn** soll zum Meilenstein M3 vorliegen. Im Einzelnen zählen dazu:

- Projektplan:
  - Projektcharter
  - Spezifikation des Segeltörns
  - Produktbaum und Spezifikation der untergeordneten Elemente des Produktbaums
  - Projektstrukturplan
  - Arbeitspaketbeschreibungen mit Verantwortlichkeitsmatrix
  - Kostenschätzungen
  - Terminplan.
- Arbeitsergebnisse:
  - Erwartungen der Crewmitglieder
  - Auswahl des Schiffes
  - Auswahl des Törngebietes
  - Törnplanung
  - Vorschlag für interessante Ausflüge, mögliche Landgänge
  - Vorläufiger Einweisungsplan
  - Vorläufige Proviantliste
  - Chartervertrag (Buchung des Schiffes)
  - Police zur Kautionsversicherung
  - Flugscheine (gebuchte Flüge).

Die Planungen sind bis auf Details für den Einweisungsplan und die Proviantliste abgeschlossen. Die Crew ist über die Baseline informiert und hat sie verabschiedet. Die Umsetzung des Projekts kann zu den geplanten Terminen beginnen, d. h. der Segeltörn kann starten. Schiff ahoi!

Wie das Beispiel zeigt, entstehen Projektplan und Arbeitsergebnisse, die das zu entwickelnde Produkt oder die Dienstleistung betreffen, parallel. Diese Verzahnung wird besonders deutlich an dem Thema Anforderungsdefinition und Verifikations- und Validierungsmatrix. Die Spezifikationen mit der Beschreibung der Anforderungen entstehen sinnvollerweise immer gleichzeitig mit der Überlegung, wie und mit welcher Methode die jeweilige Anforderung überprüft werden kann.

Abgesehen davon ist es wichtig, dass in der Planungsphase immer wieder alternative Lösungsvorschläge diskutiert werden, die die Ziele des magischen Dreiecks in unterschiedlicher Art und Weise beeinflussen und Auswahlentscheidungen, z. B. welches Segelboot gechartert werden soll, müssen getroffen werden. Eine Hilfe bei der Entscheidungsfindung gewährt die Nutzwertanalyse.

Nutzwertanalyse – Trade Study

Die Nutzwertanalyse (Trade Study bzw. Trade-off Study) ist im Projektleben und im Systems Engineering eine anerkannte Methode, um Entscheidungen vorzubereiten und zu treffen, indem projektspezifische und technische Alternativen systematisch verglichen und schließlich ausgewählt werden. Denn einer Entscheidungsfindung sollten, neben dem gesunden Menschenverstand und dem Bauchgefühl, viele Fakten und objektive Kriterien zu Grunde liegen (Zwygart 2007, S. 222). Und so lautet einer der sieben Grundsätze des Qualitätsmanagements, dass wirksame Entscheidungen auf der Analyse von Daten und Informationen beruhen (DIN EN ISO 9000:2015-11). Die Situation, dass Handlungsalternativen bewertet werden müssen, tritt im Verlauf eines Projekts häufig auf, z. B. in der Planungsphase, wenn alternative Lösungen ausgewählt werden müssen (vgl. Nutzwertanalyse zur Auswahl des Schiffes Abb. 3.33). Oder bei der Projektdurchführung, wenn aufgrund von Abweichungen Korrekturmaßnahmen ausgewählt werden müssen.

Die Ergebnisse der Nutzwertanalyse zeigen aus der Sicht der Beteiligten – hier können außer dem Team noch weitere Stakeholder, z. B. Anwender einbezogen werden – die beste Lösung des Problems, die das Team mit seiner Erfahrung und seinem Wissen zu dem jeweiligen Zeitpunkt der Analyse erarbeitet hat.

Auch wenn die Nutzwertanalyse den Entscheidungsprozess anhand von Daten und Fakten versachlicht, so ist die erarbeitete und bevorzugte Alternative des Teams dennoch subjektiv und erhebt keineswegs den Anspruch, die einzig richtige Lösung zu sein. Oft handelt es sich um einen mühsam erarbeiteten Kompromiss des Teams. Andere Teams, mit anderen Erfahrungen, können komplett andere Lösungen favorisieren. Die Nutzwertanalyse umfasst folgende Schritte, wobei das Team die Schritte 2 und 3 gemeinsam lösen muss:

1. Identifikation von inhaltlich vergleichbaren Lösungsalternativen.
2. Definition der Bewertungskriterien, mit deren Hilfe die Güte der Alternativen beurteilt werden kann. Die Bewertungskriterien müssen sich aus den Projektzielen ableiten. Mögliche Bewertungskriterien sind z. B. Masse, Kosten, Zuverlässigkeit und Entwicklungsdauer. Zusätzlich können die Bewertungskriterien gewichtet werden, entweder in Prozent von 1 bis 100 % oder mit Faktoren von 0,01 bis 1.
3. Beurteilung der Alternativen. Die Beurteilung, wie gut eine Lösungsalternative die einzelnen Bewertungskriterien erfüllt, wird in der Regel durch eine Punktzahl, die für alle Kriterien den gleichen Höchstwert haben muss, ausgedrückt, z. B. durch eine Bewertungsskala von 1–5, wobei der Punktwert 5 vergeben wird, wenn eine Alternative das betrachtete Kriterium überragend erfüllt, der Punktwert 1, wenn das Kriterium unzureichend oder schlecht erfüllt wird.
4. Bestimmung der „besten" Lösung, indem Teilnutzwerte und Gesamtnutzwerte ermittelt werden.
5. Dokumentation des gesamten Prozesses, der einzelnen Schritte und des Ergebnisses in einem Bericht, um zu jedem späteren Zeitpunkt im Projekt die Entscheidungsgrundlagen für die ausgewählte Lösung nachvollziehen zu können.

Zusätzlich können bei Bedarf Sensitivitätsanalysen durchgeführt werden, um zu zeigen, wie das Ergebnis beeinflusst wird, wenn die Gewichtung der Hauptkriterien verändert wird. Eine Risikoanalyse für die ausgewählte Alternative weist auf mögliche Gefahren hin, die mit der „besten" Lösung verbunden sein können.

Nutzwert - Analyse (Trade - off)		Projekt: Segelltörn 2015	Alternative 1	Alternative 2	Alternative 3	Alternative 1	Alternative 2	Alternative 3
Titel	Auswahl Segelboot	Schiffstyp	Sun Odyssee 45	Sun Odyssee 50 DS	Oceanis 46	Sun Odyssee 45	Sun Odyssee 50 DS	Oceanis 46
Version 1			Bewertung (Scoring)					
Datum: 20.02.2015		Gewichtung	durch das Team			gewichtet		
Nr	Bewertungskriterium	%	1 bis 5	1 bis 5	1 bis 5	BZ = Scoring * Gewichtung		
1	Baujahr (neu, alt)	10	3	5	2	30	50	20
2	Maschine (Leistung,Schraube)	5	2	5	3	10	25	15
3	Segelausrüstung (Flächen, Trimmung)	25	4	5	4	100	125	100
4	Komfort (Kabinen, Naßzellen)	20	4	4	4	80	80	80
5	Kosten (Charter, Reinigung)	40	5	2	3	200	80	120
	Bewertungszahl (BZ) (Summe)	100	18	21	16	420	360	335

Skalierung: 1 = schlecht, 2 = ausreichend, 3 = mittel, 4 = gut, 5 = sehr gut

Abb. 3.33 Nutzwertanalyse zur Auswahl eines Segelboots

Literatur

AACE International: The Authority for Total Cost Management. (2014a). *AACE international: The authority for total cost management.* http://www.aacei.org/aboutUs/welcome.shtml. Zugegriffen: 28. Dez. 2014.

AACE International: The Authority for Total Cost Management. (2014b). *AACE international: The authority for total cost management. Cost estimating model for buildings.* http://www.aacei.org/resources/BuildingModel.shtml. Zugegriffen: 28. Dez 2014.

Ahrens, H., Klemens, B., & Muchowski, L. (2014). *Handbuch Projektsteuerung – Baumanagement* (5., durchgesehene Aufl.). Stuttgart: Fraunhofer IRB Verlag.

ARAG Allgemeine Versicherungs-AG (Hrsg.). (2014). *Richtig versichert: Wissenswertes rund um den Segelsport.* VID Vereins Informations Dienst, Ausgabe November 2014. http://vid.sid.de/2014/03/25/richtig-versichert-wissenswertes-rund-um-den-segelsport/. Zugegriffen: 24. Nov. 2014.

Bea, F., Scheurer, S., & Hesselmann, S. (2011). *Projektmanagement* (2., überarb. und erweitere Aufl.). Konstanz: UVK Verlagsgesellschaft.

Beyer, S., & Knöfel, U. (2013). Spiegel Gespräch „Versaute Verhältnisse". Gipfeltreffen der geplagten Architekten: Pierre de Meuron, Meinhard von Gerkan und Christoph Ingenhoven verantworten die größten und schwierigsten Bauprojekte des Landes. *Der Spiegel, 10. Juni,* S. 118–124.

Biederbick, C. (2014). *Enzyklopädie der Wirtschaftsinformatik. Online Lexikon. Stichwort Netzplantechnik.* (K. Kurbel, J. Becker, N. Gronau, E. Sinz, L. Suhl, Herausgeber, & Oldenbourg Wissenschaftsverlag) http://www.enzyklopaedie-der-wirtschaftsinformatik.de/. Zugegriffen: 16. Dez. 2014.

Bundesstelle für Seeunfalluntersuchung. (2006). *Jahresbericht 2005.* Bundesstelle für Seeunfalluntersuchung. Bundesoberbehörde im Geschäftsbereich des Bundesministeriums für Verkehr und digitale Infrastruktur (BMVI), Hamburg. http://www.bsu-bund.de. Zugegriffen: 6. Dez. 2014.

Bundesstelle für Seeunfalluntersuchung. (2014). *Jahresbericht 2013.* Bundesstelle für Seeunfalluntersuchung. Bundesoberbehörde im Geschäftsbereich des Bundesministeriums für Verkehr und digitale Infrastruktur (BMVI), Hamburg. http://www.bsu-bund.de. Zugegriffen: 30. Nov. 2014.

Coenenberg, A., Fischer, T., & Günther, T. (2012). *Kostenrechnung und Kostenanalyse* (8., überarb. Aufl.). Stuttgart: Schäffer-Poeschel.

de Montagne, M. E. (1533–1592). *Aphorismen.de.* (T. Schefter, Produzent). www.aphorismen.de/zitat/60227. Zugegriffen: 5. März 2015.

Demleitner, K. (2009). *Projekt-Controlling. Die kaufmännische Sicht der Projekte* (2., durchgesehene Aufl.). Renningen: Expert.

DIN 69900:2009-01. (2009). *Projektmanagement – Netzplantechnik; Beschreibungen und Begriffe*. (DIN Deutsches Institut für Normung e. V., Hrsg.) Berlin: Beuth.

DIN 69901-2:2009-01. (2009). *Projektmanagement – Projektmanagementsysteme. Teil 2: Prozesse, Prozessmodell*. (DIN Deutsches Institut für Normung e. V., Hrsg.) Berlin: Beuth.

DIN 69901-3:2009-01. (2009). *Projektmanagement – Projektmanagementsysteme. Teil 3: Methoden*. (DIN Deutsches Institut für Normung e. V., Hrsg.) Berlin: Beuth.

DIN 69901-5:2009-01. (2009). *Projektmanagement – Projektmanagementsysteme. Teil 5: Begriffe*. (DIN Deutsches Institut für Normung e. V., Hrsg.) Berlin: Beuth.

DIN EN 62198:2014-08. (2014). *Risikomanagement für Projekte – Anwendungsleitfaden (IEC 62198:2013); Deutsche Fassung EN 62198:2014*. (DIN Deutsches Institut für Normung e. V., Hrsg.) Berlin: Beuth.

DIN EN ISO 9000:2015-11. (2015). *Qualitätsmanagementsysteme – Grundlagen und Begriffe (ISO_9000:2015); Deutsche und Englische Fassung EN ISO 9000:2015*. (DIN Deutsches Institut für Normung e. V., Hrsg.) Berlin: Beuth.

DIN ISO 10006:2019-04. (2019). Entwurf, Qualitätsmanagement – Leitfaden für Qualitätsmanagement in Projekten (ISO 10006:2017); Text Deutsch und Englisch. (DIN Deutsches Institut für Normung e. V., Hrsg.) Berlin: Beuth

DIN ISO 21500:2016-02. (2016) *Leitlinien Projektmanagement* (ISO 21500:2012). (DIN Deutsches Institut für Normung e. V., Hrsg.) Berlin: Beuth.

Ebert, C. (2014). *Systematisches Requirements Engineering* (5., überarbeitete Aufl.). Heidelberg: dpunkt.

ESA European Space Agency for the members of ECSS. (2013). *ECSS-Q-ST-20C Rev.1 space product assurance quality assurance. European cooperation for space standardization*. Noordwijk: ESA Requirements and Standards Division.

Felkai, R., & Beiderwieden, A. (2013). *Projektmanagerment für teschnische Projekte. Ein prozessorientierter Leitfaden für Projekte*. Wiesbaden: Springer Vieweg.

Fiedler, R. (2014). *Controlling von Projekten* (6. Aufl.). Wiesbaden: Springer Vieweg.

Friedrich, J., Hammerschall, U., Kuhrmann, M., & Sihling, M. (2009). *Das V-Modell XT. Für Projektleiter und QS-Verantwortliche kompakt und übersichtlich*. Berlin: Springer.

GPM Deutsche Gesellschaft für Projektmanagement e. V. (2017). *Individual Competence Baseline für Projektmanagement Version 4.0 deutsche Fassung*. Nürnberg.

GPM Deutsche Gesellschaft für Projektmanagement e. V. (2019). Das Project Excellence Modell Nürnberg. https://www.gpm-ipma.de/awards/deutscher_project_excellence_award.html. Zugegriffen: 31. Okt. 2019

Groh, H., & Gutsch, R. (Hrsg.). (1982). *Netzplantechnik* (3., neu bearb. Aufl.). Düsseldorf: VDI Moderne Industrie.

Handelskammer Bremen. (2014). *Handelskammer Bremen IHK24.de*. Handelskammer Bremen. Kaufmannsmotto und Schüttingwappen: http://www.handelskammer-bremen.ihk24.de/Ueber_uns/Historie_und_Schuetting/Haus_Schuetting/2196548/Buten_un_binnen.html. Zugegriffen: 7. Dez. 2014.

Haugan, G. T. (2001). *Effective work breakdown structures*. Vienna: Management Concepts.

Hölzing, J. (2008). *Die Kano-Theorie der Kundenzufriedenheitsmessung. Dissertation*. Wiesbaden: Gabler Edition Wissenschaft.

INCOSE Systems Engineering. (2012). *INCOSE Systems Engineering Handbuch, Version 3.2.2*. München: GfSE SE Handbuch Arbeitsgruppe Gesellschaft für Systems-Engineering e. V. German Chapter of INCOSE.

International Requirements Engineering Board (IREB) e. V. (2019) CPRE Statistics – Let the numbers speak. https://www.ireb.org/en/service/statistics/. Zugegriffen: 27.10.2019. International Requirements Engineering Board (IREB) e. V. Karlsruhe.

Larson, E., & Gray, C. (2014). *Project management the managerial process* (6. Aufl.). New York: McGraw-Hill Education.

Mayer-Bachmann, R. (2007). *Integratives Anforderungsmanagement.* Dissertation. Karlsruhe: Universitätsverlag Karlsruhe.

Meredith, J., & Mantel, S. (2005). *Project management. A managerial approach* (5. Aufl.). New York: Wiley.

Meyer, M., & Ahlemann, F. (2013). *Project Management Software Systems* (8. Aufl.). BARC.

Motzel, E. (2010). *Projektmanagement Lexikon* (2., aktualisierte Aufl.). Weinheim: Wiley-VCH.

Myrach, T. (2012a). *Anforderungsdefinition. Enzyklopädie der Wirtschaftsinformatik.* Online Lexikon. (K. Kurbel, J. Becker, N. Gronau, E. Sinz, & L. Suhl, Hrsg.) Potsdam: Oldenbourg. http://www.enzyklopaedie-der-wirtschaftsinformatik.de/. Zugegriffen: 16. Okt. 2014.

Myrach, T. (2012b). *Pflichtenheft. Enzyklopädie der Wirtschaftsinformatik.* Online Lexikon. (K. Kurbel, J. Becker, N. Gronau, E. Sinz, & L. Suhl, Hrsg.) Potsdam: Oldenbourg. http://www.enzyklopaedie-der-wirtschaftsinformatik.de/. Zugegriffen: 16. Okt. 2014.

Patig, S., & Dibbern, J. (2014). *Requirements Engineering. Enzyklopädie der Wirtschaftsinformatik.* Online Lexikon. (K. Kurbel, J. Becker, N. Gronau, E. Sinz, & L. Suhl, Hrsg.) Potsdam: Oldenbourg. http://www.enzyklopaedie-der-wirtschaftsinformatik.de/wi-enzyklopaedie/lexikon/is-management/Systementwicklung/Hauptaktivitaten-der-Systementwicklung/Problemanalyse-/Requirements-Engineering/index.html/?searchterm=Requirements%20Engineering. Zugegriffen: 20. Okt. 2014.

Patzak, G., & Rattay, G. (2014). *Projektmanagement. Projekte, Projektportfolios, Programme und projektorientierte Unternehmen* (6., aktualisierte Aufl.). Wien: Linde.

PMI Project Management Institute. (2017a). *A guide to the project management body of knowledge (PMBOK® Guide) – Sith Edition.* Newton Square: Project Management Institute.

PMI Project Management Institute. (2017b). *A guide to the project management body of knowledge (PMBOK® Guide) – Sechste Ausgabe.* Newton Square: Project Management Institute.

Rohrschneider, U. (2006). *Risikomanagement in Projekten.* München: Rudolf Haufe.

Rohrschneider, U., & Spang, K. (2012). Risiken und Chancen. In M. Gessler (Hrsg.), *Kompetenzbasiertes Projektmanagement (PM3)* (5. Aufl., Bd. 1, S. 123–153). Nürnberg: GPM Deutsche Gesellschaft für Projektmanagement e. V.

Romeike, F. (Hrsg.). (2014). *RiskNET. The Risk Management Network. Cartoons Risiko und Chance.* http://www.risknet.de/wissen/cartoons-risiko-und-chance/. Zugegriffen: 24. Nov. 2014.

Saynisch, M. (2006). Warum Produktzentriertes Projektmanagement (PZPM)? *projekt Management aktuell, 4*, 14–22.

Schelle, H. (2007). *Projekte zum Erfolg führen. Projektmanagement systematisch und kompakt* (5., überarb. Aufl.). München: Beck-Wirtschaftsberater im dtv.

Schelle, H. (2014). *Projekte zum Erfolg führen. Projektmanagement systematisch und kompakt* (7., überarb. Aufl.). München: Beck-Wirtschaftsberater im dtv.

Scheuring, H. (2013). *Der www-Schlüssel zum Projektmanagement* (6., überarb. Aufl.). Zürich: Orell Füssli.

Schönle, C. (2004). *Unfälle, Verletzungen und Risiken beim Segeln auf Jollen und Yachten.* München: GRIN Verlag.

Seibert, S. (2012). Kosten und Finanzmittel. In M. Gessler (Hrsg.), *Kompetenzbasiertes Projektmanagement (PM3)* (5. Aufl., Bd. 1, S. 431–465). Nürnberg: GPM Deutsche Gesellschaft für Projektmanagement e. V.

Smith, A. (2014). *PMI's Pulse of Profession: Requirements Management – A core competency for project and program success.* Project Management Institute. http://www.pmi.org/~/media/PDF/Knowledge%20Center/PMI-Pulse-Requirements-Management-In-Depth-Report.ashx. Zugegriffen: 7. Feb. 2015.

Steeger, O. (2/2012). Londoner Bürger wirkten mit am olympischen Gelände. *projekt management aktuell*, 3–14.

Voigt, K.-I. (2014). *Gabler Wirtschaftslexikon, Stichwort: Ablaufplanung, Produktionsprozessplanung*. (Springer Gabler Verlag, Herausgeber) http://wirtschaftslexikon.gabler.de/Archiv/57176/produktionsprozessplanung-v5.html. Zugegriffen: 15. Dez. 2014.

Wagner, F. (2014). *Gabler Wirtschaftslexikon, Stichwort: Gesetz zur Kontrolle und Transparenz im Unternehmensbereich (KonTraG)*. (Springer Gabler Verlag, Herausgeber) http://wirtschaftslexikon.gabler.de/Archiv/296413/gesetz-zur-kontrolle-und-transparenz-im-unternehmensbereich-kontrag-v3.html. Zugegriffen: 24. Nov. 2014.

Zika-Viktorsson, A., Sundström, P., & Engwall, M. (2006). Project overload: An exploratory study of work and management in multi-project settings. *International Journal of Project Management, 24*, 385–394.

Zwygart, U. (2007). *Wie entscheiden Sie? Entscheidungsfindung in schwierigen Situationen – mit Fallbeispielen von Hannibal, über J. F. Kennedy bis Jack Welch* (2. Aufl.). Bern: Haupt.

Projekte auf Kurs halten

4

Zusammenfassung

Mit der Verabschiedung der Baseline beginnt die Durchführungsphase und das Thema Konfigurations- und Änderungsmanagement nimmt an Bedeutung zu. Änderungen sollen nur im Rahmen eines geordneten Prozesses erfolgen. Konfigurationen müssen besonders bei großen technischen Projekten sorgfältig überwacht werden. Aber auch in kleinen Projekten oder in solchen, die nicht primär technische Produkte entwickeln, hilft der Grundgedanke des Konfigurationsmanagements, das Projekt auf Kurs zu halten. Weitere Themen für die wirkungsvolle Steuerung von Projekten sind die Messung des Projektfortschritts und die Prognosen, die daraus abgeleitet werden können. Reviews und Statussitzungen spielen in diesem Zusammenhang eine besondere Rolle. In ihnen wird der aktuelle Stand geprüft. Ergebnisse werden abgenommen und die folgende Phase wird freigegeben. Für den Fall, dass die Prüfung eine Abnahme nicht zulässt, werden Entscheidungen getroffen, welche Maßnahmen eingeleitet werden sollen. Mögliche Steuerungsmaßnahmen und ihre Fernwirkung bilden den Schluss dieses Hauptkapitels.

© Springer Fachmedien Wiesbaden GmbH, ein Teil von Springer Nature 2020
H. Meyer, H.-J. Reher, *Projektmanagement*,
https://doi.org/10.1007/978-3-658-28763-4_4

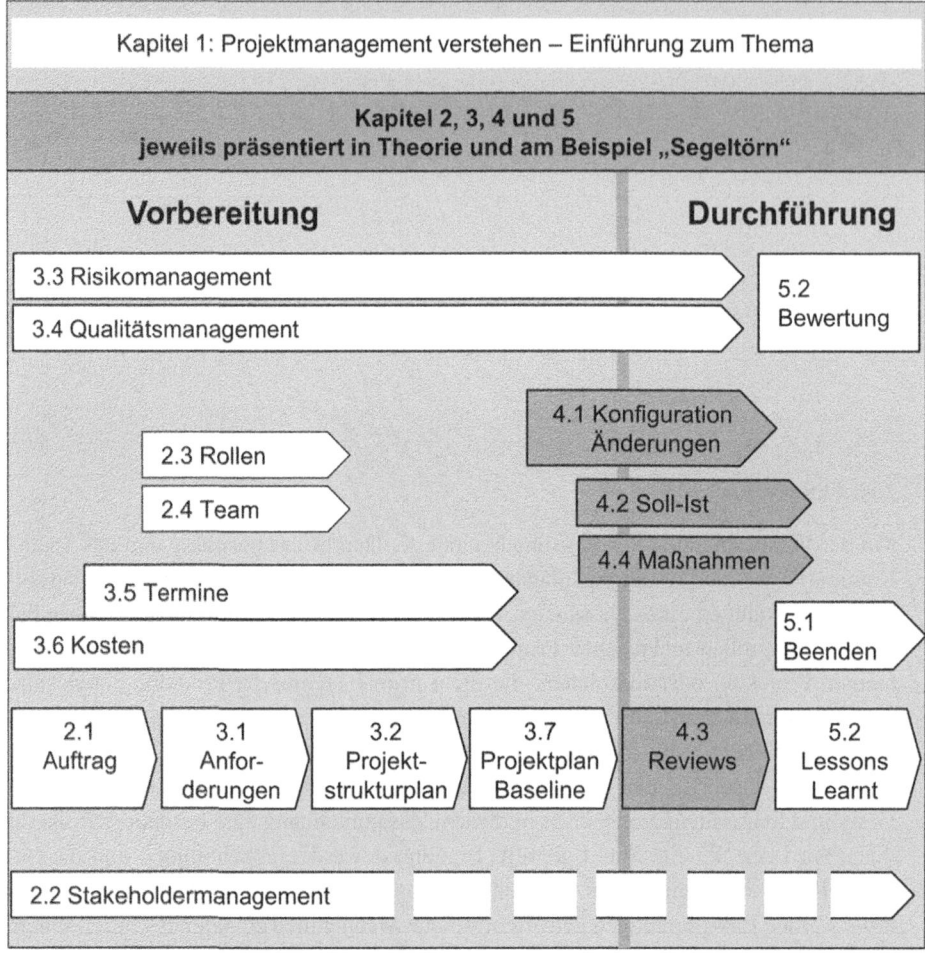

Navigator für dieses Buch – Kap. 4

4.1   Konfiguration und Änderungen im Griff

Eine Konfiguration beschreibt die Merkmale, die Struktur oder Gestalt einer „Betrachtungseinheit". Am ehesten begegnet uns der Begriff im Alltag in Zusammenhang mit technischen Geräten, z. B. beim Kauf eines Personal Computers. Der Computer wird konfiguriert, indem die einzelnen Komponenten wie Bildschirm, Grafikkarte, Speicherkapazität, Prozessor usw. definiert werden. Bei der Auswahl der einzelnen Komponenten muss berücksichtigt werden, dass diese zusammen passen. Im Prozess der Auswahl und Beschaffung des Computers beschäftigt man sich intensiver mit der Materie. Die Kenntnis neuer Möglichkeiten weckt Wünsche. Was man sich ursprünglich vorgestellt hatte, funktioniert bei genauer Betrachtung nicht. Unweigerlich kommt es dann zu Änderungswünschen. Änderungen sollen aber nur kontrolliert erfolgen. Dabei ist zu prüfen, ob die Änderung Einfluss auf die Leistungsfähigkeit des Computers, den Liefertermin und das Budget hat, und wenn ja, ob diese akzeptiert werden, und wer sie bezahlt.

Die Konfiguration eines Personal Computers ist überschaubar. Anders ist dies bei hochkomplexen technischen Systemen, wie z. B. in der Raumfahrt. Schon seit den 60er-Jahren beschäftigt sich die Raumfahrt mit dem Thema Konfigurationsmanagement (Saynisch 2012, S. 523). Zur Dokumentation für die Entwicklung und den Betrieb von Raumfahrtgeräten wurden und werden je nach Projekt Hardware und zum Teil auch beschriebenes Papier in einem Umfang produziert, der in Kilogramm teilweise in Tonnen gemessen werden kann. Alle Systeme, Teilsysteme, Komponenten, Ersatzteile und Dokumente müssen gesteuert und verwaltet werden. Mittlerweile übernehmen Computer und elektronische Datenträger die Dokumentation und die „Papier-Produktion" verringert sich. Konsequentes Konfigurationsmanagement ist weiterhin erforderlich. Aber auch in kleinen Projekten darf nicht das Chaos ausbrechen, was schneller passiert als gedacht, wenn Dokumente und ihre unterschiedlichen Arbeitsstände (Versionen) nicht eindeutig gekennzeichnet sind und Projektmitarbeiter deshalb mit verschiedenen Versionsständen arbeiten.

4.1.1   Konfigurations- und Änderungsmanagement

Was ist Konfigurationsmanagement, was bedeutet Änderungsmanagement in Projekten?
Konfigurationsmanagement betrachtet das Projekt vor allem aus Sicht der Produktqualität und hilft, den Prozess der Leistungserstellung zu steuern.

▶ **Konfigurationsmanagement – Configuration Management** Konfigurationsmanagement fußt auf der Idee, den Prozess der Leistungserstellung als „eine Abfolge von Änderungen gegenüber den Vorgaben, Planwerten und Zwischenergebnissen aufzufassen". Das Konfigurationsmanagement geht davon aus, dass die Produkte und Liefergegenstände des Projekts durch die sie beschreibenden Dokumente (die Konfigurationsdokumente) gesteuert, geprüft und nachgewiesen werden (Saynisch 2012, S. 528). Es wendet Verfahren an, „um Dokumentationen, Spezifikationen und physische Merkmale zu steuern, miteinander zu korrelieren und zu aktualisieren" (DIN ISO 21500:2016-02, S. 6).

Mit Bezug auf die oben genannte Definition sind die Konfigurationsdokumente entscheidend für die Steuerung, denn diese Dokumente beschreiben die Produkte und Liefergegenstände des Projekts. Beispiele für **Konfigurationsdokumente** sind:

- Anforderungsdefinitionen
- Spezifikationen oder Pflichtenhefte
- Projektstrukturplan und Arbeitspaketbeschreibungen

- Designdokumente
- Konstruktionszeichnungen
- Stücklisten
- Abnahmeprotokolle
- Handbücher.

Zentrales Element für ein funktionierendes Konfigurationsmanagement ist die Existenz einer Bezugskonfiguration, einer Baseline.

► **Konfiguration** Eine Konfiguration beschreibt miteinander verbundene funktionelle und physische Merkmale eines Produkts, wie sie im Anforderungsprofil festgelegt, in den zugehörigen Dokumenten und Spezifikationen beschrieben und im Produkt verwirklicht sind (Saynisch 2012, S. 534; Motzel 2010, S. 109; DIN ISO 10007:2004-12, S. 6).

► **Bezugskonfiguration (Referenzkonfiguration) – Baseline** Eine Referenzkonfiguration beschreibt „genehmigte Produktkonfigurationsangaben, die die Merkmale eines Produkts zu einem festgelegten Zeitpunkt darstellen und als Grundlage für Tätigkeiten während des gesamten Produktlebenszyklus dienen" (DIN ISO 10007:2004-12, S. 6).

Änderungsmanagement ist Teil des Konfigurationsmanagements. Allerdings, wie Saynisch ausdrücklich betont, die wohl wichtigste Teildisziplin des Konfigurationsmanagements (2012, S. 528). Änderungen können sich im laufenden Projekt zu allen Zeitpunkten ergeben. Ursachen für **Änderungen** entstehen in der Projektumwelt durch geänderte Rahmenbedingungen, z. B. zusätzliche Auflagen der Behörden oder durch neue Interessen der Stakeholder. Aber auch der Umstand, dass der Projektgegenstand erst im fortschreitenden Prozess an Klarheit gewinnt, kann zu Änderungen führen. Ursprünglich definierte Anforderungen können entfallen, einige werden geändert, neue Anforderungen kommen hinzu. Das endgültige Projektergebnis hat eine andere Konfiguration als zu Beginn des Projekts (vgl. Abb. 4.1). Änderungen beziehen sich immer auf eine gültige Baseline. Wird eine Änderung genehmigt, entsteht eine neue Baseline. Sie wird „eingefroren". Erst wenn eine weitere Änderung über einen definierten Änderungsprozess verabschiedet worden ist, entsteht eine aktualisierte Baseline.

Warum ist Konfigurations- und Änderungsmanagement nötig?
Fehlt ein systematisches Änderungs- und Konfigurationsmanagement im Projekt, können schnell Probleme auftreten:

- Mangelnde Abstimmung mit den Schnittstellen führt zu inkonsistenten Konfigurationen. Es treten möglicherweise Fehler auf, die die Funktionalität des Systems beeinträchtigen, z. B. passt der Bildschirm nicht mehr zur Grafikkarte.
- Beteiligte arbeiten mit verschiedenen Referenzkonfigurationen.
- Änderungen verursachen Kosten, aber es ist nicht geregelt, wer die Kosten übernimmt.
- Terminverschiebungen werden nicht berücksichtigt.

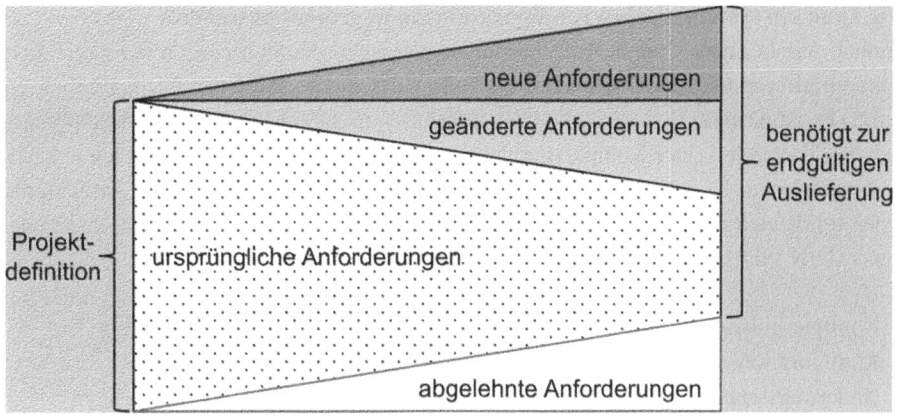

Abb. 4.1 Änderungen im Projektablauf. (Quelle: INCOSE 2012, S. 220)

- Der ursprünglich vereinbarte Leistungsumfang wächst ohne formale Zustimmung von Auftraggeber und Auftragnehmer (Scope Creep). Es werden vermeidbare und unautorisierte Änderungen durchgeführt.
- Mängel und fehlerhafte Teile können nicht zurückverfolgt werden. Die Behebung der Fehler wird dadurch aufwendiger als nötig, neue Risiken (z. B. Haftungsrisiken) entstehen.

Konfigurations- und Änderungsmanagement trägt dazu bei, die genannten Probleme zu vermeiden und regelt die Schnittstelle zwischen Projektmanagement und Fachaufgaben. Wer Projektmanagement betreibt, muss nicht unbedingt Profi im Konfigurationsmanagement sein, aber verstehen, worum es dabei geht. Denn Verständnisschwierigkeiten an der Schnittstelle zwischen Projektmanagement und Fachaufgaben können dazu führen, dass die Beteiligten nebeneinander agieren, anstatt ihre Aufgaben sinnvoll miteinander zu verzahnen.

Mit Konfigurationsmanagement können Organisationen den Anforderungen an **Qualitätsmanagementsystemen** entsprechen, indem sie für Kennzeichnung und Rückverfolgbarkeit des Produkts sorgen (DIN EN ISO 9001:2015-11, S. 36). Der erreichte Stand der physischen und funktionellen Anforderungen des Produkts wird dokumentiert und der Zugang zu genauen Informationen in allen Phasen des Produktlebenszyklus gewährleistet. Diese Nachweisführung erlangt gerade im Zuge der Produkthaftung eine große Bedeutung. Die internationale Norm ISO 10007 „Qualitätsmanagement – Leitfaden für Konfigurationsmanagement" (ISO 10007:2003) fördert das einheitliche Verständnis zu diesem Thema und liegt auch als deutsche Norm vor (DIN ISO 10007:2004-12). Konfigurationsmanagement im ursprünglichen Sinne bezieht sich auf das zu erstellende Produkt und seine begleitenden Liefergegenstände, wie z. B. Handbücher. Weiter gefasst und aus der Sicht des Projektmanagements gedacht, integriert Saynisch zusätzlich zu den Produktprozessen auch die Projektmanagementprozesse und sieht Konfigurationsmanagement als integrative Klammer dieser beiden Elemente (Saynisch 2012, S. 528).

Wie kann ein systematisches Konfigurationsmanagement aussehen?
Ähnlich wie bei dem Thema Anforderungsmanagement handelt es sich bei dem Thema Konfigurationsmanagement um eine Disziplin, die in die Welt der Fachaufgaben eintaucht. Es ist deshalb in dem vorliegenden Rahmen nicht angezeigt und keinesfalls möglich, das Thema in seiner Komplexität darzustellen. Hierfür sei auf die vertiefende Literatur hingewiesen. Es gibt jedoch einige Prinzipien, deren Kenntnis für die Projektarbeit generell hilfreich ist. Die ISO 10007 behandelt fünf Prozesse des Konfigurationsmanagements (DIN ISO 10007:2004-12, S. 8):

- Konfigurationsmanagementplanung (Configuration Management Planning)
- Konfigurationsidentifizierung (Configuration Identification)
- Änderungslenkung (Change Control)
- Konfigurationsbuchführung (Configuration Status Accounting)
- Konfigurationsaudit (Configuration Audit).

Im Rahmen der Planung des Konfigurationsmanagement wird festgelegt wie und womit, z. B. mit welcher Software, Konfigurationsmanagement unterstützt und in welchem Umfang es überhaupt ausgeführt werden soll und wer zuständig ist.

Konfigurationsidentifizierung, also das Festlegen der Konfigurationseinheiten (Configuration Items) geschieht bereits, wenn die Projektergebnisstruktur bzw. der Produktbaum ermittelt und der Projektstrukturplan gestaltet werden. Die zu erstellenden Dokumente beziehen sich auf die Ergebnis- und Projektstruktur. Die Arbeitspakete des Projektstrukturplans können selbst auch Konfigurationseinheiten sein.

Mögliche Fragen für die Auswahl von **Konfigurationseinheiten** sind (Saynisch 2012, S. 1728):

- Handelt es sich um eine eigene Liefereinheit, eine Zuliefereinheit oder einen eigenen Vertragsbestandteil?
- Ist es sinnvoll, die Einheit besonders zu überwachen, da sie kritische Eigenschaften für die Einhaltung der Projektziele (Produktqualität, Kosten, Termine, Sicherheit) besitzt?

In Bezug auf die Konfigurationseinheiten müssen zwei Dinge gewährleistet sein:

- Der **Inhalt**: Es gibt Regeln für die Baseline.
  Zu jedem Zeitpunkt muss es eine gültige Baseline im Projekt geben. Es ist zu regeln, wer eine Baseline autorisiert und wie sichergestellt wird, dass alle Beteiligten mit der gültigen Baseline arbeiten. Saynisch spricht in diesem Zusammenhang von Maßnahmen zur fachlich-inhaltlichen Bestimmung der Bezugskonfiguration (2012, S. 534).
- Die **Form**: Es gibt Regeln für die Dokumentation der Konfigurationseinheiten (vgl. auch Maßnahmen zur formalen Identifizierung in Saynisch 2012, S. 534).
  Dies bezieht sich auf Inhalt und Form der Dokumente. Insbesondere bedeutet dies:
  - Die Festlegung, wie Inhalte dokumentiert werden sollen, z. B. wie Anforderungen oder Arbeitspakete beschrieben werden sollen.

- Nummerierung und Kennzeichnung der Konfigurationseinheiten, insbesondere der Konfigurationsdokumente und festlegen der Regeln hierfür (z. B. Versionsnummern).

Ob nun Änderungsmanagement oder Änderungslenkung (DIN ISO 10007:2004-12, S. 9), gemeint ist das gleiche.

▶ **Änderungsmanagement – Change Management** „Erfassung, Bewertung, Entscheidung, Dokumentation und Steuerung der Umsetzung von Änderungen im Projekt gegenüber der bisher gültigen Planung" (DIN 69901-5:2009-01, S. 6).

Das Ziel ist, den Prozess einer Änderung von der Idee bis zur Freigabe, Umsetzung und Dokumentation zu organisieren. Drei Prozessschritte können unterschieden werden:

- Initiieren und planen: Der Änderungsantrag.
- Verhandeln und Entscheiden: Änderungsantrag freigegeben.
- Umsetzen: Änderungsmitteilung.

Der Änderungsantrag (Change Request) Voraussetzung für ein wirkungsvolles Änderungsmanagement ist die Existenz einer gültigen Baseline, die über genehmigte Änderungen fortgeschrieben wird. Der Aufwand für die Analyse und Bearbeitung von Änderungsvorschlägen soll in einem gesunden Verhältnis zur Art der Änderung stehen. Änderungen sollten deshalb klassifiziert werden, z. B. danach ob die Zustimmung des Kunden erforderlich ist oder, welche anderen Arbeitspakete betroffen sind. Jeder, der am Projekt beteiligt ist, kann einen Änderungsantrag stellen (vgl. Abb. 4.2). Wichtige Änderungen, die z. B. die Form, Schnittstellen und Funktionen (Form, Fit, Function) des Systems betreffen, sind nach entsprechender Klassifikation und Analyse besonders auf mögliche negative Effekte zu analysieren. Der Änderungsantrag wird vom Antragsteller, dies kann der externe Kunde oder intern jeder Mitarbeiter des Unternehmens sein, erstellt. Mitarbeiter, die betroffene Arbeitspakete verantworten, nehmen Stellung, ob ein Änderungsantrag aus ihrer Sicht angenommen und bearbeitet werden soll.

Verhandeln und Entscheiden Die Änderung wird bewertet. Welche Auswirkungen (Trade-offs) ergeben sich auf die Kosten, den Termin, andere Funktionen des Systems? Wer übernimmt die zusätzlichen Kosten? Gegebenenfalls sind hierzu Verhandlungen zu führen. Am Ende dieses Prozessschrittes wird entschieden, ob die Änderung umgesetzt werden soll oder nicht. Die Entscheidungsinstanz, welche die Änderung abschließend beurteilt, indem sie die Änderung freigibt oder ablehnt, ist zu benennen. Diese Freigabe kann die Projektleitung, der Lenkungsausschuss oder ein eigens dafür eingesetztes Gremium, die Änderungskonferenz (Change Control Board, auch Configuration Control Board genannt) übernehmen.

Wird entschieden, die Änderung **umzusetzen**, entsteht eine neue Baseline und die Beteiligten sind über die Änderung zu informieren. Sodann ist zu prüfen und genau festzulegen, zu welchem Zeitpunkt die Änderung, beispielsweise der Einbau eines verbesserten, schnelleren Prozessors in einen Rechner, eingeführt werden soll. Zu jedem Zeitpunkt im

Änderungsantrag			
Antrag-Nr.	**Erstellungsdatum**		
Projektname			
Antragsteller (Name, Abteilung, Telefon)		Intern	extern
Betroffenes Bauteil (System, Teilsystem, Baugruppe, Konfigurationseinheit, Teilergebnis / Arbeitspaket, Spezifikation, Anforderungsnr. etc.)			
Beschreibung der Änderung			
Begründung der Änderung			
Gewünschter Termin der Änderung			
Weitere Bearbeitung des Änderungsantrags	ja nein	Datum / Unterschrift Projektleitung	
Bearbeitung und Analyse		**Verantwortlich (Name, Abt.)**	
Technische Klärung			
Ändern sich Anforderungen und Leistungsdaten Negative und/oder positive Einflüsse		ja/nein	
Zu ändernde Unterlagen, Dokumente			
Zu ändernde Geräte, Betriebsmittel, Beschaffungen etc.			
Auswirkung der Änderung auf Kosten und Termine			
Personalaufwand in Stunden		Personalkosten	
Sonstiger Änderungsaufwand		Maschinen-,Material-, Reisekosten etc.	
Gesamtkosten der Änderung		...... €	
Auswirkung auf Termine			
Abgleich mit Terminplänen		Frühestmögliche Einführung	
Kostenübernahme (durch den Kunden: Vertragsänderung zur Bezahlung einleiten, intern: Kostenübernahme durch Budget in den Kostenplan einbuchen).			
Änderung soll am _____ im beschrieben Umfang oder mit folgenden Einschränkungen eingeführt werden.		ja	nein
Datum / Unterschrift Änderungskonferenz Projektleiter			
Umsetzung und Maßnahmen		**Verantwortlich (Name, Abt.)**	
Arbeitsauftrag (Arbeitspaket) einrichten, AP-Manager			
Kostenübernahme verfolgen, Kostenstelle einrichten		Verantwortlich	
Änderung ist erfolgreich eingeführt.	ja nein	Datum/Unterschrift	

Abb. 4.2 Beispiel für einen Änderungsantrag

Projekt muss klar sein, welches die aktuell gültige Baseline ist. Sie stellt den konsistenten Informationsstand für alle Beteiligten dar. Die neue Baseline wird eingefroren und bleibt solange gültig, bis eine nächste, „neue" Baseline autorisiert ist. Kennzeichnen, Aufzeichnen, Verfolgen und Berichten über die Umsetzung der Änderungen sind weitere Aktivitäten, die erledigt werden müssen. Nicht zu unterschätzen ist die Versionenkontrolle. Es muss jederzeit möglich sein, die Konfiguration auf einen früheren Versionsstand zurücksetzen zu können. Versionskennungen, die z. B. den Namen einer Datei ergänzen (… vs1, … vs2) sind deshalb unverzichtbar. Jedes Dokument muss mindestens Angaben enthalten zu:

- Titel
- Versionsnummer und
- Erstellungsdatum.

Die Baseline besteht aus einer Vielzahl von Dokumenten, die die Basis für die Realisierungsphase des Systems bilden. Die **Konfigurationsbuchführung** dient der Archivierung und Registrierung und stellt sicher, dass Änderungen bis auf ihren Ursprung zurückverfolgt werden können (Traceability). Alle für die Fertigung des Produktes erforderlichen Daten werden erfasst und überwacht und in einer Liste geführt (Configuration Item Data List). Diese Liste führt Buch über den jeweils gültigen Status einer Konfigurationseinheit (ESA 2009a, S. 27 und 58). Relevante Dokumente sind z. B.:

- Produktbaum
- Spezifikation für jede Konfigurationseinheit
- Zeichnungen und Stücklisten
- Vorschriften z. B. für die Fertigung, Handhabung, Fertigungseinrichtungen, Hilfsmittel, Verpackung und Transport
- Vorschriften für Tests und Abnahmen.

Änderungen in den Einzeldokumenten, d. h. auch Änderungen der Version, führen automatisch zu einer aktualisierten Liste. Ein **Konfigurationsaudit** soll prüfen, ob ein Produkt den Anforderungen und seinen Produktkonfigurationsangaben entspricht (DIN ISO 10007:2004, S. 13).

Wann ist Konfigurations- und Änderungsmanagement im Projektablauf wichtig? Änderungen und Änderungswünsche kommen in allen Phasen des Projekts vor. Wann genau Konfigurations- und Änderungsmanagement im Projektablauf einsetzen soll, ist sehr umstritten. Speziell in Entwicklungsabteilungen wird diese formelle Herangehensweise als lästig und unnötig empfunden. Aus Sicht der Autoren ist Konfigurationsmanagement schon mit Beginn eines Projekts ein Thema und das Projektteam sollte sich spätestens in der Planungsphase darauf verständigen, wie das Änderungs- und Konfigurationsmanagement gehandhabt werden soll. Änderungen treten schon früh auf, und Änderungswünsche verursachen in frühen Phasen nachweislich weniger Kosten als in späteren Phasen.

Für jeden Projektmitarbeiter muss möglichst bald eine erste, abgestimmte Arbeitsgrundlage vorhanden sein, die kontinuierlich weiter entwickelt und verbessert werden
kann. Zu Projektbesprechungen, bestimmten Meilensteinen und Reviews werden die erforderlichen Dokumente zusammengestellt, überprüft und abgeglichen. Liegt die endgültige Baseline vor, z. B. zum kritischen Design Review, und werden die Unterlagen ohne
Beanstandung freigegeben, z. B. durch Buchung der Tickets und Charter des Schiffes,
kann mit der Durchführungsphase begonnen werden.

**Wer ist beteiligt und zuständig für das Konfigurations- und Änderungsmanage-
ment?** Im Projektteam muss es einen Verantwortlichen für das Konfigurations- und das
Änderungsmanagement geben. Diese Rolle wird oft kombiniert mit der Rolle des Qualitätsmanagers. Bei kleineren Projekten werden die erforderlichen Tätigkeiten vom Projektleiter
mit übernommen. In größeren Unternehmen kann es sogar eine Abteilung für Konfiguration
und Dokumentation (z. B. Dokumentationscenter) geben, deren Mitarbeiter die Aufgaben
des Konfigurationsmanagers zentral für mehrere, verschiedene Projekte durchführen.

> **Wichtige Begriffe**
> * Änderungsantrag – Change Request
> * Änderungskonferenz – Change Control Board oder Configuration Control Board
> * Bezugskonfiguration (Referenzkonfiguration) – Configuration Baseline
> * Configuration Item Data List (CIDL)
> * Konfiguration – Configuration
> * Konfigurationsbuchführung (Configuration Status Accounting)
> * Konfigurationseinheit-Configuration Item
> * Konfigurationsmanagement – Configuration Management
> * Rückverfolgbarkeit – Traceability

Quellen für weiterführende Informationen
Saynisch, M. (2012). Konfiguration und Änderungen. In M. Gessler (Hrsg.), *Kompetenz-
basiertes Projektmanagement (PM3)* (5. Aufl., Bd. 1 und 3, S. 523–550 und 1719–1757).
Nürnberg: GPM Deutsche Gesellschaft für Projektmanagement e. V.

4.1.2 Konfigurations- und Änderungsmanagement im Projekt Segeltörn

Zu der Frage, welche **Konfigurationseinheiten** im Segeltörn existieren, hilft der Blick in
die Projektergebnisstruktur und in den Projektstrukturplan (vgl. Abb. 3.13 und 3.14). Zur
Konfiguration zählen u. a.:

* Crew (Mitglieder mit gegebenen Kompetenzen, definierten Rollen und Erwartungen)
* Schiffstyp

- Dauer des Törns
- Törngebiet mit möglichen Ausflugszielen.

Konfigurationsdokumente haben immer einen Bezug zu Arbeitspaketen und zu Spezifikationen (vgl. Abb. 3.9 und 3.14). In den Arbeitspaketen entstehen Dokumente, z. B.:

- Chartervertrag
- Crewvertrag
- Erwartungen der Crewmitglieder
- Törnplan
- Proviantliste
- Einweisungsplan.

Die Proviantliste VN-P L2 ist ein Arbeitsergebnis des Arbeitspaketes „Crew" und wird später im Arbeitspaket „Proviant" umgesetzt. Auch der Einweisungsplan VNEAL3 entsteht im Arbeitspaket „Crew". Er wird später im Rahmen des Arbeitspaketes „Crewtraining" angewendet. Die Buchführung und Steuerung der Dokumente wird in dem Arbeitspaket „Dokumentation" erledigt. Output dieses Arbeitspakets ist die aktualisierte Liste der Dokumente, die für die Durchführung des Segeltörns erforderlich sind.

Welche Absprachen sollen für das Konfigurations- und Änderungsmanagement getroffen werden?
Im Beispiel Segeltörn sind die Regelungen für ein effizientes und effektives Konfigurations- und Änderungsmanagement simpel, aber effektiv. Das Team verständigt sich auf die folgenden Absprachen:

- Dokumente werden nur vom jeweiligen Arbeitspaketverantwortlichen freigegeben und geändert.
- Für Dateinamen wird eine Namenskonvention festgelegt:
  – Vorname des Autors
  – sprechender Name für den Inhalt des Dokuments
  – Versionsnummer (z. B. Bernd-Proviant-vs1) und Datum.
- Erlaubte Dateiformate sind MS Office Version 2010, Open Office Version 2010
- Bei folgenden Änderungen müssen alle Crewmitglieder einverstanden sein:
  – Chartervertrag und Schiffstyp
  – Crewvertrag
  – Törnplan (Törngebiet, Dauer, Kosten).

Schon die wenigen Absprachen erleichtern die Arbeit im Projekt deutlich.

4.2   Projektfortschritt messen und Prognosen errechnen

Die Kenntnis und Bewertung der aktuellen Situation im Vergleich zur gültigen Planung ist die Voraussetzung, um das Projekt auf Kurs zu halten. Es kommt in der Realität nicht immer so wie gedacht, und Abweichungen zwischen aktueller Situation und Projektplan sind eher die Regel als die Ausnahme. Die Herausforderung besteht darin, die aktuelle Situation richtig einzuschätzen und verlässliche Vorhersagen für den weiteren Projektverlauf zu treffen.

4.2.1   Soll-Ist und Soll-Wird vergleichen

Was wird gemessen und prognostiziert?
Um den Projektfortschritt zu messen und daraus Vorhersagen für den weiteren Projektverlauf abzuleiten, müssen die Eckdaten in Bezug auf das Projektzieldreieck erhoben werden. Folgende Fragen stehen im Raum:

Termine Plantermine und Isttermine

- Welche Aufgaben wurden wann erledigt?
- Welche Aufgaben wurden angefangen?
- Wann werden sie erledigt sein und was bedeutet das für den Projektendtermin?
- Welche Aufgaben sind noch zu erledigen, wann beginnen Sie und wie lange werden sie voraussichtlich dauern?

Kosten Plankosten, Istkosten und Sollkosten bzw. Fertigstellungswert

- Wieviel Kosten sind bisher insgesamt für das Projekt angefallen?
- Welche Kosten sind für die einzelnen Arbeitspakete, differenziert nach geplanten Kostenarten und Perioden, aufgelaufen (begleitende Nachkalkulation)?
- Wieviel hätte die bisher erledigte Arbeit kosten dürfen (Sollkosten)?
- Welche Kosten sind noch bis zum Projektende einzuplanen?
- Wieviel wird das Projekt insgesamt am Ende kosten?

Leistung Planleistung und Istleistung (Fertigstellungsrad)

- Inwieweit entsprechen die Ergebnisse den Vorgaben der Baseline? Basis der Beurteilung am Stichtag (Tag der Datenerfassung) sind die erzielten Arbeitsergebnisse. Dies sind:
  - Zu liefernde Objekte, wie Hardware, Software und Dokumentation, die im Projektauftrag und in der Leistungsbeschreibung (Statement of Work) spezifiziert sind.
  - Im Detail, die in den Arbeitspaketen zu erbringenden Leistungen.

Die genannten Fragen werden jeweils zu einem Stichtag, dem Tag der Datenerhebung, ermittelt. Dreh- und Angelpunkt für die Bestimmung der aktuellen Situation im Projekt ist

die Ermittlung der Istleistung (Actual Performance) zum Stichtag, auch Fertigstellungsgrad oder Arbeitsfortschritt genannt. Der Fertigstellungsgrad gibt Auskunft darüber, in
welchem Umfang die erforderlichen Aufgaben bereits erfolgreich erledigt wurden. Ver-
trauensvolle Zusammenarbeit aller am Projekt Beteiligten, gute Projekt- und Fachkennt-
nisse und viel Erfahrung beim Einschätzen der tatsächlich erbrachten Leistung erleichtern
eine exakte Bestimmung des Fertigstellungsgrades.

Für große Projekte wurde in der Vergangenheit der Fertigstellungswert, der sogenannte
Earned Value, als Kennzahl entwickelt. Er berücksichtigt eine integrierte Sichtweise, indem er Kosten und Leistung miteinander verknüpft. Der Vergleich von Plankosten zu Istkosten allein ist wenig aussagefähig, wenn das Projekt auf Kurs gehalten werden soll.
Übersteigen die Istkosten die Plankosten, so steht zwar fest, dass das Budget zum Zeitpunkt des Stichtags überschritten wurde, bezogen auf die Kosten muss die Situation jedoch nicht zwangsläufig negativ sein. Vielleicht erklären sich die höheren Istkosten dadurch, dass einige Arbeiten früher fertig wurden als geplant und die höheren Istkosten zum
Stichtag gar nicht zu höheren Gesamtkosten für das Projekt führen. Andersherum ist die
aktuelle Kostensituation nicht zwangsläufig günstig, nur weil zum Stichtag das bisher vorgesehene Budget nicht aufgebracht wurde. Wenn die Istkosten geringer sind als die Plankosten kann es auch daran liegen, dass die Arbeiten am Projekt im Rückstand sind. Wird
dagegen der Earned Value mit den Istkosten verglichen, wird klar, ob zum Stichtag bereits
eine Kostenüberschreitung vorliegt. Denn nun werden die Istkosten verglichen mit den
geplanten Kosten für die tatsächlich erbrachte Leistung, den Sollkosten.

▶ **Fertigstellungsgrad – Percent Complete** „Verhältnis der zu einem Stichtag erbrachten
Leistung zur Gesamtleistung, z. B. eines Arbeitspaketes oder eines Projekts" (DIN
69901-5:2009-01, S. 8).

▶ **Fertigstellungswert (Sollkosten, Arbeitswert) – Earned Value** Der Fertigstellungswert ist der mit den Plankosten bewertete Fertigstellungsgrad der zum Stichtag vollende-
ten Arbeit (Wanner 2007, S. 63). Anders ausgedrückt, die Sollkosten sind die geplanten
Kosten für die tatsächliche Istleistung zum Stichtag (Bea et al. 2011, S. 302).

Rund um den Earned Value existieren eine Reihe von Kennzahlen und Methoden, die
in ihrer Gesamtheit als Earned Value Management ein leistungsfähiges Instrument für das
Projektcontrolling, insbesondere das Kostenmanagement, sein können. Ursprünge und
maßgebliche Entwicklungsarbeiten hierzu hat das Department of Defense der USA seit
1958 geleistet (Wanner 2007, S. 38). Finanzskandale der jüngeren Vergangenheit verlei-
hen dem Thema eine hohe Aktualität, wenn es um große mehrjährige Projekte geht. Eine
Übersicht zu ausgewählten Kennzahlen und gebräuchlichen Abkürzungen zeigt Tab. 4.1.

Warum müssen Ist und Soll verglichen und Prognosen ermittelt werden?
Die Antwort liegt wohl auf der Hand. Systematische Projektsteuerung, eines der Prinzipien des Projektmanagements, ist ohne Transparenz über den jeweiligen Projektstand

Tab. 4.1 Ausgewählte Kennzahlen der Earned Value Analyse. (Vgl. PMI 2011, S. 57 f.; Fiedler 2014, S. 182 f.)

AC	Actual Cost (kumulierte Istkosten)
BAC	Budgeted at Completion (Plangesamtkosten bei Fertigstellung)
CPI	Cost Performance Index (Effizienzfaktor, Kostenentwicklungsindex) $CPI = EV/AC$
CV	Cost Variance (Budgetabweichung) $CV = EV - AC$
EAC	Estimated at Completion (Geschätzte Gesamtkosten bei Fertigstellung) $EAC = AC + ETC$
ETC	Estimated to Completion (Erwartete Restkosten) $ETC = (BAC - EV)/CPI$
EV	Earned Value (aktueller Fertigstellungswert, Sollkosten) Die Istleistung wird mit den Plankosten bewertet (vgl. Methoden zur Ermittlung des Fertigstellungsgrades)
PV	Planned Value (geplanter Fertigstellungswert) Kumulierte Plankosten zum Stichtag
SPI	Schedule Performance Index (Terminentwicklungsindex, Zeitplankennzahl) $SPI = EV/PV$
SV	Schedule Variance (Leistungsabweichung) $SV = EV - PV$
TCPI	To Complete Performance Index (Notwendiger Kostenindex) Welcher Effizienzfaktor muss für die verbleibende Leistung realisiert werden, um zu gewährleisten, dass die geplanten Gesamtkosten (BAC) für das Projekt nicht überschritten werden? $TCPI = (BAC - EV)/(BAC - AC)$ Oder $TCPI = (BAC - EV)/(EAC - AC)$ Ist der TCPI < 1, so steht für die verbleibende Arbeit mehr Geld als geplant zur Verfügung. Ein TCPI > 1 bedeutet, das für die noch zu erbringende Leistung zu wenig Geld zur Verfügung steht. Es müssen Maßnahmen ergriffen werden, um die Effizienz zu steigern, d. h. Kosten zu senken.
VAC	Variance at Completion (Gesamtkostenabweichung) $VAC = BAC - EAC$

nicht denkbar. Istwerte und Soll-Ist-Vergleiche sind Ausgangspunkt für die Prognose, ob die vereinbarten Ziele eingehalten werden können und welche Maßnahmen, wenn erforderlich, ergriffen werden sollen. Auftraggeber und Management wünschen Auskunft über den aktuellen Stand des Projekts. Bei Abweichungen interessieren sie sich in der Hauptsache für zwei Fragen:

- Was sind die Auswirkungen der Abweichungen, z. B. in Bezug auf den erwarteten Nutzen, etwa den erwarteten Wertbeitrag des Projekts?
- Wie sehen mögliche Korrekturmaßnahmen einschließlich ihrer Konsequenzen aus?

Handelt es sich um große und mehrjährige Vorhaben, interessieren sich auch Investoren für den wahren Projektstatus, denn diese Projekte beeinflussen die Jahresrechnung der

Unternehmen. Aufgrund der Finanzskandale in den letzten Jahren wurden die Vorschriften zur Rechnungslegung verschärft, z. B. 2002 durch den Sarbanes-Oxley Act in den USA. Unternehmen sind nun gehalten, ihre Prozesse so zu organisieren, dass Missstände und finanzielle Risiken in Projekten rechtzeitig aufgedeckt werden (Wanner 2007, S. 42).

Wie wird der Istzustand gemessen?

Ausgangspunkt für die Erhebung der aktuellen Situation ist die Baseline, die Gesamtheit der Projektpläne. Wie schwierig es ist, den wahren Projektstand zu ermitteln und daraus Prognosen für die Kosten und den Fertigstellungstermin abzuleiten, geht bei öffentlichen Großprojekten regelmäßig durch die Presse. Aber auch schon bei kleinen Projekten ist es nicht einfach. Deutlich wird dies, wenn Beteiligte verbindlich zusagen sollen, wann ihr Arbeitspaket abgeschlossen sein wird. Noch komplexer ist die Abschätzung, welche Wirkung sich für den weiteren Projektverlauf abzeichnet.

Grundlage für die Messung des Istzustands ist der Projektstrukturplan. Für jedes Arbeitspaket werden, bezogen auf einen Stichtag, die Daten zu Leistung, Termine und Kosten abgefragt. Für die Ermittlung des aktuellen Fertigstellungsgrades stehen verschiedene Methoden zur Auswahl, z. B. (PMI 2011, S. 36 f.; Wanner 2007, S. 133 f.):

- **50-50-Methode** (Prozent Start/Prozent Ende Technik)
  Beginn und Ende des Arbeitspaketes werden mit einem festgelegten Fertigstellungsgrad bewertet. Im Fall der 50-50-Methode steigt der Fertigstellungsgrad auf 50 %, sobald das Arbeitspaket beginnt. Er bleibt solange unverändert bei 50 % bis das Arbeitspaket fertig ist. Erst bei Fertigmeldung erhöht sich der Fertigstellungswert auf 100 %. Möglich sind auch Variationen, z. B. 0-100-Methode und 25-75-Methode. Sie werden analog angewendet, wobei sich die 0-100-Methode nur für Arbeitspakete mit sehr kurzer Dauer eignet. Diese Form der Bewertung des Fortschritts ist unabhängig von einer persönlichen Einschätzung.
- **Meilensteinmethode** (gewichtete Meilensteine)
  Innerhalb des Arbeitspaketes werden Zwischenergebnisse definiert, für die, sobald sie erreicht sind, ein bestimmter Fertigstellungsgrad gutgeschrieben wird.
- **Mengenproportionalität** (fertiggestellte Einheiten)
  Lässt sich das Arbeitsergebnis messen oder zählen, kann der Fertigstellungsgrad proportional zur Menge der fertiggestellten Einheiten errechnet werden, z. B. wenn es um Quadratmeter Fläche zu verlegender Fußböden oder Länge verlegter Kabel geht. Voraussetzung ist, dass die Einheiten gleichwertig sind.
- **Sekundärproportionalität** (anteiliger Aufwand) Der Fortschrittsgrad eines Arbeitspaketes ist abhängig vom Fortschrittsgrad eines anderen Arbeitspaketes. Die ist bei unterstützenden oder begleitenden Aufgaben sinnvoll, wie etwa Qualitätssicherung oder Dokumentation.

Kritisch zu sehen ist dagegen die Vorgehensweise, den Grad der Fertigstellung nur in Prozent zu schätzen. Das 90-Prozent-Phänomen verleitet dazu, den Fertigstellungsgrad höher zu schätzen als er tatsächlich ist, z. B. auf fast fertig oder neunzig Prozent. Die restlichen Arbeiten dauern oft wesentlich länger, als die angeblich verbleibenden zehn Prozent vermuten ließen.

Projektleitung und Arbeitspaketmanager sollten bereits bei der Projektplanung vereinbaren, mit welcher Methode der Arbeitsfortschritt erhoben werden soll. Im Rahmen der regulären, beispielsweise wöchentlichen Statusabfrage, melden die Arbeitspaketverantwortlichen dann den Projektfortschritt an das Projektcontrolling. Der ermittelte Fertigstellungsgrad wird mit den Plankosten multipliziert und ergibt den Earned Value (Fertigstellungswert bzw. Sollkosten). Die Istkosten pro Arbeitspaket werden in der Regel durch das betriebliche Abrechnungswesen zur Verfügung gestellt, indem Projektmitarbeiter ihre Arbeitsstunden auf das Arbeitspaket buchen und weitere Kostenbelege den Arbeitspaketen zugeordnet werden.

In der Praxis gibt es Vorhaben, die die Projektmitarbeiter parallel zum Tagesgeschäft erledigen und für die die aufgelaufenen Stunden nicht gesondert erfasst werden. In diesem Fall ist auch die Ermittlung des Earned Value nicht sinnvoll. Gerade für kleinere Vorhaben können die noch verbleibenden Aufwände und die noch benötigte Zeit auf der Basis der aktuellen Erkenntnisse mit vertretbarem Aufwand neu geschätzt werden. Für die Termine kann dies sehr anschaulich mit einem Balkenplan oder mit Hilfe der Meilensteintrendanalyse gezeigt werden. Dabei präsentiert der Balkenplan eine statische Sicht, während das **Meilenstein-Trendchart** die Entwicklung der Terminsituation für mehrere vergangene Berichtsperioden im Überblick zeigt (vgl. Abb. 4.3 und 4.4). Beide Darstellungsformen müssen zusätzlich erläutert werden, eine Empfehlung, die grundsätzlich für die grafische Aufbereitung von Projektsituationen gilt.

Die grafische Darstellung des Earned Value erfolgt als Summenlinie (vgl. Abb. 4.3). Die Baseline ist die Summenlinie der Plankosten, die zum Projektende den Wert der geplanten Gesamtkosten (Budgeted Cost at Completion – BAC) erreicht. Der Verlauf der Istkosten und des Earned Value endet am Stichtag. Stichtagsbezogen können die entsprechenden Abweichungen errechnet werden:

- Für die Kostensituation die Differenz zwischen Earned Value und Istkosten.
- Für die Terminsituation die Differenz zwischen Earned Value und Plankosten (Baseline).

Im Hinblick auf die Terminsituation ist der Earned Value in bestimmten Situationen nur bedingt aussagekräftig, misst er doch die Terminabweichung in Kosteneinheiten und wird immer kleiner und konvergiert gegen Null, je mehr sich das Projekt dem Ende nähert, egal wie es um die terminliche Situation bestellt ist. Lipke entwickelte deshalb 2003 das Konzept des **Earned Schedule**, das inzwischen auch im Anhang des Practice Standard für Earned Value Management vorgestellt wird (Lipke 2006; PMI 2011, S. 97; Wanner 2007, S. 163 und 197).

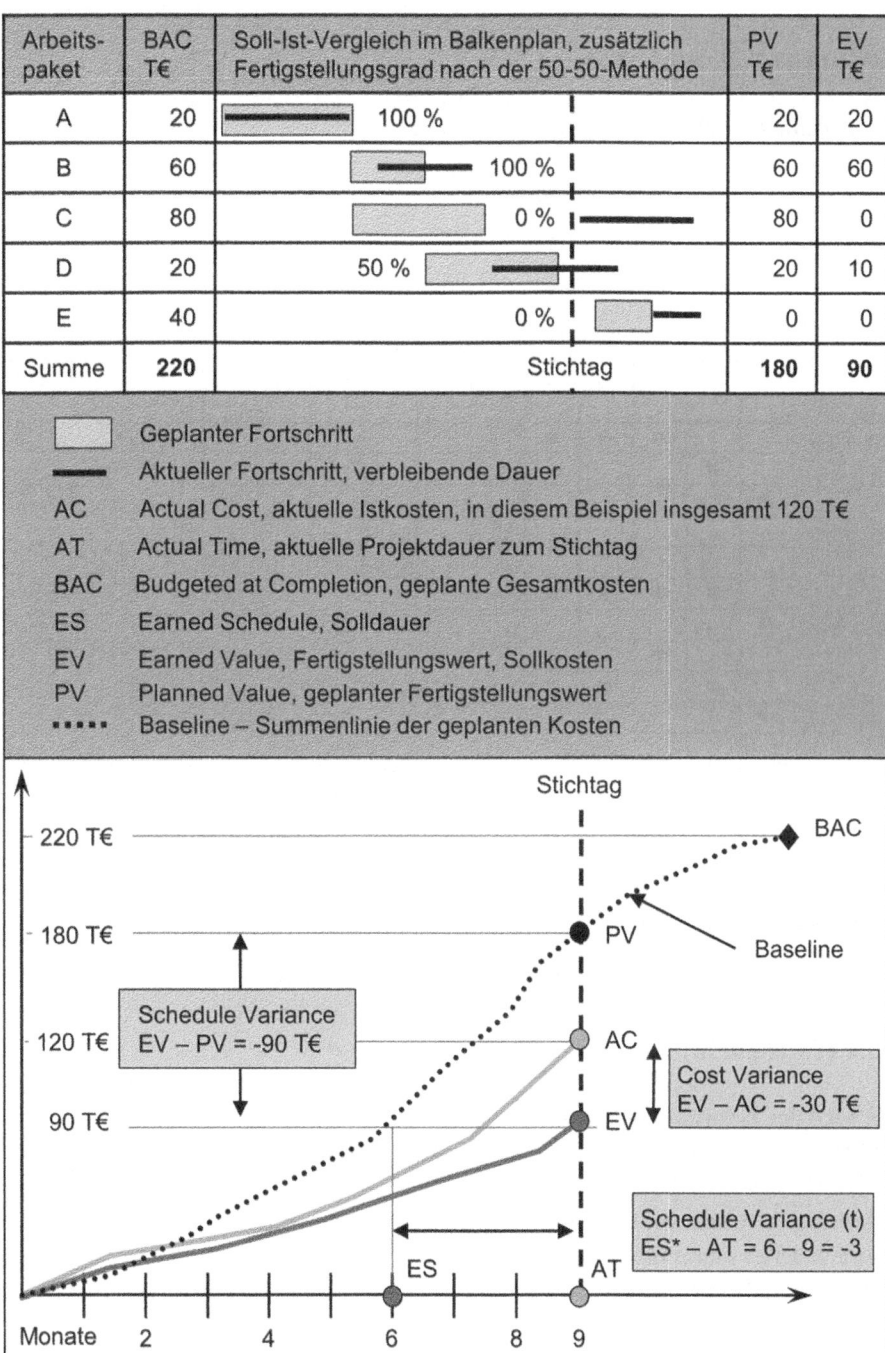

Arbeits-paket	BAC T€	Soll-Ist-Vergleich im Balkenplan, zusätzlich Fertigstellungsgrad nach der 50-50-Methode	PV T€	EV T€
A	20	▬▬▬ 100 %	20	20
B	60	▭▬▬ 100 %	60	60
C	80	▭ 0 % ▬▬	80	0
D	20	50 % ▭▬▬	20	10
E	40	0 % ▭▬	0	0
Summe	**220**	Stichtag	**180**	**90**

▭   Geplanter Fortschritt

▬▬▬   Aktueller Fortschritt, verbleibende Dauer

AC   Actual Cost, aktuelle Istkosten, in diesem Beispiel insgesamt 120 T€

AT   Actual Time, aktuelle Projektdauer zum Stichtag

BAC   Budgeted at Completion, geplante Gesamtkosten

ES   Earned Schedule, Solldauer

EV   Earned Value, Fertigstellungswert, Sollkosten

PV   Planned Value, geplanter Fertigstellungswert

•••••   Baseline – Summenlinie der geplanten Kosten

Stichtag

— 220 T€ ⬥ BAC

— 180 T€ ● PV

Baseline

Schedule Variance
EV – PV = -90 T€

— 120 T€ ○ AC

Cost Variance
EV – AC = -30 T€

90 T€ ● EV

Schedule Variance (t)
ES* – AT = 6 – 9 = -3

ES   AT

Monate   2   4   6   8   9

* Die Bestimmung des ES geschieht hier anhand der Grafik, für die rechnerische Bestimmung vgl. Lipke 2006.

Abb. 4.3   Soll-Ist-Vergleich im Balkenplan und Earned Value Analyse

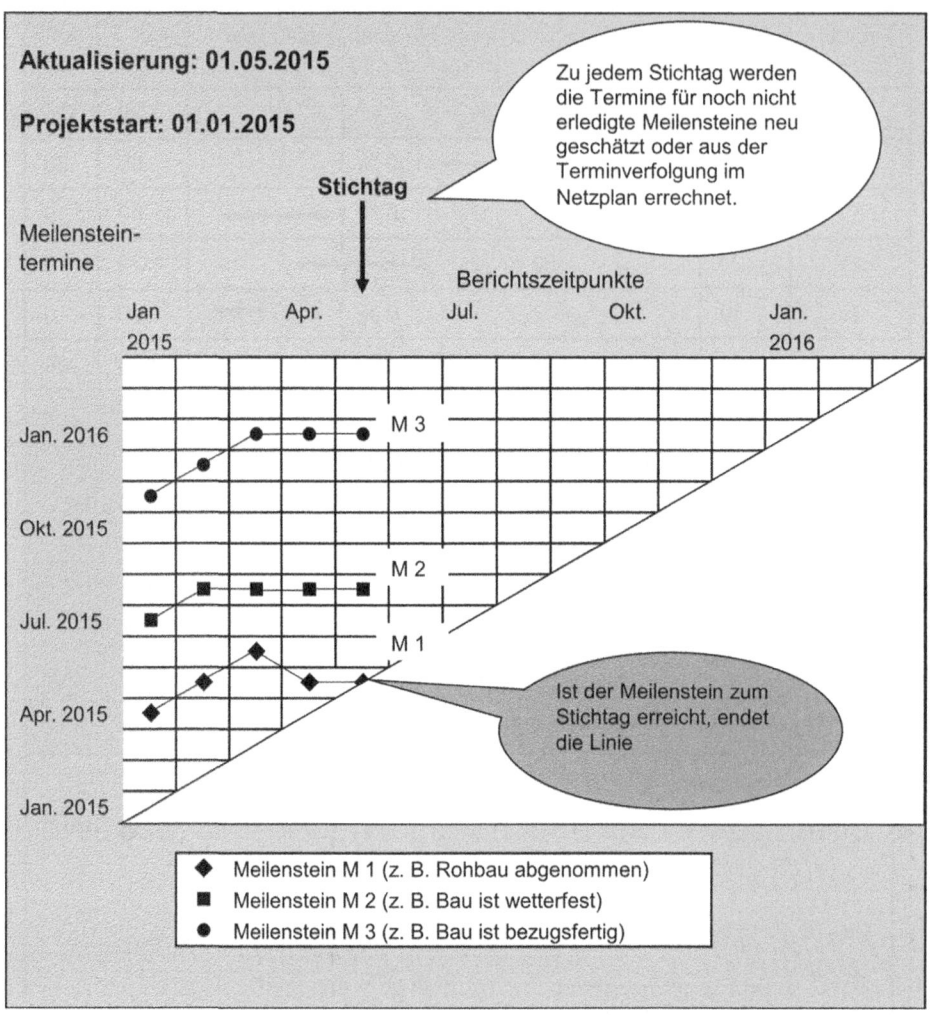

Abb. 4.4 Meilenstein-Trendchart

Wie wird der Istzustand ermittelt?

Die Meldung der Istwerte kann auf unterschiedliche Weise erfolgen:

- Arbeitspaketverantwortliche tragen zu den regelmäßig vereinbarten Berichtsintervallen den aktuellen Status in Statussitzungen vor.
- Projektmitarbeiter melden Istdaten an das Projektcontrolling bzw. das betriebliche Rechnungswesen.
- Projektleitung und Projektcontroller informieren sich, indem sie die Mitarbeiter an ihrem Arbeitsplatz aufsuchen, Gespräche und Arbeitsergebnisse vor Ort in Augenschein nehmen (Walkaround).

Ein Mix der oben genannten Möglichkeiten ist häufig der Fall. Insbesondere der sogenannte Walkaround ist hilfreich, die tatsächliche Situation zu erfassen. Für den Fall, dass
die ermittelten Istdaten von den Solldaten abweichen, muss geprüft werden, ob die vorliegende Abweichung für das Projekt tatsächlich von Bedeutung ist und wenn ja, was die
Ursache dafür ist. Abweichungen zwischen Ist und Soll können verschiedene Ursachen haben:

- Planungsfehler, da bei der Schätzung falsche Annahmen getroffen wurden.
- Durch Fehler bei der Umsetzung müssen Arbeiten wiederholt werden.
- Störungen von außen beeinträchtigen die Arbeit.
- Ungeplante Änderungen verursachen Mehraufwand.
- Die ermittelten Istdaten entsprechen nicht der Realität, da z. B. falsch kontiert wurde.

Die beiden letztgenannten Beispiele zeigen, dass Istdaten, die vom Sollzustand abweichen, zunächst hinterfragt werden müssen.

Wie werden Prognosen erstellt?
Prognosen über die zukünftige Entwicklung des Projektfortschritts ergänzen die Darstellung der Istsituation. Die neuen Einsichten werden in die Planung eingepflegt, um eine
aktuelle Aussage zu den zu erwartenden Gesamtkosten bei Fertigstellung (Estimated Cost
at Completion) und zum erwarteten Endtermin zu liefern. Für die Prognosen wird die noch
verbleibende Arbeit neu bewertet (Estimated Cost to Completion), indem die Kosten für
die noch verbleibende Arbeit sowie die benötigte Zeit bis zum Projektende ermittelt werden. Mögliche Vorgehensweisen sind:

- **Neue Schätzung** auf der Basis der aktuellen Erkenntnisse.
  Die noch zu erledigenden Arbeiten werden durch die Verantwortlichen neu geschätzt.
- Die zukünftige Entwicklung wird mit Hilfe der **Daten aus der Vergangenheit** fortgeschrieben.
      Das bedeutet, die noch verbleibende Arbeit wird mit Kennzahlen, die aus der aktu-
  ellen Situation errechnet werden, bewertet. Eine Kennzahl ist beispielsweise der Effi-
  zienzfaktor bzw. Kostenentwicklungsindex CPI (Cost Performance Index). Der ermittelte Earned Value wird dividiert durch die Istkosten. Sind die Istkosten höher als der
  Earned Value, so ist der Quotient kleiner als eins und es liegt eine Kostenüberschreitung vor, die Effizienz ist schlechter als geplant. Ist der Quotient dagegen grösser als
  eins, liegt eine Kostenunterschreitung vor und die Effizienz ist besser als geplant.

Eine neue Schätzung der verbleibenden Arbeit verursacht Aufwand, ergibt jedoch ein
Bild, das der Realität nah ist, u. a. weil Korrekturmaßnahmen, die aufgrund von Abweichungen eingeleitet werden, auf der Basis aktueller Schätzungen der Beteiligten berücksichtigt werden können. Für kleine Projekte ist diese Methode sicher eine gute Wahl, zumal die Earned Value Methode oft nicht implementiert ist.

Unter der Voraussetzung, dass die Earned Value Analyse erfolgreich installiert ist, verursacht es wenig Aufwand, die zukünftige Entwicklung mit Hilfe von Produktivitätskennzahlen aus der Vergangenheit zu prognostizieren. Die relevanten Daten liegen vor und können mittels Computer und entsprechender Software errechnet werden. Eine Auswahl elementarer **Kennzahlen** zur Earned Value Analyse zeigt die tabellarische Aufstellung (Tab. 4.1). Sie enthält die englischen Begriffe und Abkürzungen, wie sie in den aktuellen Standards verwendet werden (PMI 2011, 2017). Die deutsche Übersetzung ist nicht immer ganz einheitlich (vgl. Fiedler 2014, S. 182 f.; DIN 69901-4:2009, S. 30 f.; Motzel 2010).

Wann wird gemessen und wer misst?
Werden die Istdaten im Projekt z. B. aufgelaufene Kosten und Stunden über ein betriebliches ERP-System (Enterprise-Resource-Planning) erfasst, beispielsweise SAP, so liefert die Controllingabteilung die Daten an den Projektleiter und sein Team. Der Projektcontroller analysiert die Daten und den Fortschrittsgrad aus den verschiedenen betroffenen Bereichen, z. B. Entwicklung, Fertigung, Einkauf oder von Lieferanten zusammen mit den Arbeitspaketmanagern. Die Auswertung und Analyse erfolgt in regelmäßigen Intervallen, z. B. wöchentlich oder monatlich, je nachdem, welche Berichtsperiode gewählt wird und zu bestimmten Reviews. Die gesammelten Daten werden im Team gemeinsam mit dem Projektleiter geprüft und für eine Präsentation spezifisch für das vorgesehene Review aufbereitet. Diese Reviews geschehen zu bestimmten Stichtagen, die mit dem Kunden oder firmenintern mit dem Management vereinbart und oft auch mit vertraglich fixierten Zahlungsmeilensteinen verknüpft sind (vgl. hierzu das Thema Reviews in Abschn. 4.3).

Wichtige Begriffe
- 50-50-Methode – 50/50 Technique, Fixed Formula
- Fertigstellungsgrad – Percent Complete
- Kostensummenlinie – Cumulative Cost Curve/Time-Phased Budget Baseline
- Meilensteinmethode – Weighted Milestones
- Meilensteintrendchart – Milestone Trendchart
- Mengenproportionalität – Units Completed/Physical Measurement
- Sekundärproportionalität – Apportioned Effort
- Stichtag (der Datenerhebung) – Tracking Date
- Walkaround

Quellen für weiterführende Informationen
Fiedler, R. (2014). *Controlling von Projekten* (6. Aufl.). Wiesbaden: Springer.

Lipke, W. (2006). Earned schedule. An extension to earned value management. von www.earnedschedule.com. Zugegriffen: 27 April 2015.

Lipke, W. (2009). *Earned schedule*. Raleigh: Lulu Publishing.

Wanner, R. (2007). *Earned Value Management. So machen Sie Ihr Projektcontrolling noch effektiver* (2. Aufl.). Norderstedt: Books on Demand.

4.2.2 Projektfortschritt im Projekt Segeltörn

Die erforderlichen Aufgaben und Tätigkeiten für den Segeltörn wurden im Projektstrukturplan und den darin enthaltenen Arbeitspaketen definiert und im Masterterminplan und Kostenplan dargestellt.

Projektcontroller Herbert Bank und Projektmanager Heinz Blaubart bestimmen gemeinsam zu bestimmten Stichtagen oder in regelmäßigen Abständen, z. B. monatlich, den Istzustand des Projekts hinsichtlich erbrachter Leistung, entstandener Kosten und Terminsituation. Die Gesamtlage wird daraufhin beurteilt und eine Prognose über den weiteren Verlauf des Projekts erstellt. Dabei ist die Beurteilung des Fertigstellungsgrades der einzelnen Arbeitspakete die wesentliche Herausforderung, um abschätzen zu können, ob das Projekt noch auf dem richtigen Kurs ist.

Der Terminplan (vgl. Abb. 4.5) zeigt, dass das Projekt termingerecht entsprechend der Planung im Projektauftrag gestartet wurde. Gegenüber den Plandaten des Masterterminplans sind aber einige Abweichungen erkennbar. Die Arbeitspakete 1100 bis 2200 verliefen wie geplant, teilweise mit geringen Kostenabweichungen gegenüber der Planung. Die zeitlichen Verzögerungen in den Arbeitspaketen 2300 Törnplanung und AP 2400 Anund Abreise planen waren die Ursache für die Verspätung bei der Buchung (Arbeitspaket 2500). Die Buchung des Schiffes und der Flüge konnte daher erst am 30.05.2015 komplett abgeschlossen werden (vgl. Abb. 4.5).

Während der **Durchführungsphase** erfolgen die regelmäßigen Soll-Ist-Vergleiche in wesentlich kürzeren Abständen, da bereits eine kleine Abweichung große Auswirkungen

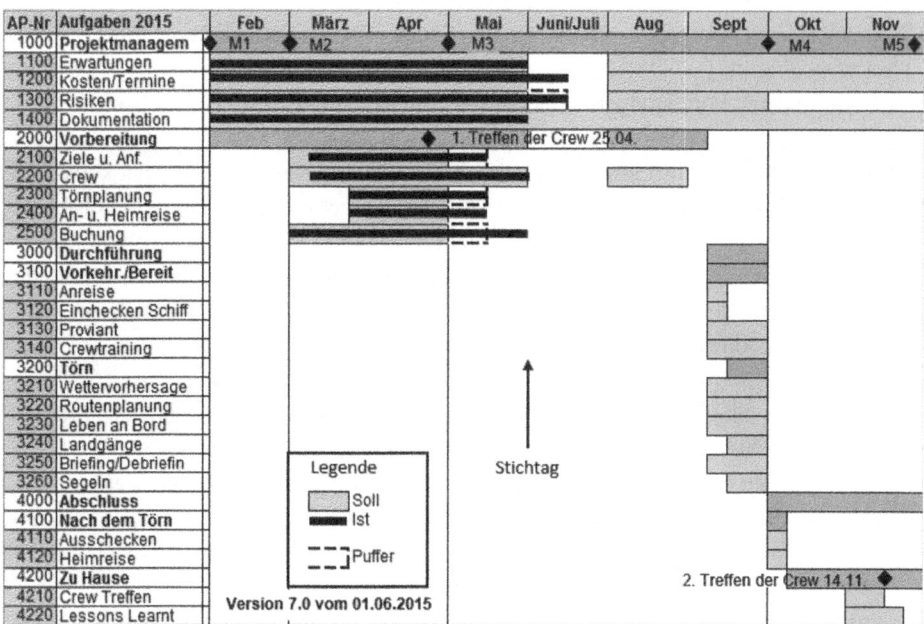

Abb. 4.5 Ist-Situation zum Stichtag 01.06.2015 im Projekt Segeltörn

nach sich ziehen kann. Im täglichen Briefing und Debriefing wird der Fortschritt unter anderem mit Hilfe des Quotienten aus den bereits gefahrenen Seemeilen zur Gesamtstrecke des Törns (Mengenproportionalität) gemessen. Die Qualität des Segelabenteuers wird zunächst täglich im Detail beim abendlichen Debriefing erhoben (Grad der Erfüllung der Erwartungen und Anforderungen) und später, nach Beendigung des Törns, im Rahmen der Abschlussaktivitäten endgültig analysiert und bewertet.

In der Durchführungsphase des Segeltörns kommt es zu einer weiteren **Abweichung** vom Plan. Der Steuermann steuert, bei gutem Wetter und leicht drehenden Winden, auf dem vom Navigator vorgegebenen Kurs. Die See ist auf dem geplanten Kurs überall mindestens zehn Meter tief und angeblich ist auf diesem Kurs kein Hindernis vorhanden. Die Crew ist völlig entspannt und sonnt sich. Nur der Steuermann und der Navigator sind mit der Schiffsführung beschäftigt. Auf einmal werden in der Ferne, steuerbords voraus, Bojen oder Tonnen sichtbar. Das kann laut Karte nicht sein. Der Skipper schreckt auf und analysiert gemeinsam mit dem Navigator den Istzustand:

- Liegt eine Abweichung vom Kurs und vom Tagesziel der Törnplanung vor?
- Hat der Navigator einen falschen Kurs vorgegeben?
- Hat der Steuermann zwischenzeitlich einen falschen Kurs gesteuert?

Nach gemeinsamer Prüfung der Lage liegen folgende **Fakten** vor:

- Der Steuermann steuert den vorgegebenen Kurs.
- Man segelt mit einer Geschwindigkeit von 6 Knoten.
- Die letzte Eintragung im Logbuch, die den Standort in der Karte dokumentiert, geschah vor etwa 30 min.
- Die Karte zeigt, vom jetzigen Standort aus gesehen, keine Tonne auf Steuerbord an.

Das bedeutet, das Schiff bewegt sich auf dem geplanten Kurs, die Crew hat keine Fehler gemacht. Es zeigt sich beim Annähern, dass das Gebiet wohl von Fischern vorübergehend mit kleinen Tonnen abgesichert wird, um die Fangnetze zu schützen. Eine Änderung des Kurses ist nicht erforderlich. Das Schiff kann die Netze und Bojen ohne Änderung des Kurses passieren, da die Tonnen keine Untiefen oder sonstige Gefahren markieren.

Das **Fazit** aus dieser Geschichte könnte sein:

- Auch in sogenannten „normalen" Projektsituationen ist immer Aufmerksamkeit gefordert.
- Daten und Fakten müssen sorgfältig dokumentiert werden (Logbuch).
- Abweichungen oder Fehler müssen unmittelbar gemeldet und analysiert werden.
- Das Vier-Augen-Prinzip ist wichtig.
- Nach der Analyse müssen geeignete Maßnahmen getroffen werden, um negative Folgen abzuwenden bzw. mögliche Schäden zu minimieren.
- Diese Maßnahmen müssen verfolgt werden, um zu prüfen, ob sie wirksam waren und man wieder auf dem richtigen Kurs ist.

Wie das Beispiel zeigt, können Abweichungen vom Plan auch harmlos sein, sei es, weil es sich um eine Fehlinformation handelt oder weil die Information keine Auswirkung auf den weiteren Projektablauf hat.

4.3 Reviews

Lag im vorangegangenen Kapitel der Fokus darauf, den aktuellen Stand zu ermitteln und Prognosen zu errechnen, so folgt nun der nächste Schritt, der erforderlich ist, um das Projekt auf Kurs zu halten. Die errechneten Daten und Prognosen müssen besprochen, bewertet und dokumentiert, mit anderen Worten kommuniziert werden, damit notwendige Entscheidungen getroffen werden, um das Projekt zu einem erfolgreichen Abschluss zu führen oder auch abzubrechen. Denn genau das ist Sinn und Zweck von Statussitzungen und Reviews.

Norbert Wiener drückt zielgenau aus, was für die Projektsteuerung so wichtig ist „Control is nothing but the sending of messages which effectively change the behavior of the recipient" (Wiener 1950, S. 8). Damit springt schnell das Thema Kommunikation ins Auge, das allerdings auch in Bezug auf Projektmanagement so umfassend und bedeutungsvoll ist, dass es ganze Bücher füllen kann (Campbell 2009; Nagel 2012). Eine Behandlung in dem vorliegenden Rahmen kann dem nur schwer gerecht werden. Ausgangspunkt für die Kommunikation im Projekt sind die Stakeholder. Die Notwendigkeit, Kommunikation und Berichte zu planen, wurde bereits an entsprechender Stelle hervorgehoben (vgl. Abschn. 2.2).

4.3.1 Reviews und Statussitzungen durchführen

Was ist ein Review im Projekt?
Englische Begriffe sind aus dem Alltagssprachgebrauch nicht mehr wegzudenken und so findet denn auch der Begriff Review inzwischen häufig Verwendung. Im Zusammenhang mit den Großprojekten der Luft- und Raumfahrt der USA wurden in den 60er-Jahren Verfahren entwickelt, die den technischen Entwicklungsstand bei Erreichung bestimmter Meilensteine einer vollständigen Prüfung (Review) unterzogen. Um den erfolgreichen Projektabschluss sicherzustellen, wurden innerhalb und zum Abschluss der Projektphasen besondere Überprüfungsmeilensteine (Review Milestones) eingeführt und speziell für diese Überprüfungen anzuwendende Methoden, Verfahren und Dokumentationen beschrieben.

In Summe handelt es sich um ein Konzept, das beschreibt, wie Überprüfungen im konkreten Projekt erfolgen sollen (Madauss 1990, S. 143). Vereinfacht ausgedrückt zählen die **Meilensteine** zu den wichtigsten **Steuerungsinstrumenten** im Projekt, die auch vom Management mit besonderer Aufmerksamkeit verfolgt werden. In der Automobileindustrie spricht man in diesem Zusammenhang auch von Quality Gates (Hab und Wagner 2013, S. 148). Findet eine methodisch festgelegte Projektbewertung statt, so ist auch der Begriff Audit gebräuchlich (DIN 69901-5:2009-01, S. 12; Motzel 2010, S. 30; DIN ISO 10005:2009-05, S. 15). In der Praxis wird sehr häufig von Reviews gesprochen und zusammenfassend scheinen uns die folgenden Inhalte wichtig.

▶ **Review**   Reviews finden zu besonders geplanten Zeitpunkten im Projekt statt. Sie enthalten im Sinne einer Projektbewertung immer den Blick zurück und den Blick in die Zukunft. Am Ende sollte immer eine Entscheidung, den Fortgang des Projekts betreffend, stehen. Reviews können auf allen Ebenen des Projekts stattfinden, als regelmäßige Statusbesprechung, Steuerungssitzung und zu besonderen Situationen, etwa zu festgelegten Meilensteinen oder bei Problemsituationen. Sie können einem festgelegten Verfahren folgen. Neben Projektbeteiligten können auch unabhängige Experten an Reviews teilnehmen.

Wozu werden Reviews durchgeführt?
Reviews dienen dem Blick zurück und dem Blick in die Zukunft. Ziel ist eine Entscheidungsfindung. Dabei spielen verschiedene Aspekte eine Rolle:

- Reviews sind eine wichtige Form der Kommunikation mit den Stakeholdern sowohl innerhalb des Projektteams als auch mit übergeordneten Entscheidungsträgern, wie dem Management und dem Auftraggeber und weiteren wichtigen Entscheidungsträgern.
- Wichtige Reviews werden bereits frühzeitig im Projekt geplant.
- Reviews sind Teil des Verifikations- und Validierungskonzepts im Projekt.
- Reviews dienen der Projektsteuerung und sollen Entscheidungen zum Fortgang des Projekts herbeiführen.

Welche Reviews gibt es?
Reviews finden auf verschiedenen Ebenen und mit unterschiedlichen Teilnehmern statt, gemeinsam mit externen Beteiligten, z. B. dem Kunden oder mit Experten oder auch nur intern im eigenen Unternehmen oder nur im Projektteam (vgl. Abb. 4.6). Ist eine Änderung beschlossen worden, wird die Baseline angepasst.

Reviews innerhalb des Projekts gehen den Reviews mit übergeordneten Stellen voraus. Die Projektleitung verdichtet zusammen mit dem Kernteam die vorhandenen Informationen und übernimmt damit eine Art Filterfunktion, indem sie entscheidet, welche Informationen an den Kunden, an wichtige Stakeholder und an das Firmenmanagement weitergegeben werden. Diese Filterfunktion ist sehr wichtig, damit die Berichte das Informationsbedürfnis des jeweiligen Empfängers beachten, d. h. **empfängerorientiert** sind. Das Projektteam muss erfragen oder wissen, welche Informationen und Daten in welchem Verdichtungs- oder umgekehrt Detaillierungsgrad für den jeweiligen Empfänger wichtig und angemessen sind. Der Kunde setzt zum Teil andere Schwerpunkte als das Firmenmanagement, z. B. im Hinblick auf Kosten und Risiken. Je nach Art und Erforder-

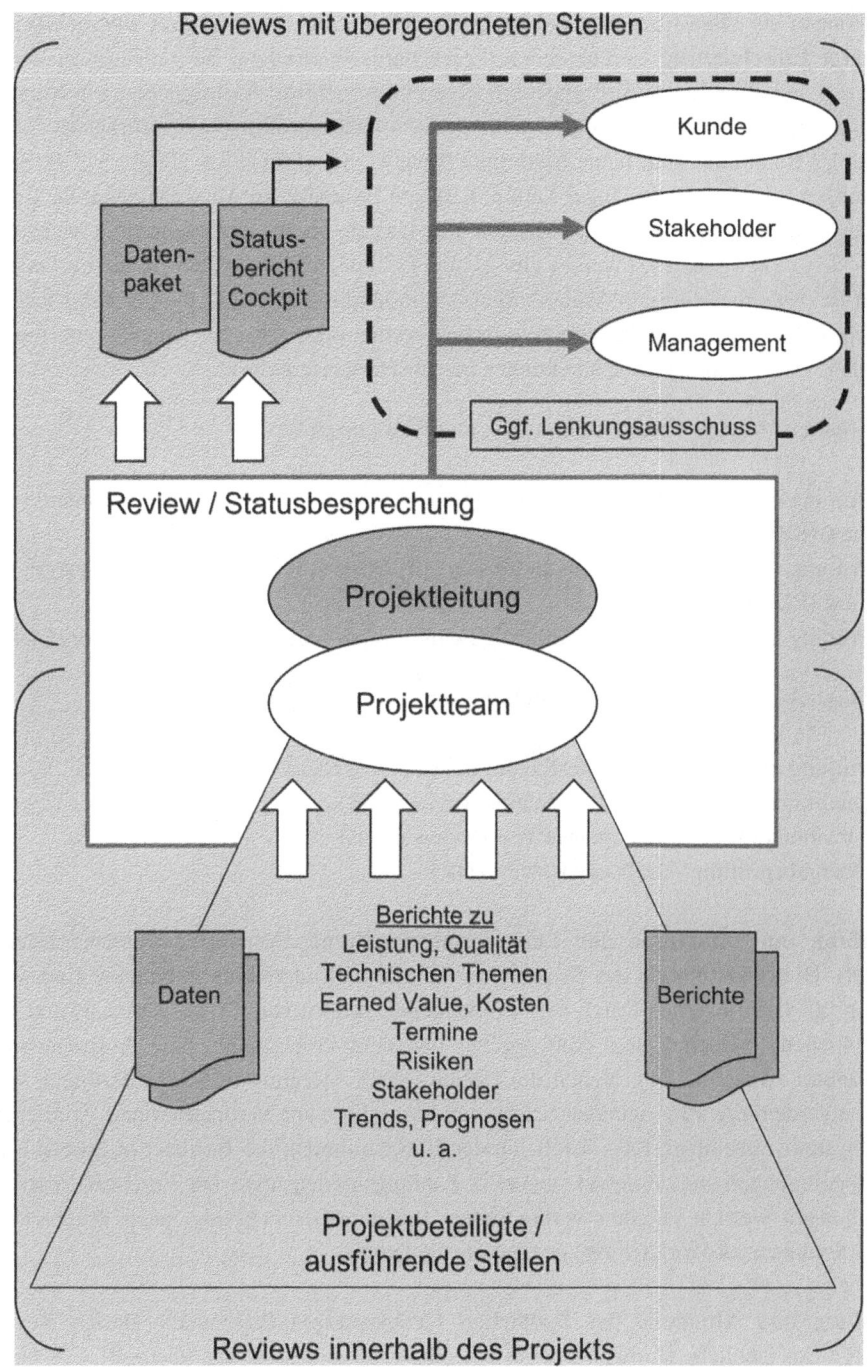

Abb. 4.6 Reviews mit übergeordneten Stellen und innerhalb des Teams

nis können auf allen Ebenen unabhängige Experten eingeladen werden, um eine **unabhängige Einschätzung** zum aktuellen Projektstatus zu erhalten. Bei sehr großen Vorhaben, z. B. mit öffentlichen Auftraggebern, kann es aus Sicht des Auftraggebers z. B. sinnvoll sein, ein unabhängiges Ingenieurbüro mit dem Projektcontrolling zu beauftragen.

In der Raumfahrt sind heute bestimmte Reviews Standard (ESA 2009b, S. 19). Fehlleistungen oder Qualitätsmängel führen in diesen Projekten zu Auswirkungen, die große materielle Schäden, Abbruch der Mission oder Unfälle bis hin zu Gefahren für Menschen nach sich ziehen können. Insofern gibt es gute Gründe, die die Kosten für die umfangreichen Reviews rechtfertigen. Welche Reviews im konkreten Projekt durchgeführt werden sollen, muss jeweils für das konkrete Projekt gemeinsam mit dem Kunden entschieden werden. Die folgenden Beispiele können hierfür Hinweise liefern.

Mögliche Reviews in der Definitions- und Planungsphase:

- Prüfung und Abnahme der Leistungsbeschreibung – System Requirements Review (SRR)
- Prüfung und Abnahme des fachlichen Grobkonzepts – Preliminary Design Review (PDR)
- Prüfung und Abnahme des fachlichen Feinkonzepts – Critical Design Review (CDR).

Mögliche Reviews in der Durchführungsphase:

- Prüfung und Abnahme der Testbedingungen – Test Readiness Review (TRR)
- Qualifikationsprüfung – Qualification Review (QR)
- Abnahmeprüfung – Acceptance Test Review (ATR)
- Übergabeprüfung – Delivery Review (DR).

Prüfung und Abnahme der Leistungsbeschreibung SystemRequirements Review (SRR): Die Spezifikation des Systems, in der alle Anforderungen aufgelistet sind, wird überprüft. Die einzelnen Daten der verschiedenen Anforderungen werden analysiert und abschließend zwischen dem Auftraggeber und dem Projektteam, bzw. Auftragnehmer vereinbart (Abschn. 3.1). Neben der eindeutigen Festlegung der Anforderungen werden außerdem die vorgesehenen Schritte und Verfahren zur Verifikation und Validierung des Systems vereinbart. Dies beinhaltet den Budgetrahmen, die Termine, rechtliche Rahmenbedingungen und Voraussetzungen für Zahlungsmeilensteine. Die Ergebnisse der Verhandlungen werden in einer verbindlichen Leistungsbeschreibung, auch Pflichtenheft bzw. Statement of Work (SOW) genannt, festgehalten.

Prüfung und Abnahme des fachlichen Grobkonzepts Preliminary Design Review (PDR): Das fachliche Grobkonzept des Systems wird vorgestellt und überprüft. Das Grobkonzept ist das Ergebnis der bis zu diesem Zeitpunkt im Projekt durchgeführten Arbeiten und zeigt die bevorzugte Lösung, die sich bei der Analyse alternativer Entwürfe durchsetzen konnte (vgl. dazu auch die Nutzwertanalyse in Abschn. 3.7). Der vorgestellte Entwurf erfüllt alle Top-Level-Anforderungen und alle Rahmenbedingungen, z. B. Budget, Termine, Gesetze und Vorschriften. Das Review ist vergleichbar mit einer ersten gesamtheitlichen Überprüfung eines Entwurfes zum Bau eines neuen Gebäudes. Mit den vorliegenden Unterlagen könnte jetzt ein Antrag für eine Baugenehmigung des Gebäudes eingereicht werden.

Prüfung und Abnahme des fachlichen Feinkonzepts Critical Design Review (CDR): Im Idealfall wird bei diesem Review das Design mit allen erforderlichen Detailplanungen vorgestellt. Das bedeutet, alle Dokumente, Zeichnungen und Daten liegen komplett und im Detail vor, und gemeinsam mit dem Kunden findet eine endgültige Entwurfsüberprüfung statt. Nach Durchführung der erforderlichen Änderungen und der Beseitigung von Fehlern erfolgt die Zustimmung und Freigabe für die nächste Projektphase. Die Umsetzung und Durchführung des Projekts kann beginnen, es ist an alles gedacht und weitere Detailplanungen sind nicht mehr erforderlich. In einem Bauprojekt wären zu diesem Zeitpunkt alle Anforderungen bis ins kleinste Detail definiert, etwa bis hin zu der Positionierung der Steckdosen, Auswahl der Tapeten an den Wänden und der Außenlampe am Hauseingang. Diese Art von Hausbau nach „Katalog" mit Festpreisgarantie wird oft durch Bauträger oder Generalunternehmer für Fertighäuser oder für stark typisierte Häuser angeboten. Nach dem Review braucht man sich um nichts mehr zu kümmern. „Alles aus einer Hand", man zahlt und zieht ein.

Dieser ideale Zustand wird in der Praxis nur sehr selten erreicht. Sei es, dass noch nicht alle Dokumente komplett erstellt wurden, oder weil durch die Neuartigkeit des Projekts einige Fragen noch nicht geklärt werden konnten. Soll z. B. ein neues E-Bike entwickelt werden, so stehen verschiedene Alternativen für den Elektromotor zur Verfügung, sowohl auf dem Markt als auch in der eigenen Entwicklungsabteilung. Vielleicht soll sogar aus strategischen Gründen ein Motor mit höheren Leistungsdaten, der aber noch nicht getestet ist, eingesetzt werden. Erst nach der Entscheidung, welcher Motor für das neue E-Bike eingesetzt werden soll, kann die endgültige Entwurfsüberprüfung und Festlegung der Konfiguration erfolgen, und der Meilenstein ist erreicht. Dieser Zustand, dass die Durchführung schon beginnt, obwohl die Planung noch nicht vollständig abgeschlossen wurde, ist in der Praxis oft der **Normalzustand**. Es sind noch Fragen offen, mit der Umsetzung des Projekts soll aber, auch aus Termingründen, begonnen werden. Eine **Lösung** in dieser Situation kann folgendermaßen aussehen: Einflüsse und Schnittstellen des Motors auf das Gesamtsystem „E-Bike" werden analysiert, um zu identifizieren, welche Elemente aus dem Produktbaum durch die Wahl des Motors beeinflusst werden und welche nicht, z. B. Rahmen und Räder. Die Arbeit an den nicht betroffenen Elementen wird fortgesetzt. Die Arbeit an den anderen Komponenten kann jedoch erst beginnen, wenn der neu definierte Meilenstein „Motor steht getestet zur Verfügung" erfolgreich erreicht wurde. Sollen derartige Situationen vermieden werden, müssten von vornherein entsprechende Pufferzeiten eingeplant werden.

Prüfung und Abnahme der Testbedingungen Test Readiness Review (TRR): Es wird geprüft, ob alle Bedingungen für die Durchführung des Tests erfüllt sind, ob z. B. eine Testvorschrift vorliegt, der Testaufbau und das Testobjekt genau definiert und die Messgeräte kalibriert sind. In einem Bauprojekt werden selten Tests durchgeführt. Beispielhaft sei hier aber eine Baugrunduntersuchung erwähnt, bei der die Beschaffenheit des Bodens getestet wird, um relevante Daten für die Auslegung des Fundamentes zu erhalten. Im Rahmen des Projekts „E-Bike" sollen möglicherweise Leistungsdaten der in Frage kommenden Motoren getestet werden. Für solche Tests sind eine Testvorschrift und ein Prüfstand mit Messgeräten zur Ermittlung der Leistung der verschiedenen Motoren erforderlich. Der gesamte Testaufbau wird vor Beginn der Tests überprüft, damit die Testergebnisse der verschiedenen Motoren verglichen werden können.

Qualifikationsprüfung Qualification Review (QR): Überprüft wird in diesem Zusammenhang, für welche Belastung, z. B. mechanisch oder thermisch, ein Bauelement oder das ganze System qualifiziert ist. In einem Bauprojekt übernehmen diese Aufgabe der Statiker und die Baubehörde, die die Baugenehmigung erteilt. So wird z. B. durch den Statiker unter Zugrundelegung der Bauzeichnung die Belastung der Betondecken oder des Dachstuhls berechnet, woraus sich die Stärke der Armierung der Decken und die Dimensionen der Balken des Dachstuhls ergeben. Diese ermittelten Abmessungen sind spezifisch für den jeweiligen Bau erstellt, in der Baugenehmigung beschrieben und zugelassen und müssen beim Bau eingehalten werden. Dadurch ist z. B. der Dachstuhl unter Berücksichtigung von Sicherheitsfaktoren für bestimmte Schneelasten qualifiziert. Im Beispiel „E-Bike" ist z. B. die elektromagnetische Verträglichkeit des Elektromotors, d. h. die Einflussnahme des Motors auf andere elektrische Geräte wie Funkgeräte der Polizei usw. ein Zulassungskriterium. Das E-Bike darf bestimmte Grenzwerte nicht überschreiten und muss dafür qualifiziert werden. Diese Werte werden in Qualifikationstests, bei höherer Belastung als im Normalbetrieb, ermittelt und überprüft.

Abnahmeprüfung Acceptance Test Review (ATR): Im Gegensatz zur Qualifikationsprüfung, die bei höheren Belastungen erfolgt, werden bei der Abnahmeprüfung die Akzeptanzkriterien für den „Normalbetrieb" als verbindlicher Maßstab geprüft. Diese Kriterien wurden gemeinsam mit dem Kunden in der Spezifikation vereinbart (vgl. Abschn. 3.1). In diesem Review wird nun überprüft, ob bei allen Abnahmetests die vereinbarten Akzeptanzkriterien nachweisbar erfüllt werden. Alle Anforderungen der Spezifikation müssen erfüllt sein. Das entwickelte System, das Produkt, ist getestet, fehlerfrei und die Übergabe an den Kunden kann vorbereitet werden. Im Falle des Projekts Hausbau ist z. B. nachgewiesen, dass die Fußbodenheizung alle Räume ausreichend erwärmt oder dass der Fehlerstromschalter bei Störungen zuverlässig alle Steckdosen schützt. Im Projekt „E-Bike" wird das spezifizierte Drehmoment im Antriebssystem, einschließlich einer definierten Toleranz, erreicht.

Übergabeprüfung Delivery Review (DR): Bei diesem Review werden das Produkt, die Testergebnisse und die vereinbarte Dokumentation dem Kunden vorgestellt. Er überprüft die Liefergegenstände auf Übereinstimmung mit dem Vertrag (Statement of Work) und stellt eventuelle Abweichungen oder Mängel fest. Bei Fehlern oder Unvollständigkeit werden die Maßnahmen zur Beseitigung gemeinsam vereinbart. Der Umfang und die Termine zur Beseitigung der Mängel werden als Teil des Übergabeprotokolls schriftlich festgehalten. Ist alles zur Zufriedenheit des Kunden geregelt, wird das Übergabeprotokoll von beiden Seiten unterzeichnet, und das Produkt nach Beseitigung eventueller Mängel an den Kunden, d. h. in seine Verantwortung übergeben. Mit dem erfolgreichen Abschluss dieses Reviews ist die Durchführungsphase des Projekts beendet. Im Bauprojekt ist dies vergleichbar mit der Bauabnahme durch den Bauherrn. Gemeinsam mit dem Bauträger geht der Bauherr, evtl. unter Begleitung von Experten, durch die Räume und versucht Mängel zu entdecken. Das kann zum Teil sehr schwierig für ihn sein, zumal er nur sichtbare Mängel feststellen kann. Nach Beseitigung der Mängel und mit der Zustimmung des Bauherrn zur abgelieferten Leistung bei der Abnahme ist die Durchführungsphase für das Projektteam abgeschlossen. Es folgt der letzte Zahlungsmeilenstein, die Verantwortung für das Projekt geht formal auf den Bauherrn über. Danach gelten bei auftretenden Mängeln nur noch die gesetzlichen Bestimmungen zur Gewährleistung, sofern nichts anderes vereinbart wurde.

Wie sehen Reviews aus, welche Aufgaben fallen an?
Reviews bewerten, was bisher erreicht wurde und beantworten die Frage, wo das Projekt aktuell steht:

- Planmäßig
- Außerplanmäßig.

Außerdem muss entschieden werden, wie weiter vorzugehen ist, und wie die erforderlichen Maßnahmen durchgeführt und abgesichert werden können:

- Aus eigenen Projektmitteln
- Mit zusätzlichen Ressourcen
- Mit oder ohne Zustimmung des Kunden.

Reviews sind jedoch keine Diskussionsrunden, um inhaltliche Probleme zu lösen (Hab und Wagner 2013, S. 170).

Für ein Review müssen grundsätzlich bestimmte **Informationen** vorbereitet und nachbereitet werden:

- Informationen, die **vor dem Review** erstellt und verteilt werden:
    - Eine Einladung, z. B. per Mail oder der Termin ist durch einen verabredeten Jour fixe vereinbart.
    - Eine Agenda, die formuliert, worüber gesprochen werden soll und was verhandelt werden muss. Eine einheitliche Agenda erleichtert die Arbeit (vgl. Abb. 4.7). Sie wird einmal festgelegt und nur um jeweils aktuelle Themen, die die Projektleitung üblicherweise in einer Liste offener Punkte (Issue List) führt, ergänzt.
    - Ein Statusbericht mit einer zusammenfassenden Bewertung zum aktuellen Stand des Projekts (auch Projekt-Cockpit oder Dashboard genannt) mindestens dann, wenn Vertreter des Managements oder andere Entscheidungsträger teilnehmen.

Agenda für ein Review oder eine Statusbesprechung
1. Begrüßung / Ziel der Besprechung, Protokollführung klären

2. Aktueller Status des Projekts und Fortschritt seit dem letzten Review:
    a. Termine
    b. Kosten
    c. Leistung
    d. Risiken
    e. Stakeholder
    f. Kumulierte Trends und Prognosen

3. Themen seit dem letzten Review
    a. Aktueller Stand zu noch offenen Punkten und den bereits
       eingeleiteten Maßnahmen
    b. Neue Abweichungen und offene Punkte

4. Entscheidungen: Neuer Maßnahmenplan (Action Item List) mit akzeptierten Aufgaben und Terminen
5. Zusammenfassung und Abzeichnung des Protokolls
6. Nächster Termin.

Abb. 4.7 Beispiel einer Agenda für ein Review oder eine Statusbesprechung

- Bei externer Beteiligung ist in der Regel vorher ein Datenpaket zu liefern, das z. B. der Kunde vorher lesen will. Die Art der Information ist vertraglich, etwa im Pflichtenheft, dokumentiert.
- Die Liste der offenen Punkte (Issue List) der vorhergehenden Sitzung und die Aktivitätenliste mit den abgesprochenen Aktionen (Action Item List), die auch zusammengefasst in einer Liste geführt werden können.
- **Nach dem Review** müssen die Ergebnisse dokumentiert und verteilt werden:
  - Ein dokumentiertes Arbeitsergebnis in Form einer Aktivitätenliste, auch To-do-Liste oder Action Item List genannt, mit folgenden Inhalten:
  - Thema/Problem (Issue)
  - Laufende Nummer
  - Aktivität
  - Verantwortliche für die Erledigung, sowie ggf. Bearbeiter und Mitarbeiter, hierbei sind die Zuständigkeiten für die Arbeitspakete zu beachten.
  - Termin (ggf. Solltermin und neuer Termin)
  - Status erledigt oder offen
  - Bemerkungen falls erforderlich.
  - Die Aktivitätenliste wird aktualisiert und die Erledigung der Aktivitäten geprüft. Diese Pflege der Aktivitätenliste übernimmt häufig die Projektleitung, die Aufgabe kann aber auch delegiert werden. Die Liste ist zugleich Input für die folgende Statussitzung.

Vorbereitung, Ablauf und Nachbereitung eines Reviews hängen von der Art des Reviews ab. Generell helfen die folgenden Überlegungen bei der Vorbereitung und Durchführung von Reviews (vgl. auch das Beispiel für eine Agenda in Abb. 4.7):

Vorbereitung:

- Weshalb wird das Review durchgeführt?
  Mögliche Anlässe sind: die Freigabe für eine Folgephase ist erforderlich, Krisensituation oder wöchentliche Teambesprechung.
- Wer soll teilnehmen? Wer liefert welche Inputs? Wer übernimmt welche Rolle während des Reviews? Sollen unabhängige Experten eingeladen werden?
- Wann, wo und mit welchen Hilfsmitteln findet das Review statt? Ist eine gesonderte Einladung mit Tagesordnung erforderlich?

Während des Reviews:

- Rollen festlegen: z. B. Protokollführung und Moderation.
- Der Blick zurück:
  - Status der Arbeitspakete: Hat das Team erreicht, was erwartet wurde?
  - Wurden die Aufgaben ordnungsgemäß und effizient erfüllt?
  - Wurden wichtige Bereiche und Ressourcen eingebunden?
  - Neues aus dem Projektumfeld/von den Stakeholdern.
  - Wie sieht die aktuelle Einschätzung der Risiken aus, gibt es neue Risiken?
  - Erfahrungssicherung: Was sind die Lessons Learnt?
- Der Blick nach vorne:
  - Welche Auswirkungen werden erwartet?
  - Welche Entscheidungen sind erforderlich?
  - Was sind die nächsten Schritte (Action Items)?

Nachbereitung:

- Dokumentation versenden.
- Action Items verfolgen.

Reviews zu besonderen Anlässen, z. B. ein „Critical Design Review", können einen oder in großen Projekten auch mehrere Tage in Anspruch nehmen. Umfang und Aufwand für das Review sind entsprechend anzupassen. Bewährt hat es sich, einige wenige **Regeln für die Besprechungen** zu vereinbaren, etwa (vgl. Friedrich 2014, S. 162; Tumuscheit 2014, S. 159):

- Der Moderator beginnt grundsätzlich mit der Frage: „Was wollen wir am Ende der Sitzung erreicht haben?"
- Pünktlicher Beginn und pünktliches Ende, z. B. Dauer nicht länger als vereinbart, auch wenn nicht alle Punkte behandelt wurden.

- Jedes Thema endet mit einer Entscheidung und/oder Aufgabe.
- Entscheidungen und Aufgaben werden protokolliert.

Reviews binden Personalkapazität und können dadurch beträchtliche Kosten verursachen. Dies ist bei der Planung und Vorbereitung zu berücksichtigen und gegebenenfalls in der Kalkulation entsprechender Arbeitspakete einzubeziehen.

Wie sieht ein Statusbericht aus?
Wenn im Rahmen des Reviews oder der Statussitzung bewertet wird, wo das Projekt steht, so geschieht dies in der Regel auf der Basis der vorliegenden Daten zur **Fortschrittskontrolle** (vgl. hierzu Abschn. 4.2). Diese fließen in den Statusbericht ein und beinhalten Aussagen zu den folgenden Punkten:

- Termine
- Kosten
- Leistung, z. B. hinsichtlich der vereinbarten Funktionalität
- Risiken
- Probleme (Issues)
- Ggf. Kennzahlen zur Bewertung der Projektprozesse (KPIs – Key Performance Indicators). Diese Kennzahlen sind abhängig von der Projektart. Kennzahlen etwa für Bauprojekte sind andere als Kennzahlen für Projekte in der Raumfahrt. Beispiele sind das Verhältnis der Entwicklungszeit zur Gesamtlaufzeit bis Ende der Durchführungsphase des Projekts beim Bau eines Satelliten oder, bei einem Bauprojekt, die Zahl der Unfälle auf der Baustelle im Verhältnis zur Zahl der Arbeiter oder auch die Bruttogrundfläche in Quadratmeter im Verhältnis zur Bauzeit.

Der Statusbericht ist Grundlage für die Entscheidungsfindung in der Statussitzung und enthält in der Regel einen grafischen und einen beschreibenden Teil. Dem Wunsch folgend, so kurz und aussagekräftig wie möglich zu sein, ist es üblich, dem Statusbericht eine Visualisierung von Informationen in verdichteter Form beizufügen. Angelehnt an eine Instrumententafel im Cockpit eines Flugzeugs soll ein **Projekt-Cockpit** (Dashboard) diesen kurzen und aussagekräftigen Überblick zum Projekt liefern. Üblich ist die sogenannte **Ampelbewertung** für folgende Sachlagen (Abb. 4.8):

- Die Bewertung der wichtigen Zielgrößen des magischen Dreiecks:
  - Kosten
  - Termine
  - Leistung.
- Die Bewertung der Risiken und Probleme.
- Eine Einschätzung der Projektsituation insgesamt.

Bezugsgrößen sind die definierten Anforderungen im Hinblick auf Leistung, Qualität, Termine und Kosten.

Grafische Symbole für den schnellen Überblick zum Projektstatus
Die Ampelbewertung
Grün: Weiterarbeit ohne Auflagen Das Projekt macht Fortschritte gemäß Planung, d.h. der Istwert entspricht dem Sollwert. Die nächste Phase des Projekts mit ihren Arbeitspaketen wird freigegeben.
Gelb: Weiterarbeit mit Auflagen Der Istwert weicht vom Sollwert ab. Ein geeigneter Maßnahmenplan liegt vor, ist freigegeben und wird abgearbeitet. Parallel können ausgewählte Arbeitspakete der Folgephase beginnen.
Rot: Stopp – Projekt in Gefahr Der Istwert weicht **erheblich** vom Sollwert ab. Es existiert kein abgesicherter Maßnahmenplan und es gibt Probleme, die das Erreichen der Ziele verhindern. Die Aktivitäten der Folgephase dürfen vorerst nicht begonnen werden. Folgende prinzipielle Entscheidungen sind denkbar: • Anpassung der Ziele. • Nacharbeit, bis der Status gelb oder grün erreicht ist. • Das Projekt wird abgebrochen.
Trendindikator (Pfeilrichtung)
Verbesserung: positiver Fortschritt bezüglich im Vorfeld identifizierter Probleme, oder signifikantes Übertreffen der Erwartungen.
Keine Änderung im Status seit dem letzten Report.
Verschlechterung: Kein Fortschritt wie erhofft. Es ist zu erwarten, dass sich der Status (Farbe) verschlechtern wird.

Abb. 4.8 Grafische Symbole für den schnellen Überblick zum Projektstatus. (In Anlehnung an Hab und Wagner 2013, S. 149 f.; Wanner 2007, S. 219)

Diese **Verdichtung** der Informationen mit Hilfe der Ampelbewertung hat auch ihre Schattenseiten. Die Meldung „rot" wird in der Praxis nicht gerne gesehen, bedeutet sie doch, dass der Projektleiter aus eigener Kraft nicht weitermachen kann, weil die erforderlichen Maßnahmen und Entscheidungen seine Kompetenzen überschreiten. Eine gute Projektleitung fängt diese Situation durch wirkungsvolle Steuerung frühzeitig auf, so dass die Meldung „rot" gar nicht erst eintritt, so die Erwartungshaltung. Dies erschwert die Meldung „rot", frei nach dem Motto „es kann nicht sein, was nicht sein darf". „Rot" bedeutet, der

Istwert weicht erheblich vom Sollwert ab. Es existiert kein abgesicherter Maßnahmenplan und es gibt Probleme, die das Erreichen der Ziele verhindern. Das Team muss warten, zusätzliche Kosten entstehen und möglicherweise weitere, schwer abzuschätzende Auswirkungen können eintreten. Die Meldung „gelb" ist dann schon eher akzeptabel. Es gibt zwar Probleme, aber es kann weitergearbeitet werden. Dieses Phänomen birgt die Gefahr der Verschleppung notwendiger Entscheidungen (vgl. auch Hab und Wagner 2013, S. 149 f.).

Ein weiterer Kern des Problems ist die Bestimmung des Zustands „der Istwert weicht **erheblich** vom Sollwert ab". Was bedeutet „erheblich"? Bereits bei der Planung ist zu überlegen und zu entscheiden, unter welchen Bedingungen eine Abweichung als „erheblich" bewertet wird. Der Bezug zum **Risikomanagement** bietet sich hierfür an. Denn für die Risikoanalyse wurde neben der Eintrittswahrscheinlichkeit auch eine Klassifikation möglicher Auswirkungen definiert, die als Grundlage für die Definition der Ampelfarbe herangezogen werden kann. Diese Definition, wann der Zustand „rot" erreicht ist, kann nur projektspezifisch erfolgen (Abb. 4.9).

Nachteilig kann auch sein, dass durch die Verdichtung Informationen verloren gehen. Die ausführenden Mitarbeiter wissen zwar in der Regel genau, wo es hakt und wie es im

Projektziele	Mögliche Definition der Ampelphasen			
	grün	gelb	rot	rot
Kosten	< 10% höhere Kosten	10-20% höhere Kosten	21-40% höhere Kosten	≥ 40% höhere Kosten
Termine	< 5% Terminverzug	5-10% Terminverzug	11-20% Terminverzug	≥ 20% Terminverzug
Projektumfang	Reduktion kaum merklich	Geringfügig reduziert	Stark reduziert	Reduktion für den Sponsor unakzeptabel
Qualität	Reduktion kaum merklich	Nur sehr anspruchsvolle Merkmale sind betroffen	Genehmigung des Sponsors erforderlich	Qualitätsminderung für den Sponsor unakzeptabel
Projektziele	Definition der Ampelphasen für den Segeltörn			
	grün	gelb	rot	rot
Termine	Bis 0,2 Tage	0,2 – 0,9 Tage	1 – 1,9 Tage	2 Tage
Kosten	1.- € bis 50.- €	50.- € bis 100.- €	101.- € bis 200.- €	> 200.- €
Leistung / Qualität	Nicht begeistert	Unzufrieden	Sehr unzufrieden	Sehr unzufrieden

Abb. 4.9 Definition der Ampelphasen

Projekt um die Funktionalität der technischen Lösung, die Einhaltung der Termine und der Kosten bestellt ist. Im Zuge der Verdichtung und Visualisierung kommen dann jedoch gravierende Detailinformationen nicht mehr bei den Entscheidungsträgern an. Entweder, weil sie im Prozess der Verdichtung abhandengekommen sind oder sie finden erst gar kein Gehör, weil das Management dem Prinzip „Heilung durch positives Denken" folgt. Mit anderen Worten, das Projekt wird „gesund gebetet". Ein prominentes Beispiel für ein „Desaster mit Ansage" war der Absturz der US-Raumfähre „Challenger" im Jahr 1986 (Gunkel 2011).

Wirkungsvolles Controlling funktioniert nur dann, wenn die nötigen Entscheidungen rechtzeitig getroffen werden. Mangelnde Information kann eine Ursache sein, dass erforderliche Entscheidungen nicht getroffen werden. Die Erfahrung lehrte die Autoren jedoch, dass in der Praxis Entscheidungsträger die Freigabe der notwendigen Maßnahmen oft verzögern. Dabei wird übersehen, dass keine Entscheidung im Grunde auch eine Entscheidung ist und zwar durchaus auch zum Nachteil des Projekts.

Wann werden Reviews durchgeführt und wer führt die Reviews durch?
Wann und in welcher Form Reviews im Projekt durchgeführt werden sollen, muss schon zu Beginn des Projekts mindestens konzeptionell geplant werden. Es bietet sich an, diese Aufgabe im Rahmen des **Stakeholdermanagement** und bei Erstellung des **Verifikations- und Validierungskonzepts** zu behandeln. Denn hier wird bereits erörtert:

- Wer zu welchem Zeitpunkt wie in das Projekt eingebunden werden soll.
- Wie der Kommunikations- und Berichtsplan im Projekt aussehen soll.
- Welche Ergebnisse wann und wie geprüft werden sollen.

Anpassungen an den Plan sind im Laufe des Projekts möglich und meistens auch nötig oder wie ein Projektcontroller einmal formulierte: Pläne sind auch dazu da, dass sie geändert werden. Verantwortlich dafür, dass diese Aufgaben erledigt werden, ist die Projektleitung.

Wichtige Begriffe
- Prüfung und Abnahme der Testbedingungen – Test Readiness Review (TRR)
- Abnahmeprüfung – Acceptance Test Review (ATR)
- Ampelbewertung
- Audit
- Aktivitätenliste/Maßnahmenplan – Action Item List
- Projekt-Cockpit – Dashboard
- Liste offener Punkte/Themen – Issue List
- Prüfung und Abnahme der Leistungsbeschreibung – System Requirements Review (SRR)
- Prüfung und Abnahme des fachlichen Grobkonzepts – Preliminary Design Review (PDR)
- Prüfung und Abnahme des fachlichen Feinkonzepts – Critical Design Review (CDR)
- Qualifikationsprüfung – Qualification Review (QR)

- Review
- Statussitzung
- Übergabeprüfung – Delivery Review (DR)

Quellen für weiterführende Informationen
Campbell, M. (2009). *Communication skills for project managers.* New York: Amacom.

Gunkel, C. (2011, Jan. 27). „Challenger"-Katastrophe. „Offensichtlich eine Fehlfunktion". Spiegel Online. http://www.spiegel.de/einestages/challenger-katastrophe-a-947020. html. Zugegriffen: 21 April 2015.

Hab, G., & Wagner, R. (2013). *Projektmanagement in der Automobilindustrie* (4., überarbeitete und aktualisierte Aufl.). Wiesbaden: Springer.

Nagel, K. (2012). *Professionelle Projektkommunikation.* Wien: Linde.

Tumuscheit, K. (2014). *Überleben im Projekt. 10 Projektfallen und wie man sie umgeht.* München: Redline.

4.3.2   Reviews und Statussitzungen im Projekt Segeltörn

Auch beim Segeltörn gibt es ein Konzept für Reviews und Statussitzungen. Folgende Reviews sind geplant:

In der Vorbereitungsphase
- Prüfung und Abnahme der **Leistungsbeschreibung**(Meilenstein M2).
  - Im Rahmen der Vorbereitung werden die Erwartungen der potenziellen Crewmitglieder an den vorgesehenen Törn ermittelt und aufgelistet.
  - Aus dieser Liste werden die Prioritäten und daraus resultierende Anforderungen abgeleitet. Die Top-Level-Anforderungen werden in einer „Spezifikation" beschrieben und mit der Crew besprochen. Dieser Prozess ist in etwa vergleichbar mit der Durchführung eines System Requirements Review.
- Prüfung und Abnahme des fachlichen **Grobkonzepts** (Crewtreffen). In diesem Review werden die bevorzugte Lösung und die Eckdaten hinsichtlich Termin, Kosten, Törngebiet und das zu charternde Schiff vorgestellt und gemeinsam im Team, also mit den Crewmitgliedern verabschiedet.
- Prüfung und Abnahme des fachlichen **Feinkonzepts** (Meilenstein M3). Mit der Durchführung und dem Abschluss dieses Reviews steht die endgültige Planung des Törns fest. Die Dauer, das Törngebiet und die voraussichtlichen Kosten werden von der Crew genehmigt. Das Schiff und die Flüge sind ausgewählt und die kostenwirksamen Buchungen können nun sofort erfolgen.

In der Durchführungsphase
Abnahme der Testbedingungen – Test Readiness Review (TRR) und Delivery Review (DR).

- Das Einchecken und die **Übernahme des Schiffes** kann in etwa mit einer Mischung aus Test Readiness Review (TRR) und Delivery Review (DR) verglichen werden. Es wird die Frage geklärt, ob das Schiff für den vorgesehenen Törn technisch und in Bezug auf Sicherheit in Ordnung ist. Der Bootsmann der Charterfirma weist den Skipper und die Co-Skipperin ein. Das Schiff, seine Ausrüstung und die wesentlichen technischen Funktionen werden mit Hilfe einer Checkliste vorgestellt und überprüft. Sind alle Fragen geklärt und evtl. Mängel beseitigt, kann die Checkliste von beiden Parteien unterschrieben werden. Das Schiff und die Ausrüstung sind damit an den Skipper übergeben. Von diesem Zeitpunkt bis zur Abgabe des Schiffes ist nun der Skipper für Schiff und Crew verantwortlich. Der Törn kann beginnen.
- Ein ähnlicher Reviewprozess läuft bei der **Rückgabe des Schiffes** am Ende des Törns ab. Anhand der Checkliste wird vom Bootsmann der Charterfirma überprüft, ob das Schiff unbeschädigt und die Ausrüstung vollständig ist. Im Rahmen dieser Überprüfung wird z. B. oft der Rumpf des Schiffes durch einen Taucher auf mögliche Schäden untersucht, die durch eine Grundberührung entstehen können. Werden Mängel festgestellt, so müssen diese entweder durch die Crew bezahlt werden oder eine Kautionsversicherung, die im Rahmen der Risikovorsorge abgeschlossen wurde, übernimmt die Kosten.

Neben den Reviews sind auch Statussitzungen ein Thema im Segeltörn. Das Prinzip „Teile und herrsche" und der Paragraf und Leitsatz von früher „Der Kapitän hat immer recht" hat auf privat organisierten Segeltörns nichts zu suchen. Abgesehen von Notfallsituationen, die naturgemäß keine langen Grundsatzdiskussionen erlauben, hat jedes Crewmitglied Anspruch auf Gehör und Mitsprache bei Entscheidungen, die Törnplanung und Törnablauf betreffen. Ein Skipper sollte stets ein guter Zuhörer sein und alle Crewmitglieder in den Entscheidungsprozess einbeziehen.

Neben den normalen Gesprächen an Bord hat sich ein **Jour fixe** als gute Kommunikationsplattform erwiesen. Täglich werden morgens vor dem Ablegen und abends nach dem Anlegen oder Ankern je eine Besprechung, das Briefing und das Debriefing, mit einer Art Standardagenda durchgeführt. Am Morgen wird der Tagesablauf besprochen, insbesondere die Törnplanung, Kurse, Wetterbedingungen, Wachplan, Essen usw. Jeder ist informiert und weiß, was zu tun ist. Am Abend blickt die Crew auf den vergangenen Segeltag zurück. Verschiedene Fragen werden besprochen, etwa:

- Was war gut?
- Welche Fehler haben wir gemacht?
- Was muss verbessert werden?
- Wie sind wir im Zeitplan?
- Wie sieht der weitere Verlauf des Törns aus?

Jedes Crewmitglied kommt zu Wort und kann sich einbringen.

4.4   Steuerungsmaßnahmen

Ohne Steuerungsmaßnahmen wird kein Projekt erfolgreich sein. Abweichungen passieren immer. Sie können aber durch geeignete Maßnahmen aufgefangen werden. Die Herausforderung liegt oft darin, die Folgewirkungen einer Maßnahme zu überblicken.

4.4.1   Projekte mit den richtigen Maßnahmen auf Kurs halten

Die Schritte Planen, Durchführen, Bewerten und Handeln müssen im Projekt in regelmäßigen Abständen wiederholt werden, ähnlich der PDCA-Logik (Plan-Do-Check-Act), die in der Norm zum Qualitätsmanagement beschrieben ist (DIN EN ISO 9004:2018-08, S. 51). Im Qualitätsmanagement steht die PDCA-Logik für den kontinuierlichen Verbesserungsprozess. Im Hinblick auf die erfolgreiche Durchführung eines Projekts geht es im Rahmen der Projektsteuerung darum, die bereits definierten Ziele zu erreichen. Das bedeutet, die vereinbarten Leistungsziele sollen termingerecht, innerhalb des vorgegebenen Kostenrahmens geliefert werden.

Für den Fall, dass Umfang und Qualität der zu liefernden Leistung vom Plan (Soll) abweichen, werden diese Abweichungen in einem **Fehlerbericht** (Non-Conformance Report, NCR) festgehalten und an die Projektleitung in einem geordneten Verfahren, das z. B im Qualitätsplan festgelegt wurde, gemeldet. Entscheidungen für ihre Beseitigung werden getroffen und unter Leitung des Qualitätsmanagers oder des Projektleiters bearbeitet. Notwendige Änderungen durchlaufen den erforderlichen Änderungsprozess (vgl. Änderungsantrag Abb. 4.2).

Abweichungen können klassifiziert werden, z. B.:

- Klasse 1:
  bedeutende Abweichungen (Major), die „Form", „Fit" oder „Function" betreffen. Für die Form sind dies z. B. Abmessungen eines E-Bikes. „Fit" (Passung) bedeutet, es entstehen Auswirkungen auf andere Komponenten, weil etwa Schnittstellen nicht mehr passend sind. „Function" verändert die Leistung des Systems.
- Klasse 2:
  Unbedeutende Abweichungen (Minor), z. B. Kratzer am Gehäuse einer Box.

Je nach Vereinbarung mit dem Kunden bzw. der Festlegung im Qualitätsplan ist bei Abweichungen der Klasse 1 der Kunde zu informieren und an der Entscheidung über das weitere Vorgehen zu beteiligen. Abweichungen der Klasse 2 können ohne Benachrichtigung des Kunden beseitigt werden.

Für jede Maßnahme muss sorgfältig analysiert werden, ob und inwiefern sie Auswirkungen auf das Gesamtsystem hat und Termine, Kosten und Qualität beeinflusst. Hierzu müssen die betroffenen Bereiche einbezogen werden. Die Maßnahmen sind entscheidungsreif, sobald ihre Folgewirkungen geklärt sind. Der Prozess ist im Prinzip vergleichbar mit einem Änderungsantrag, der autorisiert werden muss (vgl. hierzu auch das Thema Änderungsmanagement in Abschn. 4.1 und den Änderungsantrag Abb. 4.2).

Maßnahmen
Angenommen, die Bewertung der Ist-Situation führt zu der Erkenntnis, dass eine erhebliche Terminabweichung, z. B. um mehrere Monate droht, welche Möglichkeiten hat die Projektleitung, dem entgegenzuwirken? Zwei mögliche und in der Praxis häufig diskutierte Maßnahmen sind:

- Erhöhung der Personalkapazität durch zusätzliche Mitarbeiter oder
- Reduzierung der Leistung.

Eine **Erhöhung der Personalkapazität** durch den Einsatz zusätzlicher Mitarbeiter bedeutet in jedem Fall, dass neue Mitarbeiter, sei es aus anderen Abteilungen oder durch Beschaffung externer Mitarbeiter, z. B. von Personaldienstleistern, in das bestehende Team integriert werden müssen. Auswirkungen dieser Maßnahme sind:

- Die Klärung der Bedingungen für den Personaleinsatz kostet Geld und Zeit. Betroffene anderer Verantwortungsbereiche, evtl. auch der Betriebsrat, müssen zustimmen. Verträge müssen vorbereitet und geschlossen werden.
- Teammitglieder können am Projekt nicht in vollem Umfang weiterarbeiten, weil sie neue Mitarbeiter einarbeiten müssen. Dies verzögert das Projekt zusätzlich und erhöht die Zahl der notwendigen Arbeitsstunden.
- Es entstehen weitere Risiken bezüglich der Qualität der zu erbringenden Leistung, wenn die neuen Mitarbeiter noch nicht über alle notwendigen Informationen verfügen, was leicht geschehen kann, wenn ein Einarbeitungsplan unter dem Termindruck nur unvollständig überlegt und umgesetzt wird.
- Die Produktivität der neuen Mitarbeiter ist am Anfang geringer, da sie sich einarbeiten und Erfahrungen sammeln müssen. Lernkurveneffekte, die durch die Wiederholung von Prozessen entstehen und das Input-/Output-Verhältnis verbessern, sind noch nicht vorhanden.
- Die Dauer für bestimmte Aufgaben kann durch den Einsatz zusätzlicher Mitarbeiter nicht beliebig proportional verkürzt werden. Durch die Verdopplung der Zahl der geplanten Mitarbeiter kann die Arbeit nicht in der Hälfte der Zeit erledigt werden, da in der Regel zusätzlich Aufwand für Koordination entsteht.
- Unter der Berücksichtigung der genannten Argumente muss die Projektleitung in jedem Einzelfall die Qualifikation und Erfahrung der neuen Mitarbeiter ermitteln und den Einsatz spezifisch für die Bearbeitung der jeweiligen Aufgaben planen.

▶ **Lernkurve** Lernkurven beschreiben den Zusammenhang zwischen der Häufigkeit der Wiederholung eines Prozesses und dem Input-/Output-Verhältnis dieses Prozesses (Steven 2015). Bei jeder Verdopplung der Ausbringungseinheit verringert sich die Menge der Arbeitsstunden pro Einheit um eine konstante Rate (Larson und Gray 2014, S. 155).

Die Ausführungen machen deutlich, wie schwierig es ist, eine drohende Verzögerung durch den Einsatz zusätzlichen Personals abzuwenden. Eine einfachere Möglichkeit besteht darin, Mitarbeiter, die bereits für das Projekt arbeiten, mit einem höheren Stundenvolumen einzusetzen. Entweder durch Überstunden oder, indem sie von anderen, projektfremden Aufgaben entlastet werden. Überstunden sind allerdings nur sehr kurzfristig wirksam. Sie können außerdem zu einem Rückgang der Produktivität führen. Unter Umständen fallen Zusatzkosten durch Zuschläge an und es sind Zustimmungen und Genehmigungen erforderlich.

Die **Reduzierung der Leistung** ist eine Steuerungsmaßnahme, die in verschiedenen Formen realisiert werden kann. Diesbezügliche Lösungen sind insofern komplexer, weil auch der Kunde (Auftraggeber), der Vertrag und die Leistungsbeschreibung (Statement of Work) betroffen sind. Der Kunde muss informiert werden und seine Zustimmung erteilen.

Die Reduzierung des Leistungsumfangs kann an mehreren Stellen ansetzen:

- Reduzierung der Anzahl der Lieferobjekte.
- Akzeptierte, verspätete Lieferung von Teilen von Lieferobjekten (z. B. Ersatzteile).
- Umfang der Dokumentation reduzieren.
- Akzeptierte, verspätete Lieferung von Teilen der Dokumentation (z. B. Lieferung der Gebrauchsanleitung).

Die Reduzierung der Qualität kann an folgenden Punkten anknüpfen:

- Reduzierung der Anzahl der Anforderungen an die Lieferobjekte (Quantität).
- Reduzierung einzelner Leistungsanforderungen (Qualität).
- Verzicht auf Entwicklungs- und Qualifikationstests einzelner Komponenten.
- Ersatz einzelner Verifikationstests durch weniger zeitraubende Verifikationsmethoden, wie z. B. durch eine theoretische Überprüfung der Bauunterlagen (Review of Design).

Der Kunde muss in der Regel bei allen diesen Maßnahmen einbezogen werden und seine Zustimmung erteilen. Anderenfalls sind Probleme bei der Endabnahme zu befürchten, und der Kunde wird das Produkt möglicherweise nicht akzeptieren und nicht zahlen.

Verhandlungen zur Reduzierung des Leistungsumfangs, d. h. Auslieferung einer geringeren Anzahl Lieferobjekte, termingerechte Lieferung der wichtigen Objekte und verspätete Lieferung der für den Kunden weniger wichtigen Objekte, haben aufgrund der Erfahrungen der Autoren bessere Aussicht auf Erfolg als Maßnahmen, die die Qualität reduzieren.

Eine Reduzierung der Qualität, evtl. sogar ohne Zustimmung des Kunden, ist nicht zu empfehlen. Die Anforderungen an das Produkt wurden in der Spezifikation und den untergeordneten Detailspezifikationen gemeinsam mit dem Kunden festgelegt. Natürlich kann die Spezifikation neu verhandelt werden, um einzelne Anforderungen komplett zu streichen oder die Anforderung zu reduzieren. So kann z. B. ein Gehäuse aus Aluminium auch aus einfachem Stahl mit Anstrich hergestellt werden. Dafür ist zu prüfen, ob die schnellere

Lösung auch alle weiteren Anforderungen an das Gehäuse, wie z. B. die Korrosionsbeständigkeit, erfüllt. Ist das der Fall, müssen dann nur noch die Anforderung in der Spezifikation und der Herstellungsprozess geändert werden. Zeit kann möglicherweise bei der Verifikation der Anforderungen durch Reduzierung und/oder Zusammenfassung einzelner Tests eingespart werden. Das Vorgehen erfordert aber eine sehr gute Detailkenntnis und Erfahrung, um z. B. Tests durch eine Überprüfung der Bauunterlagen (Review of Design) zu ersetzen.

Alle beschriebenen Maßnahmen zur Behebung von Abweichungen erfordern zusätzlichen Aufwand. Anregungen für weitere mögliche Steuerungsmaßnahmen geben z. B. Checklisten der Autoren Schelle und Scheuring (2014, S. 265–267, 2013, S. 122–123).

Wichtige Begriffe
- Abweichung – Non-Conformance
- Fehlerbericht – Non-Conformance Report (NCR)
- Lernkurve – Learning Curve
- PDCA-Logik (Plan-Do-Check-Act bzw. Planen, Durchführen, Bewerten, Weiterentwickeln)

Quellen für weiterführende Informationen
Scheuring, H. (2013). *Der www-Schlüssel zum Projektmanagement* (überarb. Auflage). Zürich: Orell Füssli.

Tumuscheit, K. (2014). *Überleben im Projekt. 10 Projektfallen und wie man sie umgeht*. München: Redline.

4.4.2 Beim Segeltörn trotz Abweichungen auf Kurs bleiben

Die Crew plant den Törn, bucht ein Schiff und segelt los. Die Phase der Projektdurchführung beginnt. Die Crew will gemeinsam das Ziel erreichen und steuert auf den berechneten Kursen den jeweiligen Etappenzielen entgegen. Steuern beim Segeln (und Motoren) heißt, das gesamte Boot auf Kurs zu halten. Dies geschieht durch Drehen des Steuerrades oder Bewegen der Pinne. Jede Aktion hat Einfluss auf das Schiff, auf das Gesamtsystem und kann eine kleine Änderung zum vorgegebenen Kurs bedeuten.

Bei wenig Wind oder kleinen Wellen ist die Einhaltung des Kurses nach kurzer Übung schnell erlernbar. Sobald Wind und Wellen stärker werden und Einfluss auf das Schiff nehmen, wird das Steuern schwieriger. Der Steuermann muss auf die aktuelle Situation reagieren, um den Kurs zu halten. Der Wind spielt beim Segeln die entscheidende Rolle und die Windrichtung im Verhältnis zum vorgegebenen Kurs beeinflusst, je nachdem ob man hoch, mit halbem oder mit achterlichem Wind segelt, das Vorankommen.

Die jahreszeitlich bedingten Wetterverhältnisse – in diesem Fall für September – können bereits bei der Törnplanung tendenziell berücksichtigt werden. Der Wind weht aber nicht nach statistischen Werten und die genaue Windrichtung und Windstärke sind nur für einen eng begrenzten Zeitraum, in der Regel ein bis zwei Tage im Voraus, berechenbar. So kann es passieren, dass der Crew auf einer oder mehreren Tagesetappen der Wind direkt „ins Gesicht" bläst. Direkt gegen den Wind zu segeln ist jedoch nicht möglich.

In dieser Situation existieren drei **Optionen**:

- Das Segel wird eingeholt und die Crew fährt unter Motor den vorgesehenen Kurs.
- Die Crew kreuzt „hoch am Wind" und nimmt dadurch längere Wege und Zeiten in Kauf.
- Das Etappenziel und damit auch die Törnplanung werden geändert.

Die verschiedenen Optionen haben sehr unterschiedliche Konsequenzen.

Option 1 „Motoren" bedeutet Das Ziel wird erreicht, aber nur durch den Einsatz zusätzlicher Ressourcen, nämlich den Verbrauch von Dieseltreibstoff. Dies verursacht eine entsprechende Erhöhung der Kosten. Außerdem kann das Stampfen gegen die Wellen sehr unangenehm für die Crew sein. Die Qualität des Segelerlebnisses ist beeinträchtigt.

Option 2: „Kreuzen" bedeutet Das Ziel wird erreicht, die Crew muss aber wesentlich länger segeln. Es kommt gegenüber der Törn- und Etappenplanung zu einem Terminverzug mit entsprechend weniger Zeit für den geplanten Landgang. Außerdem können das „Hoch am Wind" Kreuzen und die dafür erforderlichen Wenden für die Crew sehr anstrengend sein. Die Erwartung, einen entspannten Segelurlaub zu erleben, kann dadurch relativ schnell getrübt werden. Das Segeln fordert von den Crewmitgliedern eine große Kraftanstrengung verbunden mit größerer Belastung. Aus Entspannung wird Anspannung.

Option 3 „Änderung des Etappenziels" bedeutet Angenehmes Segeln mit halbem Wind ist nur möglich, wenn die Crew dem Gegenwind ausweicht, indem sie den Kurs ändert. Die erforderliche Kursänderung ist gravierend, weil die Richtung um 90 Grad gegenüber der ursprünglichen Törnplanung korrigiert werden muss. Diese große Abweichung vom Plan hat eine entscheidende Konsequenz, der gesamte Törn mit seinen bereits festgelegten Etappenzielen und Landgängen muss möglicherweise neu geplant werden.

Andererseits können Abweichungen von Zielen oder ungeplante Ereignisse auch das „Salz in der Suppe" eines Segeltörns sein. Es ergeben sich dadurch neue Chancen und Herausforderungen, deren Bewältigung im Falle des Segeltörns das Projektergebnis bereichern kann.

Fehler sollten allerdings möglichst vermieden werden. Dazu ist es beim Segeln wie auch in anderen Projekten erforderlich, die Fehler und Abweichungen so früh wie möglich zu erkennen:

- Um sie zu erkennen, ist es u. a. erforderlich, die wesentlichen Soll- und Istwerte (Standort, Windrichtung, Kurs usw.) im Logbuch zu dokumentieren, so dass auch in schwierigen Verhältnissen, wie z. B. bei Starkwind, eine Analyse der Situation möglich ist.
- Geeignete Maßnahmen müssen frühzeitig ausgewählt und eingeleitet werden, z. B. Einsatz des Motors zur Kurskorrektur. Klare Anweisungen zur Behebung der Abweichungen müssen erteilt und ihre Durchführung überwacht werden, so lange, bis das Schiff wieder auf Kurs ist. Danach kann die Crew wieder zu ihren ursprünglich geplanten Abläufen übergehen.

Idealerweise sollte der Steuermann die verschiedenen Einflüsse erkennen, die zu erwartende Situation antizipieren und rechtzeitig gegensteuern. Macht er Fehler, wirkt sich das unmittelbar und auch langfristig aus. Das Ziel wird verfehlt oder das Schiff strandet gar beim Verlassen des Kurses auf einer Untiefe. Macht der Navigator einen Fehler, so ist ebenfalls der sichere Ablauf des Törns und das Erreichen des Ziels gefährdet. Navigator und Steuermann müssen daher eng zusammenarbeiten, um sicher ans Ziel zu gelangen. Teamarbeit ist entscheidend.

Literatur

Bea, F., Scheurer, S., & Hesselmann, S. (2011). *Projektmanagement* (2., überarb. und erweitere Aufl.). Konstanz: UVK Verlagsgesellschaft.

Campbell, M. (2009). *Communication skills for project managers.* New York: Amacom.

DIN 69901-4:2009-01. (2009). *Projektmanagement – Projektmanagementsysteme. Teil 4: Daten, Datenmodell.* (DIN Deutsches Institut für Normung e. V., Hrsg.) Berlin: Beuth.

DIN 69901-5:2009-01. (2009). *Projektmanagement – Projektmanagementsysteme. Teil 5: Begriffe.* (DIN Deutsches Institut für Normung e. V., Hrsg.) Berlin: Beuth.

DIN EN ISO 9001:2015-11 (2015) *Qualitätsmanagementsysteme - Anforderungen (ISO 9001:2015); Deutsche und Englische Fassung EN ISO 9001:2015* (DIN Deutsches Institut für Normung e. V., Hrsg.) Berlin: Beuth.

DIN EN ISO 9004:2018-08 (2018). *Qualitätsmanagement - Qualität einer Organisation - Anleitung zum Erreichen nachhaltigen Erfolgs (ISO 9004:2018); Deutsche und Englische Fassung EN ISO 9004:2018.* (DIN Deutsches Institut für Normung e. V., Hrsg.) Berlin: Beuth

DIN EN ISO 9001:2008-12. (2008). *Qualitätmanagementsysteme – Anforderungen (ISO 9001:2008); Dreisprachige Fassung EN ISO 9001:2008.* (DIN Deutsches Institut für Normung e. V., Hrsg.) Berlin: Beuth.

DIN EN ISO 9004:2009-12. (2009). *Leiten und Lenken für den nachhaltigen Erfolg einer Organisation – Ein Qualitätsmanagementansatz (ISO 9004:2009); Dreisprachige Fassung EN ISO 9004:2009.* (DIN Deutsches Institut für Normung e. V., Hrsg.) Berlin: Beuth.

DIN ISO 10005:2009. (2009). *Qualitätsmanagementsysteme – Leitfaden für Qualitätsmanagementpläne (ISO 10005:2005).* (DIN Deutsches Institut für Normung e. V., Hrsg.) Berlin: Beuth.

DIN ISO 10007:2004-12. (2004). *Qualitätmanagement – Leitfaden für Konfigurationsmanagement (ISO 10007:2003).* (DIN Deutsches Institut für Normung e. V., Hrsg.) Berlin: Beuth.

DIN ISO 21500:2016-02. (2016). *Leitlinien Projektmanagement (Entwurf) (ISO 21500:2012).*

DIN ISO 21500:2016-02. (2016). *Leitlinien Projektmanagement (ISO 21500:2012).* (DIN Deutsches Institut für Normung e. V., Hrsg.) Berlin: Beuth.

ESA European Space Agency for the members of ECSS. (2009a). *ECSS-M-ST-10C Rev.1 Space project management. Configuration and information management.* European Cooperation for Space Standardization. Noordwijk: ESA Requirements and Standards Division.

ESA European Space Agency for the members of ECSS. (2009b). *ECSS-M-ST-10C Rev.1 Space project management. Project planning and implementation.* European Cooperation for Space Standardization. Noordwijk: ESA Requirements and Standards Division.

Fiedler, R. (2014). *Controlling von Projekten* (6. Aufl.). Wiesbaden: Springer Vieweg.

Friedrich, B. (2014). *PRINCE2 kurz und bündig* (3. Aufl.). Dreieich: COPARGO.

Gunkel, C. (27. Januar 2011). „Challenger"-Katastrophe. „Offensichtlich eine Fehlfunktion". *Spiegel Online.* http://www.spiegel.de/einestages/challenger-katastrophe-a-947020.html. Zugegriffen: 21. April 2015.

Hab, G., & Wagner, R. (2013). *Projektmanagement in der Automobilindustrie* (4., überarb. und aktualisierte Aufl.). Wiesbaden: Springer Gabler.

INCOSE Systems Engineering. (2012). *INCOSE Systems Engineering Handbuch, Version 3.2.2.* München: GfSE SE Handbuch Arbeitsgruppe Gesellschaft für Systems-Engineering e. V. German Chapter of INCOSE.

Larson, E., & Gray, C. (2014). *Project management the managerial process* (6. Aufl.). New York: McGraw-Hill Education.

Lipke, W. (2006). *Earned schedule. An extension to earned value management.* www.earnedschedule. com. Zugegriffen: 27. April 2015.

Madauss, B. (1990). *Handbuch Projektmanagement* (6., überarb. und erweiterte Aufl.). Stuttgart: C. E. Poeschl.

Motzel, E. (2010). *Projektmanagement Lexikon* (2., aktualisierte Aufl.). Weinheim: Wiley-VCH.

Nagel, K. (2012). *Professionelle Projektkommunikation.* Wien: Linde.

PMI Project Management Institute. (2011). *Practice standard for earned value management* (2. Aufl.). Newton Square: Project Management Institute.

PMI Project Management Institute. (2017). *A guide to the project management body of knowledge (PMBOK® Guide) – Sixth Edition.* Newton Square: Project Management Institute.

Saynisch, M. (2012). Konfiguration und Änderungen. In M. Gessler (Hrsg.), *Kompetenzbasiertes Projektmanagement (PM3)* (5. Aufl., Bd. 1 und 3, S. 523–550 und 1719–1757). Nürnberg: GPM Deutsche Gesellschaft für Projektmanagement e. V.

Schelle, H. (2014). *Projekte zum Erfolg führen. Projektmanagement systematisch und kompakt* (7., überarb. Aufl.). München: Beck-Wirtschaftsberater im dtv.

Scheuring, H. (2013). *Der www-Schlüssel zum Projektmanagement* (6., überarb. Aufl.). Zürich: Orell Füssli.

Steven, M. (2015). *Gabler Wirtschaftslexikon, Stichwort: Lernkurve.* (Springer Gabler Verlag, Herausgeber) http://wirtschaftslexikon.gabler.de/Archiv/9292/lernkurve-v6.html. Zugegriffen: 9. Mai 2015.

Tumuscheit, K. (2014). *Überleben im Projekt. 10 Projektfallen und wie man sie umgeht.* München: Redline.

Wanner, R. (2007). *Earned Value Management. So machen Sie Ihr Projektcontrolling noch effektiver* (2. Aufl.). Norderstedt: Books on Demand.

Wiener, N. (1950). *The human use of human beings – cybernetics and society.* Boston: Houghton Mifflin.

Projekte abschließen

5

Zusammenfassung

Projekte sind per Definition zeitlich befristet. Ihre letzte Phase, die Abschlussphase, sollte in jedem Projekt systematisch abgewickelt werden. Die Lieferobjekte sind fertiggestellt und gehen in die Nutzungsphase über und die Projektorganisation muss aufgelöst werden. Welche prinzipiellen Aufgaben im Rahmen der Abschlussphase anfallen, zeigt das folgende Kapitel. Die abschließende Projektauswertung bildet die Grundlage für die Projektbeurteilung, und der Abschlussbericht dokumentiert die wichtigsten Daten und Erkenntnisse, darunter auch die Lessons Learnt, um die kontinuierliche Verbesserung der Projektmanagementprozesse zu unterstützen.

© Springer Fachmedien Wiesbaden GmbH, ein Teil von Springer Nature 2020   249
H. Meyer, H.-J. Reher, *Projektmanagement*,
https://doi.org/10.1007/978-3-658-28763-4_5

Navigator für dieses Buch – Kap. 5

5.1   Abschließende Aktivitäten planen

Einige **Begleitumstände** beeinträchtigen das Arbeiten in der Abschlussphase, was dazu führen kann, dass nicht alle Aspekte in dem wünschenswerten Umfang behandelt werden. So beginnt in der Abschlussphase der Rückzug. Die Bereitschaft der Beteiligten, Energie in das Projekt zu investieren, sinkt. Das Team befindet sich im Prozess der Auflösung und die Teammitglieder in der Phase der Neuorientierung. Bilanzieren, Sich-Besinnen, Erfahrungsaustausch, Sich-Neuorientieren und Abschied nehmen stehen im Vordergrund. Unsicherheit prägt das Klima, weil Veränderungen anstehen. Nicht mehr das gemeinsame zukünftige Ergebnis steht im Vordergrund, sondern der Rückblick und die Bilanzierung.

So scheint es sinnvoll für den Projektabschluss zu sein, Aufgaben auf der Sachebene und Aufgaben auf der Beziehungsebene zu unterscheiden (Schelle et al. 2005, S. 294 f., vgl. auch die Phasen des Gruppenprozesses Abb. 2.15). Es ist schwierig, die Teammitglieder für die abschließenden Aufgaben zu motivieren. Der Aufwand für die abschließenden Tätigkeiten, insbesondere die systematische Auswertung des gesamten Projekts steht in Konkurrenz zu neuen Aufgaben, die dringend erledigt werden müssen. Eine Checkliste mit den wichtigen Aufgaben erleichtert den Überblick (vgl. Abb. 5.1).

Aufgaben		Erledigt? Ja / Nein
Team		
1.	Gibt es einen akzeptierten Plan, der den schrittweisen Abzug des Projektteams aufzeigt?	
2.	Wurden die Teammitglieder über Beratungsangebote für Ihre berufliche Neuorientierung und Karrieremöglichkeiten informiert?	
3.	Wurden die Teammitglieder von ihren Projektaufgaben entlastet und über ihre neuen Aufgaben informiert?	
4.	Sind die Leistungsbeurteilungen für die einzelnen Teammitglieder abgeschlossen?	
Lieferanten/Unterauftragnehmer		
5.	Liegen die Leistungsbeurteilungen für die Lieferanten und Unterauftragnehmer vor?	
6.	Sind alle Rechnungen gestellt und bezahlt und ist die Schlussrechnung für die Konten abgeschlossen?	
Kunde und Anwender		
7.	Hat der Kunde alle Lieferobjekte ohne Beanstandung abgenommen?	
8.	Gab es ein ausführliches Projektreview mit dem Kunden und wurde ein Interview zur Erhebung der Zufriedenheit mit dem Kunden durchgeführt?	
9.	Wurde die Zufriedenheit der Anwender mit dem gelieferten System, mit dem Projektteam, mit dem Training, mit Lieferanten usw. ermittelt?	
Betriebsmittel (z B. Ausrüstung, Geräte, Räume)		
10.	Wurden die Betriebsmittel an andere Projekte übergegeben?	
11.	Sind die Mietverträge oder Leasingverträge aufgelöst?	

Abb. 5.1 Checkliste mit abschließenden Aufgaben (Larson und Gray 2014, S. 514)

Sofern die Liefergegenstände gemäß Vertrag und Statement of Work am Ende der Durchführungsphase an den Kunden erfolgreich, d. h. ohne Beanstandungen oder Mängel und zu seiner vollen Zufriedenheit, übergeben worden sind, können die **abschließenden Aufgaben** beginnen:

- Detaillierte Ablaufplanung der Projektabschlussphase gemäß der bereits vorhandenen Grobplanung laut Projektstrukturplan.
- Bereitstellung von Mitteln zur Durchführung einer Abschlussfeier.
- Planung, Vorbereitung und Durchführung von Projektabschlusssitzungen mit dem Kernteam. Dabei sind zu unterscheiden:
  - Eine Sitzung, die der Würdigung der geleisteten Arbeit dient und den Beteiligten verdeutlicht, dass das Projekt abgeschlossen ist.
  - Ein Workshop, in dessen Rahmen Erfahrungen ausgewertet werden.
- Nachkalkulation (Soll/Ist-Vergleich) und Analyse der Projektkosten: Abweichungen gegenüber den Planungen bezüglich der Termine und Kosten in Relation zu den Leistungs- und Qualitätsmerkmalen werden analysiert. Ursachen und mögliche Abhilfen für zukünftige Projekte dokumentiert. Auch die Wirtschaftlichkeitsrechnung, die vor Beginn des Projekts durchgeführt wurde, kann in einer Nachanalyse auf ihre Erfüllung untersucht werden.
- Systematische Archivierung sämtlicher Projektdokumente, so dass auch Mitarbeiter ohne „Insiderwissen" problemlos auf Dokumente zugreifen können. Verträge, Planungsunterlagen, Zwischenergebnisse, Zwischenberichte, Protokolle und Korrespondenz, Datenpakete zu den Reviews usw. müssen gesammelt und aufbereitet werden. Der schnelle Zugriff auf die archivierten Dokumente ist für den Fall wichtig, dass spätere Reklamationen und Nacharbeiten erforderlich werden oder vertragliche Dinge geklärt werden müssen. Die Überprüfung der Dokumentation auf Vollständigkeit ist wichtig.
- Bewertung des Projekts und ggf. auch der Projektmitarbeiter (vgl. hierzu das nachfolgende Kapitel Abschn. 5.2).
- Erfassung, Auswertung und Dokumentation der gesammelten Erfahrungen für zukünftige, vergleichbare Projekte.
- Formale Auflösung der Projektorganisation. Die Mitarbeiter werden von der Projektarbeit entlastet und widmen sich neuen Aufgaben. Die Projektleitung sollte diesen Prozess vorbereiten, indem sie rechtzeitig mit jedem einzelnen Teammitglied, der Personalabteilung und den Entscheidungsträgern des Unternehmens spricht, um die nötigen Klärungen herbeizuführen. So wird die Motivation auch für die verbleibenden Arbeiten am Projekt sichergestellt.
- Das Projektbüro wird aufgelöst. Die Betriebsmittel werden abgebaut, damit sie für andere Zwecke zur Verfügung stehen. Die Kostenstelle wird geschlossen.
- Information über den Projektabschluss an den Kunden, an den internen Auftraggeber und an das Team, auch darüber, dass die Kostenstelle für das Projekt geschlossen wurde und Kosten nicht mehr auf das Projekt gebucht werden können.
- Dank an alle Projektbeteiligten aussprechen, möglichst persönlich in Form einer kleinen gemeinsamen Feier oder zumindest mit einem Rundschreiben.

Es gibt eine Reihe von Checklisten, die helfen, die abschließenden Tätigkeiten zu systematisieren (Larson und Gray 2014, S. 514; Patzak und Rattay 2014, S. 483 ff.).

Quellen für weiterführende Informationen

Patzak, G., & Rattay, G. (2014). *Projektmanagement. Projekte, Projektportfolios, Programme und projektorientierte Unternehmen* (S. 143–168). Wien: Linde.

Larson, E., & Gray, C. (2014). *Project managment the managerial process* (6. Aufl.). New York: McGraw-Hill Education.

Schelle, H., Ottmann, R., & Pfeiffer, A. (2005). *ProjektManager*. Nürnberg: GPM Deutsche Gesellschaft für Projektmanagement e. V.

5.2 Projektauswertung und Abschlussbericht

Die Auswertung am Ende des Projekts ist zugleich die letzte Reviewsituation im Projekt. Ziel der Auswertung ist zu prüfen, inwieweit die angestrebten Projektziele erreicht wurden. Eine Systematisierung der erforderlichen Daten, etwa anhand des bereits vorgestellten Project Excellence Modell der GPM Gesellschaft für Projektmanagement e. V. ist nützlich (vgl. hierzu das Kapitel Qualität und Abb. 3.24). Die zu erhebenden Daten betreffen sowohl die Beziehungsebene als auch die Sachebene:

- Auf der **Beziehungsebene** werden wichtige Stakeholder, oft mit Hilfe von Fragebögen, gebeten, ihre Einschätzungen zum Projekt abzugeben. Wichtige Informationen zur Kundenzufriedenheit und Mitarbeiterzufriedenheit werden auf diese Weise erhoben (vgl. Abb. 5.1).
- Auf der **Sachebene** stehen Kennzahlen im Vordergrund. Die Realisierung der operativen Projektziele hinsichtlich Kosten, Zeit, Leistungsumfang und Qualität wird ermittelt.

Für die abschließende Beurteilung der Wirtschaftlichkeit bildet die **Projektnachkalkulation** den letzten Soll-Ist-Vergleich im Projektablauf. Die Istkosten werden auf Arbeitspaketebene erfasst, so wie dies schon für die mitlaufende Nachkalkulation in regelmäßigen Abständen während des gesamten Projektablaufs der Fall war (vgl. das Thema Projektfortschritt in Abschn. 4.2). Die Daten der Nachkalkulation können wichtige Informationen für die Kostenschätzung zukünftiger Projekte liefern. Pro Arbeitspaket sind folgende Informationen für die abschließende Nachkalkulation interessant (Patzak und Rattay 2014, S. 492):

- Kostenplan (Budget)
- Mehrleistung
- Minderleistung
- Revidiertes Budget

- Istkosten
- Abweichung
- Begründung.

Für die Auswertung werden unterschiedliche Kennzahlen verwendet, beispielsweise Termintreue, Einhalten von Meilensteinen, Fehlerquoten, Änderungshäufigkeit, Erfüllung der Zahlungsziele durch den Auftraggeber und realisierter Wertbeitrag (Demleitner 2009, S. 232; Fiedler 2014, S. 241, 242).

Produktivitätskennzahlen für Bauprojekte messen z. B. den Quotienten aus Quadratmeter Bruttogrundfläche und Bauzeit in Tagen oder Wochen. Sicherheit, z. B. auf Großbaustellen, kann gemessen werden durch den Quotienten aus Zahl der Arbeitsunfälle und Anzahl der Beschäftigten auf der Baustelle (Chan 2001, S. 10). Es ist also zweckmäßig, Kennzahlen abhängig von der Projektart zu gestalten. Das Management muss entscheiden, welche Kennzahlen für welche Projekte zum Einsatz kommen sollen, damit der Vergleich mit ähnlichen Projekten im Unternehmen zu einer sinnvollen Beurteilung führt. Rückblickend ist auch zu prüfen, inwieweit beabsichtigte strategische Ziele erreicht wurden (Bea et al. 2011, S. 316).

Der **Abschlussbericht** gehört zur Projektdokumentation. Es handelt sich um eine Dokumentation des Auftragnehmers, um die Erfahrungen für Folgeprojekte zu sichern. Der folgende Themenkatalog bietet sich an (in Anlehnung an Bea et al. 2011, S. 322):

1. Ausgangssituation des Projekts:
   Leistungsumfang und Projektziele lt. Auftrag einschließlich der Änderungen.
2. Analyse des Projektmanagements:
   Rollen und Verantwortlichkeiten, Ablauf mit Phasenplan und Meilensteinen, Projektstrukturplan, Abweichungen.
3. Analyse der Projektergebnisse:
   Umfang und Qualität der Lieferobjekte und Vergleich mit den Anforderungen.
4. Gesamtbeurteilung.
5. Erkenntnisse und Konsequenzen für die Zukunft.
6. Bei Bedarf: Hintergrundinformationen im Anhang.

Im Abschlussbericht werden Erkenntnisse aus dem Projekt, auch **Lessons Learnt** genannt, so aufbereitet und weitergegeben, dass daraus Konsequenzen für zukünftige Projekte abgeleitet werden können. Denn erst wenn die Ergebnisse in einen Prozess mit entsprechenden Verantwortlichkeiten eingesteuert werden, findet kontinuierliche Verbesserung statt.

Mögliche Ergebnisse für zukünftige Projekte sind:

- Erweiterte oder neue Checklisten zur Identifizierung von Risiken oder zur Identifikation von Stakeholdern.
- Vorschläge zu Anpassungen von Standardphasenplänen, Standardstrukturplänen, Standardberichten und anderen Standardformaten.

- Vorschläge für den Einsatz verbesserter Methoden zur Aufwands- und Kostenschätzung von Arbeitspaketen.
- Vorschläge für Qualitätsziele hinsichtlich des Projektablaufs, z. B. die neue Vorgabe, dass die Rollenverteilung im Projekt vom internen Auftraggeber bestätigt sein muss, bevor fünf Prozent des Projektbudgets verbraucht sind, weil die mangelnde Zuweisung von Verantwortlichkeiten zu Problemen im Projekt führen kann (Friedrich et al. 2009, S. 121, vgl. auch das Thema Qualität in Projekten Abschn. 3.4).

Damit die Umsetzung der Verbesserungsvorschläge gelingen kann, muss es im Unternehmen einen Prozess und einen Verantwortlichen für die kontinuierliche Verbesserung des Projektmanagements geben. Diese Funktion ist im Projektmanagementoffice anzusiedeln, das für die projektübergreifende Optimierung der Projektmanagementsysteme zuständig ist.

Quellen für weiterführende Informationen
Bea, F., Scheurer, S., & Hesselmann, S. (2011). *Projektmanagement* (2. überarbeitete und erweitere Aufl.). Konstanz und München: UVK Verlagsgesellschaft.

Patzak, G., & Rattay, G. (2014). *Projektmanagement. Projekte, Projektportfolios, Programme und projektorientierte Unternehmen* (S. 143–168). Wien: Linde.

Larson, E., & Gray, C. (2014). *Project managment the managerial process* (6. Aufl.). New York: McGraw-Hill Education.

5.3 Den Segeltörn erfolgreich abschließen

Mit dem Auschecken von Bord, dem Abrechnen der Bordkasse und der Heimreise ist der Segeltörn für viele Crews zu Ende; das Projekt „Segeltörn im Mittelmeer im Jahr 2015" ist aber noch nicht abgeschlossen. Einfach aufstehen, weggehen und sich anderen neuen Dingen zuzuwenden ist nicht ausreichend. Es fehlt noch die Phase des Projektabschlusses. Sie wird von Anfang an eingeplant, um sowohl ein formales als auch ein emotionales Ende des Projekts zu gestalten. Ein Vorhaben wurde gemeinsam erfolgreich beendet. Dies soll nun durch die abschließenden Aktivitäten ausklingen.

In der Abschlussphase werden deshalb folgende Punkte von einzelnen Crewmitgliedern (Arbeitspaketverantwortlichen) analysiert und vorbereitet:

- Formaler Abschluss (Kostenabrechnung)
- Projektbewertung (Erfüllung der Ziele und Erwartungen der Crewmitglieder)
- Crewtreffen mit einer Abschlussfeier (Essen und gemeinsamer Rückblick)
- Ausblick für weitere Törns (Vielleicht ein weiterer Törn mit neuen Herausforderungen?)
- Was haben wir gelernt? (Lessons Learnt)
- Was kann beim nächsten Mal verbessert werden? (Verbesserungsmaßnahmen)

Projektbewertung

Zum Abschluss erfolgt eine Analyse der Kosten. Es wird geprüft, ob der Törn im vorgesehenen Rahmen abgewickelt wurde. Grundlage des Soll-Ist-Vergleiches sind der Projektcharter und die Kostenabrechnung, die die Nachkalkulation gemäß Projektstrukturplan
enthält. Sofern wesentliche Abweichungen auftraten, wird ermittelt, worin die Ursache lag
und was im Rahmen der Kostenplanung zukünftig verbessert werden kann.

Zu Beginn des Törns wurde eine Erhebung über die Erwartungen der einzelnen Crewmitglieder durchgeführt. Prioritäten wurden gemeinsam erarbeitet und Regeln für den Ablauf des Törns aufgestellt. Rollen und Verantwortlichkeiten wurden vereinbart und ein
Qualitätsplan erstellt. Diese Dokumente sind die Basis für die Analyse und die Bewertung
des Törns.

Crewtreffen

In der Abschlussphase steht das Crewtreffen im Mittelpunkt des Interesses. Man trifft sich,
tauscht Fotos aus, und schwelgt, für den Fall, dass alles gut verlaufen ist, in schönen Erinnerungen. Bei einem gemeinsamen schmackhaften Essen reflektiert die Crew ihre Erleb-
nisse. Es kommt noch einmal „Segel-Feeling" auf. Eine gute Grundlage für den Rückblick
bilden die Aufzeichnungen im Logbuch. Man erinnert sich an angenehme und unange-
nehme, vielleicht auch gefährliche, Situationen. Bemerkenswert ist, dass Dinge im zeitlichen Abstand weniger kritisch empfunden werden. Mit hoher Wahrscheinlichkeit ist neben dem Rückblick auch der Ausblick für weitere Törns ein Thema des Crewtreffens.

Lessons Learnt

Lessons Learnt und Verbesserungsmaßnahmen wurden bereits während des Segeltörns im
täglichen Debriefing angesprochen. Nun wird alles mit einer gewissen Distanz betrachtet
und diskutiert, wobei bereits einige Ereignisse schon vergessen worden sind. Dabei bieten
gerade sie inhaltlich das Verbesserungspotenzial für die Durchführung weiterer gemeinsamer Törns. Hilfreich sind deshalb die Aufzeichnungen im Logbuch und die Notizen aus dem
Debriefing, um bei der Abschlussdiskussion konkrete Situationen ansprechen zu können.

Literatur

Bea, F., Scheurer, S., & Hesselmann, S. (2011). *Projektmanagement* (2., überarb. und erweitere
    Aufl.). Konstanz: UVK Verlagsgesellschaft.
Chan, A. (2001). *Framework for measuring success in construction projects*. Brisbane: School of
    Construction Management and Property, Queensland University of Technology. http://eprints.
    qut.edu.au/26531/1/2001-003-C-01_Framework_for_Measuring_Success.pdf. Zugegriffen: 9.
    Mai 2015.
Demleitner, K. (2009). *Projekt-Controlling. Die kaufmännische Sicht der Projekte* (2., durchgese-
    hene Aufl.). Renningen: Expert.
Fiedler, R. (2014). *Controlling von Projekten* (6. Aufl.). Wiesbaden: Springer Vieweg.

Friedrich, J., Hammerschall, U., Kuhrmann, M., & Sihling, M. (2009). *Das V-Modell XT. Für Projektleiter und QS-Verantwortliche kompakt und übersichtlich.* Berlin: Springer.

Larson, E., & Gray, C. (2014). *Project managment: The managerial process* (6. Aufl.). New York: McGraw-Hill Education.

Patzak, G., & Rattay, G. (2014). *Projektmanagement. Projekte, Projektportfolios, Programme und projektorientierte Unternehmen* (6., aktualisierte Aufl.). Wien: Linde.

Schelle, H., Ottmann, R., & Pfeiffer, A. (2005). *ProjektManager.* Nürnberg: GPM Deutsche Gesellschaft für Projektmanagement e. V.

Stichwortverzeichnis

© Springer Fachmedien Wiesbaden GmbH, ein Teil von Springer Nature 2020   259
H. Meyer, H.-J. Reher, *Projektmanagement*,
https://doi.org/10.1007/978-3-658-28763-4

The manufacturer's authorised representative in the EU is Springer
Nature Customer Service Centre GmbH, Europaplatz 3, 69115 Heidelberg,
Germany. If you have any concerns regarding our products, please
contact ProductSafety@springernature.com

Printed and bound by CPI Group (UK) Ltd, Croydon, CR0 4YY
28/04/2026
02098468-0018